国家自然科学基金青年项目"农业水价创新模式的运行机制及绩效评价：基于华北平原地下水超采区的实证研究"（编号：71903047）

国家重点研发计划项目"黄淮海地区地下水超采治理与保护关键技术及应用示范"（编号：2021YFC3200500）

国家自然科学基金面上项目"海河流域农村区域地下水超采综合治理措施的成效评估"（编号：71874007）

国家自然科学基金国际合作项目"提高区域食物—能源—水系统的可持续性：基于潜在的气候和发展情景下美国东南区域和中国华北平原的跨区域综合集成对比研究"（编号：41861124006）

河北省高等学校人文社会科学研究项目"河北省农村区域地下水超采综合治理措施的成效评估"（编号：BJ2020075）

现代农业经济管理学系列教材

水资源经济价值与水价政策

Economic Value and Pricing Policies of Water Resources

孙天合　朱云云　王金霞　张丽娟　著

中国社会科学出版社

图书在版编目（CIP）数据

水资源经济价值与水价政策 / 孙天合等著. -- 北京：中国社会科学出版社，2025. 3. -- （现代农业经济管理学系列教材）. -- ISBN 978-7-5227-4902-0

Ⅰ. F426.9

中国国家版本馆 CIP 数据核字第 2025AJ9462 号

出 版 人	赵剑英	
责任编辑	刘晓红	
责任校对	阎红蕾	
责任印制	戴　宽	

出　　版	中国社会科学出版社	
社　　址	北京鼓楼西大街甲 158 号	
邮　　编	100720	
网　　址	http://www.csspw.cn	
发 行 部	010-84083685	
门 市 部	010-84029450	
经　　销	新华书店及其他书店	
印　　刷	北京君升印刷有限公司	
装　　订	廊坊市广阳区广增装订厂	
版　　次	2025 年 3 月第 1 版	
印　　次	2025 年 3 月第 1 次印刷	
开　　本	710×1000　1/16	
印　　张	22.75	
字　　数	352 千字	
定　　价	129.00 元	

凡购买中国社会科学出版社图书，如有质量问题请与本社营销中心联系调换
电话：010-84083683
版权所有　侵权必究

"现代农业经济管理学系列教材"序

实施乡村振兴战略，是党的十九大作出的重大决策部署，以"产业兴旺、生态宜居、乡风文明、治理有效、生活富裕"为总要求，以农业农村现代化为总目标。农业经济管理学科集经济学、管理学、农学、生态学、环境学等多学科特点，旨在为促进农业农村发展提供理论指导和政策依据，是实施乡村振兴战略的重要支撑学科之一。在新农科助力实现乡村振兴和新文科用中国理论、中国范式、中国自信讲好中国故事的背景下，为培养适宜中国农业农村发展的综合型人才，编制一套适应时代发展需要的现代农业经济管理学系列教材尤为必要。

农业经济管理学科注重理论与实际相结合，遵循从理论到实践，并在实践中不断完善理论的发展过程。在实施乡村振兴战略、实现农业农村现代化和全民共同富裕的过程中，有着一系列的伟大实践和理论创新，为教材编写提供了丰富而精彩的素材；同时要求农业经济管理学科教研必须紧跟农业农村现代化进展，深挖中国农业农村改革和发展的"富矿"，讲好中国故事。唯有如此，才能编写出具有新时代中国特色的优秀教材。

中国农业政策研究中心（China Center for Agricultural Policy，CCAP）是北京大学现代农学院专门从事农业经济管理与政策研究的一个教研中心。自CCAP成立以来，经历了在中国农业科学院的创建发展期（1995—2000年）、在中国科学院的快速发展期（2000—2015年）和在北京大学的迈向新时期，已具有近30年的丰富教研经验，并一直致力于农业经济和农村发展领域的研究和高端人才培养；其宗旨是根据研究成果推动农业经济管理学科发展，为中国及发展中国家农业农村实现快速、包容和永续的发展作出重要的贡献。此次 CCAP 组织编纂的这套教材是践行科教并重和潜心育人的承诺，也是实现知识传承和广泽普惠的途径。教材内容涉及农业经济管理学科的诸多方面，包括农业科技经济、食物与农业经济、资源环境经济和农村发展经济等领域。这套丛书既是系列教材，也是学术专著，每本书都有一个共同特点：注重严谨的实证与政策研究，以宏微观数据的分析来解析现实世界的变化。

本系列丛书的编写和出版得到了中国社会科学出版社的大力支持，在此表示衷心感谢！丛书读者定位于从事农林经济管理教学和研究的高校教师和科研院所研究人员、相关专业的研究生，以及高年级本科生。我们衷心希望借助教材的出版，加强与国内外各领域专家学者的学术交流，为中国农业经济管理学科的教学和科研提供实用的教材和参考文献，助力乡村振兴和人才振兴。

北京大学现代农学院院长

北京大学中国农业政策研究中心名誉主任

北京大学新农村发展研究院院长

前　　言

中国总体上属于缺水国家，水资源短缺一方面直接威胁到国家食物安全；另一方面也阻碍了中国城镇化进程，并限制区域工业发展。所以，节水一直是政府工作的重点领域。习近平总书记强调，要"严格用水总量控制，统筹生产、生活、生态用水，大力推进农业、工业城镇等领域节水"[1]，并提出了"节水优先、空间均衡、系统治理、两手发力"治水思路[2]。在这一指导方针下，政府对水资源逐渐从供给管理策略转到需求管理策略，并构建出瞄准节水目标、提高用水效率的政策体系。其中，水价政策就是一项重要的水资源需求管理策略，且应用于农业、工业和城镇生活用水领域。农业水价政策激励农户精细化灌溉用水管理，降低用水需求；城市水价政策在激励居民和工业节约用水的同时，也能增加农业可利用水量。

尽管在全世界范围内已有研究关注水价政策对用水需求的影响，且部分研究也对其需求价格弹性进行了宏观或微观层面的测算。但是，系统关注水价政策演变，且基于长期用水户层面的实证研究依然缺乏，特别是缺少关于中国的此方面研究。具体地，中国水价政策的变化趋势及现状、水价政策对用水需求的影响及其背后作用机制尚未明晰，且部门和流域间用水量的价格交叉效应缺乏实证结论。在这种情况下，农业、

---

[1] 《习近平在推进南水北调后续工程高质量发展座谈会上强调 深入分析南水北调工程面临的新形势新任务 科学推进工程规划建设提高水资源集约利用水平》，《人民日报》2021年5月15日。

[2] 习近平总书记在中央财经领导小组第五次会议上的讲话（2014年3月14日）：治水必须要有新内涵、新要求、新任务，坚持"节水优先、空间均衡、系统治理、两手发力"的思路，实现治水思路的转变。

|水资源经济价值与水价政策|

城市工业和生活水价改革均缺少实证基础，未来水价政策改革的具体方向和措施为何？改革措施的作用机制是什么？用水需求价格弹性与水资源经济价值的关系究竟如何？对于改革效果的预期是怎样的？如果这些问题得不到有效解答，就不能放开手脚进行有效精确的改革行动。所以，水价政策的研究有其现实意义及贡献，是在中国现代化进程中激活基本生产要素，高效发展新质生产力的有效制度探索。

针对以上问题，本书围绕以下核心内容展开。一是系统梳理中国农业灌溉、城市居民生活和工业水价政策的演变历程和新时代深化改革的挑战。二是厘清水资源经济与水价政策理论基础，科学地阐释水资源经济价值实现机制，确定水资源定价策略。三是基于长期跟踪的中国水资源制度和管理微观调查数据（村、渠道、机井、农户和地块）、城镇住户调查数据、地级市层面部门用水和水价数据，以及相应的二手资料（如国家气象站点的长期观测数据、区域经济指标数据等），客观描述三类水价的历史变化趋势、区域和水源异质性、收费细节等情况。四是基于以上数据和计量经济模型，科学地测算水资源经济价值和三类用水各自的需求价格弹性，并证明水价政策产生的影响及水资源定价策略的可行逻辑。五是通过流域水资源优化配置模型进行未来情景设计，预测城市生活和工业水价变化对流域农作物生产的影响，呈现水价政策的宏观影响。

本书的读者主要定位为水资源管理研究领域的科研人员、研究生和高年级本科生，也可作为相关研究领域的参考书目。

孙天合　朱云云
王金霞　张丽娟
2024 年 5 月 29 日

目 录

第一章 水价政策的历史定位与时代挑战 ………………………………… 1
第一节 中国水资源短缺形势与影响 ………………………………… 1
第二节 水资源需求管理策略与水价政策 …………………………… 24
第三节 农业水价模式及其时代挑战 ………………………………… 30
第四节 本章小结 ……………………………………………………… 42

第二章 水资源经济价值与水价政策理论基础 ………………………… 44
第一节 水资源经济价值界定 ………………………………………… 44
第二节 水资源经济价值评估方法 …………………………………… 53
第三节 水资源经济价值实现机制与水资源定价策略 ……………… 59
第四节 本章小结 ……………………………………………………… 65

第三章 中国水价政策演变历程 ………………………………………… 66
第一节 农业水价政策的变化趋势及现状 …………………………… 66
第二节 城市居民生活和工业水价政策变化趋势及现状 …………… 96
第三节 本章小结 …………………………………………………… 125

第四章 灌溉用水经济价值评估 ………………………………………… 128
第一节 文献评述 …………………………………………………… 128
第二节 灌溉用水经济价值的 meta 分析 …………………………… 139
第三节 灌溉用水量与作物产值 …………………………………… 150

第四节　灌溉用水经济价值核算……………………………………… 159
　　第五节　本章小结……………………………………………………… 163

第五章　灌溉用水需求价格弹性估计……………………………………… 165
　　第一节　文献评述……………………………………………………… 165
　　第二节　灌溉用水需求价格弹性的 meta 分析……………………… 179
　　第三节　农业水价政策对作物灌溉用水需求的影响………………… 189
　　第四节　灌溉用水需求价格弹性估计结果…………………………… 202
　　第五节　灌溉用水经济价值与需求价格弹性内在关系……………… 205
　　第六节　本章小结……………………………………………………… 206

第六章　双赢的智慧：灌溉水价政策的节水和收入效应
　　　　　——以河北省"一提一补"水价改革为例……………… 208
　　第一节　水价政策下农户节水与增收的权衡………………………… 208
　　第二节　"一提一补"水价改革及其试点实施……………………… 210
　　第三节　水价试点改革对主要农作物地下水灌溉用水量的
　　　　　　影响…………………………………………………………… 217
　　第四节　农户的收益和损失…………………………………………… 222
　　第五节　试点推广面临的挑战与对策………………………………… 227
　　第六节　本章小结……………………………………………………… 230

第七章　城市居民生活用水需求价格弹性估计…………………………… 231
　　第一节　文献评述……………………………………………………… 231
　　第二节　数据来源及描述性统计分析………………………………… 241
　　第三节　城市居民生活用水需求计量模型设定……………………… 255
　　第四节　城市居民生活用水需求价格弹性估计结果与分析………… 258
　　第五节　本章小结……………………………………………………… 261

第八章　工业用水需求价格弹性估计……………………………………… 262
　　第一节　文献评述……………………………………………………… 262
　　第二节　数据来源及描述性统计分析………………………………… 268

第三节　工业用水需求函数计量模型设定·················· 274
　　第四节　工业用水需求价格弹性估计结果与分析············ 275
　　第五节　本章小结···································· 276

第九章　流域水资源优化配置模型未来情景设计············ 278
　　第一节　流域水资源模拟模型研究综述·················· 279
　　第二节　未来各流域水资源利用总量和人工生态环境补水量
　　　　　　变化率的预测·································· 281
　　第三节　居民生活水价和工业水价上涨幅度情景设计······ 288
　　第四节　未来各流域居民生活和工业用水量变化率预测···· 289
　　第五节　未来各流域农业可利用水量变化率·············· 294
　　第六节　本章小结···································· 296

第十章　城市生活和工业水价变化对流域农作物生产的影响···· 298
　　第一节　流域水资源模拟模型·························· 299
　　第二节　城市水价变化对作物播种面积的影响············ 306
　　第三节　城市水价变化对灌溉强度的影响················ 315
　　第四节　城市水价变化对作物总产量的影响·············· 318
　　第五节　城市水价变化对种植收益的影响················ 321
　　第六节　本章小结···································· 325

参考文献·· 327

后　记·· 353

第一章

水价政策的历史定位与时代挑战

本章导读

➤中国水资源短缺形式、驱动因素和影响分别是什么？
➤水资源需求管理策略的政策体系是什么？
➤水价政策的含义与主要应用情景是什么？
➤农业水价的主要模式有哪些？其所面临的困境与挑战是什么？

第一节 中国水资源短缺形势与影响

一 中国水资源形势与开发利用现状

（一）水资源时空分布

水资源是国家的基础性战略资源，具有多功能、动态循环的特点，关系到中国社会经济和生态环境的可持续发展。2011年中央一号文件把水资源定位为"生命之源、生产之要、生态之基"。中国水资源总量相对丰富，但人均水资源量偏低。中国多年平均水资源总量为2.81亿立方米，占世界水资源总量的6%，位居世界第6位，但人均水资源量只有2044立方米，仅为世界平均水平的1/4，排在世界第121位。在世界范围内，中国属于水资源相对贫乏的地区[①]；同时，粮食出口大国绝

[①] 根据瑞典斯德哥尔摩国际水资源研究所科学家Falkenmark在1989年提出的"水紧张指数"，人均年水资源量小于1700立方米为水紧张，小于1000立方米为缺水，小于500立方米为绝对稀缺。

大多数属于人均水资源量丰富的地区，如美国、俄罗斯、巴西、加拿大、澳大利亚、阿根廷等，而中国在自 2003 年以来粮食连续增长的情况下仍成为世界上最大的粮食进口国。由此观之，粮食产量能否满足一国的粮食需求与该国的人均水资源量高度相关，且人均水资源量高的国家已经成为世界粮食市场的潜在供给国。

中国的水资源总体丰富，但人均不足。图 1-1 展示了自 1997 年中国发布水资源公报以来，水资源总量与人均水资源量的变化趋势。从图 1-1 可以看出，中国水资源总量较丰富，但人均水资源量偏低。同时，中国水资源总量年际变化有波动，人均水资源量也会随着水资源总量的变化而波动。李原园等（2014）分析了中国 1956—2010 年可更新水资源量的变化，发现从全国尺度上看，这 55 年来中国水资源总量呈现微弱的增加趋势，自 1990 年以来的平均水资源量只比多年平均水资源量多 1%。

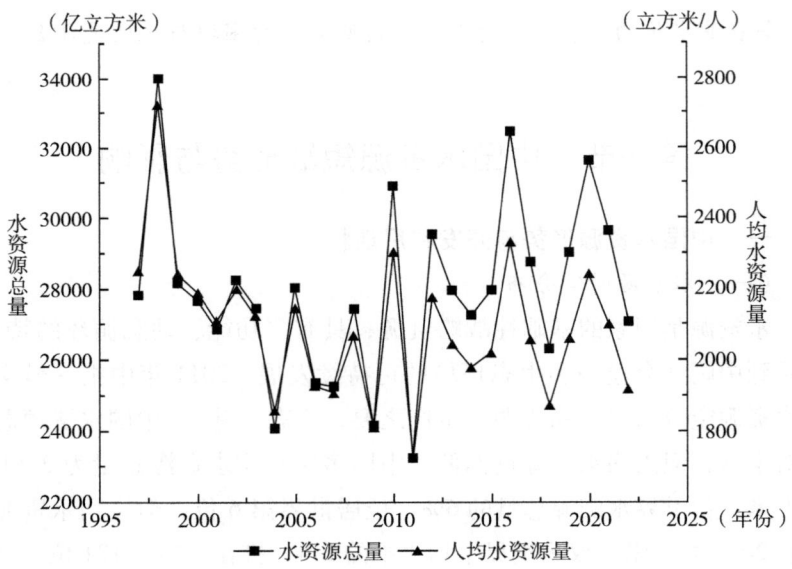

图 1-1　中国水资源总量与人均水资源量年际变化

资料来源：历年《中国水资源公报》。

中国水资源量年际变化不大，且在年内时间分布很不均匀。中国总体上属于大陆性季风气候，降雨的时空分布不均，这不仅使水资源的利用与资源化比较困难，而且容易导致旱灾和洪灾的发生。中国降水时间分布上呈集中态势，主要集中在6月至9月，占全国降水量的60%—80%；由于60%—70%的国土面积都受季风影响（北方地区接近80%），全国降雨主要集中在夏季（Cheng et al., 2009; Cheng, 2012）。

由于降雨量的区域分布不均，中国水资源空间分布呈现南多北少的态势，空间分布不均衡。如长江以北的水系流域面积占全国国土面积的64%，水资源量却只占全国的19%。同时，各地区水资源变化差异较大，北方地区海河流域和黄河流域的水资源显著减少，自2005年以来减少幅度达19%和17%，而南方地区和西北地区的水资源在逐渐增加，特别是西北诸河流域同期水资源量增加近10%（夏军、李原园等，2016）。总体来看，中国地级市水资源禀赋差异明显，南方地级市10年平均水资源量明显大于北方[①]。

（二）水资源开发利用情况

尽管中国水资源总量排名世界第6，却是世界上用水量最多的国家。中国水资源可开采量到底是多少？目前水利工程供水能力及实际供水量是多少？目前全国供水量及其变化趋势是什么？对于这些问题的回答将有利于国家未来的水利工程投资和水资源利用规划。

中国水资源总量丰富，但是开采量不足。国际水资源管理研究所估计中国水资源可利用量为8100亿立方米（Seckler and Amarasinghe, 2000）；中国学者计算中国最大水资源开采量为7390亿—8730亿立方米，且水资源可利用率为29.4%（陈敏建等，1999；刘昌明等，2001；王建生等，2006）。《全国水资源综合规划（2010—2030年）》通过对全国水资源及其开发利用状况的调查，得出全国水资源可利用总量为8140亿立方米，水资源可利用率为29%；其中北方地区水资源可利用总量为2540亿立方米，水资源可利用率为48%；南方地区水资源可利用总量为5600亿立方米，水资源可利用率为25%。综上，中国水资源可用总量约在8000亿立方米。

[①] 资料来源：《2022年中国水资源公报》及各省水资源公报，http://www.mwr.gov.cn/sj/tjgb/szygb/202306/t20230630_1672556.html。

中国水利工程供水能力已接近水资源可利用水量的极限。截至2022年底，已建成的各类水利工程供水能力达到了8998.4亿立方米：跨县级区域供水工程632.4亿立方米，水库工程2456.7亿立方米，河湖引水工程2114.8亿立方米，河湖泵站工程1850.8亿立方米，机电井工程1382.9亿立方米，塘坝窖池工程372.6亿立方米，非常规水资源利用工程188.2亿立方米[①]；相较于2006年6591亿立方米的工程供水能力而言，16年间总工程供给能力增加了近37%，主要增加的是来自跨流域调水工程和泵站工程的供给能力。这说明，中国水利工程供给能力增加主要是采用了高成本方式，虽然有力地保障了中国社会经济发展对用水的需求，但同时也越来越接近水资源可开采量的极限，超过了自然水资源的涵养能力。

中国供水量自中华人民共和国成立以来稳步上升，目前供水总量基本稳定，但水源结构正在逐步调整。从全国总供水量来看，1949—1980年，全国供水量从1031亿立方米增加到4406亿立方米，其中，20世纪50年代供水量年均增长率达7.1%，六七十年代增长率为3%—5%。1980—2008年，全国总供水量增加了1504亿立方米，年均增长率为1.1%，其中2000—2008年增长率为0.6%。自1997年《中国水资源公报》发布至2022年的25年间，全国供水总量从5470亿立方米波动提升最高至6043.4亿立方米，约占25年间平均水资源总量的21%。从供水来源结构看，地表水供水量占比从最低位的79.9%上升到2022年的83.3%，呈现增加趋势；地下水供水量占比从2001年最高19.7%下降到2022年的13.8%，基本呈现波动下降趋势；其他水源供水量占比从0.3%逐渐增加到2022年的2.9%。

中国供水系统的另一个大变化是跨流域调水工程的兴建与运营。2014年，中国规模最大的跨流域调水工程——南水北调工程中线工程——正式通水运行，直到2017年中国跨一级流域调水工程一年的调水量就达到196.29亿立方米，占当年地表水供应量的4%。中国跨流域调水工程主要内容就是黄河中下游向左右两侧的海河流域和淮河流域调

---

① 资料来源：《2022年全国水利发展统计公报》，http://www.mwr.gov.cn/sj/tjgb/slfztjgb/202312/t20231221_1698710.html。

水,以及长江中下游向黄河流域、淮河流域及海河流域调水,这也说明此三大流域是中国水资源紧缺区。然而,跨流域长距离调水不仅成本高,而且会衍生生态风险。海河流域由于长期的污染和地下水超采,生态用水亟须涵养,这也是近年来海河流域人工生态环境补水呈现快速增长的原因(Kefayati et al., 2017)。

中国用水效率持续提升,但增速放缓。1997—2022 年,全国人均综合用水量在 440 立方米上下波动,2022 年降至 425 立方米,万元GDP 用水量和万元工业增加值用水量均呈显著下降趋势,按当年价计算,万元 GDP 用水量由 1997 年的 726 立方米下降到 2022 年的 49.6 立方米,万元工业增加值用水量由 2001 年的 268 立方米下降到 2022 年的 24.1 立方米(见图 1-2)。这表明中国水资源利用效率在逐年提高,但是同时也可以看到近年来利用效率提升幅度趋缓,需要进一步依靠科技创新来提高中国水资源利用效率,同时也需要考虑调整用水结构,提高水资源的生产率,从而缓解中国水资源短缺状况。

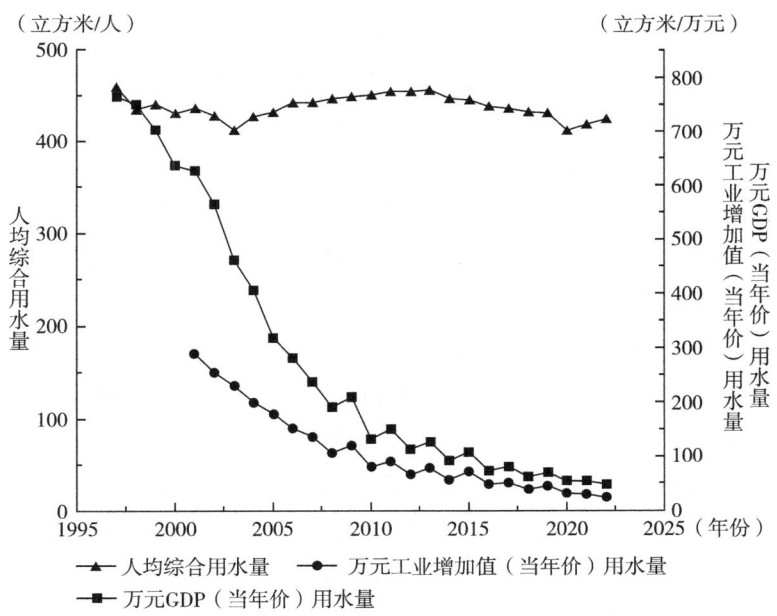

图 1-2　不同用水指标的变动趋势

资料来源:历年《中国水资源公报》。

二 中国水资源短缺的严峻形势及其驱动因素

中国水资源面临严峻的短缺形势表现为水资源禀赋较差，水资源供给有限且持续减少，同时用水需求急剧增大。随着原本有限的水资源供给持续减少和水资源需求急剧增大，中国现阶段的水资源供需缺口已经达到536亿立方米（GWP，2015）。而且，预计到2050年中国的总缺水量将达到4000亿立方米，约占目前年水资源量的80%（Tso，2004）。

（一）水资源供给有限且持续减少

由于人口基数大，中国人均水资源量仅为约2000立方米，不到世界人均水平的1/4，而且北方地区人均水资源仅为世界平均水平的4%，被列为13个贫水国之一（GWP，2015）。而且，短缺状况仍在加剧，特别是地下水总量也呈现减少的趋势。更糟糕的是，水资源无论在地域或时间上都分布不均。81%的水资源都集中分布在中国南方地区，北方地区却要用仅剩的19%的水资源灌溉全国65%的耕地，生产50%的粮食和超过45%的GDP[①]。而华北地区（包括黄河、淮河和海河三个流域）覆盖了中国40%的可耕地面积，却仅仅拥有全国8%的水资源，这三个流域的人均水资源拥有量分别仅为672立方米、483立方米和314立方米，远远低于1000立方米的水资源缺乏警戒线（Jiang，2009）。相比之下，西北地区的水资源缺乏形势就更为严峻，该地区占有将近中国一半的国土面积，水资源拥有量还不到20%（Tang，2014）。另外，典型的季风性气候使中国中部与东部地区的夏季雨水暴增，60%—70%的年降水都发生在6—7月，在北方地区这一比例甚至达到80%，容易导致洪涝灾害，而在作物需要灌溉的春季极度缺水（Cheng et al.，2009；Xie et al.，2009），这种降水的时间分布变异性更加剧了水资源空间分布不均的情况。

地表水资源持续减少。中国20世纪50年代的2700多条河流，一半以上都已经消失（The Economist，2013）；而且在1961—2011年，中国十大流域中，六大流域的地表径流都趋于减少（Wang et al.，2008）。其中，海河流域径流量减少18.2%，黄河流域减少11.3%，辽河、松花江以及南方的长江和珠江流域都有所减少（Wang et al.，2017）。黄河和海河流域由于水资源的缺乏，以及上下游之间对水资源的争夺，下

[①] 资料来源：《中国统计年鉴（2023）》，https：//data.stats.gov.cn/easyquery.htm？cn=C01。

游还曾出现断流情况（王金霞、黄季焜，2004；王建中等，1999）。从水资源分区看，北方六区地表水资源量为3810.8亿立方米，比常年值偏少13.0%；南方四区为22453.1亿立方米，比常年值偏多0.6%。从行政分区看，东部地区地表水资源量5022.9亿立方米，比常年值偏少3.1%；中部地区地表水资源量6311.6亿立方米，与常年值基本持平；西部地区地表水资源量14929.4亿立方米，比常年值偏少1.9%[1]。由此可见，地表水资源短缺并不仅仅局限于较干旱的北方，南方也已经开始出现这种情况，其已经成为一个全国普遍的问题。

地下水也面临着超采与枯竭的严峻形势。由于地表水的日益减少，用水者（特别是中国北方农民）已经自发开挖机井，抽取地下水，在华北地区地下水甚至已经成为主要灌溉水源。在地下水超采治理前，中国的地下水年抽取量已经由1950年的10立方千米攀升至2014年的112立方千米，地下水占用水总量的比重也相应地增长至18%[2]。地下水的短缺形势已远远超乎一般认识，其消耗速度要远远大于其补给速度，特别是深层地下水几乎就是一种不可再生资源（Famiglietti，2014）。水利部2012年通报，21世纪初全国已有400个地区的地下水资源的开采超过其可再生能力，占国土面积的11%。2020年，水利部颁布《重点区域地下水超采治理与保护方案工作大纲》，将13个省级行政区的63个地级行政区，面积约224万平方千米纳入重点治理区域范围。以海河流域为例，该流域91%的平原地区属于地下水超采区，并且还在持续下降。其中，1974—2000年，浅层地下水位年均降低约1米（Qiu，2010），深层地下水位年均降低超过2米（Wang et al.，2009）。地下水超采现象已经遍布中国九大流域（Cai and Ringler，2007）。李玉敏和王金霞（2009）利用全国10个省份的面板数据对中国农村水资源短缺的现状、趋势进行分析，发现无论是对水资源短缺进行总体判断，还是从灌溉水源、供水可靠性和地下水位变动趋势等其他方面进行分析，地下水资源短缺状况都不容忽视，而且这一趋势正在加重。也有研究利用大规模村

---

[1] 资料来源：《中国水资源公报（2015）》，http：//www.gov.cn/sj/tjgb/szygb/201612/t20161229_783348.html。

[2] 资料来源：《中国水资源公报（2015）》，http：//www.gov.cn/sj/tjgb/szygb/201612/t20161229_783348.html。

级调查数据，描述了近10年来农村地下水水位的变动状况，发现中国很多井灌区农村地下水水位呈下降趋势，黄河和海河流域是下降最严重的地区（曹建民、王金霞，2009）。中国科学院2012年的九省调查显示，北方六省（河北、河南、山东、吉林、安徽和江苏）83%的耕地用地下水灌溉，南方三省（江西、广东和云南）地下水灌溉比例也达到58%（Wang et al., 2017）。地下水的缺乏势必严重影响中国的灌溉农业，特别是北方地区，其地下水已经占到灌溉水源的将近70%（Wang et al., 2008）。

水污染加剧了水资源短缺。中国废污水排放总量从1949年的20亿立方米增长到2017年的756亿立方米，增长了37.8倍，这导致了严重的水污染和生态环境退化，污水反过来又使自然界中的其他水资源丧失价值。城市垃圾和危险废物的处置，工业和市政污水的排放，农业的化肥、杀虫剂、有机肥造成的面源污染，导致了中国大多数地表水和地下水受到污染（Cheng et al., 2009）。2012年，全国废污水排放总量为685亿吨，其中有80%未经过处理而直接排入河流、湖泊和海洋（Bao and Fang, 2012）；全国21.6万千米的河流中大约27.2%的河流长度被严重污染（水质低于Ⅳ类水），不适合人类接触[①]。这种情况在黄河、淮河和海河流域更为糟糕，其比例达到2/3。2017年，全国地表水1940个水质断面（点位）开展了水质监测，Ⅰ—Ⅲ类、Ⅳ—Ⅴ类和劣Ⅴ类水质断面分别占67.9%、23.8%和8.3%。在5100个地下水水质监测点中，水质为优良级的监测点比例为8.8%，良好级的监测点比例为23.1%，较好级的监测点比例为1.5%，较差级的监测点比例为51.8%，极差级的监测点比例为14.8%[②]。中国的湖泊也被严重污染，水利部监测数据显示，1997年中国河流污染长度比例为44%，其中劣Ⅴ类水达16%；经过整治，2013年这一比例下降至30%左右，但劣Ⅴ类水仍然保持在15%的高比例上（Wang et al., 2017）。从区域分布来看，北方的地表水污染远远严重于南方。据水利部2015年的统计，海河和淮河

---

① 资料来源：《中国水资源公报（2014）》，http://www.mwr.gov.cn/sj/tjgb/slfztjgb/202312/t2023 1221_1698710.html。

② 资料来源：《中国生态环境状况公报（2017）》，https://www.mee.gov.cn/hjzl/sthjzk/zghjz 千克 b/201805/P020180531534645032372.pdf。

流域的水体污染比例达65%，松花江和黄河流域也分别达到51%和44%，76.9%被监测的主要湖泊都存在富营养化问题。另外，近年来地下水的污染也明显加剧。根据2006年水利部778眼监测井的数据，61%的井水被污染，不适合饮用；2015年，监测样本井达到2013眼，此时地下水的污染率更高，达到80%。水体污染和水资源短缺加剧了缺水地区的缺水形势，在其共同作用下，已经威胁到中国的粮食安全、经济发展及居民生活质量。

气候变化加剧了水资源短缺。水资源会直接受气候变化的影响，降水的不稳定性增加了水资源的利用难度（Cheng et al., 2009）。在中国北方和西南地区显著减少的年降水量和南方异常增加的降雨量，导致了频繁的旱灾和涝灾（Wang et al., 2013）。另外，降水减少也是水位下降的重要气候因素（曹建民、王金霞，2009）。近年来，也有学者通过模拟预测测算气候变化对中国未来的水资源影响。Wang等（2013）通过中国水资源模拟模型（CWSM）得出中国辽河、松花江、海河、淮河和黄河五大流域的水资源供需缺口在2030年会进一步扩大；在全国层面，在RCP6.0情景下气候变化使水资源供需缺口增加2%，在RCP8.5情景下气候变化使水资源供需缺口增加3%。同时，Chaturvedi等（2015）模拟在化石燃料排放定价且生物燃料种植面积扩大的情景下，得出中国、印度等亚洲国家的水需求会急剧增加。

（二）水资源需求急剧增加

随着经济和社会的持续发展，中国对水资源的需求也在飞速增长。自中华人民共和国成立以来，中国全社会用水总量从1949年的1031亿立方米增加到1980年的4437亿立方米，再到2022年的5998亿立方米，增长了近五倍[①]。用水量的增长一方面来自灌溉面积的快速扩张，另一方面源于非农部门用水量的急剧增加。灌溉面积的扩张是中国用水量增加的主要因素。1950—2022年，中国总灌溉面积从1600万公顷增长至7036万公顷，翻了两番多[②]，这直接导致了年灌溉用水从1000亿立方米增长至3781亿立方米。

[①] 资料来源：《中国水资源公报（2005—2022）》，http://www.mwr.gov.cn/sj/#tjgb。
[②] 资料来源：《中国统计年鉴（2023）》，https://data.stats.gov.cn/easyquery.htm?cn=C01。

当然，也有研究认为中国用水需求增加的最主要动力来自不断增长的人口和工业化城镇化进程（Tang，2014；Dalin et al.，2015）。非农部门用水量的增加在提高总用水量的同时，也一直在挤占农业用水。农业一直是最大的用水部门，全球比例为59%，中国目前则高达63%。自1978年以来，工业和生活用水量急剧增加，其占总用水量比例也由13%增长至2022年的31%，农业用水相应减少。另外，近年来生态用水也显著增加，从2014年的104亿立方米（2%）增长至2022年的343亿立方米（约6%），进一步挤占农业用水。中国农业用水量占总用水量的比重从中华人民共和国成立初期的97%下降至1978年的88%，直至2014年才保持在63%左右（Wang et al.，2005）。Starkl等（2014）基于海河支流永定河流域的数据，得出该流域农业用水占总用水量的66%。在华北地区，因地表水资源不足，大量农田灌溉导致地下水超采现象严重，而社会经济的快速发展和气候变化同样加剧了水资源的不足（刘昌明，2014）。井灌区农业灌溉率和深水机井比例的增加会加速水位的下降，农村工业用水需求的增加也是加速水位下降的重要因素（曹建民、王金霞，2009）。可见，未来部门间的水资源竞争将会更加激烈，农业用水将被进一步挤占。

在面对干旱时，部门之间需水矛盾会更加突出，政府往往选择限制农业用水来保证城市用水。例如，从2007年春季起，为保证北京市密云水库、官厅水库的水量、水质，河北省承德市滦平县、丰宁县和张家口市赤城县的农民将不再在潮河流域种植水稻。这项被称为"退稻还旱"的工程，将原有的10万亩高产田水稻全部改种玉米等耐旱农作物。2015年，长春市因为干旱城市缺水时，市政府要求周边县停止灌溉农田，并给予一定补贴，以此来保证城市供水安全。2017年辽宁干旱，政府要做好农田保墒、增墒，抓好抗旱保春耕工作，同时还要完善和落实城乡供水预案，确保城乡群众用水安全，最后不得不引导农民因地制宜，调整农业种植结构，抢抓农时，及时播种。

另外，城镇化进程中造成的水短缺和水污染，也会对农业用水造成影响。伴随城镇化进程的城市用水量的增加过程中，农业用水量总体呈减少的趋势，农业用水占总用水量的比例迅速下降。同时，水污染也加剧了水短缺，秦腾和章恒全（2017）研究了长江流域的农业发展受到水资源短缺和水环境恶化的双重约束，农业发展中的水环境约束强度远远超过了水资源约束强度。

（三）制度和政策因素

除了灌溉面积增加和部门竞争，灌溉管理制度和政策缺乏节水激励等因素也是造成目前在面对日益萎缩的水供给能力时不能有效减少用水需求的重要因素。灌溉用水需求管理框架下的灌溉管理制度和政策包括农业节水技术采用、总量控制与定额管理、地下水灌溉产权制度创新和灌溉服务市场、地表水灌溉管理制度改革和水权交易，以及农业水价政策改革。

农业节水技术采用率较低是目前农业用水效率低下的直接技术原因。从节水灌溉面积上，中国耕地面积只占世界耕地面积的7%，人均耕地不足世界平均水平的1/3，灌溉面积却占了全球灌溉面积的21%，耕地灌溉比例约为49%（印度为23.6%，美国为9%），居世界首位。虽然截至2020年底中国节水灌溉面积为3779.6万公顷，占耕地面积比例上升至26%（占灌溉面积提高到48%），但发达国家的这一比例在20世纪末已高达40%（康绍忠，1998）。灌溉系统的输水效率也是节水灌溉的重要影响因素，有研究显示，中国灌溉水资源在输水过程中的损失率竟然高达55%，是最主要的损失形式（Peng，2011）。最被各方面重视的田间节水，其效率也不容乐观。截至2022年，中国农田灌溉水有效利用系数仅为0.572，显著低于发达国家的0.7—0.9；农作物水分利用率平均为0.87千克/立方米，与以色列的2.32千克/立方米相差甚远。此外，还有研究发现缺少投资、年久失修和管理不善等问题，也导致了灌溉水的低效率使用（Lohmar et al.，2002；王金霞等，2005）。另外，Cremades等（2015）在研究宁夏和内蒙古的灌溉效率时得出仅有40%的低效率，单位用水产出仅为0.46千克/立方米，比全国平均水平还要低。对于灌溉效率，中央政府和水管部门是一贯重视的，其中采用先进的灌溉技术是最常被提起的建议（Starkl et al.，2014；Wada et al.，2014），而且在2011年和2021年的中央"十二五"和"十四五"规划中明确提出灌溉效率和节水技术更新的重要性。

水资源管理制度与政策不配套，导致用水者缺乏节水激励也是造成水资源短缺的重要因素。尽管近20年来中央很重视水资源的管理，并在2011年中央一号文件中特别提出实施最严格的水资源管理制度，明确提出"三条红线"（水资源开发利用控制、用水效率控制和水功能区限制纳污）及总量控制和定额管理等内容，以期实现水资源的可持续管理，但依然缺乏明确的制度路径和有效的实施手段以真正促使农户节水（Wang et al.，2008；Franco et al.，2013）。2012—2024年，以水利部为主的中央多部门连续联合出台了建立和完善水权、水价和水市场等制度的政策文件，期望在制度与政策层面进行节水激励。国际上的大量研究已经证明农业水价提高对灌溉用水需求的抑制作用（Frank and Beattie，1979；Wada et al.，2014），Rosegrant等（2002）研究发现，水价政策在2025年会使中国以损失4%谷物产量的代价减少16%的灌溉用水消耗。而中国以往出于粮食产量和农民收入的考虑，会忽视水价政策在灌溉用水需求管理中的作用，致使农业水价政策至今没有发挥其应有的政策价值，从而不能对农户形成有效的节水激励。当水资源处于短缺的严峻形势时，农业水价政策逐渐显示出其优势与重要性。随着农业水价综合改革的日益深化，水价政策将发挥越来越显著的作用，也将逐步成为研究农业水资源管理的热点。

三 中国水资源短缺的影响

（一）水资源短缺威胁国家食物安全

灌溉是保障农业生产的重要措施，其对全球食物安全发挥着至关重要的作用。灌溉面积与单产的提高共同促进了灌溉农业在粮食生产中的作用。自20世纪60年代以来，全世界灌溉农业面积由16.1亿公顷增加至32.5亿公顷，占农业耕地总面积也相应地由3.5%增长至6.6%。但是目前很多国家的灌溉面积比例都较低，如四个灌溉面积较大的国家中国、美国、印度和澳大利亚，其灌溉面积比例分别约为10.5%、5.5%、36.8%和0.6%[①]。尽管灌溉面积比例总体较低，但由于灌溉农业单产较高，其提供了全球约40%的粮食供给[②]。灌溉在改变农业种植条件，促进农业增产方面发挥了重要作用，也使灌溉农业在战胜饥饿、贫困及营养不良方面发挥了重要作用（Madramootoo and Fyles，2010）。

---

① 世界银行：农业灌溉面积指标，2022年12月31日，https：//data.worldbank.org/indicator/AG.LND.IRIA.AG.ZS

② 世界银行：《世界发展报告（2010）》，2010年1月1日，https：//hdr.undp.org/content/human-development-report-2010。

中国拥有世界上最庞大的灌溉系统，灌溉农业也是中国最主要的农业形式，所以灌溉对保障中国粮食安全具有非常重要的作用。农业生产的增长与灌溉面积的增加有重要联系（Foster et al.，2015；Huang et al.，1995），目前中国大约65%的粮食作物、75%的经济作物和90%的蔬菜作物都是灌溉农业的产物，而且中国的灌区有效灌溉面积已经从1982年的2077.7万公顷增长到2021年的3549.9万公顷。由于灌溉面积的扩展，2022年中国粮食产量在过去的近70年间增长了4.49倍，是1978年的2.25倍①。

随着灌溉农业的发展，单纯的地表水已经不能满足灌溉需求，自20世纪70年代以来，新增灌溉项目的水源大部分是地下水，地下水资源在中国农业生产（尤其是在北方地区）中的作用越来越重要（王金霞，2000）。20世纪50年代初，中国北方几乎不存在地下水灌溉，在70年代这一比例增长至30%；改革开放之后，北方在地下水灌溉面积的比例进一步扩大，最终增长至70%（Wang et al.，2008）。可见，灌溉已经深深影响了中国的农业生产。

水资源的过度开采已经导致了严重的环境后果，如地面下沉、海水倒灌和生态系统退化等（Liu et al.，2001；Foster et al.，2004；Fan et al.，2006；Cai and Ringler，2007），而且水资源短缺更会威胁中国粮食安全。从中国进出口额当量来看，其粮食生产也很可能对国际粮食市场的供需形势产生冲击，进而影响国际粮价，所以中国的水资源短缺也能够撼动世界粮食安全（Brown and Halweil，1998；Hanjra and Qureshi，2010；Madramootoo and Fyles，2010）。所以，粮食自给是中国政府的一贯态度，其保障率设定为95%。随着国内食物需求的增长和日益多元化，以及水土资源的限制，粮食安全正在受到挑战。

水资源日益成为限制粮食生产的关键因素（Hanjra and Qureshi，2010），水土资源的可持续利用是粮食安全的关键（王金霞，2008）。根据Chen等（2014）的测算，在过去20年中国受水资源短缺影响的作物面积增加了16%，导致的粮食减产达到每年2700万吨。水资源短

---

① 资料来源：《中国统计年鉴（2001—2023）》，https：//data.stats.gov.cn/easyquery.htm?cn=C01。

缺影响粮食安全主要是通过影响粮食单产和作物种植结构两种途径实现的。水资源短缺限制土地的生产能力，尤其是在依靠灌溉的中国北方地区（Lohmar and Wang，2002；李玉敏、王金霞，2013）。中国75%的灌溉粮食产自水资源日益短缺的北方流域，其中海河和黄河流域贡献了40%的灌溉粮食产量（Wang et al.，2017），这些地区因缺水而导致的单产降低极其明显。也有学者认为，增加用水集约型作物的种植面积可以缓解中国水资源短缺问题（Lohmar and Wang，2002），可是作物结构的调整势必影响耗水量高的粮食的种植面积，对粮食安全产生威胁。水资源越短缺，农民就越可能倾向种植对灌溉依赖程度低、需水量小的作物（如大豆），减少对灌溉依赖程度较高的作物的种植面积（如水稻和小麦）。另外，水资源保护和粮食安全在短期内确实需要权衡（Dalin et al.，2015）。有研究表明，如果减少中国3%的粮食自给率，将会减少14%的灌溉用水量，约为148亿立方米（Dalin et al.，2015），但这些取舍是否值得，有待进一步研究。

气候变化通过影响水供给间接影响了粮食生产。气候变化导致的水资源短缺，会使更多的农民把单产较高的灌溉用地转为单产较低的雨养地，从而影响粮食安全（Wang et al.，2017）。特别是极端灾害，将直接导致灌溉作物损失，其中旱灾通过影响水供给对中国农业产生巨大的影响。据估计，中国旱灾受灾面积从20世纪50年代的1160万公顷增加至21世纪的2510万公顷，增长了一倍多（Chen，2014）。同时，旱灾的成灾面积（单产损失大于30%）也由360万公顷增长至1460万公顷，增加了近三倍，最终导致在1990—2010年，年平均因旱灾减产的粮食达到2830万吨，约占中国粮食总产量的5%，经济损失330亿元（Ju et al.，2013）。

中国农业产量取决于灌溉条件，但水资源短缺限制了灌溉农业的可持续发展。一方面，农业需水不断增加，灌溉面积持续扩张。截至2022年，中国农田有效灌溉面积达10.56亿亩，仅占全国耕地面积的55%左右，却生产了全国80%的粮食。农业是用水大户，中国农业用水效率不高，节水灌溉工程面积达到5.15亿亩，节水灌溉工程占有效灌溉面积的比例为50%，农业节水潜力还很大，中国农田灌溉效率也不断提升，农田灌溉水有效利用系数达到0.572，在保持粮食连年丰收的同时，农业灌溉用水总量实现20年零增长。同时应注意到，虽然确保农业用水已经成为保证粮食产量的最重要因素之一，但要满足农业灌溉需求，就不得不抽取地下水，同时干旱年份里农作物需水更多（Grogan et al.，2015）。在缺水的农村，农民倾向种植对水依赖程度低的作物（李玉敏、王金霞，2009）。

尽管中国农业用水量呈下降趋势，但流域间也存在异质性。1997—2023年，农业用水量在松辽流域、西南诸河流域和内陆河流域有所增加（见图1-3），主要是因为松辽流域和内陆河流域逐渐成为中国农产品生产的主要基地，而西南诸河流域由于本身农业用水量全国最少，虽有上升但幅度也不大。同期，其他6个流域中，由于黄淮海3大流域本身水资源短缺，且在农业生产中产生了诸多生态环境和地质问题，在中国启动城镇化战略之后，有限的水资源也优先供给城镇化、工业化的发展，农业用水量便逐渐降低了。长江、珠江和东南诸河流域虽然水资源本身较为丰富，但这3个流域也是中国城镇化、工业化发展最快的地区，劳动力在产业间转移力度较大，农业用地转换为城镇和工业用地，也使农业用水量有所减少。

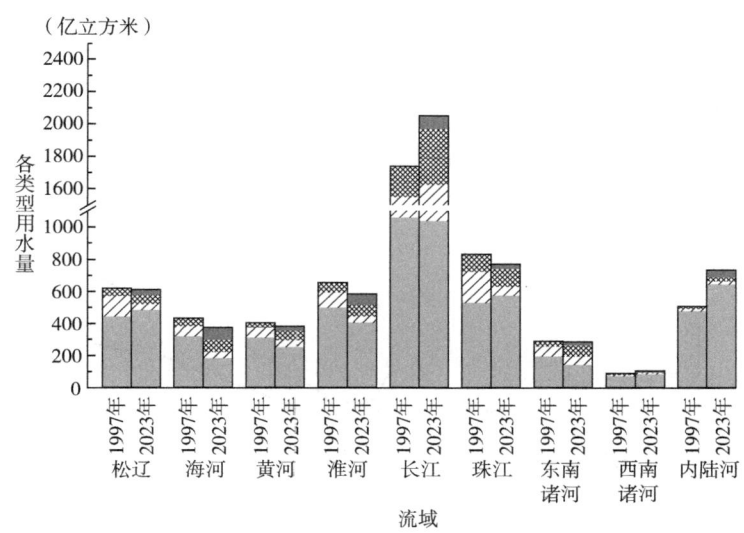

图1-3　1997年与2023年九大流域水资源使用量对比

资料来源：《中国水资源公报》。

城镇化进程中水资源短缺也对粮食安全造成负面影响。一是城镇化进程本身对水资源具有极大的需求，再叠加上自身排放的污水影响了自然界水资源的使用价值，又进一步加剧了水短缺。二是由于粮食作为农产品本身具有弱质性，城镇化进程不仅占用耕地扩大城市面积，再加上中国水土资源不匹配，尤其是北方地区地多水少，且水污染严重，过度的抽取地下水作为城市供水和灌溉用水已经形成了地下水漏斗区。所以，城镇化和工业化有可能进一步挤占农业用水，影响粮食安全，不得不引起重视。

随着中国城市化的推进，以及人民生活水平的提高，中国消费粮食增加速度大于粮食增产速度，粮食缺口逐年增大。图1-4显示，1980年中国粮食总产量为3.21亿吨，从2003年开始的粮食产量"十二连增"，使2015年中国粮食总产量达到6.6亿吨，之后基本稳定在6亿吨之上缓慢波动增长，至2022年中国粮食总产量达到6.87亿吨。与此同时，2003年中国粮食进出口基本持平，之后中国粮食进口大幅超过粮食出口，到2022年达到1.46亿吨，占当年全国粮食产量的21.3%（国家统计局，2023）。另外，放眼世界，世界人均水资源量最低的非洲地区，其人口生育率保持在世界首位，在可见的未来将形成庞大的人口，

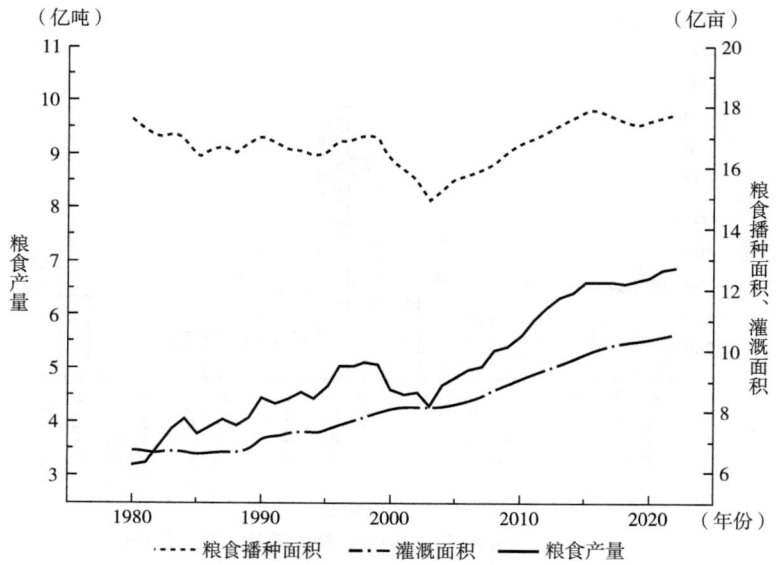

图1-4 中国粮食产量、播种面积及有效灌溉面积演变

资料来源：历年《中国统计年鉴》。

且其城市化也在不断推进。如果不能改变非洲目前粮食生产能力较低的局面，未来其也将对粮食进口需求强劲，很可能导致国际市场粮价大幅上涨，甚至可能引起国际政治纠纷。

中国粮食增长的代价之一是化肥农药的高投入，这也造成了一系列生态环境问题。中国在占世界7%的耕地上使用了占世界35%的化肥生产了全球25%的粮食。中国农药使用量是世界平均水平的5倍。过量地使用化肥农药，不但损耗基础地力，而且会造成面源污染。农业面临氮肥施用过度，造成地表水体氮浓度超标，且超标省份基本是北方缺水的省份（Rui et al., 2018）。为此，2015年农业部提出了《到2020年化肥使用量零增长行动方案》和《到2020年农药使用量零增长行动方案》两个方案来应对日益严重的农业面源污染问题，提出在2020年以前实现化肥农药零增长的目标。在国家政策的大力执行之下，2016年农药使用量实现了零增长，2017年化肥使用量实现了零增长，提前三年完成了既定目标（见图1-5）。在提升化肥农业利用率的同时，如何才能保证粮食安全，国家提出高标准农田建设，使以前的"望天田"变成了"高产田"，其中建设的重要项目即水利设施。水利灌溉成为中国粮食安全的重要保证。

正如图1-5所展现的，中国化肥和农药使用量已经出现历史性的拐点，与此同时灌溉面积则一直在稳步提升，近些年由于国家提出的高标准农田建设，使灌溉面积增加速度还有提升[①]。水利基础设施的建设的确有利于中国农业生产的产出，但是目前中国所处的阶段，正是城市化和工业化蓬勃发展的时期，而它们也对水资源提出了大量的需求。同时应该看到中国的水土资源并不匹配，尤其是在黄淮海流域，人均水资源量极低，但同时其也是中国农业主产区，拥有66200万亩耕地，亩均水资源量却只有180立方米。如何在城市化和工业化进程中，利用有限的水资源尽量最大化中国粮食综合产量，以度过2030年人口顶峰，保障

---

① 中国粮食生产主要依赖灌溉。自20世纪50年代起，为了实现粮食安全目标，中国政府大量投资水利。从20世纪50年代到1978年，有效灌溉面积翻了一倍有余，从1600万公顷增长到4805万公顷，直到2022年灌溉面积已经达到6782万公顷，占耕地面积的一半（国家统计局，2018）。与雨养用地相比，灌溉用地的生产能力是其两倍，70%以上的粮食产量、80%以上的棉花产量和90%以上的蔬菜产量均来自灌溉用地。

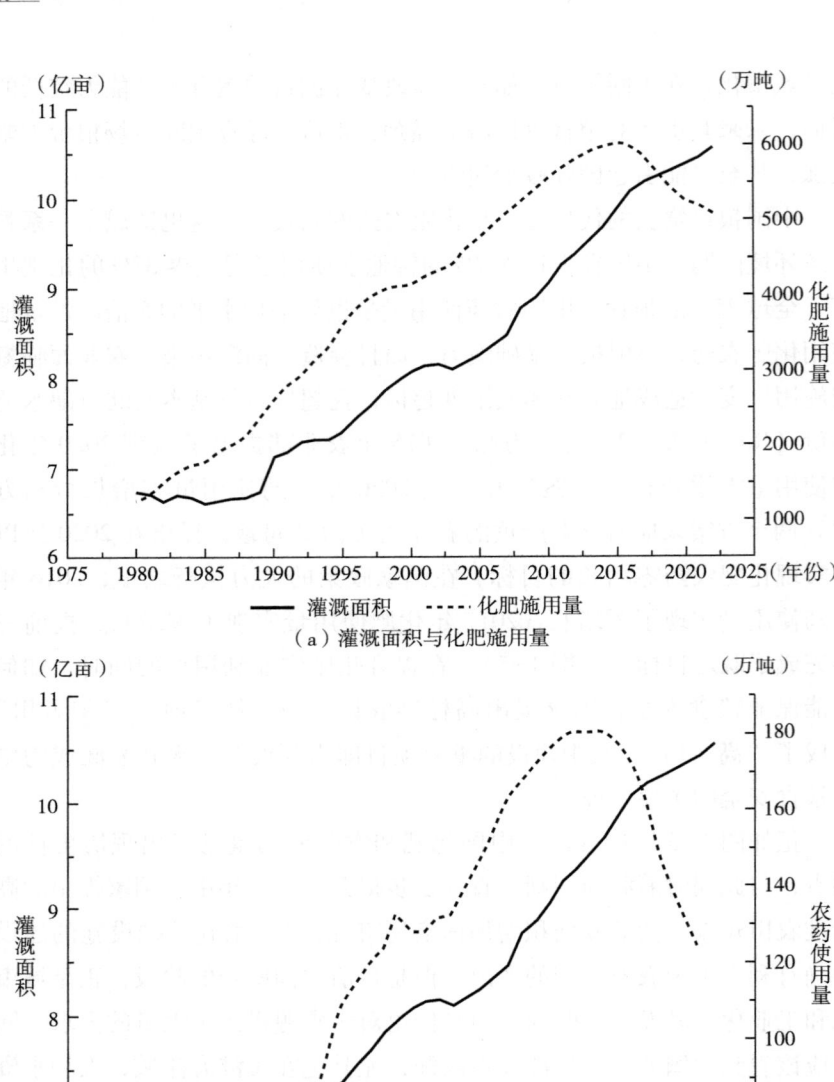

图 1-5 中国粮食生产灌溉面积、化肥施用量及农药使用量历史演变

资料来源：《中国统计年鉴》《中国农村统计年鉴》。

中国粮食安全成为中国必须直面的时代问题。

（二）城镇化进程中的水资源安全挑战

城镇化是指人口由农村向城市的转移集中的过程，是现代文明的标志，也是规模经济发展的必然结果，城镇化已经成为中国经济社会发展的重要引擎，其对经济发展方式具有重大影响，同时不可避免地带来巨量的水资源消耗。一方面，城镇化是各种资源，如人口、资本、自然资源等各种要素向城镇高度集中的过程，使城镇人口、社会消费和经济规模不断扩张，引发巨大的水资源需求；另一方面，城镇化对居民的生活方式与用水习惯产生影响，使每个农村居民向城镇居民转变的过程中都伴随着大量的新增水资源消耗。根据联合国经济和社会事务部发布的《世界城镇化展望（2018）》报告，全球城市人口总量到2050年将增加25亿人，其中中国将新增2.55亿人，并且世界的城镇化率将由目前的55%增长到68%，在新增的城市人口中将高度集中在几个国家，其中印度、中国和尼日利亚3国城市人口将占增幅的35%。与此同时，中国2018年城镇化率仅为59.58%（见图1-6），距离诺瑟姆城市化三阶

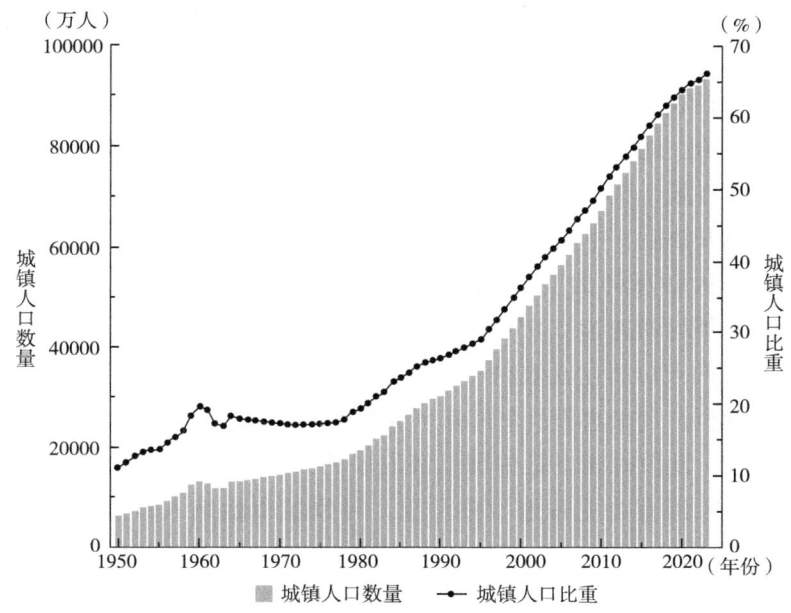

图1-6 中国城镇人口数量变化

资料来源：历年《中国统计年鉴》。

段理论中70%的稳定发展阶段城镇化率的转折点还有一些距离，中国还处于城镇化率快速提升阶段。显而易见的是，中国的区域供水和不同行业用水将在未来一二十年内面临城镇化的严重挑战，这使水资源与城镇化的关系问题成为越来越多研究者的关注对象。秦腾等（2018）研究了长江经济带城镇化进程中的水资源约束效应问题，发现长江经济带城镇化进程的速度比没有水资源约束时下降0.6%。

在中国城镇化进程中，水资源需求量稳步提升，需水结构也随着城镇化进程发生相应变化。中国总供水量从1949年的1031亿立方米增加到2022年的5998.2亿立方米，总供水量已经增长到接近中华人民共和国成立时的六倍，且供水量的增长速度和用水结构却呈现明显的阶段性特征[①]。中华人民共和国成立后到改革开放之前，城镇化率先增后降，全国供水总量却快速增加，主要在于灌溉用水提升。城市人口从1949年的5765万人增加到1980年的19140万人，从占全国的10.64%增加到占全国的19.39%。同期，全国供水量从1031亿立方米增加到4406亿立方米，其中，20世纪50年代供水量年均增长率达到7.1%，六七十年代增长率为3%—5%。在这两段时期供水量增加的原因主要是满足农业灌溉用水的需求，中国在这一段时间仍然属于农业国，80%以上的人口生活在农村，需要依靠兴修水利保障灌溉，从而提高粮食产量，保证粮食供给。此阶段中国总人口迅速增加，但城镇人口基本维持稳定，增长幅度有限，城镇化率还出现了先增加后下降的现象。

改革开放后，中国城镇化进程正式结束了其踟蹰不前的状态。中国城镇化率从1978年的17.92%逐渐上升到1995年的29.04%，这段时期城镇化率年均增速为0.65%，虽然有较大幅度提升，但是全国仍然有超过70%的人口居住在农村，并且此时中国城市建设水平落后，供水设施不健全，自来水普及率只有50%左右（见图1-7），城市供水矛盾还不严峻。此段时间也是中国经济发展的波折期，1988年的严重通货膨胀，以及国有企业普遍亏损严重，导致城市接纳人口的能力有限。

---

① 1949年中国总供水量中97%用于农业，2%用于工业，只有1%用于生活；2022年，农业用水占比已经下降到63.0%，而工业用水占比上升到16.2%，生活用水占比上升到15.1%，同时随着对生态环境的认识加深，人工生态环境补水量不断增加，达到342.8亿立方米，占用水总量的5.7%。

1992年邓小平南方谈话之后，中国共产党第十四次全国代表大会确定了社会主义市场经济体制改革目标，人口、资本流动障碍被进一步破除，城市对外开放幅度加大，以市场化为导向的工业化推动着城市化的大力发展。

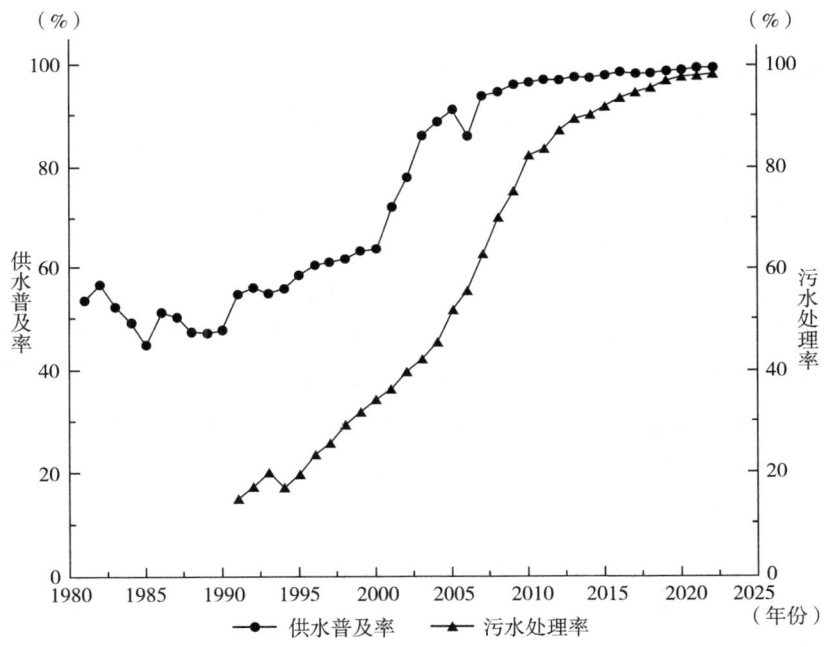

图1-7　中国城市供水普及率与污水处理率

资料来源：历年《中国城市建设年鉴》。

随着城镇化进程的推进，生活用水和工业用水比例持续上升。社会主义市场经济体制确立不久之后，1995年中央通过《关于国民经济和社会发展"九五"计划和2010年远景目标建议》①，在经济上决定"抓大放小"，此举进一步解放了城市的经济活力，人口进入城市的速度也大幅提高。1995—2018年，中国城镇化进程进入高速增长阶段，年均

---

①　资料来源：《关于国民经济和社会发展"九五"计划和2010年远景目标建议》，1996年3月18日，中国政府网，https://www.gov.cn/test/2008-04/21/content_950407.htm。

增速高达1.33%，每年有超过2000万人口涌入城市，其中2010年的进城人口达到最高峰的2500万人，这一年中国的城镇化率达到49.95%，历史上第一次逼近50%关口。与此同时，随着1998年7月国务院发布《关于进一步深化城镇住房制度改革加快住房建设的通知》，从此中国房地产业进入市场化发展阶段，城市住宅建筑和相应的基础设施快速发展了起来，结果就是城市人口增加的同时，城市供水普及率也提升了，2005年超过90%，2018年后达到98.7%。随着城市人口的不断增加，生活用水量也在同步增加，从全国生活总用水量来看，从1949年的10亿立方米增加到1978年的50亿立方米，再到1997年的525.15亿立方米，直到2022年的905.7亿立方米；从占总需水量的比例来看，1949—1978年保持在1%，但是到1997年生活用水比例已经增长到9%，再到2022年的15%。同时，工业用水自中华人民共和国成立以来也有大幅增长，从1949年的24亿立方米，增长到1978年的520亿立方米，再到1997年的1121亿立方米，到2017年的1277立方米，之后减少到2022年的968亿立方米；相应的占比，从1949年的2.3%增加到1978年的11.6%，再到1997年的20.1%，直到2017年的21.1%，2022年有所下降并稳定在16.2%。从生活用水和工业用水占总用水量比例的变化趋势可以看出，中华人民共和国成立以来，生活用水和工业用水的比例都在上升，且中国的工业化与城镇化不同步，工业化先于城镇化。

中国城市化处于中期阶段，未来人口将进一步向城市聚集。按照诺瑟姆城市化三阶段理论，未来的城市化还有很长一段高增长时期。李善同等（2017）综合三种不同方法预测到2030年中国的城市化率将达到68.38%。全国层面的人口总量与分布已经有国家规划和相关研究。根据国务院印发的《国家人口发展规划（2016—2030年）》，到2030年全国总人口数达到14.5亿左右，常住人口城镇化率达到70%。中国社会科学院预测，由于中国2015年全面放开"二孩"政策，中国总人口的高峰将相对于联合国的预测往后延迟3年至2029年，届时人口高峰为14.5亿人。这14.5亿人将有70%分布于城市，也就是说有10.15亿人将生活于城市，也就是说在2017年的基础上还将有约2亿人进入城市。

在城市人口和供水普及率提升的同时，还存在城市的生活方式与农村生活方式的转变。一是城市生活人均用水量超过农村人均生活用水量。2017年，城镇居民人均生活用水量（含公共用水量）为221升/天，而农村居民人均生活用水量为87升/天[①]。计算《中国水资源公报》25年来城镇与农村居民生活用水量的数值可以发现，城镇居民生活用水量已达到农村居民生活用水量的2.7倍。二是城市与农村相区别的另外一个生活方式是人群的集中与分散。城镇化进程中，农村居民从上百万个村庄汇聚到几百个城市，但自然界的水资源是不会因为人群的聚集而跟随改变分布，此时城市对水资源的集中需求便带来了城市缺水问题，需求越大带来的缺水问题越严重。住房和城乡建设部的数据显示，中国657个城市中，有400多个城市缺水，其中110个城市严重缺水（Wang et al.，2013）。

所以，水资源已成为中国城市发展的瓶颈。城市的发展主要靠产业和人口聚集，但中国的水资源量与人口分布的匹配度较差。封志明等（2014）研究了中国人口分布的水资源的限制性，发现2000—2010年中国水资源限制度上升，水资源限制人口分布的程度增加。倪红珍等（2017）研究了高耗水工业效率的地区差异，认为中国存在产业布局与水资源不相适应的问题。城镇化进程还会继续对水资源提出需求，这将进一步加剧中国城镇化进程中的水资源安全挑战。

城镇化进程不仅导致对水资源的刚性需求增大，带来的水污染也加重了水资源短缺。从全国总体看，缺水类型已逐渐转换为水质型缺水。城市化与工业化发展，污水排放量逐渐增大，导致的水质型缺水，使中国从水量危机又叠加上水质危机，进一步加重了水资源短缺。改革开放40多年的发展，在人口增加的同时城市化率明显提升，在这一进程中产生的废水、废气、废渣直接进入水环境，严重影响了供水水质。形成了目前城镇人口增加与可用水资源减少之间的矛盾。2015年9月25日，联合国193个成员国在千年发展计划的基础上，通过了可持续发展目标，将其作为国际商定的全球未来发展目标。考虑到环境发展的复杂

[①] 资料来源：《中国水资源公报（2017）》，http：//www.mwr.gov.cn/sj/tjgb/szygb/201811/t201811 16_1055003.html。2022年，统计口径变为人均生活用水量为176升/天，人均城乡居民生活用水量为125升/天。

性，可持续发展目标由 8 项增加到 17 项，此次目标制定把清洁饮水与卫生设施单独列为一项。

工业发展同样离不开水资源，尤其是高用水工业行业。谢丛丛等（2015）通过分析中国工业行业中的高用水行业，认为电力热力的生产和供应业，化学原料及化学制品业，黑色金属冶炼及压延加工业，造纸及纸制品业，纺织业，石油加工、炼焦及核燃料加工业为中国高用水行业。中国许多能源基地城市因为水资源的短缺造成了社会发展缓慢或者转型困难，如新疆的克拉玛依、辽宁的鞍山、安徽的淮北。

第二节　水资源需求管理策略与水价政策

一　从供给管理策略到需求管理策略的水资源现代化治理体系

在全世界范围内，水资源管理的理念发生着系统性变化，具体包括从防洪到多功能服务、从供给管理到需求管理、从分散管理到综合管理、从行政手段为主到综合运用经济政策及市场手段四个方面。目前中国的水资源管理思路由习近平总书记 2014 年在中央财经领导小组第五次会议首次提出，即治水必须坚持"节水优先、空间均衡、系统治理、两手发力"的思路，此后这十六个字成为新时代治水事业的根本遵循。其中，从供给管理到需求管理契合了中国新时代治水思路。

传统上，中国政府对水资源主要实行供给管理策略。所谓供给管理，就是"以需定供"，即根据水资源需求来决定水资源的供给量。此时，政府的主要任务就是兴建水利工程，开发利用水资源以满足社会经济发展的需要。如兴建灌区渠系、水库、塘坝、机井等水利设施来利用本地水资源；启动跨流域或跨区域调水工程（如南水北调工程）使用外地水资源。这种策略假设水资源短缺主要是因为缺乏水利工程和相应投资，而具有节水效应的水利工程的运行维护等管理就没有被重视。如20 世纪 50 年代到 80 年代，中国政府投入大量的人力、财力、物力用于修建水利工程，其中水利基建投资占全国基建投资的比例均值约为 8%，最大值高达 11%。然而，供给面管理措施受限于自然水源、社会、经济和政治等因素制约，边际开发成本越来越高。此种形势下，全社会必须考虑"节水优先"。

需求管理策略就是一系列瞄准节水目标、提高用水效率的政策体系，其基本要求就是"以供定需"，即根据可供水量确定社会经济的发展规模，社会经济的用水量不能超过可供水量。需求管理策略具有以下三个方面的特点：一是以统筹兼顾为根本方法，即统筹兼顾供需双方，统筹兼顾"节流"和"开源"；二是统筹兼顾区域内外社会经济系统，即统筹兼顾不同区域、不同部门等对水资源的需求；三是以可持续利用为最高准则，即以追求水资源的代际均衡和永续利用为控制原则，达到可持续的供需平衡。目前实施的"三条红线""四水四定"政策就是水资源需求管理的实践。值得注意的是，需求管理策略坚持政府作用和市场机制"两只手"协同发力，即强调要充分发挥市场在资源配置中的决定性作用，并更好地发挥政府作用。目前，全面履行水治理中的政府职能包括建立健全水利法治体系、加强规划统筹引领、提高政府监管效能、推行水资源税改革、提供优质水利公共服务；充分发挥市场机制作用则包括建立符合市场导向的水价形成机制、加快推进用水权市场化交易、创新水利投融资体制机制、探索建立水生态产品价值实现机制。水资源作为基础性的自然资源和战略性的经济资源，在水资源配置中需要更好地发挥政府作用，管好那些市场管不了或管不好的事情，同时要充分利用好市场机制，发挥其对水资源节约、配置和利用的调节作用，不断推进市场和政府作用相辅相成、相互促进。

二　水价政策：一项重要的水资源需求管理策略

如今，"以需定供"的策略已难以为继，转变为"以供定需"的策略已迫在眉睫。过去中国水资源管理的思路以满足供给为主。在中华人民共和国成立后，百废待兴，工业和城市规模都不大的情况下，强调供给是满足生活与生产的需要，并且当时也没有水价的概念，把水当作天然的取之不尽、用之不竭的物质。供给管理粗放，忽视水的经济效益和生态环境效益，随着城市人口与工农业产值的逐年增加，由于粗放供给管理难以适应当前的环境，造成供水与用水的矛盾逐年积累。

相对于供给管理，需求管理弥补了供给管理的缺陷，更加适合在缺水的情况下采用。为此，国家在第十个五年计划中首次提出了建立节水型社会的目标，2002年《中华人民共和国水法》明确规定"要全面建设节水型社会"。自此，节水型社会建设的试点示范工作开始推进。

2009年，为了加快节水型社会建设、促进水资源可持续利用和经济发展方式转变，水利部提出要实行以"三条红线"（用水总量控制、用水效率提高和排污总量控制）为核心的最严格水资源管理制度；2012年，《国务院关于实行最严格水资源管理制度的意见》颁布。在国家建设节水型社会的宏观决策影响下，近五年有关城市节水的政策文件陆续出台；各地政府都把节水型城市建设作为城市发展的核心战略之一，从水利工程建设、城市水价和水权改革到节水技术推广等都开始建立起较为系统的政策支持体系。

节约用水已经成为中国水资源管理的政策目标。2017年住房和城乡建设部和国家发展改革委联合印发了《城镇节水工作指南》，强调推进节水型城市建设，要求省级住房城乡建设、发展改革部门要对照"水十条"确定的"到2020年，地级及以上缺水城市全部达到国家节水型城市标准要求，京津冀、长三角、珠三角等区域提前一年完成"的目标要求，明确本省（自治区、直辖市）地级及以上缺水城市名单。2014年3月，习近平总书记明确提出"节水优先、空间均衡、系统治理、两手发力"的新时期水利工作方针。节水成为国家战略的明确要求，必须量水而行，不可无视水条件，任性而为。在城市节水方面，加快城市供水管网技术改造，减少"跑、冒、滴、漏"现象，全面推广使用节水型器具，从技术改造方面进行节水。在工业节水方面，加强工业节水技术改造和循环用水，逐步淘汰高耗水的落后产能，新建、改建、扩建的建设项目必须落实节水"三同时"制度。在农业节水方面，积极推广低压管道输水、喷灌、滴灌、微灌等高效节水灌溉技术，抓好输水、灌水、用水全过程节水。

中国缺水又浪费水，再加上污染水，节水工作任重道远。国家为此提出了许多提高用水效率的措施。国家在应对水资源短缺和滥用的现状下，水价、水权管理制度，以及节水技术等措施来提高用水效率。其中水价是需求管理的重要措施，市场经济条件下，实现水资源优化配置的最佳方式是采用价格的杠杆作用，使水资源流向边际收益最大的方向。水资源的可持续利用能否实现，已经成为中国社会经济可持续发展的重要问题（贾春宁等，2005）。随着水资源管理制度由供给管理向需求管理的转变，作为调节水资源供求的水价在控制水资源需求的快速增长、提供节水激励、优化配置水资源方面发挥着越来越大的作用（卞菲，2011）。

中国对改革水价政策非常重视，出台了一系列完善水价的政策文件。目前，中国城市水价结构基本完善。城市供水价格即到户价，由自来水价格（原水费、管网建设和维护成本）、污水处理费、水资源费构成。国家逐一出台的政策校正了水价扭曲的现状，提高了用水效率，纠正了城市水资源配置效率低下的现状。多位学者回顾了中国水价形成机制的历史，认为水价体制改革的重点和关键在于水价形成机制改革（姬鹏程，2009；方耀民，2008）。

水价在水资源管理中起着至关重要的作用，合理的水价有利于资源的有效利用。水的影子价格反映了水资源的供需状况和稀缺程度，可以成为制定合理水价的重要参考。Liu 等（2009）结合水资源投入占用产出表和线性规划法计算出了 1999 年中国九大流域的工业用水和生产性用水的影子价格，发现工业用水影子价格在东南诸河流域、珠江流域、长江流域和西南诸河流域与当年实际工业水价相似，剩下的北方流域，工业用水影子价格是实际价格的 2—3 倍。同时，应用非线性模拟的方法模拟工业用水和生产性用水到 2020 年和 2030 年的影子价格，发现海河流域和淮河流域的影子价格未来最高。笔者紧接着又计算了 2002 年全国及九大流域农业用水、工业用水、生活用水和生态环境用水的影子价格，发现工业用水和生活用水影子价格较高，其次是生态环境用水，而农业用水的影子价格最低，其主要原因：一方面，不同用途的水资源对水质的要求不一样，要求水质等级越高越稀缺，影子价格就越高；另一方面，不同用途的水资源创造的价值不同，创造价值越高的水资源，其影子价格越高。从不同流域不同用水的影子价格比较来看，因为水资源的稀缺性和单位用水量创造的 GDP 的不同，海河流域的影子价格位居全国第一。之后，应用非线性模型模拟了 2015 年和 2020 年全国及九大流域农业用水、工业用水、生活用水及生态环境用水的影子价格（刘秀丽、邹璀，2014）。

（一）农业水价政策——精细化灌溉用水需求管理

尽管中国面临严峻的缺水形势，但目前仍存在普遍的水资源浪费情况，集中表现为农业节水技术采用率较低，使用水效率低下。中国灌溉面积占全球灌溉面积的21%，居世界首位；但灌溉农业中节水灌溉面积比例仅为8%，远低于发达国家的40%（康绍忠，1998）。而且中国灌溉系统的输水效率也较低，在输水过程中的损失率高达55%（Peng，2011）。另外，中国灌溉用水的利用系数只有0.53，低于发达国家0.7—0.9的水平。

自20世纪50年代以来，中国政府坚持"以需定供"的传统供给管理策略。这种供给管理策略主要通过"兴修水利设施，增加供水量"的方法，投入大量的人力、财力、物力用于修建水利工程，以满足灌溉用水需求。但是，这种管理策略受限于社会、经济和政治等因素制约，使其边际开发成本越来越高。如南水北调工程，总投资达到620亿元，至少导致30万居民搬迁（Freeman，2011）；Zhang（2009）计算其包括生态成本在内的总成本，得出其成本水价高达20元/立方米，远远高于5元/立方米的海水淡化成本。面对这一形势，水资源"以需定供"的传统供给管理策略亟须转变为"以供定需"的需求管理策略。

需求管理是政府部门在水资源有限的条件下，运用有效的管理、制度和政策解决水资源短缺问题，促进水资源和经济社会的持续发展。越来越多的迹象表明，缺乏有效的水资源管理、制度与政策是加剧水短缺的重要原因（Dalin et al.，2015；刘昌明，2014），而灌溉用水的需求管理是一系列的管理、制度与政策的创新。水利部于2009年提出了以"三条红线"（总量、效率、污染）为主的最严格的水资源管理制度就是需求管理的体现，这一制度明确要求用水效率的提高。最严格的水资源管理制度是一种基于行政命令的水需求管理策略，而需求管理包括灌溉系统产权制度创新、灌溉管理制度改革、灌溉服务市场、灌溉水价政策改革、农业节水技术采用、水权制度与水市场、总量控制与定额管理等。

农业水价政策是最典型的一种基于经济激励机制的需求管理策略。由于农业一直是用水量最大的部门，对其进行水价改革的节水潜力也最大。研究表明，农业水价是灌溉用水需求管理的一项有效手段，它能最直接地激励用水农户节约灌溉用水量（Chen et al.，2014；Cooper et al.，2014；Sun et al.，2016）。尽管，农业水价对用水量的作用受到灌溉用水需求价格弹性和灌溉用水经济价值的制约（Hendricks and Peterson，2012；Shi et al.，2014），使农业水价的作用不会总是显著，但总体上农业水价对减少灌溉用水量发挥着积极的作用（Huang et al.，2010；Schoengold and Sunding，2014；刘莹等，2015）。基于以上对农业水价的认识，水利部把农业水价改革作为水资源需求管理改革的一个重点。特别是在中央推行农业水价综合改革之后，水利部门将农业水价综合改革作为农田水利改革的"综合平台"，利用这个平台综合推进农业水权制度建设、小型农田水利工程产权制度改革、水利基层服务体系建设、农田水利工程管护责任主体落实，以适应农村生产方式的变革。另外，农业水价综合改革还包括末级渠系改造和用水协会建设两个方面。在农业水价确定上，逐步实施计量收费、终端水价、分类水价、超定额累进加价、水资源费和创新定价机制（包括精准补贴和节水奖励机制）等政策。

（二）城市水价政策——缓解农业可利用水量

中国水资源管理制度从供给侧向需求侧转变。中华人民共和国成立后，因为中国兴修水利，不断形成新的供水能力，既满足了灌溉需要也满足了生活和生产的需要。此时强调水的公益性和福利性，无偿供水。随着生产生活对水资源需求的增加，城市逐渐出现水资源短缺，同时生活生产引起的水污染又进一步加剧了水资源短缺。"以需定供"不断增加供给的策略已经难以为继，2011年中央一号文件中强调要守住用水总量的红线，关键要推进水资源管理从供水管理向需水管理转变。Wang等（2015）分析了中国水资源的供求和用水效率情况，认为用水需求管理是保障不断增长的人口和经济发展所需用水的唯一选项。水资源需求管理一般采用两种政策：一种是数量政策，另一种是水价政策（王晓君，2013）。数量政策具有公开、民主、成效大的优点，但同时也面临灵敏度低、成本高、技术难度大的缺点，属于一种长期调控策略，如国家实行的最严格水资源管理制度，用水总量控制、定额管理制度以及水功能区限制纳污制度。相较而言，水价政策因为更加灵活、实行成本低等优点而被认为是解决水资源短缺问题的重要手段。

水价政策在城市能够起到比较明显的作用，主要是因为城市用水需求与农村用水需求相比，城市水务市场发育良好，价格机制能够有机会起作用。对于城市水价的研究，国外学者起步较早，国内学者起步较晚，且研究范围往往局限于一个或少数城市，样本量比较少。这与城市化进程早晚相关，欧美发达国家更早完成了城市化进程，也能够更早意识到并研究此类问题，中国直到20世纪90年代才进入城市化快速发展阶段。中国城市化进程还远未结束，目前正处于城市化中后期，未来10年仍然是城市化较快发展阶段。中国采取的城市化模式的副作用就是一方面会占用耕地（Deng et al.，2015）；另一方面城市的水资源供给优先级较高，使城市满足生活和生产用水需求增大，那么用来满足农业生产用水的水资源量必定会减少，灌溉不足会严重威胁到中国粮食安全。解决水资源短缺是重大的时代问题，使用价格杠杆作用抑制城市中不合理的用水需求是一个被历史证明较为有效的方案。

相比传统城市用水水源，再生水为城市用水和农业用水积累可用水量存在较大潜力，其水价也是未来调节可用水量的重要政策工具。为贯彻落实党中央、国务院关于污水资源化利用的决策部署，2021年12月，水利部牵头6部门编制印发《典型地区再生水利用配置试点方案》，提出选择典型代表性强、再生水利用配置基础好、再生水需求量大的县级及以上城市开展试点。随后，各试点城市在再生水使用价格优惠和补贴方面进行探索。然而，再生水价格优势不明显。因原水水质、出水水质、用户分布、生产规模等因素不同，再生水生产企业之间成本差异较大，成本在1.5—4.5元/吨，有些处理成本甚至高于自来水。试点城市普遍反映，再生水生产成本高、投资风险较大，在没有政府补贴价差的情况下，再生水与地表水、地下水相比缺乏市场竞争力，再生水厂、用水户供需两端的积极性均不高。

第三节 农业水价模式及其时代挑战

相对于农业水价模式，城市生活与工业水价模式及其变化趋势在全世界是比较明确和一致的。城市生活和工业部门用水一般发生在特定空间和时间内，所追求的目标在于发挥水源的效用最大化。在此基础上，相应的水价模式特征也是逐步从总体定额收费到按量计价，从单一计价到分类、分档（用水量）、分时间段计价，最终都向阶梯水价的方向发展。相对而言，农业在各区域的自然条件和发展阶段差异较大，且易受气候条件（尤其是自然灾害）影响，水资源在农业灌溉中的效用不确定性更大。所以，不同地区的农业水价模式差异明显。鉴于此，本节着重关注农业水价模式情况及其在当下的困境与挑战。

一　农业水价模式

（一）全球农业水价模式

在全球范围内，随着水资源稀缺程度加深，农业用水定价普遍由粗放式按面积收费向精细化计量水价模式转变。21世纪初，关于水资源稀缺性使其成为潜在商品，且应该具有相应价格的讨论逐渐升级（World Bank，2003；Molle et al.，2008）。灌溉作为全球水资源消耗最大的部门，其收费水平却是所有用水部门中最低的，很多经济学家和政策制定者把灌溉水价看作一种分配有限水资源，从而提高用水效率、公平性和可持续性，进而减少用水需求的有效途径（Johansson et al.，2002；Speelman et al.，2009）。然而，根据特定地区的水利条件、技术水平和政府的行政能力特点，存在着一系列适应当地情况的水价模式；而且水价模式的选择也受限于区域种植制度的多样性和复杂性，而种植制度又取决于季节、作物种类、气候和社会条件。从全球视角来看，灌溉收费起初通常根据实际灌溉面积或可灌溉面积认定，由于收费方式简单而被广泛应用于发展中国家（Veettil et al.，2011）。随着水资源稀缺程度加重，灌溉水资源价值提高，逐渐出现了考虑用水量的水价模式。如根据作物类型的按面积收费模式就是在一定程度上考虑到了不同作物用水量差别（Easter et al.，2005）。国际标准的计量水价（按方收费）在农户层面相对较少实施，但其广泛地被发达国家采用（如以色列、澳大利亚和美国），中国农业水价综合改革前期投入巨资完善的计量设施也是实施计量水价的前提条件。

在全球范围内，基本包括四种主要的农业水价模式：计量水价、非计量水价、定额管理和市场机制。在计量水价模式下，水费根据灌溉实际用水量而定；在非计量水价模式下，灌溉收费则是基于单位面积、单位产量或单位土地价值而定（按面积收费模式属于此类，且为最主要的形式）。单阶水价、两部制水价、多阶水价和边际成本定价都是计量水价的多种具体形式。尽管在水资源稀缺的条件下计量水价是最具经济效率的（水价等于灌溉供水的边际成本），但这会导致一个公平性问题，因为在计量水价下可能会使小农户或处于边际经济生产条件下的农户退出农业生产。为了解决这种在缺水条件下的公平性问题，通常采用定额管理模式，即在一定时间段内保证农户被分配到一定量的灌溉用水，且收取基本水费（价格模式计量或非计量均可）。进一步地，当定额内用水权可交易时，最优的水资源配置也是可以通过市场手段实现的，即当水资源能够依据其供给和需求均衡配置，且水价能够被供求关系决定，则水价系统就属于市场机制模式（Johansson et al.，2002）。

不同农业水价模式的作用机制和路径存在差异，但有效、可行水价模式的运行机制都向着农业节水与农民收入两大目标靠近。目前，农业水价模式中包含的提价和水资源税都是为了直接激励农户节水，而形式各异的补贴和水权交易收益都是为了保障农民收入。理论上，相对于命令控制而言，提高水价来促进节水是低成本途径，但水价作为单一的政策工具，其对用水需求的控制作用有限（Berbel et al.，2000）。为了更有效地实现节水目标，水价政策需要与之相配套的一系列制度和技术工具联合使用，这也使农业水价模式逐步复杂，其作用机制和路径也各异。由于在按面积收费模式下用水量与收取的水费无关，进而难以对农民节约用水产生激励，现有研究一致认为该政策的节水效果非常小（Tsur，2005）。定额管理模式是一种有效的节水方法，能促进种植结构调整和高效节水农业的发展（Shi et al.，2014）；但由于合适的定额难以确定、量水设施缺乏、水权交易成本高（Chang et al.，2010），定额管理往往在实际运行中效率并不高。关于计量水价模式对农户影响的研究结果众说纷纭。尽管现有文献基本都认为计量水价提高不利于农民收入的增加（廖永松，2009；Wang et al.，2016），但在节水效果的结论上存在较大分歧。一些学者认为，价格机制能有效节约用水量，提高水的利用效率（Dinar et al.，2004；毛春梅，2005）；另一些学者认为，计量水价提高不能产生显著的节水效果（Yang et al.，2003；Mamitimin et al.，2015），主要原因是水的需求价格弹性较低，用水的边际成本只有在超出水的边际价值或机会成本时才会发挥作用（Huang et al.，2010）。

（二）当下中国农业水价模式

目前，中国农业水价综合改革中全成本水价模式逐渐成为理想选择，其通过核算单位供水平均成本定价，完全回收供水成本（工程和运行成本)①。但是，关于这种能同时实现成本回收和有效配置的水价结构仅局限在理论中（Griffin，2009），在收益较低的农业灌溉中实现成本回收仍有很大挑战，即使是在经济合作与发展组织（OECD）成员国家，很多灌溉农户也是受益于政策的，其免除农户对灌溉设施建设成本的偿还或者在免息条件下通过多年折算收回建设成本（Morris et al.，2010）。长期以来，基于一般公共效用定价理论，中国一直采用两部制水价模式避免全成本水价的这一缺点，即用一部分按灌溉面积固定收费来弥补计量水费相对于运行维护成本的缺口，以保证灌溉系统的正常运行②。以上两种水价模式试图建立一个能够同时实现社会最优化边际成本和维持灌溉服务者长期生存能力的定价模式，这在集中供水量大且灌溉服务者处于自然垄断地位的地表水灌溉系统尚可运行，但对于小规模、分散且以盈利为目的的地下水灌溉服务者而言，大幅提高灌溉水价必然受到农民收入的约束。

在保障粮食安全，水资源可持续发展，以及不损害农民福利的前提下，中国政府深入贯彻习近平总书记"节水优先、空间均衡、系统治理、两手发力"十六字治水方针，持续推进农业水价综合改革，并出现了一批具有代表性的典型案例③，通过对典型案例的深入研究和详细分析，得到了表1-1所示的农田灌溉水价及资源利用数据。这些案例覆盖了中国南北方地区共计31个省（自治区、直辖市）和新疆生产建设兵团（不含港澳台地区），提供了一个全面的视角，有助于更好地理解和剖析农业水价综合改革的实际情况。这些典型案例的选择基于各地区的农业特点、水资源利用状况及改革政策的实施情况，以确保对不同背景下的农田灌溉进行有针对性的研究。

中国农业水价综合改革将以"两手发力"为引领的建设管理模式、以水权分配为引领的用水管理模式、以奖补激励为引领的水价杠杆模式、

---

① 在农户层面，全成本水价既可以通过按方收费的计量水价实现，也可以通过核算后按亩收费的非计量水价形式实现。
② 剩余的工程成本依然依靠国家财政投资进行补贴。
③ 为做好经验交流，在更大范围内发挥典型引领作用，加快推进农业水价综合改革工作，水利部农水水电司向各省（自治区、直辖市）广泛征集，将114篇农业水价综合改革典型案例汇编成册，涵盖31个省（自治区、直辖市）和新疆生产建设兵团，其中北方地区43个，南方地区71个。

表1-1 农田灌溉水价及资源利用数据

地域	农田灌溉有效利用系数均值	水权量均值（立方米/亩）	灌溉定额均值（立方米/亩）	灌溉限额均值（立方米/亩）	权限内水价均值（元/立方米）	超权限加价分档	超权限加价幅度均值（%）	精准补贴对象
南方	0.683 [0.519, 0.900] (36)	351.9 [140.58, 562.0] (8)	328.6 [118, 960] (7)	381.6 [169.57, 700] (8)	0.299 [0.04, 1.285] (36)	1档 (2) 2档 (1) 3档 (2) 4档 (2)	46 [5, 100] (7)	用水户 (10) 用水协会或管护组织 (15) 用水户、用水协会和其他单位 (3)
北方	0.675 [0.490, 0.930] (19)	352.5 [162.77, 835] (6)	378.4 [116, 900] (13)	470.6 [267, 686.5] (4)	0.306 [0.03, 0.825] (27)	1档 (2) 2档 (2) 3档 (4)	67 [15, 117] (8)	用水户 (9) 用水协会或管护组织 (5) 用水户和用水协会 (6)
全样本	0.680 [0.490, 0.930] (55)	352.2 [140.58, 835] (14)	361.0 [116, 960] (20)	411.3 [169.57, 700] (12)	0.302 [0.03, 1.285] (63)	1档 (4) 2档 (3) 3档 (11) 4档 (3)	57 [5, 117] (15)	用水户 (19) 用水协会或管护组织 (20) 用水户和用水协会 (6) 用水户、用水协会和其他单位 (3)

注：①数据来源为全国典型县区《农业水价改革案例》；②以秦岭淮河为界划分中国南北方；③ [ ] 内为数值区间，( ) 内为样本量。

以精准计量为引领的用水管理模式、以社会化服务为引领的工程运维模式、以用水合作组织为引领的工程管护模式这六项作为抓手，围绕水价这个关键因素，因地制宜采取各项管理措施，为农业水价综合改革奠定坚实基础。农业水价综合改革的实施主要涵盖以下五个方面。

第一，水价形成机制和资金保障方面。农业水价综合改革的核心在于"先建机制，后建工程"。合理分配水权量是改革的关键，水权量表示可分配的水资源数量，主要有灌溉定额和灌溉限额两条线，而灌溉定额和灌溉限额反映了对水资源的分配和使用限制。通过灌溉定额和灌溉限额，按照"总量控制、以供定需、定额管理、确权到户"的原则进行水权分配，建立了县区—灌区—乡镇—用水户协会—用水小组的五级分解分配初始水权水量，根据表1-1可以得到，全样本水权量均值为352.2立方米/亩，北方和南方水权量分别为352.5立方米/亩、351.9立方米/亩，灌溉定额和灌溉限额用水量北方均高于南方，这反映了北方地区具有更大的农业灌溉用水需求。在核算成本水价时，充分考虑供水成本、水资源稀缺程度、农民节水积极性和用水户承受能力等差异情况，并通过协商定价的方式，在合理范围内调整水价。探索引入分区水价（自流区、提水区、经济作物区、土地流转区、回归水利用区）、终端水价、分类水价及累进加价等多元水价体系，对粮油作物、经济作物和养殖业等不同用水类型合理定价，在终端用水环节实行价格分类水价制度，并以科学合理的方式确定并适时调整农业水价。

对于超定额用水，实施不同程度的三档或四档累进加价，案例显示，权限内水价的平均值为0.302元/立方米，其中北方和南方分别为0.306元/立方米、0.299元/立方米。在典型案例中，约有18.8%的案例提及了超定额加价。在超定额加价中，有超过一半的地区采用三档累进加价机制，相较定额内水价平均加价幅度达到57%，这一措施既限制了农户的灌溉用水量，同时又激励他们更加节约和合理地利用水资源。通过采用计量按方收费的精准计量方式，成功替代了以往按亩、按次或按时计费的模式，并同时实施了先缴费后供水的制度。

第二，水权交易和节水激励方面。政府加强取水许可证制度，规范农业水权分配，严格控制农业用井数量和灌溉用水总量。通过建立水权交易机制，引入水权交易中心，促使水权有偿转让交易，以优化水资源配置，缓解用水矛盾。同时，建立节水奖励精准补贴机制，表1-1的数据显示用水户、用水协会或管护组织在不同地区都是精准补贴的对象，表明政府希望通过补贴引导和激励农户节水用水。

第三，水利基础设施建设和融资机制方面。强化了水利基础设施建设，特别是在田间灌溉体系方面进行了完善，集中精力于疏浚农田灌溉的"最后一公里"。积极推广高效节水技术，包括改进耕作方式、调整种植结构、采用管灌和微灌等方法。结合"数字乡村"建设，引入数字化泵站、远程智能控制灌溉系统、视频监控等技术，以完善供水计量设施，开展用水计量管理，建立可靠的数据监测体系，提高农田灌溉有效利用系数，案例全样本农田灌溉有效利用系数均值为0.680，北方和南方分别为0.675、0.683。同时，组织培训管理人员，提高其管理服务业务能力，建设标准化、规范化的灌溉服务体系。

水利基础设施的建设坚持"先建机制、后建工程"的原则，充分挖掘地表水潜力，统筹推进与农业和水资源相关的项目建设，确保水权分配和工程建设的顺利进行。工程建设和水权分配充分考虑村民意见，并在村民同意用水计划、工程管护、终端水价这三个机制后，方可着手实施工程。这一做法体现了对基层居民的尊重，确保了项目的可行性和社会的可接受性。这种基于共识的方法有助于建立起更加紧密的社区关系，提高了工程的社会可持续性。水利基础设施建设采用多元融资制度，如政府与社会资本合作（PPP）融资模式和多元化贷款项目（如福建省永春县的"融水贷"项目），以鼓励社会资本参与水利工程建设和管护。社会资本的引入有效缓解了水利资金压力，同时也确保了专业性和科学性的用水管理。

第四，组织领导和实施方案方面。政府通过强化组织领导，成立专门工作小组以协调各方利益，细化工作任务。在优化实施方案方面，年度改革目标和任务被详细分解至灌区和地块，并制定明确的改革时间表和路线图，以确保各项措施的贯彻执行。政府还严格核查各乡、镇、户第二轮土地承包面积，逐一建立台账，实施精细化管理。在水价改革方面，政府负责落实主体责任，发放产权证书和使用权证，明晰产权和使用权，确保资产有主。按照"谁受益谁管护"的原则，实施管护责任，采用多种方式，包括国有水管单位+农民用水合作组织管护、受益村集体自管、种植大户个体管护、灌排中心+社会管理企业+农民用水合作组织管护、农户自发维护等。这些措施有效保护了水利设施，同时也延长了水利设施的使用寿命。

此外，政府积极争取专项财政资金，与县级财政对接，畅通资金发放渠道，规范资金使用，确保各项工作的顺利运转。一是建立了长效考核机制，采用多级考核模式，考核结果与补贴资金相关。二是建立了基层水利长效管护机制，以确保基层水利服务组织的管理人员工资和工程维修养护经费得到有效保障。在水利工程方面，实施了公开渠系水量，实现了水费、水价、水量的"三公开"制度，使农户能够清晰地了解自己的灌溉用水量。这一公开透明的收费过程增强了农民对水费收取的信心。最后，部分地区还建立了专门的执法队伍，并规范了灌溉秩序，以大力治理窃水、拒交水费等违法行为。

第五，宣传和群众参与方面。政府通过多种渠道进行广泛宣讲，如宣传手册、党员、村民动员大会、宣传橱窗、公开栏及宣传片等方式，对农业水价综合改革政策进行广泛宣讲，使群众充分认识到水的商品属性，提高对水资源承载能力和可持续利用的认识。同时，强调水资源利用率和经济效益的提高，使群众认识到改革的节水、增效、农业增产和增收实际效果，从而使其形成持久维护农业水价综合改革成果的自觉性。

经过努力，农业水价改革在多个方面已见成效。①促进农业节水：通过水价杠杆调节和建立节奖超罚机制，农民对节水的认识得到了显著提升，有效遏制了用水浪费现象。实施高效节水灌溉和干支渠防渗措施使灌溉方式进一步优化，水的有效利用系数得以提高，从而节约了宝贵的灌溉用水，这些节省的水资源可被用于补偿生态用水和支持其他产业的发展。②带动农民增收：水价改革降低了农民用水的实际成本，因此个体农户的农业经营性收入也相应增加。每亩耕地灌溉时长的缩短，改善了灌溉条件，促进了农业的升级转型。这也为种植结构的调整创造了条件，提高了复种指数、新增作物产量，带动了亩均产值的增长。③保障水利工程良性运行：合理的水价和巧妙设计的精准补贴政策为水利工程提供了稳定的经费来源。用水专业合作社的成立和工程产权的明晰化，为群众参与水利工程运行管理提供了平台。这不仅理顺了农田水利设施的管养维护机制,更实现了管护主体责任,激发了群众对水利工程运行的自发参与和动力,确保了农田水利设施的良性运行,实现了"有人管、费能收、坏能修、长运行"的目标。④加快农村生产用水观念转变:通过用水专业合作社的建立和工程产权的明晰,维护和巩固了群众用水管水的自主权。这使农民能够自我管理、自我约束和自我发展,摆脱了长期以来农业用水无须付费的传统观念。水价改革为工程维护费用提供了来源,进一步增强了农民的节水意识,推动了农村生产用水观念的深刻转变。

二 新时代农业水价模式的困境与挑战

近年来,尽管中国水价改革取得了一些进展(尤其是工业和生活水价),但总体上看农业水价改革的推进速度还比较慢,而且用水者缺乏激励机制导致用水效率不高的现象仍然十分普遍,从而阻碍了节水型社会建设在农村地区从广度和深度上的大力推进。农业水价改革推进困难最主要的原因包括以下两个方面。一是计量水价难以推行。对末端农业用水者的计量设施落后(很多地区基本上没有),因而很难监控用水量的大小,对用水者有很强激励机制的计量水价就难以推行。二是农业水价改革与提高农民收入的目标相悖。由于农业的经济产出和农民的承受能力较低,水价太高会增加农民负担,为了保障农民的收入水平,很多地方政府都担心因提高水价而对农民的收入产生负面影响,收费力度和积极性都较小。如近几年,有些发达地区为了减轻农民的负担,甚至还减免了农业水费。然而,如果水价不提高,农民就没有激励机制来节约用水,农业节水的目标就很难实现。政府大力推进农业水价改革的原因并非在于计收水费,而是试图通过价格手段实现节水目标;农业水价综合改革以来,中央及地方政策的方向都是在提高农业水价后又予以农户各种形式的补贴(包括精准补贴和节水奖励政策)。

尽管如此,中国目前农业水价综合改革总体上仍处于试点扩展的阶段,没有全面执行政策文本中普遍存在的新水价形成机制。根据相关研究,其中包含了多方面的现实条件、政策设计和执行等方面的困境(王晓君等,2023;冯欣等,2022;杨鑫等,2022;孙天合等,2020)。综合这些研究结论,目前中国农业水价综合改革面临的主要困境和挑战包括以下六个方面。

第一，改革进程区域不平衡，改革差距不断拉大，基础条件较差的地区会面临更严峻的改革困境。而中国农业水价综合改革走的正是"试点先行、以点带面、重点区域率先开展、好的地区率先完成"的路线。不同地区农田水利工程基础、农业生产结构、经济条件、地形地貌和水资源条件差异都比较大，大中型灌区骨干渠道和末级渠系田间工程的维护主体与资金投入来源区别较大，省际农业水价综合改革存在不平衡问题。截至2021年底，北京、天津、上海、江苏、浙江和陕西等经济实力强的省市已完成改革任务，其他地区也多选择条件较好的区域率先开展改革（山东、青海和甘肃等省份改革进度超过80%），形成了一批成效显著的优秀典型。如有近1/3的省份（包括黑龙江、河南、吉林、安徽和河北等粮食主产区和大部分南方省份）改革进度未过半，这些省份要想在2025年如期完成改革目标，压力较大。以上"试点+推广"政策使改革先行区与基础差、尚未开展改革后发地区间的差距进一步拉大，后发区域面临着更加严峻的改革困境。以灌区工程和设施配套情况为例，目前国内各灌区整体工程完好率和设施配套率不高，但与大型灌区在节水工程、计量设施等方面的配套情况相比，小型灌区通常面临更大的工程、设施缺口，而工程基础较差的小型灌区，在资金短缺、工程老旧、制度不足、农民抵触等方面的问题也更为突出，随着改革范围向小型灌区扩展，改革工作也将面临更大的阻力。另外，先行区面临巩固已有改革成效的新挑战。改革工作已开展多年，很多率先开展改革试点工作的区域已完成改革，部分地区已经完成或即将迎来改革验收，改革工作取得显著成效。但这些地区也迎来了新的挑战，即对已有改革成效的巩固。未来工作中不能只重视扩大改革范围、落实新的改革任务，而忽略对已有成效的巩固，避免出现"一边改革、一边倒退"的现象。因此，政府必须关注改革新挑战"巩固已有成效"，关键在于两点：一是相关设施设备的维修和更换，二是对已有机制的延续和优化。

第二，存在农田水利工程短板难，改革资金缺口大，资金短缺与资金配置低效并存的复杂状况。中国水田水利工程短板在于部分工程老旧、渗漏情况严重、供水效率低，尤其是很多末级以下渠系精准计量设施缺乏。若想改造，则会面临田块分散、分布广和改造数量多的现实难题。一些机井灌区，虽已基本实现计量设施全覆盖，但依旧存在计量设施安装时间早、标准低、濒临报废或亟待升级的改造困境。农田水利设施历史欠账较多，改革需要投入大量资金，单纯由政府主导会承担低效且不可持续。初步估算，农业水价综合改革区资金投入在1.2万元/公顷以上。目前，各地改革工作普遍存在资金缺口大和筹资难等问题。2021年全国农村水利投资770.6亿元，其中仅有27%集中在大中型灌区续建配套和现代化改造，63%集中在农村自来水供水工程建设，资金投入尚未深入末级渠系以下农田水利基础设施改造。截至2022年底，中国累计完成约6667万公顷的高标准农田建设，尽管每年投入在1000亿元以上，但真正用在农田斗渠、农渠等输水管道和计量设施的资金少且标准低。另外，在改革过程中存在明显的资金与改革任务不匹配、改革资金配置效率较差的问题。如今改革工作正处在关键爬坡阶段，各个环节都面临着诸多挑战，充足的资金是改革推进的重要保障，但资金短缺始终是制约改革工作开展的共性问题。随着政策的优化，更多的项目资金被纳入农业水价综合改革的支配范围，反而令资金供给和使用面临更加复杂的矛盾困境。资金短缺问题不再仅表现为源头上的投入不足，而是呈现"总量短缺与低效利用"并存的矛盾现象，资金的投入产出比整体偏低。这种低效行为主要表现在以下几点：一是区域间经济水平不同，改革资金投入差异大；二是改革先行试点区，不能对周边地区产生带动作用，反而出现了"极化效应"，使资金继续向试点先行区域集中；三是严格的资金管理制度下，由于解读不足出现"一刀切"现象，造成了资金配置的低效。

第三，水价调整到位难，地方政府与农户参与积极性不高。农业水价综合改革区基本建立了总量控制和定额管理的用水管理制度，但水价形成机制和精准补贴与节水奖励尚未完全建立。已开展改革的地区农业水价虽基本达到运行维护成本水平，但并没有将水价提高到完全成本水平，仅为完全成本水价的一半，未开展改革的地区水费收取率不足70%。按照总体不增加农民负担的基本原则，地方财政需对提价部分进行精准补贴，在现行水价下，精准补贴资金需求为200亿—300亿元，对于经济基础相对薄弱的农业县压力较大，没有专项资金渠道用于水价补贴和奖励，地方政府对于调整水价积极性不高。另外，农户对于水价支付意愿低，尤其是在近年来，粮食价格上涨幅度不及刚性增长生产成本，种植收益继续走低的背景下，农户就更不支持调高水价了。

第四，农民用水者协会难以发挥自治作用，末端用水管理"组织主体"缺位。农民用水者协会是实行民主管理、自负盈亏、独立核算和自愿组成的群众性管水组织，上对接水管单位，下连接用水农户，是基层灌溉组织的重要主体，也是农业水价综合改革的关键一环。但从全国来看，农民用水者协会发展并不顺利，政府对协会的重视和支持力度不够，缺乏有效的政策引导机制。2014年全国农民用水者协会达到8.34万家，但之后由于管理能力不足和资金短缺等问题，一些协会主动注销，一些地区用水协会只是成立，实则无法运行维护。原因有三：一是农民用水者协会作为公益性组织，主要靠扣留部分水费和政府补贴运行，目前水价过低，补贴不足，运行困难；二是在日益老龄化、青壮年劳动力外流的背景下，农民用水协会的人员构成缺乏新生力量；三是农民用水者协会缺乏独立办公设施，信息化建设普遍滞后，运行管理和监管手段传统，再加上农田基础设施落后，影响了农民用水者协会管理效率。所以，中国农田水利基础设施建设及维护管理主体缺位，导致很多地区出现农田用水"没钱管、没人管、管不好"的现象。

第五，政府部门进一步明确职责分工后的工作交接问题。2018年政府机构开展改革，将改革过程中原归属水利部的农田水利建设项目等管理职责转交给农业农村部，改革工作中各部门的职责任务发生变化。然而，部门间职权责任的变动则为改革的推进带来了新的挑战。原属于水利部门的部分职责划归到农业农村部门，工作任务变动了，但熟悉工作的人未动，致使改革前期由多年探索实践形成的宝贵经验和工作流程没能完成传递，新部门也对相关工作任务、流程和方法不熟悉，因此在机构改革初期出现了政策低效的现象，在一定程度上制约了改革工作的提速增效。

第六，水利、电力部门配合度差导致交易成本剧增。在广大渠水提灌地区和井灌区，水费计量通常采用"以电折水"形式，即采纳按用电量或灌溉时长缴费的准计量水价模式。自2017年开始，各省（自治区、直辖市）电力部门要求更换智能电表，并把以前的"一户一卡"换成"一井一卡"。电力部门如此推行，原因有两个：一是为了方便管理，只计量每眼井的用电量，同时可以进行远程数据传输；二是因为之前的系统不完善，同时电卡过多，导致农户充钱未浇水，但年底钱被抵扣。但是，"一井一卡"导致灌溉过程中要想搞清楚某个农户的用电量，就必须有管井者专门记录，给农户和村干部带来额外工作量，进一步阻碍了新水价模式（如"提补水价""超用加价"等）的推行。对灌溉农户而言，表现在以下几个方面：①需要找管井人拿电卡，然后浇水；②往卡里充的钱数不好把握，可能浇了一半电费被用完，要再去充钱；③浇水顺序，"一户一卡"时先到农户可以直接刷卡，"一井一卡"时多个农户找管井者浇水，需要协调顺序，容易产生矛盾；④交电费的时候没有办法精确到小数点后三位（如某县灌溉电费为0.615元/度），所以总是要有人吃一些亏，长此以往容易出现矛盾。同样地，更换电卡也增加了村干部的工作量。其中，最麻烦的是向电力部门要农户的电费数据，为了得到农户的电费数据，经常要不断地去找人，多次才能得到。在之前"一户一卡"的情况下，村干部拿到的电力部门的资料就直接能够拿到每户的电费；但是在"一井一卡"的情况下，村干部拿到的是每口井的用电量和电费（通常是打印的纸质电费单），如果再折算到每一户的用电量，需要参考每口井的灌溉用电记录，费时费力。这个复杂的工作程序村干部每年都要经历，据村干部的估计，从向电力部门要用电数据到算出参与"一提一补"农户的奖补资金，要用一两个月的时间。

第四节　本章小结

中国的水资源总体丰富，但时空分布不均，且水利工程供水能力已接近水资源可利用水量的极限。在此形势下，尽管中国用水效率持续提升，但增速放缓。地表和地下水资源供给有限且持续减少，加上水资源需求急剧增加和水污染等因素共同造成了中国水资源短缺的局面。另外，灌溉管理制度和政策缺乏节水激励等因素都是造成目前面对日益萎缩的水供给能力时不能有效减少用水需求的重要因素。水资源短缺一方面直接威胁国家食物安全；另一方面会迟滞中国城镇化进程，并限制区域工业发展。

面对水资源短缺，政府对水资源逐渐从供给管理策略转变到需求管理策略，并构建出瞄准节水目标、提高用水效率的政策体系。其中，水价政策就是一项重要的水资源需求管理策略。农业水价政策是最典型的一种基于经济激励机制的需求管理策略，可以激励农户精细化灌溉用水管理，降低用水需求；城市水价政策在激励居民和工业节约用水的同时，也能增加农业可利用水量。

城市生活与工业水价模式及其变化趋势在全世界比较明确和一致，即逐步从总体定额收费到按量计价，从单一计价到分类、分档（用水量）、分时间段计价，最终都向阶梯水价的方向发展。相对而言，不同地区的农业水价模式却差异明显。在全球范围内，农业用水定价普遍由粗放式按面积收费向精细化计量水价模式转变，主要的农业水价模式包括计量水价、非计量水价、定额管理和市场机制；而中国农业水价综合改革中一方面期望实现全成本水价模式，完全回收供水成本，另一方面也尝试建立各种有"节奖超罚"特色的农业水价形成机制。目前，农业水价综合改革的实施主要涵盖水价形成机制和资金保障、水权交易和节水激励、水利基础设施建设和融资机制、组织领导和实施方案、宣传和群众参与五个方面。然而，由于改革条件、资金缺口、政府和农户参与积极性、政府部门职责划分和配合等方面的困难制约，中国目前农业水价综合改革推进速度还比较缓慢，总体上仍处于试点扩展的阶段，没有全面执行政策文本中普遍存在的新水价形成机制。

第二章

水资源经济价值与水价政策理论基础

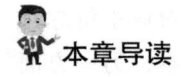

本章导读
➢水资源经济价值的内涵及其可识别性是什么？
➢水资源经济价值评估方法体系是什么？
➢水资源经济价值实现机制是什么？其与水资源定价策略的关系如何？

第一节 水资源经济价值界定

一 经济价值评估在水资源管理中的作用

联合国1992年第4号决议（也称《都柏林宣言》）指出：水在其所有用途中都具有经济价值，应该被视为一种商品；过去没有认识到水的经济价值，导致了水资源浪费和水环境破坏；将水作为一种商品加以管理是实现有效、公平利用，以及节约和保护水资源的一条重要途径。然而，与水服务有关的市场失灵（包括外部性、诸如生态系统服务等公共物品和生产成本下降）是非常普遍的，以至于市场手段在水资源管理中只适用于有限的几种情况。正是在此背景下，《都柏林宣言》才建议用经济价值评估技术来辅助水资源配置政策的成本—效益分析（Cost-benefit Analysis，CBA）。

政府和公众对水资源价值评估的需求反映了市场缺位条件下相关利

益主体无法获得的水资源相对稀缺性的信号。经济有效的流域管理需要对水资源经济效益或可用性变化的货币价值进行衡量。一个常见的例子就是评估用于抽取、存储、传输和处理新水源的供水工程的投资决策。此外，水资源边际价值也有助于制定水价，用以收回对供水系统投资的部分或全部成本。特别是面对全球变暖，估算日益稀缺的水资源的经济价值可能是迈向经济有效适应性措施的重要一步（Hurd et al., 2004）。鉴于气候变化给水资源带来的压力越来越大，及时估计水资源的价值将有助于增进在用水部门之间保持长期动态配置水资源的能力。

资源管理问题涉及选择如何将水资源与其他资源结合起来，以便从稀缺的资源中获得最大的公众回报。其中，包括经典的微观经济学资源配置问题：每种投入在生产中使用多少；在有限投入的情况下，确定应该生产哪些产品及每种产品的产量；如何跨时期分配资源、商品和服务的消费。因此，这些问题可以有效地解释为资源分配问题，最好在经济学框架内加以解释。在市场缺失或无效的情况下，对资源配置决策的经济评估需要找到一些估计资源价值的方法（本章第二节具体论述）。理性的决策是以对结果的预测和对这些结果的价值分配为前提的。由于市场在配置水资源方面的作用有限，通常不可能以竞争性的市场价格作为水资源分配决策基础，这种情况在经济学中往往使用能够反映水价值的会计成本或影子价格来辅助水资源管理和决策。

对适用于具体政策建议的水资源经济效益进行概念上合理和经验上准确的估计，而这往往需要专业人员花费大量时间、资源和技术，它需要熟悉实证和规范的微观经济学理论和应用数量经济学的工具。水资源价值评估是建立在新古典福利经济学的规范框架之上的，因为它是一种具体的成本效益分析（Johansson, 1993; Just et al., 2004），而实证微观经济学恰恰为生产者和消费者的行为分析提供了概念框架。所以，资源和环境经济学家对非市场化的水资源进行估值，试图以货币形式计算或统计公众个人对水资源管理政策运行结果的偏好。当下，公众关心的结果包括改善供水量和水质，以及供水可靠性。同样地，经济学家寻求用货币手段来衡量由水供应变化（减少或过剩）或水质退化造成的福利损失。用金钱来衡量投入和产出的价值，有助于比较投资的资金成本和其他用途的价值，如环境公共物品。

综上，水资源经济价值评估的基本概念就是对水资源供应量或水质变化的支付意愿（WTP）或接受意愿（WTA）。只要用水户愿意为水资源付出代价而不愿放弃，或者愿意为放弃水产品或服务而获得补偿，水资源就具有经济价值或产生效益。有效的市场运作产生了一套市场价格体系，以符合生产者和消费者目标的方式分配水资源。然而，在世界上许多水资源充足的地方，水被视为一种免费物品，管理水短缺的体制安排到目前还没有受到深切关注。当市场缺失或被人为压低价格的补贴所扭曲时，水资源配置决策的经济估值就需要一些估算资源价值的综合方法。资源价值是根据具体目标来衡量的，资源的价值反映了它对这些目标的贡献。在水资源方面，各国政府已经确定了几个主要目标，如促进国民经济水平提高和区域经济协调发展，提高环境质量和社会福利，这些目标的实现都需要高效的水资源管理，而这些管理决策又是基于非市场条件下的水资源经济价值评估。

二　水资源经济价值的内涵

鉴于水资源的用途场景丰富，所以对其经济价值的定义也因用水部门和测算方法而有所差异。基于 Rogers 等（1998、2002）的研究结果，本书系统拆解和阐释了水资源经济的内部结构及其内涵。具体来说，水资源全价值包括内在价值和经济价值两部分（见图 2-1）。

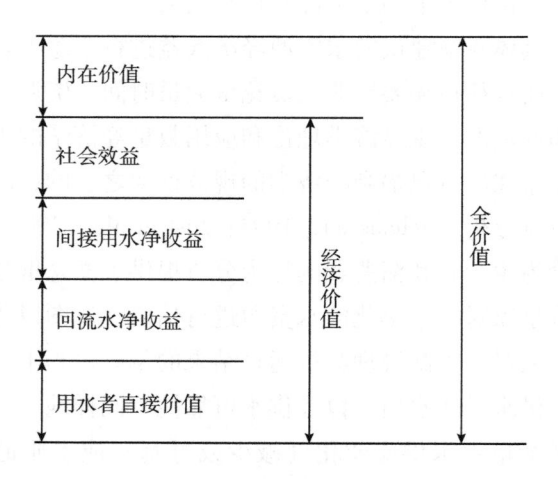

图 2-1　水资源价值结构

就本书所关注的经济价值而言，其包括四个部分：用水者直接价值、回流水净收益、间接用水净收益、社会效益。一是用水者直接价值最为直观，其是不同部门和个体用水户通过用水直接实现的收益和福利，一般可以直接用货币衡量。如对工业和农业部门而言，用水者直接价值的最小值应该为该部门水资源边际产出价值；对于居民生活用水来说，居民对水资源的支付意愿为用水者直接价值的底线。二是回流水净收益是水利设施和传输系统的固有特点导致的，鉴于城市、工业和农业用水产生的回流是许多水文系统的重要组成部分，在估算水的价值时必须考虑到这些回流水的影响。例如，部分用于灌溉的引水可能会补给该地区的地下水或增加下游河流或渠道的流量。然而，从回流水中获得的效益将主要取决于因蒸发（露天渠道和河道）或下渗而"损失"的水量比例。三是间接用水净收益最典型的例子发生在灌区，很多灌区可能会同时提供生活用水（饮用水和个人卫生用水）和牲畜用水，这可以改善农村贫困人口的健康状况或增加其收入。例如，印度西北部地下水盐碱化地区，灌溉渠道不仅提供生活用水和牲畜用水（Bhatia 和 Raheja 在 1986 年发现动物使用含盐地下水会导致牛奶产量减少约 50%，这些灌溉用水的引入避免了这些损失），这些水渠中的水还补给地下水位，从而使水泵和浅机井能够更容易抽水。中国西北河西走廊地区广大农村在农村引水工程普及前，该区域多数灌区的储水和输水设施也都是多用途的。四是社会效益与社会目标调整相关，其经常是由水资源条件的改善引发的。对于家庭和农业部门的用水，可能会根据社会目标进行调整，如在没有灌溉农业增加粮食产量且进口粮食供应困难的情况下，粮食价格往往较高，这会加剧居民贫困。此时，必要的灌溉用水指标调整可以增加此地区作物产量，进而避免以上价格损失，而这些调整超出了水资源对用户的原本价值，应予以补偿，以反映各种社会效益。

在经济价值之外，水资源的内在价值是其尚未被开发或量化的价值。内在价值可以包括遗赠价值和纯粹的存在价值。虽然这些价值难以衡量，但它们都是有效的概念，并且确实反映了与用水相关的实际价值。所以，水资源的内在价值是一个开放的概念，其更像是水资源经济价值的"黑箱"，随着水资源应用场景丰富和计量手段改进，部分内在价值会逐步被量化，转化为经济价值，如目前的水产品生态价值实现机制的探索本质上就是水资源内在价值的外化（实现经济价值）过程。

三 水资源经济价值的可识别性

水资源政策的经济、政治和物理特征为水资源价值评估工作带来了特有的问题。必须认识到，水资源经济价值并不是唯一的，就像市场上任何商品和服务也都没有统一的价格。但是，水资源价值比市场上交易的大多数商品和服务的价格差别更大。在估算水资源价值时，所测量的是与某种政策引起的商品属性变化相关的福利变化。合适的度量要根据具体的情况（如用水部门和地区）而定，所以重要的是应清楚这些情况的属性是什么。在价值评估中将讨论以下问题。

（一）会计立场：私人和社会视角

会计立场在这里被定义为如何在CBA中计算收益、成本或其他影响，主要的区别是私人和社会视角。私人会计立场测量利益相关方所面临的价格方面的影响；相反，从社会会计立场来看，社会价格是根据税收、补贴和其他公共干预措施而调整的。为了简化这个复杂的问题，社会价格可以被认为是那些预期在自由市场均衡时发生的价格。CBA调整会计立场最常见且最重要的因素是利率，以至于大多数CBA教材都用了一整章来讨论它（Boardman et al.，2011）。私人和社会会计立场之间的区别也经常出现在农业用水部门，因为许多政府对商品和要素投入市场的干预与农业有关。

虽然在一些CBA操作手册（Campbell and Brown，2003；Gittinger，1982）中，财务分析和经济分析有时可以互换使用，但在这里我们避免使用这些术语。因为在这种情况下，这些术语对非专业人士（包括经济学家和非经济学家）来说是相当模糊或模棱两可的。所谓的"财务"和"经济"分析都使用相同的基本经济学方法，它们的主要区别在于使用不同的价格：经济分析使用社会价格，而财务分析使用市场价格。

（二）长期和短期价值

水资源政策决策覆盖面可以从重大的长期资本投资到面对诸如干旱或供水系统故障等突发事件的一次性拨款。因此，我们必须仔细区分长期价值和短期价值。这种区别与作为投入要素的水资源的固定程度有关，如水资源作为作物灌溉、工业和水电行业生产材料的情况下。

为了让早期新古典微观经济学的静态模型更具现实意义,一个多世纪前阿尔弗雷德·马歇尔构建了一套有点复杂但仍可行的市场价格理论,其反映了动态经济的一些额外现实。马歇尔的这套理论今天仍然被许多应用经济分析所使用,包括本章讨论的大多数情况。马歇尔在其直接收益价格决定理论方面,指出价值在不同的"时期"(通常被称为运行时间的长度)之间的区别。在完全市场经济条件下(在水资源政策分析中很少出现),短期内商品的供应量是完全固定的,且工厂的生产能力是固定的,但产量可以通过改变可变投入而有所增减。为了进行水资源规划,短期公式适合于模拟供水量的临时变化(如在干旱期间)。从长期来看,工厂的生产能力是可变的,而这种能力的成本也包括在随后的分析中;另外,一些学者也提出了一个更长期的运行框架,即允许生产技术的变化。"市场时期""短期""长期"这三个术语的使用,有时甚至会让经验丰富的经济分析师都感到困惑。这些术语误导性地暗示了日历时间的概念。然而,马歇尔所谓的短期和长期不是根据实际的时间(天、周或月)来区分的,而是相应经济参与者可以适应变化的条件的程度[①]。

本书将在第四章对模型进行更详细的开发,会考虑一个理性生产者对水资源的净收益。在短期内,某些投入是固定的,那么对净收入增量的估计可以将固定投入视为沉没成本;从长期来看,这些成本不可忽视,必须计算全成本。因此,可以预期,在相同的环境和生产过程中,对短期价值的估计通常会大于对长期价值的估计。同样地,家庭用水户在短期和长期内也会表现出不同的反应。在短期内,当决策受到诸如用水器具所包含的技术等因素的限制时,需求价格弹性(绝对值)要比长期小,因为在长期内家庭用水户可能对各种限制作出更多调整。故而,短期规划情况下的 WTP 通常高于长期规划情况。

长期价值模式是水资源领域中大多数重要投资或跨部门分配问题的适当模式,因此对我们的目标至关重要。现实中,由于没有注意到长期和短期之间的这一区别,许多非专业人士忽视了固定成本,从而错误地高估了生产者用水价值(净回报)。然而,有时在干旱应对方案中,计

---

① 如国内经济学教材常把所有生产要素是否发生改变作为长期和短期的划分依据。

算短期价值是合适的。

（三）水资源的"在使用地价值"与"在水源处价值"：地点、形式与时间的可通约性

市场经济中的商品是根据空间、质量和时间属性来定价的，水资源的影子价格也应遵循类似的原则。例如，石油总是以品级、地点和交货时间来定价。在生产或交付给一个炼油厂的原油价格远低于成品汽油散装在某个指定分配点的单位体积成本，这一成本又远低于在当地加油站的汽油价格。以上情景也适用于水资源，这就要求从事比较水资源价值评估工作的分析人员应确保所选的水资源价值衡量标准在地点、形式和时间方面具有可比性。

一是考虑地点因素。由于其抽取、运输和储存水资源所需成本相对较大，水在其源头和目的地的价值往往会大不相同。二是水资源的形态或质量也很重要。河流（或水库、渠道）中未经处理的水与经过公共设施在压力下输送到企业或住宅的处理过的水截然不同。三是由于用水需求的季节性变化，水资源价值可能随时间而变化。冬季的水对灌溉通常没有价值，但在此时它可能对发电或工业生产非常有用。因此，在比较水资源各用途的价值时（部门间用水分配选择），必须考虑到以上因素。比较水资源不同用途之间的价值，最好是对某一指定的引水点的原水供应方面进行比较。

以上考虑都指向了径流外用水的一个重要区别，特别是在比较各部门间水资源边际价值时。对于任何径流外用水部门，除了在使用地点的需求或价值，还可以想到在水源处对水的衍生需求。水源处的水必须被抽取、运输到使用地点，并可能经过储存和处理，将原水转化为具有用户所需要的地点、时间和形态属性的商品。以上每个过程都会产生一些成本。灌溉用水很少经过处理，因此可能只需要储存和运输；但家庭和工业用水通常需要经过过滤和处理，以去除或减少沉淀物、微生物和化学污染物。因此，使用地点水资源的 WTP 大于水源处，这一差异反映了将河流或含水层中的原水转换成对用水户所需要的时间、地点和形态的水所产生的费用。

尽管用户用水的价值与水源处对原水的需求之间的区别早已被认识到，但其重要性并不被普遍认可。甚至一些有经验的资源经济学家也错

误地推断出不当的水资源分配方案,仅仅因为有证据表明向城市用水户收取的费用超过了农业用水的费用。为了阐明两者的区别,本书将这两个概念分别称为"在使用地价值"和"在水源处价值"。无论抽取、储存、运输和处理水的成本是多少,水资源的"在使用地价值"都将超过其"在水源处价值"。

(四)单一时期价值与资本化价值

有些价值形式可以表示为单个时期(或每一时期)的价值,而另一些价值形式则代表资产的价值。水资源价值通常用一个时期的形式来表示或计算,通常是一年,但有时也可以细分为更短的季节(如各六个月的冬半年和夏半年,或三个月的某一季度)。另一种方法是估计一个周期或每个周期值的资本化现值。这与年租金和购买一项资本资产(如房子)的完全所有权的价格之间的区别是一样的。因此,资本化价值有时也被称为资产价值。资本化价值当然要比每个时期的价值大得多,这取决于利率、将年值资本化的未来时期数量,以及年值是被假设为恒定的还是变化的。在最常用的将年值与相应的资本化价值联系起来的模型中(假设利率不变、年值不变和很长一段时期),资本化价值通常比年值大10—20倍。

(五)使用价值、非使用价值和总经济价值

除了人们熟悉的使用价值(Use Value)概念,非使用价值(Non-use Value)和总经济价值(Total Economic Value,TEV)已成为近年来在环境经济学中的关键概念。TEV是直接的使用价值加上非使用价值(也称为被动使用价值)的总和。使用价值是以WTP衡量的对环境资源的实际娱乐或审美享受的传统偏好。当个人不直接使用或不打算使用某一环境资产时,如果该资产消失或被收回,其仍会感到被剥夺,即适用非使用价值。这些人可能希望看到某些环境物体或实体为自己的利益而保存("存在价值"),或确保它们对他人可用,或出于对后代的利他主义("遗产价值")。非使用价值是通常意义上的公共物品,这意味着它们是非竞争性和非排他性的。自非使用价值被提出以来,其概念一直存在争议,尽管这个概念本身现在似乎在环境经济理论和实践中根深蒂固(Kopp,1992),甚至也展开了对使用价值在理论和测量上更详细的讨论(Carson et al.,1999;Freeman,2003)。

（六）适当的水量测量

在为评价部门间水资源分配方案而计算一单位水的经济价值时，必须表示为每单位水量（或用水量）的货币价值。下面是几个常用的水量概念，其测量指标的选择对单位水资源价值的估计会有显著影响。

对于径流外用水，表示水量的变量包括以下三个测量指标。第一个指标是抽取水量，指的是从地表或地下水中直接抽取的水量。第二个指标是交付水量，指被运送到使用地点（农场、家庭或工厂）的水量。交付水量不同于抽取水量，中间相差交付（或运输）过程中损失的水量，即从提水点到使用点的运输中所损失（通常是渗漏）的水量。但是，如果使用基本上发生在取水点（如在工业生产现场用水泵直接抽取的地下水或地表水），提抽取水量和交付水量可能相当接近。在全世界范围内，灌溉用水经常是用未衬砌的土渠输送的，以致在取水点和使用地之间超过20%的水量渗漏出去。即使是城市管道供水系统也会损失大量的水，一些发展中国家的特大城市因管道漏水和输水过程中的非法管道连接（偷水）而损失了三分之一或更多的水（Nickum and Easter，1994）。第三个常用的水量测量指标是耗水量，有时称为损耗量。它包括被蒸腾或蒸发到大气中的水，被吸收到农作物或产品中的水，或被从水环境中除去的那部分水。从1995年美国作物灌溉部门的数据可以清楚地看出这些指标的差别：交付水量大约是抽取水量的80%，而耗水量又约为交付水量的60%，所以净消耗的水量不到最初抽取水量的一半（Solley et al., 1998）。当然，这些数字对水资源管理政策具有重要的意义，因为水量损失具有重大的环境和经济影响。出于经济价值评估目的，值得关注的是选取不同的水量测量指标，水的经济价值估计将会有很大的不同。因此，在报告和解释一单位水的经济价值时，必须了解水量的测量指标。

此外，作为适当指标的抽取量、交付量或消耗量的选择将取决于当前的测量目的。对于预测用户对价格或产权变化的反应而言，交付水量是最合适的；区域或流域规划模型常常以抽取水量或耗水量来表示水量。为了经济建模和分析，交付水量似乎是更好的用水量的主要衡量指标，必要时再计算收回每单位耗损或抽取水量的效益。

(七) 不确定性和敏感性分析

估计长期水资源投资或分配决策的效益需要预测若干年期间一系列的经济、技术和社会变量的变化趋势。鉴于这些因素的不易预测性，任何分析者都不能期望完全准确。一些对不确定性的认识应该被纳入CBA。将计划仅仅建立在最佳猜测的基础上可能会导致对结果的偏误。许多针对不确定性的处理方法也适用于对水资源投资和分配决策的评价（Morgan and Henrion，1990）。然而，这些先进技术的实现——通常基于对关键变量出现的客观或主观概率的估计——需要统计专业知识、额外的研究资源和分析时间。这种额外的分析是否有必要，取决于这些不确定性的普遍程度及其经济后果（如生命财产损失、作物减产或绝收等）。

分析不确定性的一种更实际的替代方法是使用"敏感性分析"。重要变量的不确定性对水资源价值估计的影响或敏感性通过每次改变一个模型元素来确定对错误预测的敏感性（Gittinger，1982）。例如，在研究作物灌溉投资的经济效益时，应检验对作物产量和作物价格假设的敏感性，也许还应检验对资本机会成本假设的敏感性。需要说明的是，进行敏感性分析既不会改变潜在的未来事实，也不会减少计划（或方案）的实际风险。敏感性分析能够显示有关关键参数的错误假设的影响，并有助于避免在一个不确定世界中产生确定性的印象。敏感性分析传达了变量之间潜在关系的不确定性对项目投资净收益的影响。

敏感性分析的一种变体是"切换价值"测试（Gittinger，1982），它调查分析的是一个关键元素在净收益下降到零之前需要在一个不利的方向上改变多少。如果情况需要对结果的不确定性进行更加正式和严格的识别，那么分析可以进入另一个阶段，即根据概率分布来识别和描述变量的不确定性，并将概率分布纳入CBA的讨论（Campbell and Brown，2003）。

第二节　水资源经济价值评估方法

近几十年来，经济学家开发了许多方法来测算未定价自然资源的经济价值。这些技术需要经济理论和经济实践的结合。自然资源的非市场经济价值评估的理论基础得到了很好的发展（Freeman，2003），且在实际案例中估算经济效益的技术也取得了很大进展。许多应用类资源价值评估文献都以这样或那样的方式处理水资源，在这里本书将会把所有这些不同的评估水资源价值的方法集中在一个框架下。此外，虽然聚焦于环境质量的资源估价方法受到严格的审查和检验，但水资源估价的某些领域很少受到关注。特别是对于从水中获得的中间产品或生产资料（如作物灌溉、水力发电和工业用水），估价方法的实证应用程序还不太发达，应用和关键性检验也较少。此外，从调查研究到计量经济学，再到优化建模，应用微观经济学的量化工具包中的任何一种技术都可以被使用。水资源经济价值评估方法众多，各有优缺点，且每种方法都有最适合的用水情景。Young 和 Loomis（2014）总结出广义地分类、测量水资源经济价值的两个步骤：第一步区分私人和公共的水产品和服务，第二步区分归纳和演绎定量方法。

一　根据水产品和服务的类型分类

区分水资源价值评估方法的一个依据是所研究的水产品或服务的类型。其中，比较有效的方式是将由水资源产生的商品和服务分为公共或私人物品。那些个人消费使用会减少其他消费者可获得数量的商品和服务被称为竞争性，可以建立诸如产权等制度安排以便排除资源的潜在非付费使用者成为排他性。那么，私人物品就是那些具有竞争性和排他性的物品。大多数径流外用水（如农业和工业用水）与私人物品的特征非常相似。

私人物品可以进一步有效地分为生产者物品和消费者物品。其中，用于生产其他产品或服务的私人物品被称为生产者物品（也称中间产品）；相对地，消费者物品可以直接供消费者使用。例如，灌溉用水用于生产作物，在经过加工、运输、包装和营销后，最终成为消费者物品（餐桌上的食物），因此灌溉用水和工业用水都是生产者物品。相比之下，家庭用水（用于饮用、烹饪和卫生）则属于消费者物品。

与私人物品和服务相比，用水的另一种主要效益通常被称为公益效益。对于由水产生的某些产品和服务，一个人的消费并不会减少其他人所能获得的数量，即它的消费机会成本为零。公共物品的另一个特点是，将不付费者的消费权利排除在外是不可行的。这种资源在纯粹的产权制度下不容易管理。因此，公共物品是具有非竞争性和非排他性的。

一些水资源的使用就是公共物品的例子，如河流和湖泊被认为具有审美或娱乐价值，一个人欣赏美丽的瀑布并不会妨碍其他人的欣赏。非使用价值（如保护生物多样性）、水质改善和降低洪水风险在很大程度上也是公共产品。虽然有一点重叠，但最适合私人物品的价值评估方法并不适用于公共物品。

二　根据量化技术的方法分类：归纳法和演绎法

水资源价值评估方法可以根据所采用的定量技术进行分类。大多数水资源价值评估方法可根据它们在估价过程中所采用的基本数学程序和数据类型大致分为两大类。一类是归纳法，即使用归纳逻辑（通常作为正式的统计或计量方法），从个体样本观察中推断一般规律；另一类是演绎法，它涉及从一般前提推理到特定结论的逻辑过程，演绎法通常会构建模型，其中包括一组行为假设（如利润或效用最大化）和符合实际的经验假设。

归纳法是最常用于评价公共环境物品的方法，它涉及从具体到一般的推理过程，即从观察值总结出普遍规律。归纳或统计分析所用到的观察值可能来自对一般交易的观察结果、对调查问卷的答复，或来自政府工作报告的二手数据。归纳法的准确性取决于几个因素，包括在推断中使用的观察数据的代表性和有效性，假设统计分布的适当性，以及用于拟合数据的函数形式。当基于对真实世界行为的观察或对过去行为的调查时，归纳法在反映实际经济行为方面具有优势。大多数归纳法也可以提供方差和拟合优度的度量（如正式统计分析所展示的），这为从观察中得出推论的可靠性提供了有价值的指标。一个相应的限制是，这种观察到的行为是过去的，未来的行为和估值可能需要通过假设样本外参数来预测。所以，从过去的条件推断未来的需求和价值往往是比较困难的，也可能是不合适的。例如，对于生产者物品而言，其估计价值或核算价格在很大程度上取决于对产品价格、其他投入的价格和技术参数的假设。收集适当的数据，无论是来自原始的回答者，还是来自实际的实验或二手数据，都可能是耗时且高成本的。

在水资源作为生产者物品时，演绎法是最常用来评估其价值的方法。这种一般性方法涉及从一般到具体的推理。一般而言，演绎法需要构建经验和行为模型，并从这些模型推导出具体的参数或影子价格。除了行为假设（如利润或效用最大化），符合演绎模型的数据通常会包括关于生产或消费技术和相关价格的假设。所构建模型的数据可以由生产或消费过程的实证研究、公布的政府工作报告和专家意见提供。演绎推理结果的准确性又取决于假设前提的有效性和模型设定的适当性。用演绎法计算生产者用水价值的例子中具体方法多样，从简单的电子表格预算到动态优化模型都可以。演绎法具备灵活性的优势，因为它们可以被构建来反映任何期望的未来经济和技术条件。具体地，演绎法可以改变假设，也可以确定结果对不同假设的敏感性。某些测算水资源价值的演绎模型（包括一些用于评价灌溉用水价值的模型）在概念上相当简单，且对数据和计算技能的要求相对较少；更现实和复杂的情况往往需要更广泛的数据收集和更专业的模型构建。关于演绎法的应用需要注意一点：既要为演绎模型建立一个稳健的概念基础，又要有一套准确而充分的数据库作为支撑。匆忙而轻易地应用一个看上去简单的程序可能会导致概念上的错误或不准确，从而得出误导性的结果。

将以上两类方法描述为"主要是归纳的"和"主要是演绎的"可能会更准确，因为实证研究中它们经常被结合运用。演绎法通常需要一些归纳步骤才能到达最初的经验前提，而归纳方法通常需要一些演绎推理才能从统计分析的结果出发，得到所需的 WTP 度量。表 2-1 列出了水资源的经济价值评估方法体系，大致按归纳法和演绎法进行了分类，表 2-1 中所提到的部分方法将在第四章进行更详细的描述。

表 2-1　　　　水资源价值评估方法的类型、特点及运用

	评估方法	方法描述与数据来源	在水资源价值评估中的运用
归纳法	1. 水市场交易观察（Observations of Water Market Transactions）	观察到的短期租赁或永久出售水权交易的价格	由农业、工业、市政和环境用水部门内部或部门之间的交易表明的实际水源地或使用地的 WTP
	2. 生产和成本函数的计量经济估计（Econometric Estimation of Production and Cost Functions）	用统计（通常是回归）技术分析的工业和农业投入和产出的一手或二手数据	生产者（农业或工业）用水地水资源价值估计

续表

	评估方法	方法描述与数据来源	在水资源价值评估中的运用
归纳法	3. 城市需水函数的计量经济估计（Econometric Estimation of Municipal Water Demand Functions）	用统计方法对城市用水的一手或二手数据进行分析	市政部门（包括住宅、商业和政府）的交付水量需求
	4. 旅行成本法（Travel Cost Method，TCM）	揭示偏好法，利用游客旅行成本的变化和计量经济学分析，以估计对娱乐场所属性的需求，根据需求曲线计算出WTP	在与水有关的娱乐活动中，对水源地水量或水质的变化进行估价
	5. 享乐属性值法（Hedonic Property Value Method，HPM）	揭示偏好法，使用对供水量或水质可获得性不同的不动产交易数据进行计量经济学分析	对水源的水量或水质需求变化显示了住宅或农场产权的销售交易
	6. 防卫行为法（Defensive Behavior Method）	揭示偏好法，使用降低人们采取行动以减轻或避免遭受外部损失的成本，作为减少外部性的政策收益的部分措施	生物或化学污染物减少，以减少水污染的估价
	7. 损失成本法（Damage Cost Methods）	以最高赔偿金额作为所避免损失的货币价值	减少水污染或洪水灾损失的估价
	8. 条件估值法（Contingent Valuation Method，CVM）	陈述偏好法，使用统计技术对要求对环境产品或服务的预期变化进行货币评估的调查问题的回答进行分析	评估水源地的水量或水质的娱乐或环境价值（如溪流），同时对住宅供水的变化进行现场评估；可以评估非使用价值
	9. 选择模型（Choice Modeling，CM）	陈述偏好法，利用统计技术从抽样调查的问题中，要求被调查者在备选的建议政策中作出选择，从而推断出对商品或服务整体及其各属性的WTP	

续表

	评估方法	方法描述与数据来源	在水资源价值评估中的运用
归纳法	10. 收益转移（Benefit Transfer）	根据一项或多项现有估值研究估算的福利，用于计算其他地点或政策建议的福利	原则上适用于任何情况：生产者物品、消费者物品、集体环保物品
	11. 效益函数转移/荟萃分析（Benefit Function Transfer/Meta-Analysis）	对以前报道过的关于同一现象或关系的研究结果进行统计综合，以提炼概括	在所有生产者和消费者评估框架下，利益转移的潜在基础；对于评估方法假设对研究结果的作用也很有价值
演绎法	12. 基本残值法（Basic Residual Method）	通过预算或电子表格分析，构建模型以获得水资源的净生产者收入或租金的估算值	径流外水资源作为单个产品的中间产品（农业、工业）的用水地或水源地价值估计
	13. 净租金变动（Change in Net Rents）	构建残值模型，通过预算或电子表格分析，推导出因用水量增加而导致的净生产者收入或租金变化的区间估计	
	14. 数学规划（Mathematical Programming）	通过固定价格优化模型，构建了可归因于水的净生产者租金或边际成本的残值模型	
	15. 价值增值法（Value-added）	通过投入产出模型的增值测度，构建了直接生产者和二级生产者因水而产生的收入或租金模型	衡量水资源和相关投入对区域经济的影响作为一种估价方法，其往往高估了水的价值，主要用于径流外水资源作为中间产品（农业、工业）的价值评估
	16. 可计算一般均衡模型［Computable General Equilibrium（CGE）Models］	通过价格—内生优化模型构建区域直接和二次水收益或水租金的模型	区域影响分析方法，其主要用于径流外水资源作为中间产品（农业、工业）的价值评估

续表

	评估方法	方法描述与数据来源	在水资源价值评估中的运用
演绎法	17. 选择/替换成本法（Alternative Cost）	水资源的最佳替代服务（供水、发电和航运）来源的成本节约所带来的价值	径流外用水作为中间产品（农业、工业），以及径流内用水（水电、航运）在用水地或水源地的价值估计

资料来源：Young 和 Loomis（2014）。

第三节　水资源经济价值实现机制与水资源定价策略

一　水资源经济价值实现机制

（一）部门内水资源经济价值—水价关系

价格政策是最直接且普遍的经济调节手段，水价政策是水资源管控的有效手段之一。水价政策通过创新水价模式改变用水户用水边际成本，从而提高实际水价。根据要素需求函数，用水量是产品价格、水价和其他投入要素价格共同决定的，用水量对水价上升的反应程度为用水需求价格弹性，其直接反映了水价政策的节水效应（见图 2-2）。通过产出对用水量的反应计算水资源边际产出，结合产品价格得到水资源边际价值，再与水价比较，可以看出其与用水需求价格弹性的关系。一般而言，当水资源边际价值大于水价时，持续增加生产用水仍然有利可图，用水需求缺乏价格弹性，提高水价的节水效应不明显；反之，在水价超过水资源边际价值时，用水户基于成本收益考量对水价提高变得敏感，用水需求价格弹性（绝对值）较大，提高水价的直接节水效应显现。根据用水部门分类，农业、工业和生活用水在其内部都遵循此规律，相应的用水需求价格弹性将在第五章、第七章、第八章体现。

（二）部门间水资源经济价值与水价的用水需求效应传导

农业生产是受自然条件和社会经济共同作用的系统，城市化和工业化对农业生产过程具有深刻的影响。城市化和工业化过程中水资源在城市中利用的效益远远大于其在农业中的利用效益，使农业用水不断转变

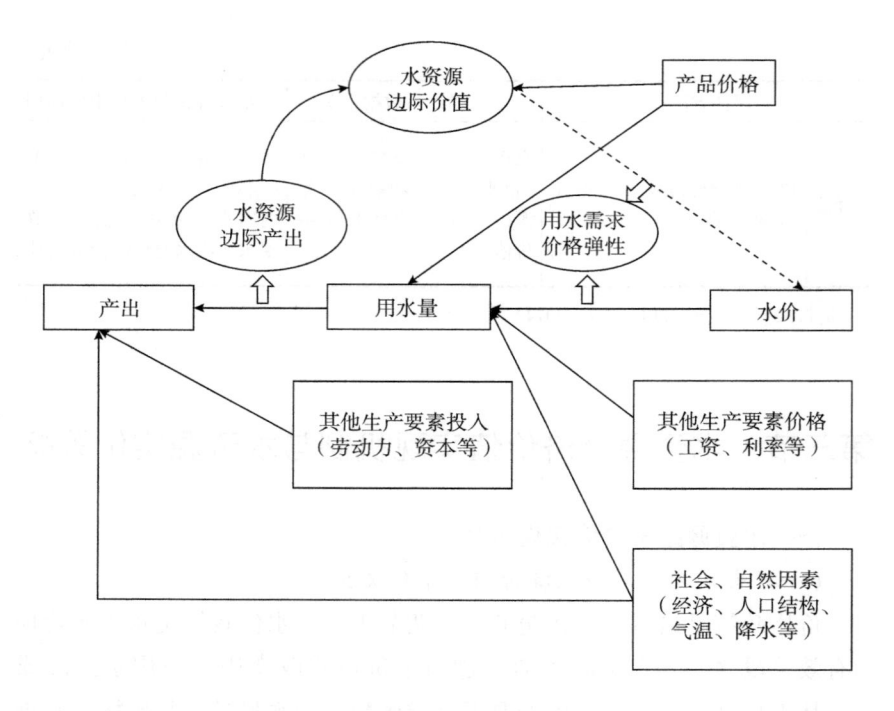

图 2-2　水价政策节水作用机制

为同地区的城市生活和工业用水，同时大部分地区由于水资源跨地域流通困难，城市的扩展带来对水资源需求的增加，不可避免对本地农业用水产生挤压效应，进而影响到农业生产。而影响城市生活和工业用水需求的核心因素是水价，城市水价政策通过影响城市生活和工业用水间接影响农业生产。

  水价是影响城市用水量的核心因素。根据需求理论，城市居民生活用水需求受居民水价、可支配收入、家庭特征、气候因素，以及外在的社会、自然条件等共同作用的影响；工业用水需求受工业水价、行业特征、工厂规模、工厂技术条件，以及外在的社会经济、自然条件等共同作用的影响。在这个系统中，水价变量都是外生的，因为水价并不是由市场竞争决定的，而是由地方政府相关部门（发改、水利等）根据本地发展战略和水资源现状制定和修改的。虽然现在城市水价制定开始实行水价听证会制度，但是具体执行程序偏行政化，目前城市水价制定仍是一个非市场化过程。尽管城市水价与取水成本、收费方式及城市水务管理者的特征等有关，但最终价格往往较低。在低水价形势下，城市用水需求往往缺乏价格弹性。一是根据效用理论，水资源的需求价格是由水的边际效用决定的，即每增加单位生活用水量所导致的效用增加量，边际效用与水价的关系可以帮助解释城市居民生活用水需求价格弹性的大小。一般而言，当城市居民生活用水边际效用大于水价时，居民生活用水是缺乏弹性的。二是根据生产要素需求理论，工业企业生产的工业品产量与用水量的边际关系和工业品价格可以得出工业用水的边际价值，即每增加单位工业用水量所导致的产量增加量。边际价值与水价的大小关系，可以帮助解释工业用水需求价格弹性的高低。一般而言，当工业用水边际价值高于水价时，工业用水是缺乏价格弹性的。

因此，城市水价间接影响农业可利用水量。由于水价政策变化，当城市系统中外生的水价变化时，会引起城市居民生活用水和工业企业生产用水量的变化，而地方政府通常为经济发展和社会稳定会优先供给城市生活和工业用水，进而影响到一个地区农业可利用水量。因此，城市水价政策间接影响农业可利用水量的多寡，农民在既有的农业可利用水量的前提下，为了追求利润最大化，会主动改变农业种植结构和灌溉行为，最终影响单产、农业总产出的变化，即城市水价政策对农业生产产生了影响。以上机制如图2-3所示，相关的模拟模型设置和实证检验结果将分别在第九章、第十章体现。

二　基于水资源经济价值的需求定价策略

（一）水资源价值、成本和水价关系

正如水资源价值包括用水者直接价值、回流水净收益、间接用水净效益、社会效益和内在价值，水资源成本包括运维成本、投资成本、机会成本、经济外部性和环境外部性。其中，运维成本和投资成本组成全供水成本，再加上机会成本和经济外部性等于全经济成本，而全成本包括全经济成本和环境外部性（图2-4）。

运维成本与供水系统的日常运行有关，包括外购原水、抽水用电、人工、维修材料，以及管理和运行储存、分配和处理厂的投入成本。投资成本（也称资本费用）包括与水库、处理厂、输水和配水系统相关的资本消耗（折旧费）和利息费用。根据经济学原理，机会成本在这里是指某用水户在用水时剥夺了其他用水户的用水权利，如果其他用水

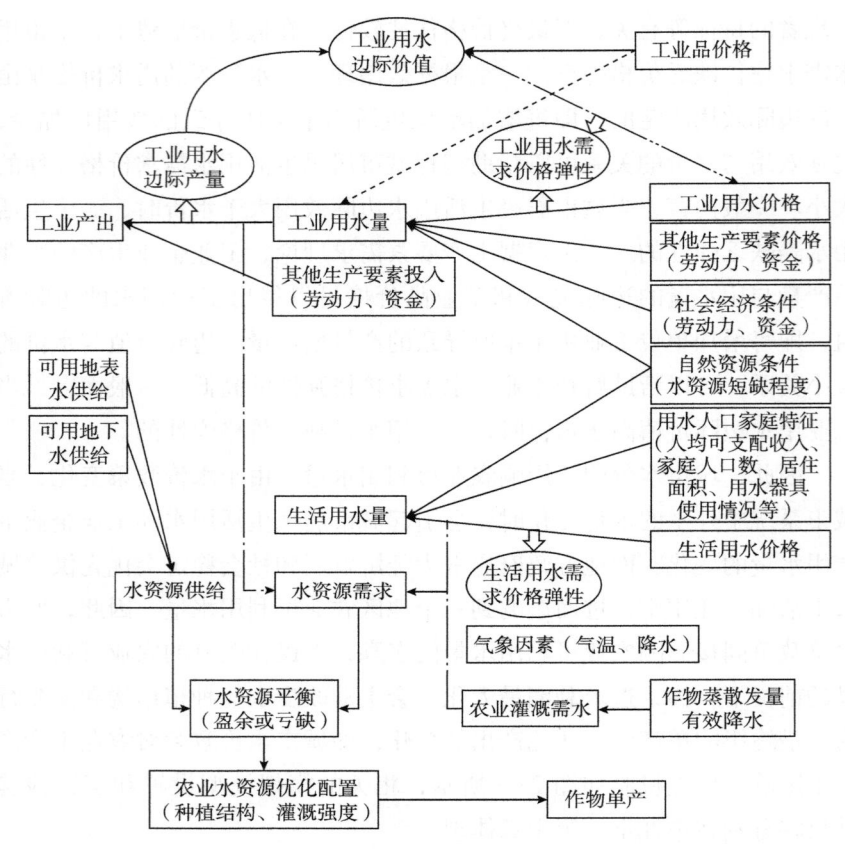

图 2-3　理论框架

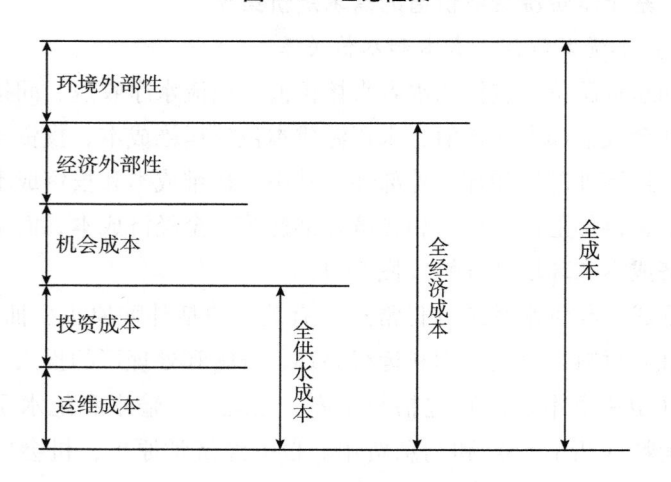

图 2-4　水资源成本结构

户对水的价值更高，那么社会就会因这种资源分配不当而产生一些机会成本，只有在没有替代用途（不缺水）的情况下，当下用水的机会成本才为零。用水的经济外部性表现为多方面，包括：上游引水或污染排放对下游用户的影响；过度开采或污染湖泊和地下水等公共资源造成的外部效应；由于灌溉区的农业生产损害了非灌溉区农业的市场（如灌溉区作物产出增加导致整个市场均衡价格下降，或相反情况），迫使非灌溉区改变投入而产生的生产外部效应。最后，环境外部性是指与公共健康和生态系统维护相关的外部性。以河流污染为例，如果污染仅导致下游用水户的生产或消费成本增加，则属于经济外部性；如果污染还导致了公共健康危害或生态系统破坏，则产生了环境外部性。

一般而言，水价政策的初衷包括提高用水效率、增加用水公平性和可持续性。提高水价通过市场机制可以有效减少用水需求（通过节水技术、管理水平和节水意识提升），同时增加供水量，并使水资源在不同用水部门间进行重新分配（水权交易等方式），以实现更大的水资源经济价值，从而提高用水效率。另外，提高水价所带来的收入可以用于水网扩展覆盖范围，减少贫困人口传统取水成本，进而有效降低贫困人口的单位用水成本。水价政策是水资源需求管理的主要手段，基于区域水资源总量有限考量，通过提高水价激励用水户节水和提高再生水成本有效性，可以促进水资源的可持续性利用。

基于已经论述过的水资源价值和成本结构（见图2-1、图2-4），政府需要厘清水资源价值、成本和水价的基本关系，以便制定更有效的水价政策。就目前的水资源管理部门的政策可操作性和供水主体收费意愿而言，全成本水价是水价政策的改革方向。然而，更现实的成本考量聚焦于全供水成本，价值考量则主要计算用水者直接价值（本书主要聚焦于此类成本与价值）。按照市场逻辑，全供水成本决定水资源供给，用水者直接价值则决定用水需求，二者所决定的均衡价格应该以全供水成本为下限且以用水者直接价值为上限。所以，当下非市场化的水价政策在考虑现实制约条件后，应该尽量向以上定价原则靠拢，这也是综合水价改革在供给侧和需求侧的题中之义。

（二）用水需求价格弹性在制定水价政策中的关键作用

全球范围内，节水工作仍然是多数国家绿色发展的长期努力方向。

水价是供水单位向用水户收取供水成本的标志,近年来被多国政府作为引入市场机制以激励用水户节水的有效手段之一。因此,这些国家也在进行不同层面的水价改革,其核心是水价机制创新,包括价格水平和收费模式两个方面。中国自20世纪80年代以来也逐步启动城市工业、生活和农业水价改革,逐步向全成本水价和适应市场的多样化收费模式目标过渡。时至今日,中国各用水部门水价改革已进入攻坚阶段,必须直面用水需求价格弹性问题。在水价机制创新实践和研究中,通过收费模式改变水价结构来激励用水户节水一直是政府和学术界的关注焦点,如提补水价、计量水价、阶梯水价模式的引入的确在不同程度上比传统水价模式更具节水激励。然而,无论何种模式都是通过价格结构改变用水户用水行为的边际成本,最后都绕不开用水需求价格弹性,因为这是在用水户层面对实际用水成本的最直接反应。如果仅就模式而谈模式,低水价区间导致的低水价弹性或无弹性,致使在现有的水价区间内无论何种收费模式可能均收效甚微,单纯的收费模式改变不是水价改革的关键突破点,亟须回到价格水平本身。同时,在中国式现代化进程中,精确测算用水需求价格弹性有广阔的直接应用空间,因为国民经济各部门在推进数字化生产、规模化经营和水资源要素市场化过程中都需要更精确的用水需求价格弹性测算结果,以期为预测用水量和水价政策干预空间奠定基础,是新时代水资源管理层面新质生产力的有力突破。

  在水价政策层面,提高水价在现阶段仍是各部门节水的有效措施,在进行多种水价模式创新前需要测算用水需求价格弹性区间,并且保证在新模式实施过程中实际水价切实提高,充分体现用水需求对水价的敏感性。当前中国各部门水价改革的总体方向是"实现全成本水价",在目前普遍低水价的情况下,其作用效果与本书主张的需求管理策略是一致的,但其出发点是供水成本补偿,增强供水可持续性。本书则更强调水资源的需求管理,提倡从用水需求对水价的反应程度来确定提高农业水价策略,这与目前政策所提倡的"超用水权限加价"相一致。当然,源于供给或需求管理的提高水价政策,对用水户(尤其是农户)收入的负面影响均可通过正在逐步完善的精准补贴机制来缓解。基于用水需求价格弹性的水价政策可干预空间讨论可以为中国不同部门水价改革现实条件下的提价时机和提价空间提供有益借鉴。基于微观数据,本书将在第五章、第七章分别展示中国农业、城市生活和工业用水的需求价格弹性测算结果。

第四节　本章小结

水资源价值评估是水资源管理现代化的必然要求，政府和公众对水资源价值评估的需求反映了市场缺位条件下相关利益主体无法获得的水资源相对稀缺性的信号。首先，本章剖析了水资源价值结构，并系统阐释了水资源经济价值的内涵，包括用水户直接价值、回流水净收益、间接用水净收益和社会效益。然后，从七个视角对水资源经济价值进行识别，从而完成对水资源经济价值界定。在水资源经济价值评估方法方面，根据量化技术的方法分类（归纳法和演绎法），系统梳理了水资源经济价值评估方法的主要类型、特点及运用，构建了评估方法体系。

水资源定价策略是水资源经济价值实现机制的具体体现，本章首先从各用水部门内部解析水资源经济价值和水价的关系，进而拓宽至部门间水资源经济价值与水价的用水需求效应传导，最终实现基于水资源经济价值的用水需求定价策略。通过解析水资源成本结构，对比其与水资源经济价值结构，得出水价与两者的联系，厘清水资源价值、成本和水价的基本关系。其次，聚焦用水者直接价值和全供水成本，认为水价应分别以二者为上下限。最后，强调用水需求价格弹性在制定水价政策中的关键作用，并在政策层面阐述用水需求价格弹性是水资源需求管理中制定水价政策的关键抓手。

第三章

中国水价政策演变历程

本章导读

➤中国农业水价政策和城市水价政策的演变历程分别是怎样的？

➤农业灌溉用水的收费方式和价格水平如何？其水源和区域异质性是怎样的？

➤城市居民生活用水的收费方式和价格水平如何？其区域异质性是怎样的？

➤城市工业用水的收费方式和价格水平如何？其区域异质性是怎样的？

第一节 农业水价政策的变化趋势及现状

本节在梳理中国农业水价政策演变历程的基础上，利用灌溉管理者调查数据和农户地块灌溉水价数据，分别从地表水和地下水两类灌溉水源描述分析农业水价政策的变化趋势及实施现状。对每种灌溉水源进行分析时，都分成三个方面：灌溉水价（灌溉管理者层面和地块层面的收费方式和价格水平）、灌溉管理者向农户收费的具体细节、灌溉管理者与供水方（灌区或供电部门）结算情况。

一 中国农业水价政策的演变

自中华人民共和国成立以来，伴随着中华人民共和国水利设施的建设和发展，农业水价政策也在经历着特有的演变历程。20 世纪，中国农田水利的发展历程可分为七个阶段：第一阶段（1949—1956 年），农田水利快速增长时期；第二阶段（1957—1964 年），农田水利持续增长时期；第三阶段（1965—1974 年），农田水利较快增长时期；第四阶段（1975—1981 年），农田水利缓慢增长时期；第五阶段（1982—1985 年），农田水利建设倒退时期；第六阶段（1986—1989 年），农田水利建设停滞和缓慢恢复时期；第七阶段（1990—1997 年），农田水利建设相对较快的增长时期（王金霞，2000）。21 世纪以来，随着农业水价综合改革和大中型灌区续建配套改造项目逐步推行，中国农田水利建设又进入补历史欠账、重启大规模更新换代时期。在这一历程中，农业水价政策也与时俱进，逐步体现其系统性和有效性。笔者通过梳理中华人民共和国成立以来中国农业水价相关政策文件并结合前人的相关研究，把中国农业水价政策演变历程大致分为以下五个阶段。

（一）第一阶段（1949—1978 年）：国家水利工程公益性无偿供水，没有形成农业水价

中华人民共和国成立初期，伴随着一系列的政治运动，中央政府无暇制定专门的农业水价政策，也没有相应的量水设施和收费手段，广大农村地区依然沿用民国时期水利自建自管的模式。在社会主义改造和人民公社化之后，中国的农田水利完全变为公益事业，各级政府在经济上统收统支，工程维养也由政府来安排计划（张运华，2005），灌溉用水免费，水价为零。其实，水利电力部在 1965 年制定了中国第一个水费征收使用和管理的试行办法《水利工程水费征收使用和管理试行办法》，该办法虽经国务院批准颁布实施，但受"文化大革命"的影响未能在全国执行。可以说，在这个全国实行普遍公有制经济的阶段，没有农业水价问题。

（二）第二阶段（1979—1984 年）：农业水价政策萌芽，探索有偿供水

改革开放之后，随着家庭联产承包责任制的推行，对灌溉用水进行有偿收费不可避免地摆在了各级政府和灌区面前。1979 年，水利电力部在广东省召开了全国水库养鱼与综合经营座谈会，会上针对如何加强中国现有水利工程的经营管理、水费的计收和管理等诸多问题进行了讨论，水价问题开始步入正常轨道（姜文来，2003）。1982 年 2 月，水利

部向国务院呈交了《关于核定水费制度的报告》，报告指出制定水价应以供水成本和利润为依据。1984年7月，中共中央书记处纪要提出"要修订水费标准，拟定全国计收水费的原则，对提高水费以后发生困难的地区和部门，要进行补贴，宁可将水费补贴在明处"。同年冬季，水利电力部拟定了《重新核订水利工程收费制度的暂行规定》，并上报国务院。在这短短六年期间，虽然没有实施农业水价，但中央政府在积极为推行这一政策精心进行理论探索和制度准备，之后农业水价政策的顺利实施正是这一阶段工作的结果。因此，这一阶段是中华人民共和国农业水价政策的孕育期，是顺应时代改革潮流、承上启下的重要历史时期。

（三）第三阶段（1985—2002年）：正式实施有偿供水，进入灌溉付费时代

基于上一阶段的充分准备，1985年7月国务院批复《水利工程水费核订、计收和管理办法》（以下简称《办法》），此后许多省份都对供水成本进行了测算，并拟定了水费改革方案。这一通知中正式提出农业有偿供水的要求，灌区的水利工程管理费来源也由原来的财政预算统一支付转变为由水费负担。在1988年的《中华人民共和国水法》（以下简称《水法》）第34条中，再次重申缴纳水费的规定，农业水价得到了正式的法律认可。在水价政策执行的初期，对于收费方式依然在探索中不断改进。如1985年的《办法》规定粮食作物按供水成本核定水费标准，经济作物可略高于供水成本；并首次提出实行基本水费加计量水费的制度，且可实行季节浮动水费。这也是中国后来实行差别化水价的政策源头。而在1990年国务院关于贯彻执行《办法》的通知中又提出改进水费的计收办法，逐步改变当时以货币计收农业水费的单一方式。收取农业水费可以采取以实物计价，货币结算或计收实物的做法；水费由水利工程管理单位催缴收取，也可委托财政、粮食部门代收。更进一步地，用水实行计量收费和超定额累进加价制度也在随后的改革中得到法律确认（2002年新《水法》第49条）。

关于供水价格的核定，1997年国家计划委员会颁布了《水利产业政策》，规定新建水利工程的供水价格，要按照满足运行成本和费用、交纳税金、归还贷款和获得合理利润的原则制定，原有水利工程的供水

价格，根据国家的水价政策和成本补偿、合理受益的原则区别不同用途，在三年内逐步调整到位，之后再根据供水成本变化情况适时调整。自此，水价收费有规可循，并逐渐步入正轨。在总结之前农业水价政策实施情况之后，2001 年，国家计委印发了《关于改革农业用水价格有关问题意见》，并在次年发布了《关于改革水价的指导意见》，其核心思想是妥善处理农业水价改革与农民承受能力的关系：农业水价也要在清理整顿中间环节乱加价乱收费的基础上适当调整，但要注意农民的承受能力；同时，可以考虑对农民采取核定合理灌溉用水定额，定额外用水较大幅度提价的办法。这一时期政策的最大特点是原则明确，即有偿供水；但具体措施和技术手段不确定，有待进一步完善。

（四）第四阶段（2003—2006 年）：细化农业水价改革，逐步适应市场经济需求

在明确农业水价改革存在的问题之后，2003 年国家发展改革委和水利部出台《水利工程供水价格管理办法》（以下简称《管理办法》）替代了 1985 年颁布的《水利工程水费核订、计收和管理办法》。《管理办法》明确了水利工程的供水成本、利润和税金的定义，并区分了农业用水价格和非农业用水价格，农业用水价格按补偿供水生产成本、费用的原则核定，不计利润和税金。水利工程供水应逐步推行基本水价和计量水价相结合的两部制水价。基本水价按补偿供水直接按工资、管理费用和 50% 的折旧费、修理费的原则核定。计量水价按补偿基本水价以外的水资源费、材料费等其他成本、费用及计入规定利润和税金的原则核定。各类用水均应实行定额管理，超定额用水实行累进加价。供水水源受季节影响较大的水利工程，供水价格可实行丰枯季节水价或季节浮动价格。很明显，这一阶段的农业水价政策是在总结上一阶段的经验和教训之后的细化和完善，形成了中国现有农业水价政策的基本框架。但是，这些政策能否有效实施还受到现实条件的严重制约，如末级渠系老化、计量设施缺乏、农户用水无序组织等现实问题都对农业水价政策的有效性提出挑战，需要深化、系统的农业水价改革方案。

（五）第五阶段（2007 年以来）：农业水价综合改革探索

2007 年 5 月，水利部选择了黑龙江、吉林、山西、陕西、四川、新疆、江西、广西 8 省（自治区）14 个灌区作为首批试点单位，开展了综

合改革试点方案和农民用水户协会规范化建设规划、末级渠系节水改造规划、农业水价改革规划（简称"三项规划"）的编制工作。同年12月底，水利部召开"农业水价综合改革暨末级渠系节水改造方案编制工作会议"，会议明确实行国有水利工程水价加末级渠系水价的终端水价制度，推行计量收费，整顿末级渠系水价秩序，减轻农民用水生产成本。同时要根据实际情况建立农业用水总量控制和定额管理制度，实行以供定需、定额灌溉，推动农村水权制度建设，逐步形成节约转让、超用加价的经济激励机制。由此，中国的农业水价综合改革正式拉开大幕。

在2011年中央一号文件提出实行最严格的水资源保护制度并积极推进水价改革之后，农业水价综合改革的步伐明显加快。中央要求各级政府通过专题调研摸清水价总体情况，特别是农业水价情况，包括农业水价成本、计收方式、水费实际收取率等，为后续的改革提供了现实依据。水利部门将农业水价综合改革作为农田水利改革的"综合平台"，利用这个平台综合推进农业水权制度建设、小型农田水利工程产权制度改革、水利基层服务体系建设、农田水利工程管护责任主体落实，以适应农村生产方式的变革。具体的改革示范方案包括：①建立农业水权概念，强调农业用水总量控制，强化用水量指标动态分配；②强调农业用水定额管理，科学制定不同作物的灌溉定额，实现精准灌溉；③强调分区分类分档水价，对不同区域、不同水源、不同作物类型、不同用水规模、不同经营方式实行差别化的水价政策；④强调供水计量，对不同水源、不同灌溉方式分类采取经济、实用的计量方式；⑤强调农民用水合作组织建设，通过水费收入解决用水合作组织运行经费，发挥用水合作组织主体作用，支持用水合作组织向专业合作社方向发展，推动农民用水自治；⑥强调用水量指标交易或流转，建立用水量指标政府回购机制，提高用户节水积极性。

在实践中，2014年中央财政先对内蒙古跨区域水权交易试点、宁夏水资源使用权确权登记试点、甘肃用水户间水权交易试点各安排水利专项资金170万元。接下来，国家发展改革委牵头[①]出台《关于印发深

[①] 自此之后，中央部委历年农业水价综合改革相关政策出台，基本都由国家发展改革委牵头，财政部、水利部和农业部（农业农村部）联合发布。

化农业水价综合改革试点方案的通知》（以下简称《通知》），并附有《2014年农业水价综合改革试点方案》。该方案确立了适当提高水价、终端水价、分类水价、超定额累进加价、水资源费和创新定价机制（包括精准补贴和节水奖励机制）等政策，系统勾画了中国农业水价综合改革的蓝图；并且，将农业水价综合改革试点推广至全国27个省份的80个县。2016年《国务院办公厅关于推进农业水价综合改革的意见》（以下简称《意见》）提出了17点意见，明确并细化了改革措施，包括：①完善供水计量设施，建立农业水权制度，提高农业供水效率和效益，加强农业用水需求管理，探索创新终端用水管理方式；②分级制定农业水价，探索实行分类水价，逐步推行分类水价；③建立农业用水精准补贴标准，建立节水奖励机制，多渠道筹集精准补贴和节水奖励资金。可见，农业水价综合改革的政策在探索中逐渐明晰，而且拥有多种措施配套，已经形成了一套综合的政策系统。随着历时10年的改革试点结束，2024年《水利部办公厅关于公布第二批深化农业水价综合改革推进现代化灌区建设试点的通知》发布，遴选确定了第二批深化农业水价综合改革推进现代化灌区建设试点（16个灌区、9个县），并对水价机制创新提出了更高要求。

  关于农业水价综合改革的研究情况，笔者通过在中国知网上用标题包括"农业水价综合改革"的字段搜索，共得到截至2016年底的257篇文献，主要来源为期刊和报纸：前者主要是对农业水价综合改革进行分析的文章，后者则包括新闻、政府公告和通知。图3-1反映了关于农业水价综合改革文献的变化情况，可知该类文献最早出现于2008年，即农业水价综合改革的开端。在中央正式提出改革之后，媒体进行了大量报道，多达13篇；而相对滞后的学术研究文章仅有5篇。随着改革的逐步推进，2009—2013年研究文献数量平稳增长；而讲求时效性的新闻报道，由于中央没有大幅度政策出台，其数量保持在不多于5篇的低水平。随着2014年中央对农业水价综合改革又有大动作，特别是在《通知》出台后，报道数量急剧猛增，并且随着各地开始实践，2015年的报道数量进一步增加，尤其是2016年《意见》出台后，报道数量猛增至72篇，接近前面8年的总和。同时，研究文献数量也在2015年和2016年都迅速猛增，

2015年甚至超过了报道数量。

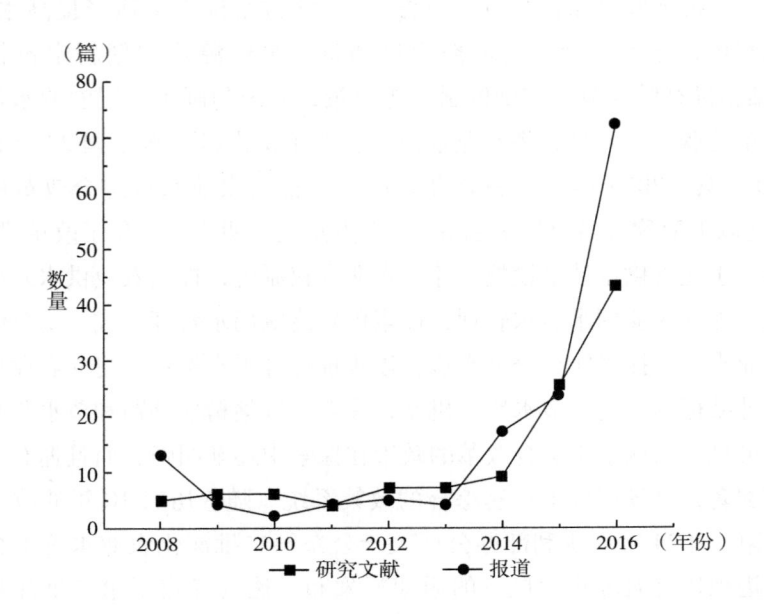

图 3-1　农业水价综合改革文献统计

资料来源：笔者根据中国知网下载相关文献总结。

另外，文献在各省的分布不均，而且文献比例和试点比例在各省匹配差异较大。在所有样本文献中，针对地方的文献数量有199篇，占77%。其中关于河北、山东和甘肃的文献占了将近35%，但是没有关于青海、吉林和福建三个试点省的文献（见图3-2）。可见，研究与报道较关注北方干旱地区，也间接说明农业水价综合改革的有效实施区域主要在华北和西北地区。

二　农业水价数据来源

（一）中国水资源制度和管理调查数据

本书所使用的调查数据是北京大学中国农业政策研究中心（CCAP）的中国水资源制度和管理调查（CWIM）数据。截至2012年，该调查已累积有四轮微观数据：第一轮于2001年开展，收集了1990年、1995年和2001年的数据；第二轮在2004年开展，收集了当年数据；第三轮和第四轮分别于2008年和2012年进行，均是收集前一年的数据。在这次

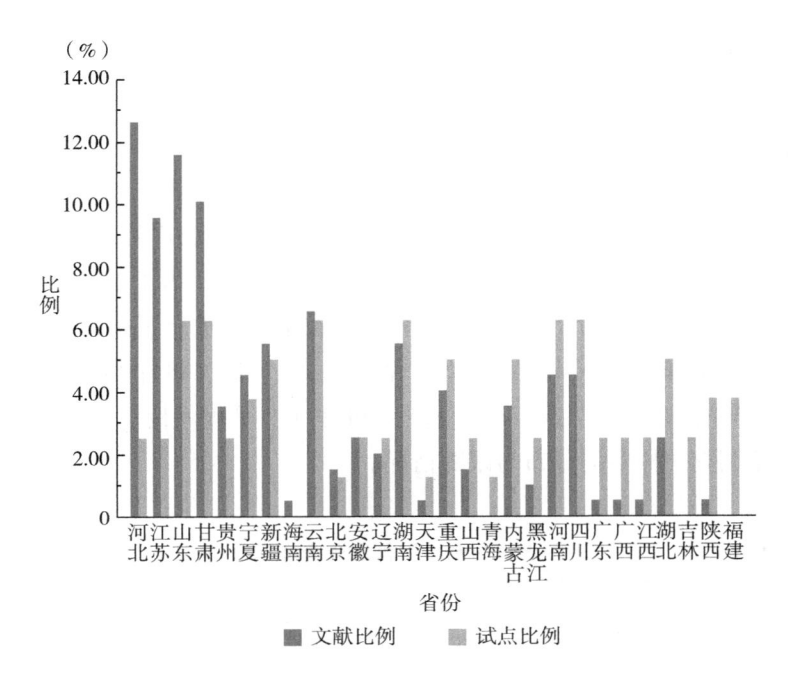

图 3-2 各省（自治区、直辖市）农业水价综合改革文献和试点数量对比

资料来源：笔者根据中国知网下载相关文献总结。

调查中，调查员主要对黄河流域上游的宁夏和下游的河南与海河流域的河北，首轮在 14 个样本县中共计 88 个样本村的 338 个农户、676 块地块、109 眼机井和 68 条渠道开展了实地跟踪调查。

具体抽样方法如下。一是样本县是根据地理位置选取的，河北分别从邻近海岸的县、靠近山区的县和处于中部地区的县中随机选取的；河南和宁夏则是从距离黄河不同远近的灌区中选取样本县。二是在乡镇的选择上，根据当地水利设施差异性，每个县随机抽取 2—4 个乡镇（其中，河北 4 乡，河南 2 乡，宁夏 3 乡）。三是在每个乡镇随机选取一条灌渠，并根据村在灌渠的地理位置分别从灌渠上游和下游随机抽取一个村，在每个村里随机抽取四户农户。四是对于抽取的样本户，除了对其家庭所有地块特征做一个基本统计，还要根据灌溉条件、地块特征和作物结构选出两块地作为样本地块。另外，在村层面上，对每个村的村领导也进行问卷调查；并根据村内灌渠和机井的管理方式，在每类管理方式下都抽取一个样本。

为了获得长期面板数据，后三期的追踪调查都尽量找到原样本。尽管在每一轮的追踪调查中，调查员都回到原来的样本村，努力地要找到原来的样本户、渠道和机井，但是在长达11年的跟踪历程中，由于移民、外地打工、家庭变革、突发状况、机井废弃等原因，无法避免样本流失。在有农户流失的村中，调查员随机选择了新农户替换流失农户，以确保每个村至少访问4个农户。在第三轮调查中，为了丰富样本，河北省新增了元氏县的8个村（32户），并在第4轮进行了持续跟踪。因此，四轮调查数据总共包括了3个省份、15个县、88个村、518个农户、1036个地块、77条渠道和165口机井（非平衡面板数据）。表3-1为各轮调查中样本的分布与跟踪情况。

表3-1　　　　中国水资源制度和管理调查样本分布　　　　单位：个

项目	第一轮 原样本	第二轮（2004年） 总样本	第二轮（2004年） 新样本	第三轮（2008年） 总样本	第三轮（2008年） 新样本	第四轮（2012年） 总样本	第四轮（2012年） 新样本	合计
县数	14	14	0	15	1	15	0	15
河北	3	3	0	4	1	4	0	4
河南	6	6	0	6	0	6	0	6
宁夏	5	5	0	5	0	5	0	5
村数	80	80	0	88	8	88	0	88
河北	24	24	0	32	8	32	0	32
河南	24	24	0	24	0	24	0	24
宁夏	32	32	0	32	0	32	0	32
农户数	338	315	24	354	84	352	72	518
河北	105	97	6	129	49	128	22	182
河南	103	88	6	96	15	96	23	147
宁夏	130	130	12	129	20	128	27	189
渠道数	68	68	7	60	0	59	2	77
河北	9	16	7	15	0	12	0	16
河南	19	14	0	13	0	15	2	21
宁夏	40	38	0	32	0	32	0	40
机井数	109	100	5	99	15	103	36	165
河北	49	50	4	45	7	43	9	69

续表

项目	第一轮 原样本	第二轮（2004年）		第三轮（2008年）		第四轮（2012年）		合计
		总样本	新样本	总样本	新样本	总样本	新样本	
河南	60	50	1	54	8	54	21	90
宁夏	0	0	0	0	0	6	6	6

资料来源：笔者根据CWIM调查数据整理。

从调查样本来看，宁夏以地表水灌溉样本为主，河北以地下水灌溉为主，河南则是典型的井渠混灌区。不过，也应注意到渠道和机井的样本数在三个省中有着不同的增减趋势。灌溉渠道方面，以地下水灌溉为主的河北省的渠道数先增加后减少，河南和宁夏的渠道样本却减少了。灌溉机井方面，地下水作为重要灌溉水源的河北和河南两省的井数都有所减少，而基本上只依靠地表水灌溉的宁夏在第四轮调查中出现了机井灌溉。

调查采用面对面访谈形式。调查的内容非常全面，共有农户、村领导、地表水管理者和地下水管理者四种问卷。其中，农户调查的内容包括家庭成员基本情况、农地特征、作物灌溉面积及水源、作物用水细节、节水技术采用情况、家庭收入、家庭财产等。村领导调查的内容包括村社会经济基本情况、村领导者特征、村用灌溉井的情况、机井所有权与管理、地表水水资源管理、作物用水情况、全村节水技术使用情况、政策支持情况、水利设施投资情况等。地表水管理者调查的内容包括村渠道特征、渠道管理者特征、渠道管理方式、用水及灌溉方式、作物用水情况、水费收取情况、开支和收入状况等。地下水管理者调查的内容包括村地下水设施特征、机井管理者特征、机井的管理方式、用水及灌溉方式、作物用水情况、水价及水市场、开支和收入状况、投资情况、输水设施及节水等方面内容。在正式开展调查前，CCAP对所有调查员进行了严格的室内培训，然后又在调查地区开展了实地培训，尽可能地保证了数据收集工作的规范性、有效性和准确性。

（二）其他二手数据

1. 气象数据

气候变量是影响作物需水和生长的重要因素，所以在本书研究的作物灌溉需水模型和作物生产函数中都加入了气温和降水的相关变量。本书所用的基础气候数据来自中国国家气象信息中心（http：//www.nmic.gov.cn/web/index.htm）网站上公布的全国753个国家气象站的实际观测值。收集了1960—2012年分月的温度和降水数据，然后运用空间插值法生成县级月度温度和降水数据。作物的灌溉与生长不仅直接与其生长季的气温和降水有直接关系，而且播种之前的降水通过土壤水分积累也影响着土壤墒情，从而间接影响作物灌溉与生长。因此，本书采用比生长期更长的周期来计算降水量，即分别计算各省小麦和玉米收获当月向前推一年的时间范围内的县级水平的总降水量，以及用月平均气温和月降水量各自的标准差来表示气候变量的变异性。

2. 价格指数

由于本书研究样本的时间跨度较大，必须考虑价格变动因素，并对相关变量进行折现值计算。本书选定的第一轮调查年份，即2001年为基年。从《中国统计年鉴》收集了农村居民消费价格指数，用于小麦和玉米价格及投入要素（水、化肥、劳动力和其他资金）价格的折算。

（三）数据使用说明

本书农业用水部分主要使用了CWIM调查数据库中小麦和玉米样本。由于3个省份玉米生长季基本与其雨季重叠，玉米对灌溉的依赖性较弱，有23%的玉米样本没有灌溉；而小麦的生长季相对干旱，有97%的样本都需要灌溉（见表3-2）。为了研究灌溉水价，本书的研究样本只包括灌溉的小麦和玉米样本。从灌溉地块样本的重复率看，跟踪数据有一定样本量的流失，如小麦和玉米仅出现一次的地块分别占总样本的37%和45%；而四轮都跟踪到的样本地块，分别占样本量的11%和8%。小麦和玉米的跟踪情况基本相同，出现三次的样本占比不高于20%，出现两次的样本占32%。所以，本书得到的样本是一套地块层面的非平衡面板数据，后续计量回归需要做相应的稳健性检验。

表3-2 作物灌溉样本重复情况 单位：个、%

项目	小麦		玉米	
	样本量	比例	样本量	比例
不灌溉样本	61		390	

续表

项目	小麦		玉米	
	样本量	比例	样本量	比例
灌溉样本	1696		1308	
一次	627	37	590	45
两次	550	32	422	32
三次	339	20	192	15
四次	180	11	104	8

资料来源：笔者根据CWIM调查数据整理。

从灌溉水源来看，小麦和玉米地块的样本分布基本相同。从整体来看，地表水和地下水灌溉地块数量相当，仅有很少一部分样本使用联合灌溉（小麦和玉米联合灌溉的比例分别为9%和4%）。分省份来看，3个省份的主要灌溉水源差别较大，宁夏是地表水灌溉占绝对优势，小麦和玉米分别占其总样本的98%和99%，剩余的都是联合灌溉，没有纯地下水灌溉样本。而地处华北平原的河北与河南，地下水是其主要灌溉水源，两省小麦地下水灌溉样本分别占各省样本量的68%和64%，而玉米的地下水灌溉地块样本占各省份样本量的78%和77%（见表3-3）。

表3-3　　　　　　作物灌溉水源样本量分布情况　　　　　单位：个

灌溉水源	小麦				玉米			
	河北	河南	宁夏	合计	河北	河南	宁夏	合计
地表水	135	140	495	770	71	46	579	696
地下水	336	441	0	777	315	245	0	560
联合灌溉	26	112	11	149	18	26	8	52
总计	497	693	506	1696	404	317	587	1308

资料来源：笔者根据CWIM调查数据整理。

如上所述，为了更细致地分析灌溉水源分布在调查期内的变化情况，本书用宁夏的样本表示地表水灌溉，用河北与河南的样本考察地下水灌溉。由表3-4可知，以地表水灌溉为样本的宁夏回族自治区，仅用地表水灌溉的比例虽然维持在95%以上，但比例有所降低，联合灌溉的比例在小麦和玉米样本上分别上升至4%和2%（宁夏没有仅用地下水灌溉的样本）。而以地下水灌溉为主的河北省与河南省，仅用地下水灌溉的比例在小麦和玉米地块都在增长，分别从59%和73%增长至72%和83%。可见，面对水资源日益短缺的状况，无论是地表水灌区还是地下水灌区，农户都在更多地开发地下水。

表3-4　　　　　　　样本地块灌溉水源比例变化情况　　　　　　单位：%

年份	小麦		玉米	
	地表水灌溉	地下水灌溉	地表水灌溉	地下水灌溉
2001	99	59	99	73
2004	97	64	98	75
2007	98	67	99	76
2011	96	72	98	83

资料来源：笔者根据CWIM调查数据整理。

本书用到的关键村级信息是灌溉用水的收费方式，调研员分别采访了渠道和机井管理者。在落实到农户地块上时，调研员要求农户回答收费方式，经过与灌溉管理者提供的信息对比，确认最终的收费方式，当二者回答矛盾时，调研员会让农户和灌溉管理者当面核对，并确认正确答案。这里需要注意的是，不同农户对应的灌溉管理者并不完全相同，调研中虽然调研员是先根据渠道和机井的管理方式来随机抽取渠道和机井（每个村的样本数不固定），但是当农户灌溉地块所属的灌溉渠道或机井不在抽样范围内时，调研员需要联系到该地块所属的灌溉管理者，并进一步确认信息。

在灌溉地块层面，除了关于地块的投入产出、灌溉条件、土壤特征、受灾情况等因素，最关键的是用水量的核算。由于中国在地块层面普遍缺少计量设施，为了更加准确地获得每种作物的灌溉用水量数据，向农户问了一系列问题。首先，直接向农户询问在作物生长季对每种作物的灌溉用水总量。然后请农户回答对每一种作物共灌溉了几次，每次灌溉几小时，以及每小时的灌溉水量是多少。在地下水灌溉地块，也收集了农民所用机井的泵的信息，包括泵的尺寸和每小时实际出水量；在地表水灌溉地块,还收集了每次灌溉的水深,以作为核算用水量的辅助信息,这些信息使数据分析人员能够以多种方式计算地表水和地下水灌溉用水量,以保证获得灌溉用水量的科学性。此外,对于每次单位面积的灌溉用水量,在灌溉管理者问卷中也有详细记录,以备农户完全不清楚灌溉用水信息时作为计算依据。同样地,当农户与灌溉管理者回答矛盾时,调研员会让灌溉地块对应的灌溉管理者和农户核对并确认。另外,在河北与河南两省,在遇到小麦和玉米套作地块时,需要把两种作物共同浇水次数的用水量分开,并平均分配这几次的用水量到小麦和玉米。除了灌溉用水量,调查调研还收集了作物生长季灌溉被延误情况和输水方式信息。

此外,在了解了灌溉收费和用水量情况后,需要确认后期对灌溉水价的核算。由于灌溉水源和收费方式在不同地区和年份间的差异,需要把灌溉水价折算成统一的计量单位。这里的灌溉费用是指农户因灌溉最终付出的所有直接费用,主要包括上缴的水费,以及可能支出的相应的电费和油费。对于单一灌溉水源样本而言,灌溉水价用其实际费用除以灌溉用水量所得;对于联合灌溉,本书对地表水价和地下水价进行加权平均,得到灌溉水价[①]。

三 灌溉地表水水价

(一) 地表水灌溉水价

1. 灌溉收费方式

(1) 渠道管理者向农户收费方式。绝大多数用地表水灌溉的农户都要交水费。通过对样本村内 77 条渠道的管理者跟踪调查,最终得到 221 份收费渠道的调查数据,另有 19 份问卷因在特定年份没有及时供水、村内垫付等原因,没有向农民收取地表水费。由表 3-5 可知,2001—2011 年 92.08% 的渠道灌溉都向农户收费。但是,渠道收费的比例在逐年降低,其中有很大一部分原因是面对日益短缺的地表水,很多农户转向使用地下水灌溉。

[①] 需要注意的是,当我们在计算水价时,可对灌溉收费和用水量进行二次检查,因为对于计算的水价异常值样本(水价大于 1 元/立方米或小于 0.01 元/立方米),调研员会再次检查数据或打电话与农户和灌溉管理者反复确认。

表 3-5　　　　　　　　　地表水是否收费情况　　　　　　　　单位：份、%

年份	样本量 收水费	样本量 不收水费	比例 收水费	比例 不收水费
2001	56	2	96.55	3.45
2004	61	2	96.83	3.17
2007	54	6	90.00	10.00
2011	50	9	84.75	15.25
总体	221	19	92.08	7.92

资料来源：笔者根据 CWIM 调查数据整理。

渠道管理者向农户收费方式以按面积为主，计量水价比例正在逐渐扩大。从表 3-6 可知，80% 以上的渠道按农户灌溉面积向农民收取水费，但是这一比例总体上呈降低趋势。另外，少量渠道也按人口收费，其比例从超过 7% 降低到 2%。以上两种方式都属于非计量水价，随着它们所占比例的降低，各种形式的计量水价正在增长，包括按时间、按用水量和按用电量收费方式，其比例由 2001 年的 10.72% 增加到 2011 年的 16%。表明调研期内中国灌溉地表水灌溉计量水价实施范围正在缓慢扩大，且比例依然较低。

表 3-6　　　　　　　渠道管理者层面地表水收费方式　　　　　　　单位：%

年份	按面积	按时间	按用水量	按用电量	按人口
2001	82.14	8.93	0.00	1.79	7.14
2004	90.16	4.92	0.00	1.64	3.28
2007	81.48	7.40	5.56	0.00	5.56
2011	82.00	4.00	10.00	2.00	2.00
平均	84.16	6.33	3.62	1.37	4.52

资料来源：笔者根据 CWIM 调查数据整理。

（2）农户地块层面收费方式。从灌溉地块层面来看，也呈现上述趋势，即按面积收费方式依然占主导，但其比例在降低，计量水价比例因作物差异而呈现不同发展趋势。表 3-7 呈现了上述细节，地块样本并没有包括按人口收费方式和按用水量收费方式,但新加入了按用油量收费方式,我们把它与按用电量收费方式归为一类(都是按耗能量收费)。从表中数据可知,小麦和玉米的按面积收费方式分别约占样本地块的 79% 和 93%,占绝对优势。但是小麦和玉米的计量水价占比发展趋势明显不同,虽然小麦按用电量或用油量收费方式呈减少趋势,但随着按时间收费方式的扩展,计量水价的总体比例从 2001 年的约 17% 增加到 2011 年的约 24%,略有增长。与此相比,玉米地块的两种计量水价比例都呈下降趋势,总体上计量水价在这十年间从 9.4% 减少到了 6.6%。

表 3-7　　　　　　　地块层面地表水收费方式　　　　　　单位:%

年份	小麦			玉米		
	按面积	按时间	按用电或用油量	按面积	按时间	按用电或用油量
2001	82.89	6.14	10.97	90.59	6.47	2.94
2004	80.44	11.56	8.00	91.26	2.19	6.55
2007	74.60	21.69	3.71	97.40	1.04	1.56
2011	76.56	15.63	7.81	93.38	3.31	3.31
平均	79.09	13.12	7.79	93.25	3.16	3.59

资料来源:笔者根据 CWIM 调查数据整理。

2. 灌溉收费水平

(1)渠道管理者向农户收费水平。不同的收费方式对应不同的水价,但不同收费方式下的水价基本呈现增长趋势。由于灌溉水价是一种非市场价格,本书在此先用当年价格来衡量水价变化趋势。由表 3-8 可知,渠道管理者按面积向农户收费的水价由 33.8 元/亩增长至 50.7 元/亩,增幅约为 50%;而按人口收费方式下的灌溉水价增长了约 150%。计量水价中,按时间收费方式的灌溉水价由 9.5 元/小时攀升至 43.13 元/小时,增长了约四倍[①]。按用水量收费的灌溉水价从 2007 年到 2011 年仅增长 0.01 元/立方米,地表水灌溉电价 2001—2011 年增幅

---

① 其中因样本的单位时间出水量有差异,而且样本量有限,可能会造成选择性偏误。

约为 54%。从实际价格来看，按面积、按时间、按用电量和按人口收费的灌溉价格也都有增长，增幅分别约为 11%、136%、13% 和 90%；而按用水量收费的灌溉价格则略有减少。

表 3-8　　渠道管理者层面不同收费方式下的地表水灌溉价格

价格形式	年份	按面积 （元/亩）	按时间 （元/小时）	按用水量 （元/立方米）	按用电量 （元/度）	按人口 （元/人）
名义价格	2001	33.80	9.50		0.52	10.00
	2004	33.65	16.73		0.75	13.50
	2007	44.64	17.60	0.13		11.33
	2011	50.70	43.13	0.14	0.80	25.64
实际价格 （2001年 价格水平）	2001	33.80	9.50		0.52	10.00
	2004	31.73	15.78		0.71	12.73
	2007	38.50	15.18	0.11		9.77
	2011	37.53	31.93	0.10	0.59	18.98

资料来源：笔者根据 CWIM 调查数据整理。

（2）农户地块层面收费水平。为了更方便地横向比较不同收费方式下的水价，需要把灌溉水价统一单位。在地块层面，有了灌溉水费和用水量，我们可以把灌溉水价统一折算成元/立方米的形式，如表 3-9 所示。从灌溉名义价格来看，小麦和玉米在不同收费方式下的水价都呈增长趋势，而且计量水价高于按面积收费水价。具体地，在按面积收费方式下，小麦的灌溉水价由 0.09 元/立方米增长至 0.13 元/立方米，而玉米的灌溉水价由 0.07 元/立方米增长至 0.18 元/立方米，增幅分别约为 44% 和 157%。从计量水价来看，小麦的按时间收费和按用油或用电量收费的平均水价分别为 0.36 元/立方米和 0.11 元/立方米，玉米的相应平均灌溉水价都为 0.16 元/立方米，均高于其按面积收费下的灌溉水价。从水价增幅来看，小麦和玉米从 2001—2011 年的灌溉计量水价都大于 100%。从实际价格来看，在按面积收费方式下，小麦和玉米的灌溉水价增幅分别约为 11% 和 86%；在计量水价下，小麦和玉米的相应灌溉水价增幅基本上也都大于 100%。

表 3-9　地块层面不同收费方式下的地表水灌溉价格

单位：元/立方米

价格形式	年份	小麦 按面积	小麦 按时间	小麦 按用油或用电量	玉米 按面积	玉米 按时间	玉米 按用油或用电量
名义价格	2001	0.09	0.17	0.01	0.07	0.04	0.01
	2004	0.09	0.35	0.03	0.07	0.20	0.04
	2007	0.11	0.43	0.08	0.11	0.18	0.15
	2011	0.13	0.35	0.19	0.18	0.18	0.39
	平均	0.10	0.36	0.11	0.11	0.16	0.16
实际价格（2001年价格水平）	2001	0.09	0.17	0.01	0.07	0.04	0.01
	2004	0.08	0.33	0.03	0.06	0.19	0.04
	2007	0.10	0.37	0.07	0.10	0.15	0.13
	2011	0.10	0.26	0.14	0.13	0.13	0.29
	平均	0.09	0.31	0.10	0.09	0.15	0.13

资料来源：笔者根据 CWIM 调查数据整理。

（二）渠道管理者向农户收费的具体细节

1. 收费者

向农户收水费的具体收费者来源较多，以渠道管理者和村干部为主[①]。渠道管理者占收费者的 45%，村干部占 39%，还有约 4.5% 的渠道是由村干部和渠道管理者一起收水费的。另外，用水协会收费只占不到 8%，以及总共不足 4% 的雇人收费、电工等其他收费者。对于收费者而言，能否有专门的报酬是对其有效的激励。有专门报酬的收费者虽然总体不多，但其比例增长迅速。具体来看，样本渠道平均有 34% 的管理者有专门报酬，而且这一比例由 2001 年的约 16% 在 2007 年之后迅速增长至 2011 年的 58%，即超过一半的渠道管理者有专门报酬（见图 3-3）。

2. 缴费时限

农户的缴费时限总体分为按灌溉次数、按特定期限和没有期限限制三类，其中以按特定期限为主。由表 3-10 可知，三种时限的比例依次

---

① 这里的村干部包括村两委成员及小组长；如果一个渠道管理者也是村干部，我们把他归类为渠道管理者。

约为31%、59%和10%。对于按灌溉次数收费的渠道管理者，有约49%的管理者规定农户需在灌溉前缴费，约占一半。而按特定期限缴费的灌渠，约66%的渠道管理者要求农民在灌溉季节结束后统一按固定期限结算；当然也有约34%的灌渠要求农户预交水费。

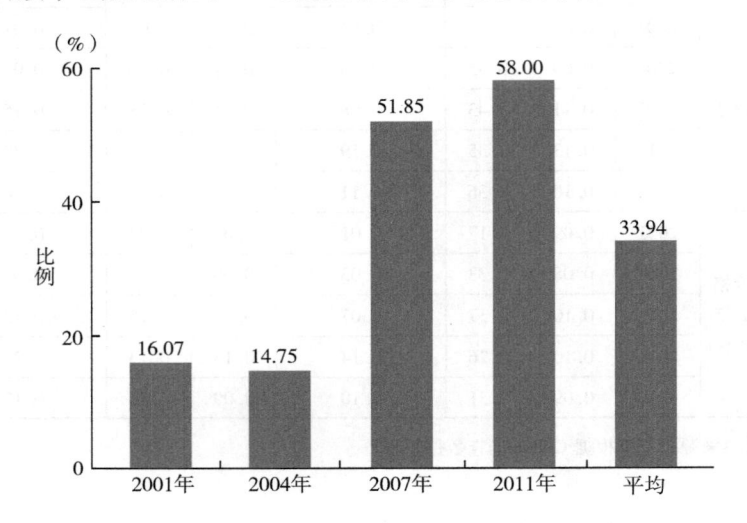

图 3-3　地表灌溉收费者有专门报酬比例

资料来源：笔者根据CWIM调查数据整理。

表 3-10　地表水缴费期限　单位：份、%

期限类型	样本量	比例
按灌溉次数	68	30.77
灌溉之前	33	48.53
灌溉之后	35	51.47
按特定期限	130	58.82
灌溉之前	44	33.85
灌溉之后	86	66.15
没有期限限制	23	10.41

资料来源：笔者根据CWIM调查数据整理。

3. 水费收取率

从水费收取率来看，绝大多数农户都能按时缴费，其比例一直保持在90%左右（见图3-4）。进一步分析发现，约有10%的渠道完全收齐水费。对于另外每年约10%拖欠水费的农户,其主要原因在于没钱或故意赖账,两项约占86%,另外约有10%的农户是因为对灌溉管理的不满意(管理不善、供水不及时等)而不交水费,其他原因约占4%(见图3-5)。

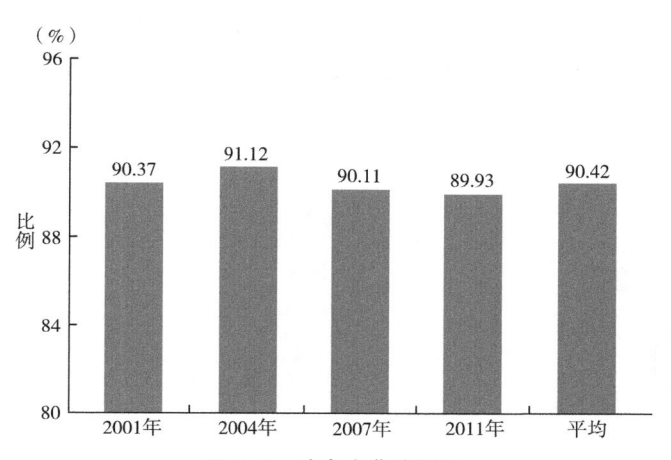

图 3-4 地表水费收取率

资料来源:笔者根据CWIM调查数据整理。

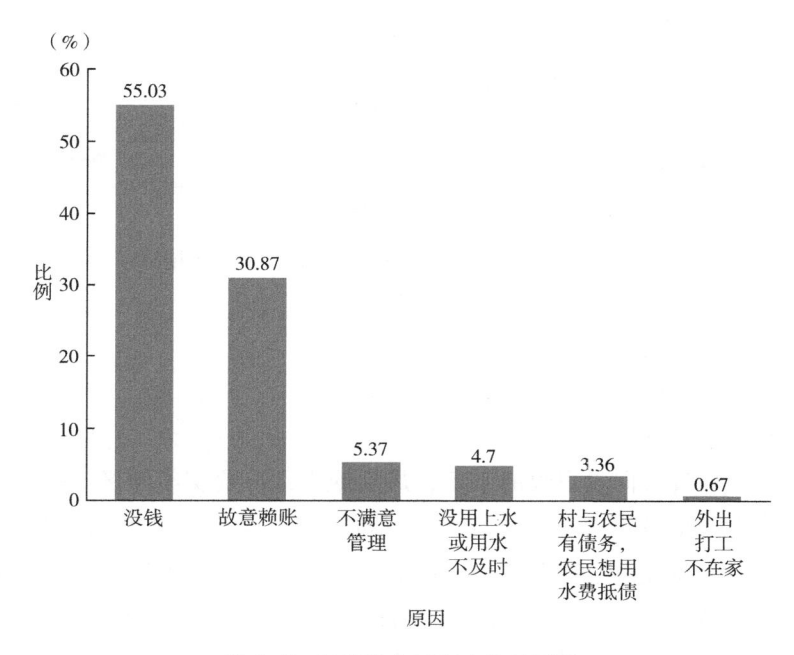

图 3-5 村民拖欠地表水费的原因

资料来源:笔者根据CWIM调查数据整理。

对于不交地表水灌溉水费的农户，大多数渠道管理者束手无策。图3-6显示，约73%的渠道管理者对农户拖欠水费没有采取任何措施，约8%的渠道管理者只能继续催促农户交水费。采取措施的渠道管理者不到15%，包括停止供水和法院起诉。其余的灌溉管理者，也都没有办法让农民及时交水费，或者是村里垫付，或者是打欠条，甚至是照顾免收。

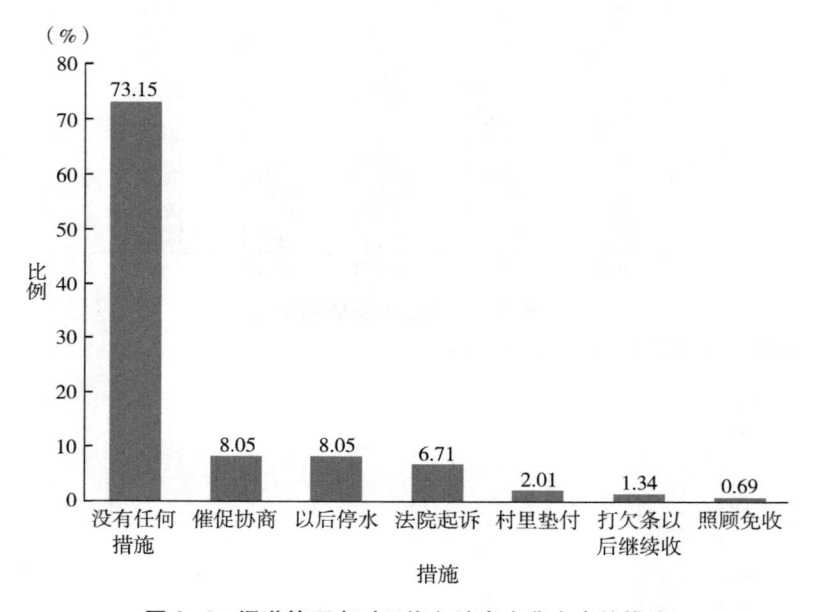

```
(%)
80  73.15
70
60
50
比
例 40
30
20
10   8.05  8.05  6.71
                      2.01  1.34  0.69
 0  没有  催促  以后  法院  村里  打欠条  照顾
    任何  协商  停水  起诉  垫付  以后   免收
    措施                       继续收
                措施
```

图3-6　渠道管理者对于拖欠地表水费农户的措施

资料来源：笔者根据CWIM调查数据整理。

（三）渠道管理者与灌区结算情况

1. 结算时间

渠道管理者向农户收的水费，最后绝大部分要交给灌区。据统计，约49%的灌溉管理者把水费完全交给灌区，平均有84%的水费最后交给灌区。可见灌溉管理者从收水费中收益甚微，如果村庄或者灌区不给渠道管理者额外的工资，他们就不可能从渠道管理中获得报酬。从渠道管理者和灌区结算的时间看，大多数渠道采用预交部分水费，固定时间结清的模式。调研显示，约57%的灌渠在灌溉季节开始前预交部分水费，灌溉之后再次结算，多退少补。另外，要求灌溉前交清和灌溉结束后统一交费的灌渠比例分别为21%和22%。

2. 结算标准

（1）结算方式。渠道管理者与灌区的结算方式以按用水量和按田亩面积方式为主。由于在渠道层级有计量设施（主要在支渠口），方便灌区计算给某条渠道的输水总量，多数渠道与灌区结算是按用水总量结算的，约占63%，而且自2001—2011年始终保持在60%上下浮动（见表3-11）。这里需要说明的是，中国的灌溉计量设施由于不可能达到斗渠以下层次，所以即使在渠道上按用水量与灌区结算，到农户地块上，渠道管理者也不得不把总水费平均摊入其所覆盖的灌溉面积。因此，也就造成了较高比例的支渠以上计量水价与较低比例的斗渠以下计量水价并存的局面。为了减少交易成本，灌区也按照各条渠道所覆盖的灌溉面积向渠道收水费，其比例自2001年的约29%增加至2011年的约38%。另外，还有不到7%比例的其他结算方式，包括按用电量、按灌溉时间和按人头，而且这些结算方式比例呈下降趋势。

表3-11　　　　　　　渠道管理者与灌区结算方式　　　　　单位：%

年份	按用水量	按面积	按用电量	按灌溉时间	按人头
2001	62.50	28.57	1.79	5.36	1.78
2004	67.21	22.95	3.28	3.28	3.28
2007	62.97	33.33	0.00	1.85	1.85
2011	58.00	38.00	2.00	2.00	0.00
平均	62.89	30.32	1.81	3.17	1.81

资料来源：笔者根据CWIM调查数据整理。

（2）结算水价。在结算水价上，不同结算方式下的水价都呈现明显的增长趋势。由于第一轮调查没有涉及与灌区的结算水价，在此主要考察2004—2011年的灌区计算水价。由于其他结算方式样本量有限，不免产生偏误，在此我们只考察按用水量和面积两种主要的结算水价。表3-12显示，按用水量结算的名义水价从平均0.02元/立方米增加到0.08元/立方米，而按面积结算的名义水价从平均21.71元/亩增加到

36.28元/亩。从实际水价来看，按用水量和按面积结算的水价增幅分别约为200%和33%。另外，对比表3-8发现，两种结算水价均低于渠道管理者向农户收费的水价，如2011年的按面积水价结算水价仅是渠道管理者收取水价的72%，按用水量的这一比例仅为57%。说明如果在结算水价和渠道管理者水价的收取方式一致时，这两种结算水价在灌溉地表水从灌区到农户地块分别提价了40%和75%。这主要是因为在输水过程中的损耗要由农民承担，另外部分渠道管理者在原水价上加入管理费用或工资，两个方面的原因共同推高了最终水价。

表3-12　　　　　　　　　　渠道管理者与灌区结算水价

价格形式	年份	按用水量（元/立方米）	按面积（元/亩）
名义水价	2004	0.02	21.71
	2007	0.04	20.68
	2011	0.08	36.28
实际水价（2001年价格水平）	2004	0.02	20.48
	2007	0.04	17.84
	2011	0.06	26.86

资料来源：笔者根据CWIM调查数据整理。

四　灌溉地下水水价

（一）地下水灌溉水价

1. 灌溉收费方式

（1）机井管理者向农户收费方式。与地表水灌溉相似，大多数用地下水灌溉的农户也都要交水费。通过对有地下水灌溉样本村机井管理者的调查，对165口机井四个年份的追踪，最终得到342份收费机井的调查数据；另有28份问卷没有向农民收取地下水费；60份问卷属于农民自己购买柴油浇地，不交水费（样本基本集中于河南省）；12份是管理者自己浇地，不向其他农户收费。由表3-13可知，2001—2011年约77%的机井灌溉都向农户收费，且呈现增长趋势，从约63%上升到约86%。

表 3-13　　　　　　　　　地下水是否收费情况　　　　　　单位：份、%

年份	样本量				比例			
	收水费	不收水费	农民自己购买柴油浇地，不交水费	管理者自己浇地，不向其他农户收费	收水费	不收水费	农民自己购买柴油浇地，不交水费	管理者自己浇地，不向其他农户收费
2001	69	0	34	7	62.73	0.00	30.91	6.36
2004	63	21	14	2	63.00	21.00	14.00	2.00
2007	108	4	0	2	94.74	3.51	0	1.75
2011	102	3	12	1	86.44	2.54	10.17	0.85
总体/平均	342	28	60	12	77.38	6.33	13.57	2.72

资料来源：笔者根据 CWIM 调查数据整理。

机井管理者向农户收费方式以计量水价为主，而且其中按时间和按用电量收费方式呈增长趋势。与地表水收费不同，按面积收费方式仅占约 5%，而且 2001—2011 年这一比例已经从约 7% 下降到不足 2%（见表 3-14）。在三种计量水价中，按用油量收费方式逐渐被其他两种计量水价代替。具体地，按用油量收费方式比例从约 32% 下降到约 11%；而按时间收费方式比例从约 25% 上升至约 33%；按用电量收费方式从约 36% 猛增至约 54%，成为机井灌溉最主要的收费方式，这可能是由于用于灌溉的柴油机逐渐被电机代替。

表 3-14　　　　　　机井管理者层面地下水收费方式　　　　　　单位：%

年份	按面积	按时间	按用电量	按用油量
2001	7.27	24.55	36.36	31.82
2004	10.13	34.18	37.97	17.72
2007	2.73	28.18	49.09	20.00
2011	1.74	33.04	53.91	11.30
平均	5.07	29.71	44.93	20.29

资料来源：笔者根据 CWIM 调查数据整理。

（2）农户地块层面收费方式。与机井管理者收费方式相对应，在地块层面，小麦和玉米地下水灌溉的收费方式的比例从大到小依次均为按用电量、按时间、按用油量和按面积（见表3-15）。具体地，小麦和玉米地下水灌溉按用电量收费的地块平均比例分别约为39%和43%，而且两种作物的这一比例都增长至2011年的约52%，占主导地位。按时间收费方式的比例在小麦和玉米地块上分别约为30%和33%，但两种作物的趋势不同，小麦略有增长，玉米则是下降了9个百分点。按用油量收费方式的地块比例在两种作物上都呈下降趋势，2011年这一比例的水平均下降到约15%。最后按面积收费方式的比例在小麦和玉米地块上分别约为6%和7%，2011年这一比例分别下降至不到4%和5%。

表3-15　　　　　　地块层面地下水收费方式　　　　　单位：%

年份	小麦				玉米			
	按面积	按时间	按用电量	按用油量	按面积	按时间	按用电量	按用油量
2001	8.90	27.23	32.98	30.89	15.32	37.84	27.93	18.92
2004	8.99	33.71	32.02	25.28	3.95	39.47	31.58	25.00
2007	2.49	28.36	36.82	32.34	6.96	32.91	45.57	14.56
2011	3.86	29.47	51.69	14.98	4.65	28.84	51.63	14.88
平均	5.92	29.60	38.74	25.74	7.32	33.21	42.50	16.96

资料来源：笔者根据CWIM调查数据整理。

2. 灌溉收费水平

（1）机井管理者向农户收费水平。不同收费方式下的地下水水价也都呈增长趋势。由表3-16可知，从当年价格来看，机井管理者按面积向农户收费的水价由12.69元/亩增长至38.00元/亩，增幅约为200%。计量水价中，按时间收费方式的灌溉水价由8.27元/小时攀升至13.13元/小时，增长了59%[①]。同样地，2001—2011年地下水灌溉电价增幅约为25%，灌溉油价增幅约为100%。从2001年实际价格水平来看，以上四种收费方式下的灌溉价格变化幅度分别为122%、18%、-8%和47%[②]。

[①] 同样，因样本水泵的额定出水量差异，可能会造成选择性统计偏误。
[②] 可见农业电价基本维持在低水平，按用电量收费价格的差异主要源于各地附加管理费的差异。

表 3-16　机井管理者层面不同收费方式下的地下水灌溉价格

价格形式	年份	按面积（元/亩）	按时间（元/小时）	按用电量（元/度）	按用油量（元/升）
名义价格	2001	12.69	8.27	0.65	3.16
	2004	22.69	9.62	0.70	3.84
	2007	18.33	14.38	0.79	5.71
	2011	38.00	13.13	0.81	6.31
实际价格（2001年价格水平）	2001	12.69	8.27	0.65	3.16
	2004	21.39	9.07	0.66	3.62
	2007	15.81	12.40	0.68	4.92
	2011	28.13	9.72	0.60	4.67

资料来源：笔者根据 CWIM 调查数据整理。

（2）农户地块层面收费水平。为了更方便地比较不同收费方式下的地下水水价，也把灌溉水价单位统一折算成元/立方米的形式（见表 3-17）。由作物地块名义灌溉水价可知，小麦和玉米在不同收费方式下的地下水灌溉水价也都呈增长趋势，而且多数计量水价高于按面积收费水价。具体地，在按面积收费方式下，小麦的灌溉水价由 0.18 元/立方米增长至 0.32 元/立方米，而玉米的灌溉水价由 0.19 元/立方米增长至 0.31 元/立方米，增幅分别约为 78% 和 63%。从计量水价来看，小麦的按时间收费和按用电量收费的平均水价分别为 0.24 元/立方米和 0.37 元/立方米，玉米的相应平均灌溉水价约为 0.25 元/立方米和 0.44 元/立方米，均高于其按面积收费下的灌溉水价。从水价增幅来看，小麦和玉米从 2001 年到 2011 年的灌溉计量水价都大于 50%。从实际价格来看，小麦和玉米在按时间和按用电量收费方式下的灌溉水价也都大于按面积收费方式下的水价；其灌溉价格增幅比名义价格下略有减少，小麦地块前三种收费方式下的水价增幅分别约为 33%、11% 和 41%，而玉米地块对应的水价增幅分别约为 21%、47% 和 1%。

值得说明的是，比较小麦和玉米的灌溉水价，基本上在同种水源同种收费方式下，玉米的灌溉水价更高，这可能与玉米的平均用水量较少有关，相同的水费折算到较少的用水量上，水价当然相对较高。再比较两种灌溉水源的水价，基本上同种作物在同种收费方式下，地下水的灌溉水价更高，这可能是地下水的抽水成本较高，而且都是农户全额负担的缘故[①]。

表3-17 地块层面不同收费方式下的地下水灌溉价格

单位：元/立方米

价格形式	年份	小麦				玉米			
		按面积	按时间	按用电量	按用油量	按面积	按时间	按用电量	按用油量
名义价格	2001	0.18	0.19	0.22	0.12	0.19	0.17	0.34	0.13
	2004	0.20	0.19	0.21	0.21	0.11	0.19	0.31	0.10
	2007	0.13	0.28	0.34	0.23	0.26	0.27	0.35	0.16
	2011	0.32	0.28	0.55	0.28	0.31	0.34	0.55	0.24
	平均	0.21	0.24	0.37	0.20	0.20	0.25	0.44	0.16
实际价格（2001年价格水平）	2001	0.18	0.19	0.22	0.12	0.19	0.17	0.34	0.13
	2004	0.19	0.18	0.20	0.16	0.11	0.18	0.29	0.10
	2007	0.11	0.24	0.29	0.20	0.22	0.23	0.31	0.14
	2011	0.24	0.21	0.31	0.21	0.23	0.25	0.34	0.17
	平均	0.19	0.20	0.27	0.14	0.18	0.22	0.33	0.14

资料来源：笔者根据CWIM调查数据整理。

（二）机井管理者向农户收费的具体细节

1. 收费者

相对于地表水，地下水的具体灌溉收费者更多元化，其中机井承包者、电工、个体井所有者、管井的股东和机井管理者的家人依次占有较大比例。机井承包者为获利直接进行收费（23%）；因为灌溉水费主要为电费，所有存在相当比例的机井由电工直接收费（22%）；随着个体井的增多，其所有者也向其他农户提供灌溉服务并收费（17%）；同样地，联户机井的股东也参与收费（15%）；与地表水收费相似，机井管理者的家人也参与了水费收取活动（13%）。此外，还有5%的机井专门雇人收费；少量的机井属于公用性质，没有固定收费者，收费时由灌溉的泵主人收取，其所占比例不到3%；与地表水收费不同，仅有约

---

① 为了减轻农民负担，灌区的地表水的价都没有达到成本水价，存在国家补贴。

2%的机井由村干部来收水费,说明机井相对于灌渠,更加私有化,不需要代表集体的村干部参与管理。

对于机井收费者而言,有专门报酬的比例也不高,且维持在30%左右。具体来看,样本机井平均约有29%的管理者有专门管井报酬,而且这一比例在2001—2011年始终在30%上下浮动(见图3-7)。这一点与地表水收费者不同的原因在于,灌渠的属性相对比较公共化,其管理者不能轻易通过灌渠牟利,而只能是村集体或灌区给予管理者报酬,让其进行收水费;而机井相对私有化,其管理者可以直接通过机井所提供的灌溉服务获利,因此不必有专门报酬,或者说管理者的报酬已经体现在了其利润中。如样本中按用电量向农户收水费的机井,其灌溉电价往往高于上交的电价,平均利润率约为33%。

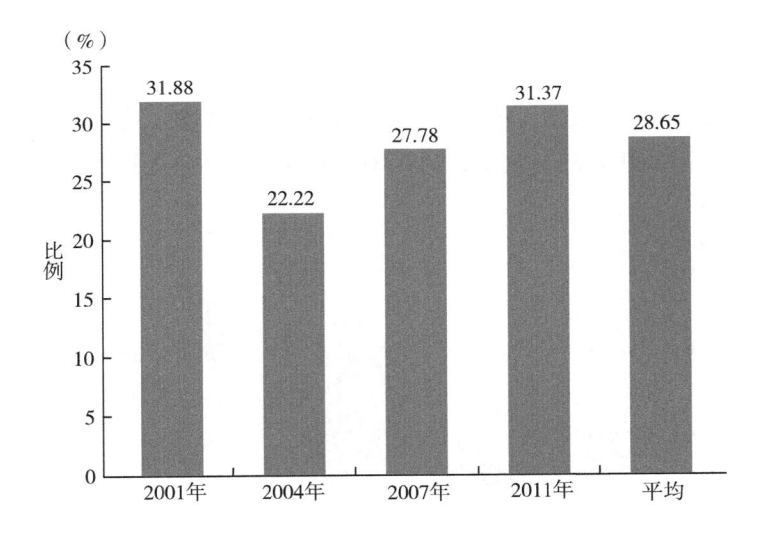

图3-7 机井收费者有专门报酬比例

资料来源:笔者根据CWIM调查数据整理。

2. 收费时限

农户的缴费时限总体分为按灌溉次数、按特定期限两类。由表3-18可知,与地表水收费相反,两种时限的比例依次约为69%和31%。对于按灌溉次数收费的机井,仅有约12%的机井管理者规定农户需在灌溉前缴费，绝大多数农户都是在每次灌溉之后缴费的。而按特定期限缴费的机井，所有农民都是在灌溉季节结束后统一按固定期限结算。

表 3-18　　　　　　　　　地下水缴费期限　　　　　　　　单位：份、%

期限类型	样本量	比例
按灌溉次数	236	69.01
灌溉之前	29	12.29
灌溉之后	207	87.71
按特定期限	106	30.99
灌溉之前	0	0
灌溉之后	106	100.00

资料来源：笔者根据 CWIM 调查数据整理。

3. 水费收取率

从水费收取率来看，绝大多数农户都能按时缴费，其比例一直保持在95%以上（图3-8）。其中，约有81%的收费机井完全收齐水费。对于

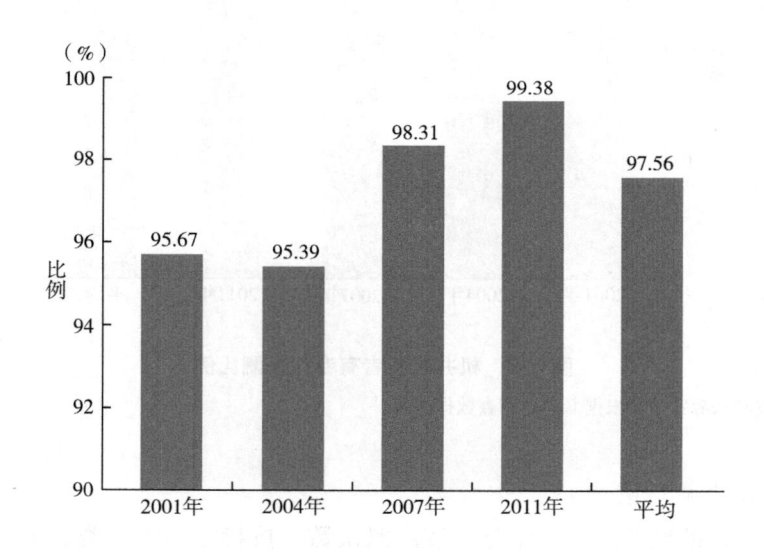

图 3-8　地下水费收取率

（%） 比例
- 2001年：95.67
- 2004年：95.39
- 2007年：98.31
- 2011年：99.38
- 平均：97.56

资料来源：笔者根据 CWIM 调查数据整理。

每年2%—5%拖欠水费的少量农户,其主要原因在于没钱和故意赖账,两项分别占89%和11%。没有出现地表水收费的因不满足灌溉管理而拒绝交水费的情况,原因在于机井灌溉更市场化,机井管理者为了获利,会尽可能地服务灌溉农户。对于不交地下水灌溉水费的农户,大多数机井管理者也是束手无策。具体地,89%的机井管理者对农户拖欠水费没有采取任何措施,剩余11%的机井管理者只能通过以后停止为其提供灌溉服务来避免可能的损失。

(三)机井管理者与供电部门结算情况

与地表水不同,在没有对地下水本身收费的情况下,地下水灌溉水费主要指的是地下水的抽取费用,主要表现为电力或柴油费用。同时,机井管理者可以在已有能源价格基础上加入管理费作为其利润。对于大多数机井管理者而言,其上层的结算对象主要是供电部门,结算方式是按用电量,具体电价如图3-9所示。2001—2011年,电力部门向机井管理者出售的名义电价也在增长,从0.50元/度增加至0.65元/度,增长了约30%;实际电价则略有降低,平均价格约为0.50元/度。另外,可以看到结算电价低于机井管理者向农户收取的灌溉电价,这也说明机井管理者会通过增加电价来获取利润。

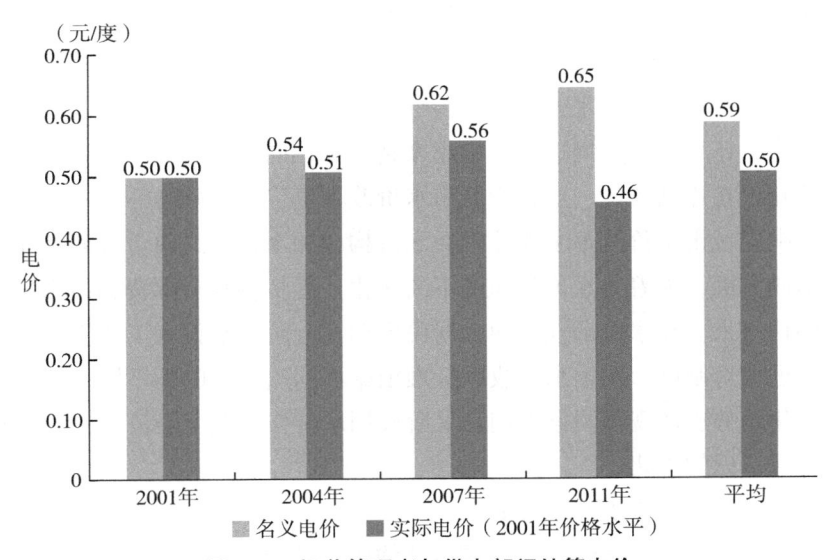

图3-9 机井管理者与供电部门结算电价

资料来源:笔者根据CWIM调查数据整理。

第二节 城市居民生活和工业水价政策变化趋势及现状

中华人民共和国成立以来，中国城市数量迅速增长，城市规模不断扩大，这对水资源的可持续有效利用形成了挑战。城市作为一定地域内的经济中心、物流中心、文化中心和信息中心，在社会经济活动中发挥着越来越重要的作用，城市将会成为21世纪经济全球化的中心、网络化的节点、高技术的孵化器，以及信息化的主要信息源和接受体。现代城市需要建立城市水网，保证城市供水、防洪和水生态安全。由于城市地域范围有限，集雨面积小，自产水资源数量少，但城市经济规模大，人口密集，点源污染高度集中，因此对防洪要求高，供水保证难度大，水污染防治任务繁重。如何以水资源的可持续利用保障城市的可持续发展，对现代城市水务工作提出了前所未有的高要求。

城市水务是为城市水资源开发利用及调水等活动的总称，是现代城市建设与发展的重要基础。城市水务包括城市供水、排水和污水处理等城市水循环部门，其作为城市公用事业的组成部分之一，不仅具有企业性质，还具有公益性质。20世纪80年代以前，中国一直强调其公益性，导致用水粗放，供水企业长期亏损。而改革开放以来，随着城市的扩张，这种粗放的用水方式难以为继，因其不仅造成越来越多的城市供水紧张，还导致城市周边水污染越来越严重，同时人们对水资源的稀缺性认知也在逐渐加深，这也为城市水价改革奠定了基础。

中国城市水价改革主要体现在水价构成和水价形式两个方面。在水价构成方面，随着对水价认识的不断深化，逐步将水资源费和污水处理费包括进来。在水价形式方面，居民推动实行阶梯水价和工业推行超定额累进加价制度。国家水费收取标准根据不同用水目的而不同，其水价的变化趋势也体现了国家不同发展阶段用水价作为调节经济的手段与对水资源认识的深化。

一 中国城市水价政策演变

在城市层面，政府根据《城市节约用水管理规定》（以下简称《规定》）在制定城市供水发展规划的同时，制定了节约用水发展规划和相应的用水年度计划。在供水行业层面，城市供水企业、自建供水设施的单位应当加强供水设施的维修管理，减少水的漏损量。城市供水实行分类水价，根据使用性质可分为居民生活用水、工业用水、行政事业用水、经营服务用水、特种用水五类。在消费者层面，水价属于需求侧管理，分为居民生活水价和企业生产水价。生活用水按户计量收费，新建住宅应当安装分户计量水表；现有住户未安装分户计量水表的，应当限期安装。各用水单位应当在用水设备上安装计量水表，进行用水单耗考核，降低单位产品用水量；应当采取循环用水、一水多用等措施，在保证用水质量标准的前提下，提高水的重复利用率；并且要制定计划用水量，超过计划用水量须缴纳超计划用水加价水费。

中国长期对水、电、油、气等基础资源产品实施计划性低价格，在市场化改革开始后水价改革逐步被各领域学者所讨论。然而，随着经济社会的高速发展，水资源日益紧缺，各地普遍"廉价水"现状与当下国情严重不适应。2015年底前在全国范围内推广阶梯水价——中国新一轮资源品价格改革由水价拉开帷幕。水价问题不仅是公众与企业之间的关系，而且是企业、政府、公众之间的三方关系。中国学者自20世纪80年代就提出用水价杠杆提高水资源配置的合理性（萧健，1989），且对中国城市水价政策演变也有过总结（王改霞，2016；方耀民，2008）。总体上，中国城市水价政策演变大体可分为以下六个阶段。

（一）第一阶段（1949—1963年）：无偿用水阶段

中华人民共和国成立后，在经济理论方面以马克思主义政治经济学理论为依据，认同"处于自然状态的水资源是没有价值的，因为它本身不是劳动产品，那么它就不会把任何价值再转给产品。它的作用只是形成使用价值，而不形成交换价值，一切未经人的协助就天然存在的生产资料，如土地、风、水、矿脉中的铁、原始森林的树木等，都是这样"。在经济建设上逐步采用了高度集中的计划经济体制，在这样的体制模式下，国家集中兴修了一大批水利工程，水利工程的运行、管理、维护皆为国家财政拨款，中国的自来水供给部门作为一个水利行政机关的附属单位，按照计划指示，实行无偿供水，导致自来水企业供水量长期不足。随着供水缺口越来越大，城市中自备水井大量出现，并引发了部分城市的地下水超采。所以，这一时期城市以公益性供水为主，不收取水费，无水价可言。

(二) 第二阶段 (1964—1984 年)：低标准收费阶段

1963 年 10 月，中共中央、国务院召开第二次城市工作会议，会议指出市政建设落后于生产发展和人民生活的需要。根据会议决定，财政部发布《关于征收城市公用事业附加的几项规定》，其中涉及工业用水附加和城市居民自来水附加[①]。从此，中国城市正式进入用水付费时代。1965 年 10 月，水利电力部出台了《水利工程水费核订、计收和管理试行办法》，这是中华人民共和国成立后中国第一个有关水价制度的重要文件，它确立了按成本核定水费的基本模式，标志着中国水费制度的重新建立。至此，中国水价由"行政事业性水费"向"商品水价"的改革序幕正式拉开。但是，出于不加重人民生活负担的考虑，并没有真正按供水成本核定水费，而是选择了较低的标准计收水费。当时规定的水价很低，城市生活用水价格为 0.2—0.5 分/立方米。虽然它存在水价过低、没有考虑供水成本、定价规则也不符合商品经济原则等问题，但是它改变了水利工程无偿供水的历史，中国城市供水逐步走上了有偿供水的改革之路（王静，2006）。

这一时期，城市的发展带动供水事业的崛起。1978 年，党的十一届三中全会召开，提出"调整、改革、整顿、提高"新的八字方针和一系列改革开放政策，促进了城市的迅速发展和小城镇的崛起，全国经济社会发展进入新的历史阶段，供水事业快速发展，一大批现代化水厂建成投产，使水价制度得到进一步改革。1982 年中央一号文件和《全国农村工作会议纪要》均明确提出城乡工农业用水应重新核定收费制度。

(三) 第三阶段 (1985—1991 年)：成本收费阶段

水价思路从"低价"到"保本"转变。1985 年 7 月国务院发布《关于水利工程水费核定、计收和管理办法》的新通知，为合理利用水

---

① 工业用水附加：东北地区各城市因电费、水费较低，定为 10%；其他地区的城市参照现在多数地区的执行情况，定为 5%—8%，在这个幅度内由各省、自治区、直辖市人民委员会具体规定，并报财政部备案。城市居民自来水附加：对居民用水加成征收，因涉及居民生活负担，附加率不得超过 10%。

资源，促进节约用水，保证水利工程必需的运行管理、大修和更新改造费用，以充分发挥经济效益，凡水利工程都应实行有偿供水。工业、农业和其他一切用水户，都应按规定向水利工程管理单位交付水费。新办法还对水费标准的核定作出了明确规定，包括核算成本、分类收费、按量收费的新举措，促进了水资源的进一步商品化。随后各省（自治区、直辖市）都先后制定了本地区的《关于水利工程水费核定、计收和管理办法》实施细则。自 1988 年 7 月 1 日起施行的《水法》第一次提出征收水资源费，明确了国家对水资源拥有产权，同时在法律上明确了水费和水资源费征收的规定。但是这里的水资源费并不包含水资源本身的价值，因此它并未体现出水资源的全部价值（王静，2006）。随着水价改革的推进，人们对水价的观念发生了深刻变化，水费收取率逐渐提高，水费收入也逐年增加，从 1984 年的 4.36 亿元增加到 1991 年的 18.3 亿元（朱卫东等，1992）。

（四）第四阶段（1992—2003 年）：商品化改革阶段

随着市场化改革深入，城市水价改革也逐渐向商品化方向发展。自 1992 年中国共产党第十四次全国代表大会提出建设社会主义市场经济体制以来，自来水供水企业的所有制形式有所丰富，水价制度出现更大的改革空间。1992 年 8 月，国家物价局决定水利部直属水利工程水价管理中，将原先的"行政事业性收费"管理转变为"商品价格"管理；财政部 1994 年颁布的《水利工程管理单位财务制度》规定，供水单位的生产经营应当包括水利工程水费，使中国水费管理挣脱了行政事业性收费性质的枷锁，强化了商品性质。至此，中国水利工程供水正式转入商品化改革阶段。1994 年 7 月国务院发布《城市供水条例》（以下简称《条例》）[1]，规定用水单位和个人应当按照规定的计量标准和水价标准按时缴纳水费；城市供水价格制定办法，由各省（自治区、直辖市）人民政府规定。

随着工业的发展，污染问题逐渐引起重视。1996 年以前，污水处理费的征收只针对工业企业且费率较低，通常在 0.08—0.10 元/立方

---

[1] 中国第一部城市供水行政法规诞生。《条例》总共七章三十八条，自 1994 年 10 月 1 日起施行。

米。1996年5月15日第八届全国人民代表大会常务委员会第十九次会议通过《关于修改〈中华人民共和国水污染防治法〉的决定》，规定城市污水应当进行集中处理，城市污水集中处理设施按照国家规定向排污者提供污水处理的有偿服务，收取污水处理费用，以保证污水集中处理设施的正常运行；向城市污水集中处理设施排放污水、缴纳污水处理费用的，不再缴纳排污费；收取的污水处理费用必须用于城市污水集中处理设施的建设和运行，不得挪作他用。该法案的出台第一次规定了对所有连接城市排水管网的用户征收污水处理费，居民生活用水征收污水处理费由此开始。

1997年国务院颁布的《水利产业政策》指出合理确定供水、水电及其他水利产品与服务的价格，促进水利产业化。供水价格的制定，要按照满足运行成本和费用、缴纳税金、归还贷款和获得合理利润的原则。从此供水价格要按照"成本补偿、合理收益"的原则制定，水费从行政性收费到盈利性收费，这是现行综合水价中最先走市场化定价的部分，为后续的水价改革起了一个好头。由国家计委和建设部于1998年9月23日制定《城市供水价格管理办法》。城市供水价格应遵循补偿成本、合理收益、节约用水、公平负担的原则。实际上就是明确中国水价要遵循"保本微利"的原则，但是并没有真正被落实。关于水价制定的方式，其在第五条规定，城市供水价格按照统一领导、分级管理的原则，实行政府定价，具体定价权限按价格分工管理目录执行。制定城市供水价格，实行听证会制度和公告制度。在制定价格方面也有规定，只是要求城市根据条件实行阶梯水价，城市居民生活用水可根据条件先实行阶梯式计量水价；阶梯式计量水价可分为三级，级差为1：1.5：2，具体比价关系由所在城市人民政府价格主管部门会同同级供水行政主管部门结合本地实际情况确定。这是第一次具体提出阶梯水价的一个政府文件，其标志着城市供水价格改革的序幕正式开启，该文件还第一次提出价格调整实行听证会制度，进一步健全了中国水价规制体系。1999年6月2日国家计委、建设部发布《关于贯彻城市供水价格管理办法有关问题的通知》，在这项通知中对于实施《城市供水价格管理办法》中的难点问题，按照"先试点、后推开"的原则，有计划、有步骤地进行。1999年首先选择部分城市进行试点，在总结试点城市改革经验的基础上，统一安排在全国范围内的推广工作[①]。

随着用水量的增加，管理从开源转向节流。2000 年 4 月 26 日，原建设部发布《关于进一步加强城市节约用水工作的通知》，提出积极开发并推广应用节水新工艺、新技术、新设备，提高工业用水重复利用率，降低万元产值取水量。2000 年 11 月 7 日，随着经济发展和城市化进程的加快，当前相当部分城市水资源短缺，城市缺水范围不断扩大，缺水程度日趋严重；与此同时，水价不合理、节水措施不落实和水污染严重等问题也比较突出。为切实加强和改进城市供水、节水和水污染防治工作，促进经济社会的可持续发展，国务院下发了《关于加强城市供水节水和水污染防治工作的通知》，其在健全机制，加快水价改革步伐一章中提到逐步提高水价是节约用水的最有效措施。要加快城市水价改革步伐，尽快理顺供水价格，逐步建立激励节约用水的科学、完善的水价机制。要提高地下水资源费征收标准，控制地下水开采量，地方各级政府需要根据国家有关规定，尽快制定本行政区域内的用水定额和城市水价调整方案，并结合本地区经济发展水平和水资源的供求情况，适时调整。在逐步提高水价的同时，可继续实行计划用水和定额管理，对超计划和超定额用水要实行累进加价收费制度；缺水城市，要实行高额累进加价制度。通知指向的城市供水改革目标是逐步进入市场机制，交由市场决定供水量和供水价格，以达到逐步提高水价的目的；全国所有设市城市都要按照有关规定尽快开征污水处理费，并将水利工程收费转为经营性收费。

规范排污费收入方式，使混乱的收费过程逐渐厘清。2002 年 1 月国务院常务会议通过的《排污费征收使用管理条例》自 2003 年 7 月 1 日起施行，要求直接向环境排放污染物的单位和个体工商户应当按规定缴纳排污费；排污者向城市污水集中处理设施排放污水、缴纳污水处理费用的，不再缴纳排污费。规范收费方式与范围，避免地方执行时出现混乱，有利于地方执行，避免出现选择性执法，带来污水处理费的公信力损失，使用水户误解而抵制缴费，造成收费率不高的情况。

---

① 全国一共选取 14 个城市：天津市、保定市、哈尔滨市、徐州市、温州市、许昌市、长沙市、广州市、开平市、梧州市、福州市、重庆市、成都市、西安市。

城市化进程的加快，水价结构也适时改变。2002年4月，国家计委、财政部、建设部、水利部、国家环保总局联合签发《关于进一步推进城市供水价格改革工作的通知》，要求进一步推进城市供水价格改革。该通知旨在推进城市水价改革，建立合理的供水价格形成机制，要求全国各省辖市以上城市须在2003年底前实行阶梯水价，其他城市则在2005年底之前实行阶梯水价；供水企业实行抄表到户所增加的维护和运行费用，允许计入价格。但是，并没有更进一步的实施细则，再加上当时对阶梯水价认识不深刻，同时也担心水价改革要充分考虑居民和企业承受能力，确保低收入家庭的基本生活用水。

水费到水价的转变，规范供水行业的发展。2003年7月，国家发展改革委与水利部联合制定并公布了新的《水利工程供水价格管理办法》[①]，规定非农业用水是指由水利工程直接供应的工业、自来水厂、水力发电和其他用水，其价格在补偿供水生产成本、费用和依法计税的基础上，按供水净资产计提利润，利润率按国内商业银行长期贷款利率加2—3个百分点确定。自此，中国供水价格开始纳入商品价格管理范畴，供水单位也随之转变为"供水经营者"。这表明中国水费制度彻底完成了由"水费"到"水价"的转变。

（五）第五阶段（2004—2012年）：深化改革阶段

深化改革阶段的主要内容是逐步完善水资源费的征收和管理，以及逐步推广阶梯式水价。从此以后，中国水价改革开始进入以"提高用水效率、建立节水、合理配置水资源和促进水资源可持续利用的水价机制"为目标的深化改革阶段。

水价的价格体系开始形成。2004年4月，国务院办公厅发出《关于推进水价改革促进节约用水保护水资源的通知》，首次提出把城市供水价格、水资源费、再生水价格、水利工程供水价格和污水处理费作为一个有机的水价体系，进一步确立了水价改革的目标，对水资源开发、利用、治理到配置、保护和节约各个环节的水价的各个方面作了全面而细致的部署。其为充分发挥市场机制和价格杠杆在水资源配置、水需求

---

① 自2004年1月1日起施行，按照《国务院关于废止〈水利工程水费核订、计收和管理办法〉的批复》的规定，自《水利工程供水价格管理办法》施行之日起，原国务院发布的《水利工程水费核订办法》同时废止。

调节和水污染防治等方面的作用助力,促进节约用水和节水型社会建设。城市供水价格基本完成由福利型向商品型转变,并已基本达到保本水平;并普遍实行了污水处理收费制度,城市污水处理率有较大提高。水资源费征收力度逐年加大,节水型水价机制正逐步形成。但是水价机制和管理还存在不少问题:一是部分地区终端水价偏低,不利于增强用户节水意识;二是水利工程水价仍低于供水成本,致使工程老化失修;三是污水处理收费不到位,污水处理设施难以维持正常运转;四是水资源费征收标准偏低,不能反映中国水资源紧缺状况;五是各类水价比价关系和计征方式不合理,不利于合理配置水资源。所以,有必要加快推进对居民生活用水实行阶梯式计量水价制度,切实推进抄表到户工作。

从国家层面规范污水处理费与水资源费。2005年全国水价改革与节水工作电视电话会议要求,重点流域地区的污水处理费原则上应调整到0.80元/吨以上。但当时全国36个大中城市污水处理率只有55%,征收的污水处理费平均0.67元/吨,仅相当于处理成本的2/3(姬鹏程,2009)。2006年1月,国务院常务会议通过的《取水许可和水资源费征收管理条例》对制定水资源费应当遵循的原则、征收单位、缴费、利用作出了规定。该条例还规定了取水单位或者个人应当按照经批准的年度取水计划取水,超计划或者超定额取水的,对超计划或者超定额部分累进收取水资源费。2008年11月,财政部、国家发展改革委、水利部联合发布《水资源费征收使用管理办法》,规定水资源费属于政府非税收入,全额纳入财政预算管理,并对各种用途、缴费周期等作出规定。

促进资源节约循环利用,污水处理价格进一步改革。2008年8月,全国人大常委会通过的《中华人民共和国循环经济促进法》删除了关于对城市居民生活用水、电、气等资源性产品实行累进加价收费制度的规定,同时增加国家实行有利于资源节约和合理利用的价格政策的规定。这与当时居民生活用水占总用水量的比例较低有关,更加紧迫的是加紧对工农业水价的改革。国家以提高污水处理费和水资源费为重点,加快推进水价改革。2009年7月,《国家发展改革委、住房和城乡建设部关于做好城市供水价格管理工作有关问题的通知》主要是为了应对在部分城市在调节水价的过程中出现的一些群众不满的声音,该通知首先肯定了部分城市水价改革取得的积极成果,针对小部分城市水价改革程序和工作不到位的问题,认为水价改革的过程中要完善调价方案和调价程序,加强宣传工作,积极回应群众的反响。该通知主要是针对水价改革中出现的一些问题,提出思想上、认识上、技术上的解决方案,包括加大成本监审力度,依法履行听证制度,合理把握水价的调整节奏和调整幅度。在完善水价计价方式方面,积极推行居民生活用水阶梯式水价和非居民用水超定额用水加价制度,在实行阶梯式水价和超定额加价的城市,可在合理核定各级水量基数的情况下,适当扩大各级水量间的价差,促进节约用水。该通知中还就水价结构作出了规定。一是简化水价分类,要按照"补偿成本、合理收益、促进节水和公平负担"的原则,综合考虑当地各类用水的结构,逐步将现行的根据使用性质划分的居民生活用水、工业用水、行政事业性用水、经营服务业用水、特种用水五大类城市供水价格分类简化为居民生活用水、非居民生活用水和特种用水三类①。简化分类有利于实现经营服务业用水与工业用水同网同价的目标,以加快现代服务业的发展。二是突出调整重点。污水处理费偏低的地区,调整城镇水价时要优先调整污水处理费标准。同时,要综合考虑供水和污水处理单位的运营情况,着力解决供水和污水处理行业发展面临的问题,促进供排水行业协调发展。之所以提出该条,是因为水价结构不合理,污水处理费较低,往往一个城市的供水企业处于盈利状态,同城的污水处理企业却处于严重亏损状态。

针对民众的呼声,水价加强监审。2010年底,国家发展改革委出台了《城市供水定价成本监审办法(试行)》;2011年中央一号文件要求不断创新水利发展体制机制中强调积极推进水价改革。此阶段,基本明确:充分发挥水价的调节作用,兼顾效率和公平,大力促进节约用水和产业结构调整。要求工业和服务业用水要逐步实行超额累进加价制度,拉开高耗水行业与其他行业的水价差价;合理调整城市居民生活用水价格,稳步推行阶梯式水价制度。

(六)第六阶段(2013年以来):水价改革攻坚阶段

资源的市场化改革,放开竞争性环节,阶梯水价在全国铺开。2013

---

① 其中,非居民生活用水包括工业、经营服务用水和行政事业单位用水等。特种用水主要包括洗浴、洗车用水等,关于特种用水范围各地可根据地方实际自行确定。

年 11 月，党的十八届三中全会通过《中共中央关于全面深化改革若干重大问题的决定》，明确提出推进水、石油、天然气、电力、交通、电信等领域的价格改革，放开竞争性环节价格。水排在第一位，与其短缺性和改革的迫切性是相关的，新一轮资源价改，从水突破，全局性意义很大。经过 10 年的探索实践的积累，水价研究者和决策者在实践中认识到阶梯水价具有明显的节水效果，从零星的地方水价"摸索式"调整，到全国性的阶梯价格改革。2013 年 12 月，国家发展改革委、住房和城乡建设部印发《关于加快建立完善城镇居民用水阶梯价格制度的指导意见》（以下简称《指导意见》），部署全面实行城镇居民阶梯水价制度，要求 2015 年底设市城市原则上要全面实行居民阶梯水价制度。具备实施条件的建制镇也要积极推进。各地要按照不少于三级设置阶梯水量，第一级水量原则上按覆盖 80% 居民家庭用户的月均用水量确定，保障居民基本生活用水需求；第二级水量原则上按覆盖 95% 居民家庭用户的月均用水量确定，体现改善和提高居民生活质量的合理用水需求；第一、第二、第三级阶梯水价按不低于 1.0：1.5：3.0 的比例安排，缺水地区应进一步加大价差。《指导意见》要求各地合理确定阶梯水量、分档水价和计价周期；充分考虑季节性用水差异，以月或季、年度作为计量缴费周期。实施居民阶梯水价原则上以居民家庭用户为单位，对家庭人口数量较多的，要通过适当增加水基数等方式妥善解决。从国际上看，阶梯水价制度正被越来越多的国家采用，亚洲已有日本、韩国等国家实行居民阶梯水价制度。此外，目前中国正在对非居民用水推行用水定额管理，实行超定额累进加价制度，实质上也是一种阶梯价格制度：定额以内的用水实行基本价格，对超过定额的用水进行累进加价。2016 年底，全国已制定了 21 个行业的国家或行业用水定额标准，全国 36 个大中城市中有 27 个城市出台了超定额用水加价政策。目前中国大中型城市推行并已实施城镇居民阶梯水价制度的大概占 1/3（王改霞，2016）。

污水处理法规化，且污水处理费进行专款专用。2013 年 9 月，国务院常务会议通过《城镇排水与污水处理条例》，规定污水处理费应当纳入地方财政预算管理，专项用于城镇污水处理设施的建设、运行和污泥处理处置，不得挪作他用；污水处理费的收费标准不应低于城镇污水处理设施正常运营的成本；因特殊原因，收取的污水处理费不足以支付城镇污水处理设施正常运营成本的，地方人民政府给予补贴；污水处理费的收取、使用情况应当向社会公开。2014年12月，财政部、国家发展改革委、住房和城乡建设部印发《污水处理费征收使用管理办法》，明确严禁对企业违规减免或者缓征污水处理费；污水处理费属于政府非税收入，全额上缴地方国库，纳入地方政府性基金预算管理，实行专款专用。2015年1月，国家发展改革委、财政部、住房和城乡建设部印发《关于制定和调整污水处理收费标准等有关问题的通知》，强调污水处理收费标准应按照"污染付费、公平负担、补偿成本、合理盈利"的原则，综合考虑本地区水污染防治形势和经济社会承受能力等因素制定和调整；收费标准要补偿污水处理和污泥处置设施的运营成本并合理盈利。要求在2016年底前，设市城市污水处理收费标准原则上每吨应调整至居民不低于0.95元，非居民不低于1.4元；县城、重点建制镇原则上每吨应调整至居民不低于0.85元，非居民不低于1.2元。已经达到最低收费标准但尚未补偿成本并合理盈利的，应当结合污染防治形势等进一步提高污水处理收费标准；未征收污水处理费的市、县和重点建制镇，最迟应于2015年底前开征，并在3年内建成污水处理厂投入运行。

水价构成和水价分类更具科学性。在减轻企业负担，促进实体经济发展的大背景下，征收超过50年的城市公用事业附加于2017年4月1日停征。由此，中国自来水的价格结构由原来的基本水费、水资源费和污水处理费、城市公用事业附加变为基本水费、水资源费和污水处理费。中国城市供水价格体系、居民用水价格朝着阶梯水价迈进，计费周期也由原来的按月变为按年。加大污水处理费征收力度，保证城市污水处理设施的稳定运行也成为本阶段的主要特征，随着污水处理费的征收力度的加大，中国城市污水处理率也逐年上升，有些城市甚至制定了在最近几年完成市区污水全处理的目标。

随着绿色发展成为时代的理念，水价政策开始服务于中国的绿色发展战略。2018年7月，国家发展改革委印发《关于创新和完善促进绿色发展价格机制的意见》，聚焦污水处理、垃圾处理、节水、节能环保四个方面。其中，第一条是完善污水处理收费政策，建立城镇污水处理费动态调整机制、企业污水排放差别化收费机制、与污水处理标准相协调的收费机制，健全城镇污水处理服务费市场化形成机制，逐步实现城镇污水处理费基本覆盖服务费用，探索建立污水处理农户付费制度。工业污水处理费的政策导向是"多污染者多付费"，对于入网的工业污水根据"高污染高收费、低污染低收费"以促进企业污水预处理和污染物减排。城镇生活污水处理费则以市场化为政策导向，逐步实现污水处理费用全覆盖，这表明中国城镇污水处理已经得到很大发展，现在已经进入巩固提高阶段。第三条是建立有利于节约用水的价格机制，深入推进农业水价综合改革，完善城镇供水价格形成机制，全面推行城镇非居民用水超定额累进加价制度，建立有利于再生水利用的价格政策，保障供水工程和设施的良性运行，促进节水减排和水资源的可持续利用。形成节水用水的价格机制，在城镇方面已经进入完善和精细化发展阶段，如在此前已经全国推行的城镇居民生活用水阶梯定价的基础上，再全面推进城镇非居民用水超定额累进加价制度，进一步抑制非居民生活用水的需求，同时利用价格政策开拓新水源，即建立有利于再生水利用的定价机制。中国城镇水价政策方面经过连续多年的改革，取得了卓越的成绩，已经进入机制完善阶段。

纵观中国城市水价发展历程，伴随着对水资源价值认识的不断深入，以五年计（规）划的方式推进水价改革。一方面，逐渐完善水价结构，合理体现水的价值与时代的需要，尤其是近年来主要改革方向为污水处理费和水资源费，以及进一步地配合国家绿色发展战略转型；另一方面，在水价形式上，居民生活用水从单一水价逐渐发展到阶梯水价，以实现节约用水、社会公平和成本补偿等政策目标。工业水价也从单一式水价逐步开始转变到超计划、超定额累进加价，以及提高工业用水重复利用率。

二　中国城市居民生活用水水价

改革开放以来，在城市总供水量中居民生活用水的供水量呈现稳步上升的趋势，且在未来中国城市化继续推进的过程中，其还将不断上升。1981年中国城市供水普及率为53.7%，而污水处理率到1991年才达到14.86%，直到2017年中国城市供水普及率和污水处理率才分别达到98.30%和94.54%（《中国城市建设统计年鉴（2017）》）。目前，居民生活用水占全国城镇供水总量的比例接近50%。一方面，随着中国城镇化进程加快，用水人口增加，城镇水资源短缺的形势将更为严峻；另一方面，水资源浪费严重，节水意识不强。正是由于城市生活用水部门的用水量不断上升，对于其水价政策的改革的讨论一直没有停止。

城市居民生活用水水价改革主要体现在水价构成和形式上。国家层面对于居民水价的构成内容和形式从原来的原则性规定逐渐变为有明确标准的"国标"形式。中央层面除了明确水价改革的原则，最重要的引导手段就是制定所谓"国标"让各地参照执行，并且在社会经济发展和认识逐步深入的前提下，国家还对水价的构成和形式推出了"新国标"。新旧"国标"的制定实际上就是国家引导水价改革的最主要方式。对于居民生活水价内容和形式的改革往往先进行试点，鼓励有条件的地方先行探索，并以设置改革最后期限的方式，督促地方政府及时跟进。但是，纵观中国历年水价改革文件的真正执行情况，只有在社会经济条件都满足之后，地方政府才容易接受中央政府的文件指引。

在水价构成上，逐步丰富了水价的内涵。中华人民共和国成立后，因为认为水资源"取之不尽，用之不竭"，前期主要突出强调供水的公益性，但是水利工程的维护逐渐成为地方政府的负担。之后虽然采用收费制度，但是采用的是福利性低价政策，因为当时的城市化率和供水普及率都不高，亏损部分政府财政补贴，对水资源的价值没有形成正确认识。随着对水资源价值研究的不断深入，水价改革不断推进，相关的水资源费也伴随水价改革而进行，虽然中国在20世纪80年代就开始对工矿企业自备水源征收水资源费，但是直到2002年《水法》才明确规定"国家对水资源依法实行取水许可制度和有偿使用制度"，主要经济手段即水资源费，使征收水资源费有法可依。2002年国家计委、财政部、建设部、水利部和环保总局联合下发的《关于进一步推进城市供水价格改革工作的通知》中明确要求"逐步提高水资源费征收标准"。随后在2006年国务院出台的《取水许可和水资源费征收管理条例》规定了征收范围、征收办法等内容。针对水资源费征收范围的扩大，其中存在的问题不断浮现，如水资源费标准分类不规范、征收地下水资源费偏低、水资源条件和经济发展水平相近地区标准差距大，以及超额累进水资源费没有落实。于是在2013年初，国家发展改革委、财政部和水利部联合下发了《关于水资源费征收标准有关问题的通知》，明确了水资源费征收标准制定原则，分类标准，并给出了参考值。在中国资源税改革的大潮中，《财政部、税务总局、水利部关于印发〈扩大水资源税改革试点实施办法〉的通知》要求于 2017 年 12 月 1 日起在北京、天津、山西、内蒙古、山东、河南、四川、陕西、宁夏 9 个省份扩大实施水资源费改税试点。

水污染问题的加剧，使污水处理费的征收与改革进入水价政策。原先的城市居民无偿供水到低价供水，居民排污不收取排污费，使城市污水处理运营主要靠财政补贴进行，但改革开放以来，中国城市化率逐年提升，城市居民生活排污量逐年增加，同时污水处理率也从原来的几近 0% 上升到 90% 以上，城市水务集团中的排水业务一直处于亏损之中，居民污水处理费也在此过程中不断提高征收标准和力度。1996 年以前，不对居民征收污水处理费，1996 年 5 月 15 日第八届全国人民代表大会常务委员会第十九次会议通过《关于修改〈中华人民共和国水污染防治法〉的决定》，其第十九条规定城市污水应当进行集中处理，城市污水集中处理设施按照国家规定向排污者提供污水处理的有偿服务，收取污水处理费用，以保证污水集中处理设施的正常运行，污水处理费的征收有法可依，这也是中国城市居民缴纳污水处理费的开端。1998 年的《城市供水价格管理办法》规定，污水处理费计入城市供水价格，污水处理成本按管理体制单独核算，且污水处理费的标准根据城市排水管网和污水处理厂的运行维护和建设费用核定。但是，因用户不理解等原因，污水处理费遇到征缴率低的问题，2002 年的《关于进一步推进城市供水价格改革的通知》中明确要求"加大污水处理费征收力度"。虽然污水处理费的征缴率上升，且全国污水处理费也连年上涨，但仍存在收费标准偏低的现象。2015 年 1 月 21 日，国家发展改革委、财政部、住房和城乡建设部联合下发了《关于制定和调整污水处理收费标准等有关问题的通知》，首次明确了污水处理的价格标准。

在水价形式上，中国一直采用单一制水费形式，优点是计费简单，但缺点是存在补贴用水量大的居民家庭的不公平现象，缺乏节水激励。正是由于上述缺点的存在，当社会和物质技术条件逐渐成熟时，国家逐步推进了阶梯水价，在 1998 年，中国就提出要推进阶梯水价制度，但是由于不满足诸如"一户一表，抄表到户"等前提条件，阶梯水价在中国只有少数城市真正推行。到2013年中国水价政策改革的攻坚改革阶段，中国城市才开始逐步推行阶梯水价[①]。2013年12月31日，国家发展改革委、住房和城乡建设部印发《指导意见》，部署全面实行城镇居民阶梯水价制度，明确2015年底前设市城市原则上要全面实行居民阶梯水价制度，具备实施条件的建制镇也要积极推进。

　　城市居民阶梯水价制度也在改革中不断完善。最早提出实行阶梯水价的文件是由国家计委和建设部于1998年9月制定的《城市供水价格管理办法》，规定城市居民生活用水可根据条件先实行阶梯式计量水价，阶梯式计量水价可分为三级，级差为1.0∶1.5∶2.0。而《指导意见》要求城市对居民用水实行三级定价结构，且三级水价之间的价格比率也必须不低于1.0∶1.5∶3.0。配合阶梯水价的价格形式，计费周期也发生变化，从原来的按月计费改为按月、季或年度计费，当地政府可结合地方实际情况确定。比较两次国家对阶梯水价的"国标"规定，可以看到研究对推动阶梯水价政策所发挥的作用。我们已经知道实行阶梯水价的目的是唤起民众的节约用水意识，但是同时也要考虑居民的承受能力，于是在第一次制定阶梯水价规范上，较多考虑民众的承受能力，三级价格相差不大，第三级的水价也只是第一级水价的两倍，且一级水价覆盖的居民用户达到约95%，二级水价覆盖的居民用户约98%。这带来两个问题：一是水价级差不大，带给居民用户的冲击不够强烈。二是一级水价覆盖面过广，使阶梯水价与原先单一水价区别不大，阶梯水价的效果大打折扣。2013年的阶梯水价"新国标"在各地实际操作中，对于阶梯水价级差与一、二级阶梯水价覆盖居民用户范围都有了改进：一是拉大不同阶梯水价之间的差距，有利于发挥阶梯水价交叉补贴的作用[②]。二是适度缩小一级和前两级水价的居民覆盖范围，兼顾节水

---

　　① 如2013年8月1日，上海市首次开始实施阶梯水价制度；2014年5月1日，北京市也首次开始实施阶梯水价制度，随后，杭州、济南、天津、哈尔滨等城市也陆续开始首次实行阶梯水价制度。

　　② 一方面，面临更严重缺水的地区可能会增加价格比以产生更大激励与补贴效应；另一方面，水价实际执行人和决策者是当地市政府，意味着每个城市都可以根据市政府自身的考虑，单独决定如何、何时，以及以何种方式实施阶梯水价定价结构。例如，中国最早采用阶梯水价结构的城市深圳（1990年，在目前正在考虑的政策改革之前），已经至少四次修订了住宅水价结构，以满足新的用水需求。

激励与居民福利保障。

通过以上对城市居民生活用水水价政策改革历程的梳理,我们能够更加深入地认识到中国居民水价改革的现状。下面将基于城市居民生活水价数据,进行城市居民生活用水水价变化描述。具体地,利用中国水网上的各个城市的水价数据,并以2016年为基年计算不变价,分析不同年份和流域的水价变动趋势。

图3-10显示,城市居民水价基本在缓慢上升。以2016年不变价计算,城市居民生活水价在2005年之后一直在增加,主要原因是政策推动,即国家层面规范污水处理费与水资源费。虽然2008年有微小下降,但从2009年起又开始恢复增长,主要原因仍在于政策的变动。之后到2012年城市居民生活水价又开始上涨。总体来看,城市居民生活水价伴随着水价改革一直保持一个增长的趋势。全国城市居民平均生活水价从2005年的1.85元/立方米上涨到2012年的2.53元/立方米,提高了36.27%。

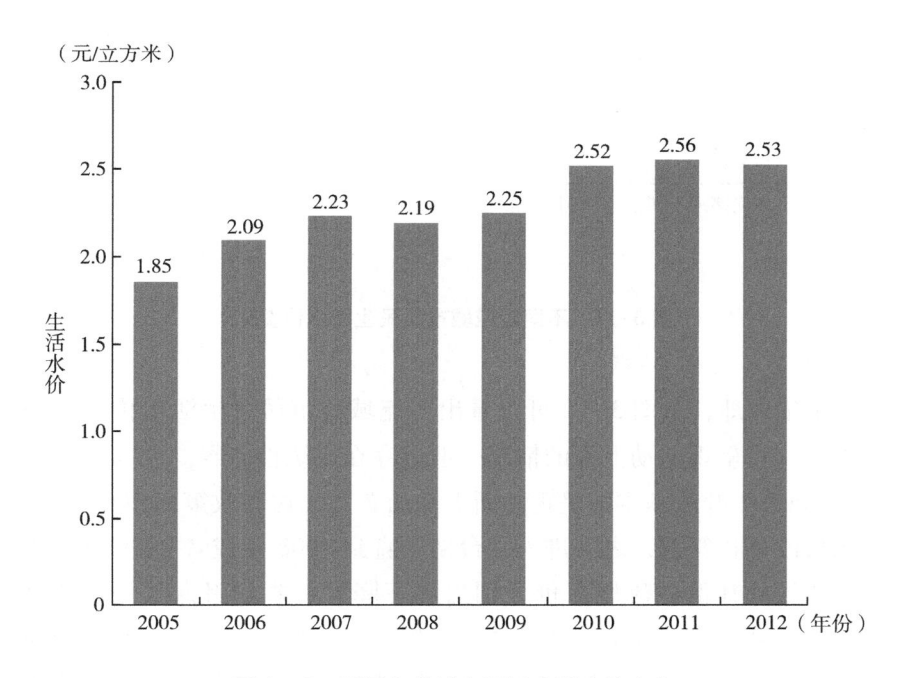

图3-10 不同年份城市居民生活水价变化

从图 3-11 可以看出，不同流域城市居民生活水价差距明显。所有流域的平均水价都已经超过 2.00 元/立方米，不同流域城市居民家庭用水水价中最高的是海河流域，达到了 2.86 元/立方米，而水价最低的是西北诸河流域，为 2.01 元/立方米，这与每个流域的水资源禀赋有关，并且和以往文献中分析的结果一致，体现出的最明显的规律是人均水资源量越低的地区居民生活水价越高。

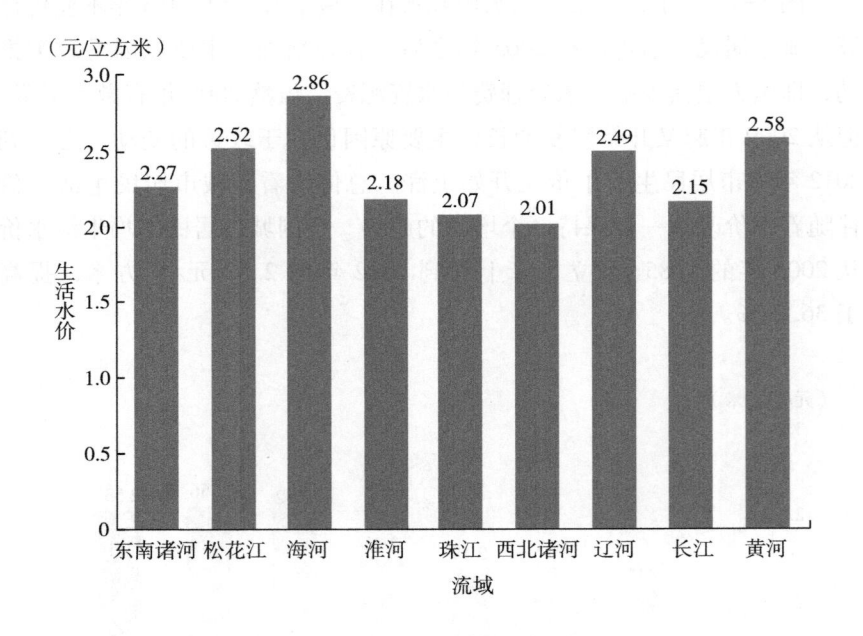

(元/立方米)

流域	生活水价
东南诸河	2.27
松花江	2.52
海河	2.86
淮河	2.18
珠江	2.07
西北诸河	2.01
辽河	2.49
长江	2.15
黄河	2.58

图 3-11 不同流域城市居民生活水价变化

更细致地，从图 3-12 可以看出各流域城市居民生活水价变化趋势相似，均呈现波动上涨的情况，但也存在系统性差异。九大流域水价从 2005 年开始基本都呈现不断上涨的态势，这和政策面 2002 年启动水价改革相符合，之后进入平台期；直到 2008 年或者 2009 年除松花江流域外其他各流域水价分别出现下降，主要是因为水价改革停滞；随着之后水价改革继续推进，水价继续上涨，与整体的水价变动趋势一致。从流域间对比来看，海河流域各年的城市居民生活水价明显高于其他流域，而西北诸河流域各年城市居民生活水价最低。所以，虽然流域之间城市居民生活水价存在差异，但是其改革进程基本一致。

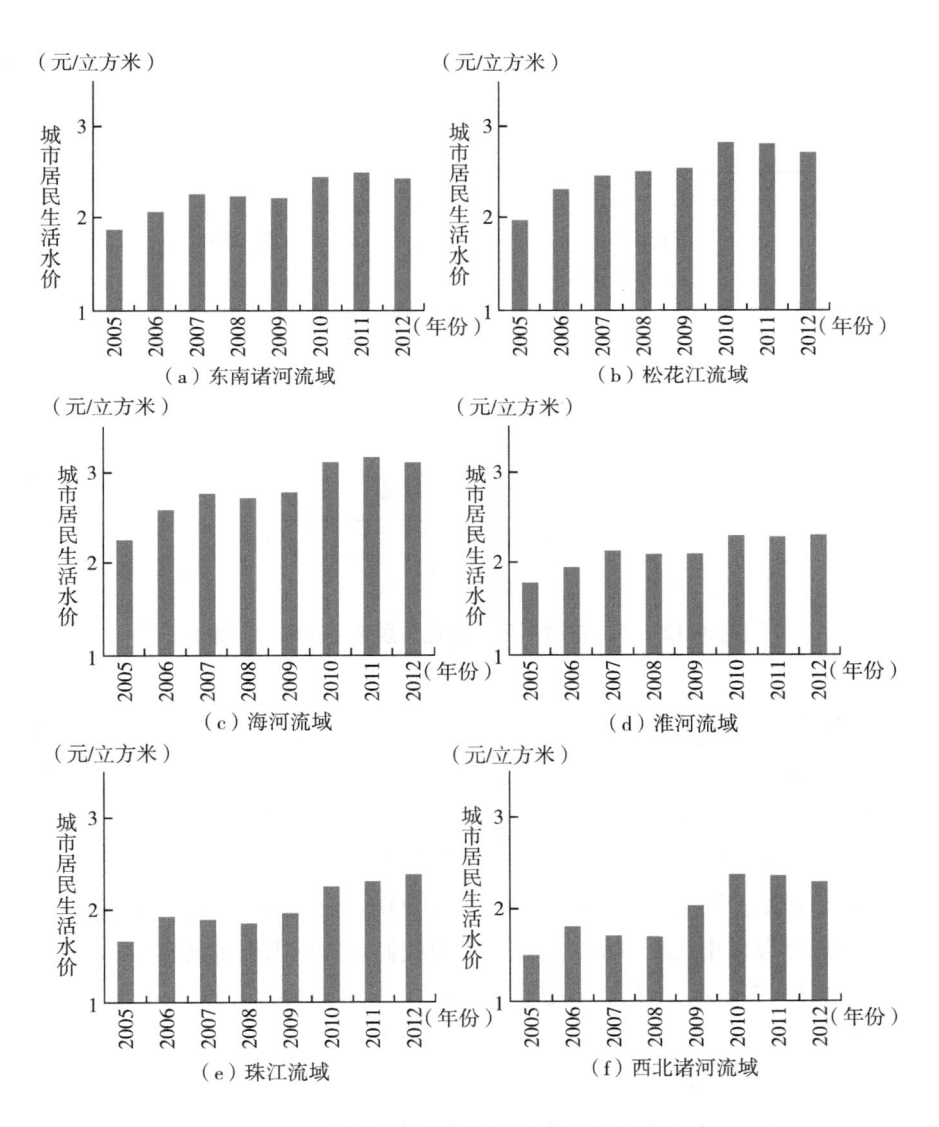

图 3-12 不同流域不同年份城市居民生活水价

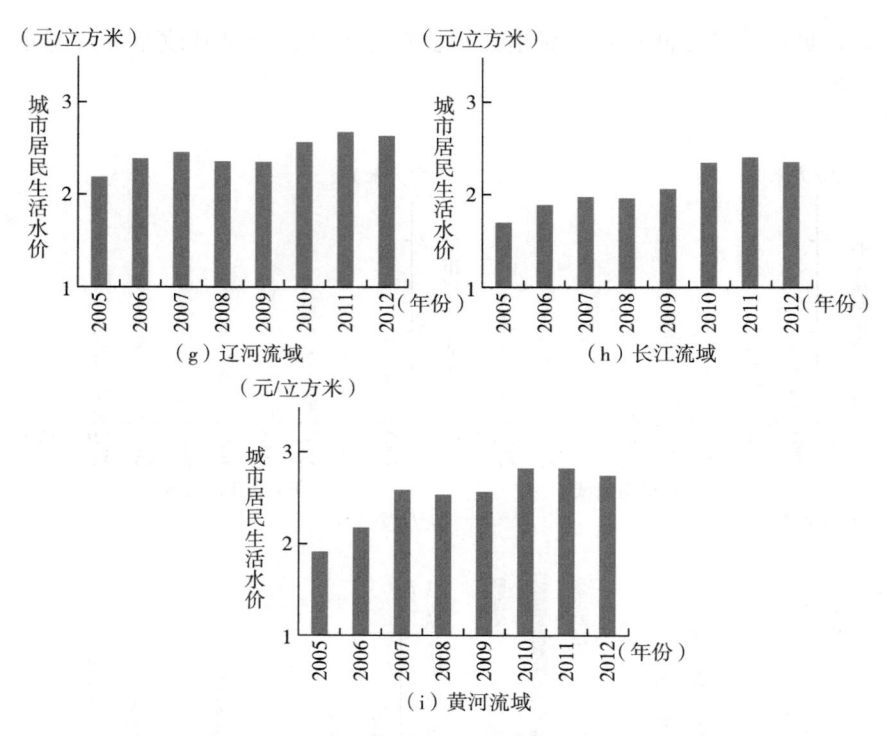

图3-12 不同流域不同年份城市居民生活水价（续）

除了以上中国水网中的城市水价记录数据，根据城镇住户调查数据也可以直接计算出城市居民生活水价。在城镇住户调查中，城市居民水价的计算方法为各居民户年水费支出除以年用水量得出的平均水价。城镇住户调查开始于20世纪80年代，但是有水费支出和用水量记录要从2002年开始；同时，中国的水价改革在2002年是很重要的起步之年，观察2002年以来中国城市水价的变化，对我们理解中国水价具有实际意义。

图3-13显示，城市居民生活水价呈现初期快速增长，中期平稳，后期略有波动下降的趋势。从图中我们可以看出全国城市居民生活水价的变化趋势，城市居民生活水价在2002年之后增长迅速，但是到2007年达到2.45元/立方米后进入平台期，几乎没有增长，其后从2010年到2012年又开始增长，2013年和2014年出现下降。结合上文城市居民生活水价政策改革历程，城镇住户调查水价也可以展示中国城市水价的历年变化过程和背后政策驱动机制。

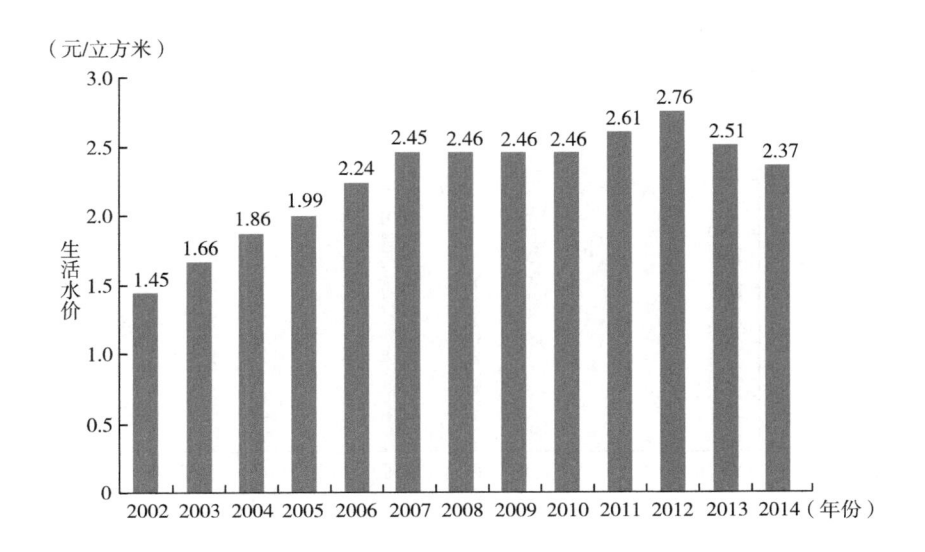

图 3-13 城镇住户调查中不同年份城市居民生活水价

不同流域城市居民生活水价呈现明显差异。图 3-14 同样显示，城市居民生活水价最高的是海河流域，达到 3.05 元/立方米，而水价最低的仍是西北诸河流域，只有 1.41 元/立方米。原因如前所述，海河流域是中国人均水资源量最低的地区，该地区使用地下水供水的比例高，且有不少重要城市聚集于此，人口密集，所以对水短缺的敏感性最高，且水价改革启动也比较早；而西北诸河流域因为地广人稀，人均水资源量高，且社会经济发展水平落后，水价改革紧迫性不高，水价水平低且水价改革滞后。其他流域也有相似规律，体现出的最明显的规律是人均水资源量越低的地区居民生活水价越高，其水价在流域之间的变化规律与地级市水价数据一致。

同样地，各个流域的城镇住户调查计算的城市居民生活水价变化趋势也基本相似，都呈现随着水价格改革上涨的态势，但不同流域之间水价水平也存在显著差异。图 3-15 显示，虽然从 2002 年起不同流域均出现过水价的大幅上涨，但是城市居民生活水价上涨过程中也呈现两种情况，随着年份城市居民生活水价逐渐增加的流域不包括东南诸河流域、松花江流域、海河流域、西北诸河流域、西南诸河流域和黄河流域，其中西北诸河流域的城市居民生活水价在 2006 年实现跳涨。然而，随着

115

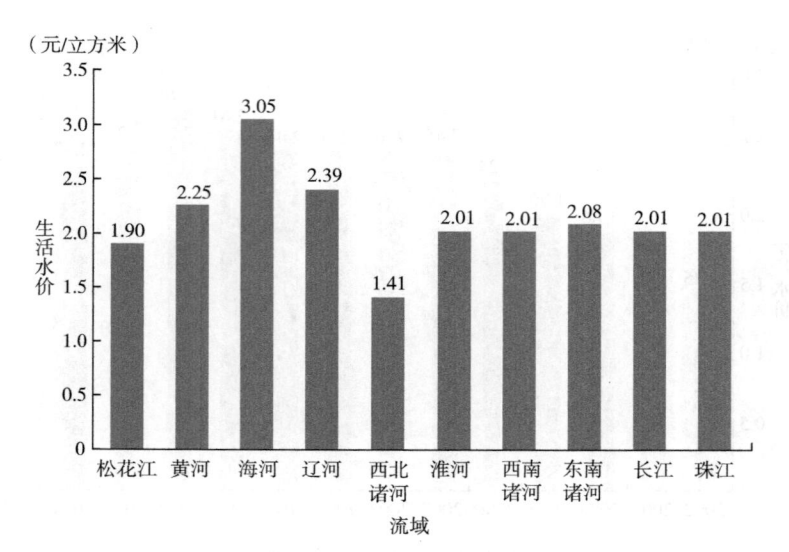

图 3-14 城镇住户调查中不同流域城市居民生活水价

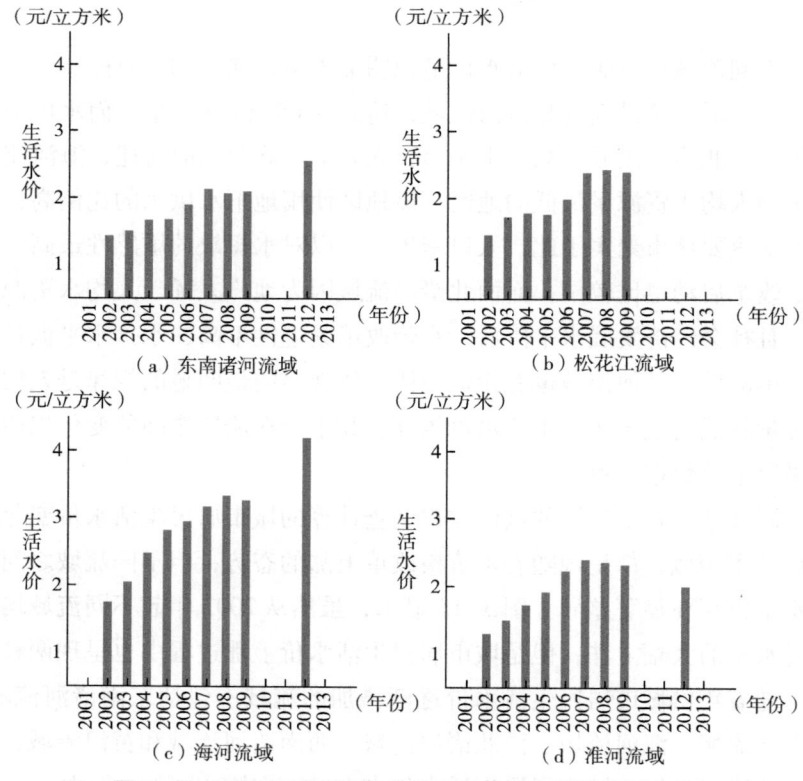

图 3-15 不同流域不同年份城镇住户调查居民生活水价

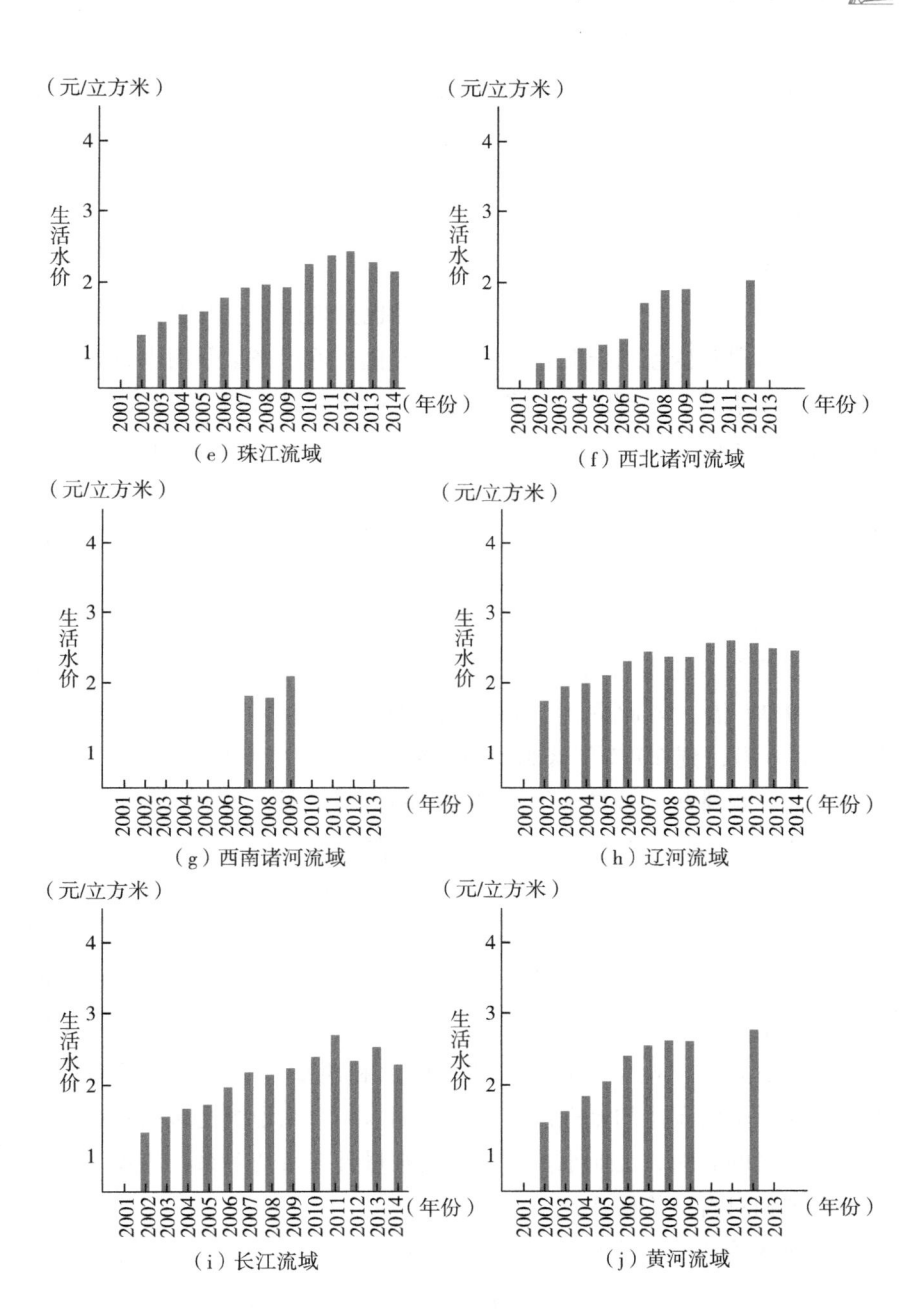

图 3-15 不同流域不同年份城镇住户调查居民生活水价（续）

年份城市居民生活水价先增后降的流域为淮河流域、珠江流域、辽河流域和长江流域。对比各个流域来看，同样显示海河流域各年的城市居民生活水价明显高于其他流域，而西北流域各年城市居民生活水价最低，这也进一步验证了流域之间城市居民生活水价变化差异源于流域水价改革进程差异。

三 中国城市工业水价

随着工业化的推进，中国工业用水量也呈现逐年上升态势，但随着经济发展阶段和国家水资源管理制度的变化，近年来工业用水量效率显著提升，用水总量呈现波动下降的趋势。中华人民共和国成立以后，工业用水量从1949年的24亿立方米（占当年全国总用水量的2.3%），到改革开放后的1980年工业用水量达到457亿立方米（比重增至10.3%），而到了2011年，工业用水量达到高峰1461.8亿立方米（比重为23.9%），之后工业用水量呈现逐年波动下降趋势，直至2017年全国工业用水量达到1227亿立方米（比重降至21.1%）。所以，1949—2017年，工业用水量增加了51.13倍，占全国总用水量的比例增加了9.17倍。与此同时，1990年中国万元工业增加值用水量为729.1立方米，到2017年降低为45.6立方米，年均降低9.75%。另外，工业污水排放一直是中国污水排放的主要来源，占全国污水排放总量的2/3左右，且工业污水往往含有难以降解的污染物，会对环境造成短期不可逆的破坏。所以，国家对工业用水采取强监管措施，对于工业节水规定最多，特别是对八大高耗水行业的监管尤其严格。虽然工业用水波动下降，但是现在还不能说工业用水已达峰，因为这只是工业新取用水量在下降，工业取用其他类型的水源的水量在大幅增加，并且中国不同地域所处的工业化进程不一样，中部和西部地区还在工业化进程中。相对于生活用水的刚性需求，工业用水相对来说更受包括水价在内的节水政策的影响，工业水价与工业用水量具有密切关系，表现为工业用水需求相对富有价格弹性。

工业水价改革也主要体现在水价构成和形式上，但是因为工业用水与城市居民生活用水的特点有差异，工业水价改革又有其特殊性。在用水来源和用水量上，工业与城市居民生活用水有以下三点不同。一是工业用水的水源要比城市居民生活用水的水源更加丰富，其不仅可以使用自来水，还可以使用自备水源（包括地表水和地下水），甚至可以使用海水、苦咸水或者再生水。二是工业污水排放集中且污染物质更加多样化，没有处理的工业污水直接排入自然水体会引起水资源的严重污染，进而反过来进一步加重水短缺。三是工业行业间用水差异极大，第一次全国水利普查公报显示，中国八大高耗水行业用水量占全部工业用水量的75%，八大高耗水行业耗水占总用水量的比例从多到少依次是电力行业、化工行业、钢铁行业、造纸行业、纺织行业、非金属行业（煤炭为主）、石油化工行业、食品行业（马淑杰等，2017）。在需求和管理特征上，工业用水与城市居民生活用水的不同点在于以下两点。一是工业用水更利于使用定额管理工具，因为城市生活用水是刚性需求很难通过规定的用水定额进行限制，并且随着社会经济和技术的进步，一般生活用水定额是上升的，工业用水却可以根据技术条件规定用水定额限制工业企业单位产品用水量，用水定额工具已经被用来作为调节各地的工业结构和促进工业企业改进节水技术的有效措施，使工业用水定额逐渐下降。二是工业用水更具需求价格弹性，正是工业用水受政策影响大，所以作为政策之一的水价政策对工业用水影响也比较大。因此，国家层面对于工业水价的构成内容和形式也是从原来的原则性规定逐渐变为有明确标准的"国标"形式的，中央政府率先制定"国标"让各地参照执行，从而引导工业水价改革。政府对于工业水价内容和形式的改革往往先进行试点，鼓励有条件的地方先行探索，并以设置改革最后期限的方式，督促地方政府及时跟进。

在工业水价构成上，逐步丰富了水价的内涵，但其水价构成改革要早于城市居民生活用水。中华人民共和国成立后，中国作为一个农业国家，有迫切发展工业的需求，中国的工业快速发展的同时工业用水量急剧上升。然而，中华人民共和国成立后一段时期人们普遍认为水资源"取之不尽，用之不竭"，工业供水也采取无偿供水的状态，随着财政部发布《关于征收城市公用事业附加的几项规定》，工业用水附加收费条款：东北地区各城市因电费、水费较低，定为10%；其他地区的城市，参照现在多数地区的执行情况，定为5%到8%。1965年10月，水利电力部出台《水利工程水费核订、计收和管理试行办法》，确立了按成本核定工业水费的基本模式。但随后的"文化大革命",使大多数水利工程收费并没有被很好地执行。改革开放后,各项工作步入正轨,1980年国家财政制度改革要求"所有水利工程的管理单位,凡有条件的要逐步实行企业管理,按制度收取水费,做到独立核算,自负盈亏",各省对水利工程管理单位开始实行"自收自支、自负盈亏"的管理方式,工业水价改革工作也开始起步。1980年,水利部组织了大型水利工程供水成本调查,在调查研究中首次提出了"水的商品属性"概念,为有偿供水奠定了理论基础。1985年国务院颁布《水利工程水费核定、计收和管理办法》,从理论上确定了水利工程供水属于商品的概念,供水作为一种有偿服务行为,水费定位为行政事业性收费。但是工业用水中相当部分是自备水源,直接从地表或者地下取水,随着水资源价值的研究推进,相关的水资源费也伴随水价改革而进行,中国在20世纪80年代就开始对工矿企业自备水源征收水资源费,但是直到2002年《水法》才规定,水资源不足的地方,地方人民政府可以对企业的自备水源征收水资源费,其中规定对城市直接从地下取水的征收水资源费,而其他直接从地下或地表取水的,由省级政府决定是否征收水资源费。2002年的《关于进一步推进城市供水价格改革工作的通知》明确要求,"逐步提高水资源费征收标准"。随后,2006年国务院出台的《取水许可和水资源费征收管理条例》规定了征收范围、征收办法等内容。针对水资源费征收范围的扩大,其中存在的问题不断浮现,如水资源费标准分类不规范、征收地下水资源费偏低、水资源条件和经济发展水平相近地区标准差距大及超额累进水资源费没有落实。于是在2013—2017年,国家先后明确了水资源费征收标准制定原则,分类标准,并给出了参考值,且在9个省份扩大实施水资源费改税试点,旨在加大地下水和地表水的税负差、超采区和非超采区地下水的税负差,促使企业调整用水结构,对超计划用水加倍征收水资源税,促使高耗水行业企业强化内部用水管理。

污水处理费早期征收仅针对工业企业。工业发展取水增长的同时,污水排放也增加,尤其是集中的点源污染,导致了严重的水污染问题,使污水处理费的征收在工业用水水价改革中也率先展开。1996年以前,污水处理费的征收只针对工业企业且费率较低,通常在0.08—0.10元/

立方米。1998年的《城市供水价格管理办法》规定，污水处理费计入城市供水价格，污水处理成本按管理体制单独核算，且污水处理费的标准根据城市排水管网和污水处理厂的运行维护和建设费用核定。随着财政部、国家发展改革委、住房和城乡建设部印发《污水处理费征收使用管理办法》，污水处理费收取得到显著增强，在此基础上，国家发展改革委、财政部、住房和城乡建设部联合下发了《关于制定和调整污水处理收费标准等有关问题的通知》，首次明确了污水处理的价格标准。

中国工业用水收费政策和形式不断完善，工业用水原水费，从单一制水价过渡到超额累进加价。2011年中央一号文件要求不断创新水利发展体制机制中强调积极推进水价改革，工业用水要逐步实行超额累进加价制度，拉开高耗水行业与其他行业的水价差价。2017年10月，国家发展改革委和住房和城乡建设部印发了《关于加快建立健全城镇非居民用水超定额累进加价制度的指导意见》，明确对于高能耗、高污染和产能过剩行业要实行更高的加价标准，以减少污水排放和促进产业结构调整。在污水处理费方面，工业污水处理费从原来的只按污水流量计费过渡到按流量和污染物浓度复合计算收费。中国开始处理因不同行业不同工艺排放的污水存在污染物浓度相差极大的问题，计费不能不考虑工业企业的污染物浓度，所以在工业污水处理费核定中往往采取双重依据，一是流量，二是污染物浓度，依据双重标准进行收费。为了有效地计量工业水价，工业企业污水排放口必须按照规范设置采样的位置和监测计量装置。

基于以上对工业水价政策的梳理，本书利用中国水网上的各个城市的工业水价数据，并以2016年为基年计算不变价，分析不同年份和流域的工业水价变动趋势。图3-16显示，工业水价变化比较平稳。工业水价在研究的10年中变化不大，最高工业水价出现在2010年，其他年份则基本处于3.2元/立方米的水平。从政策方面分析，工业水价政策改革比较早，尤其是工业水价构成中的水资源费和污水处理费都比生活用水要早征收。研究开始的2007年工业用水的改革也已经经过了快速增长阶段，之后工业水价基本处于平稳阶段。另外，工业用水户用水量大且比较集中，尤其是高耗水行业是城市节约用水管理的重点对象，但工业行业对地方 GDP 比较重要，地方政府在国家没有明确提价的明文下，很难被激励上涨工业水价，所以才有《污水处理费征收使用管理办法》明确严禁对企业违规减免或者缓征污水处理费。工业水价因为改革早，所以在国家历次水价改革中调整比较充分，已经成为所有用水类型中的最高价格，但是工业用水的质量要求比生活用水低，所以其来源比较广，如地表水、地下水、自来水、污水回用水及海水，它们之间存在替代效应，提高工程水价无法抑制工业企业使用自备水供水，所以只有提高水资源费才能真正遏制工业用水量的增长，而工业水资源费虽然开始征收的比较早且后续改革中也有大幅提高的规定，但是毕竟其只是工业水价的三个组成部分之一，且占比最小，所以工业水价提高显得不明显。

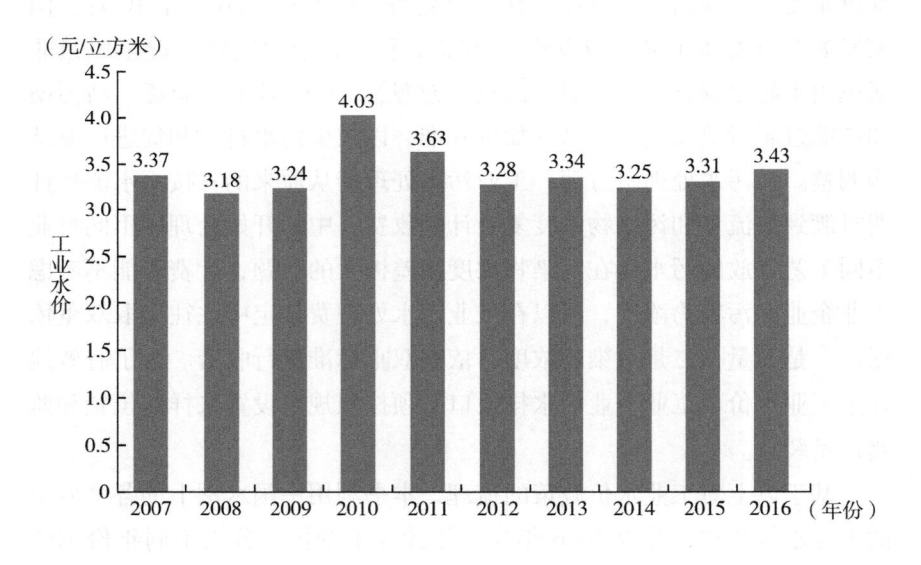

图 3-16 不同年份工业水价

由图 3-17 可知，不同流域工业水价存在明显差异。从价格水平来看，工业水价最高的是松花江流域，达到 5.02 元/立方米，位居第二的是海河流域，其水价达到 4.39 元/立方米，而水价最低的仍然为西北诸河流域，只有 2.36 元/立方米。以上差异的原因在于：一方面，松花江流域包括的城市是典型的工业城市，其工业用水水价改革比较早，提价水平较高，且其水资源禀赋也并不出众；另一方面，海河流域是中国人均水资源量最低的地区，且该地区使用地下水供水的比例高，而水资源费改革时对地下水水资源费收费要高于地表水的水资源费，且其作为北方重要的工业基地，水价改革启动得也比较早，导致其工业水价较高。其他流域基本是按照水资源禀赋及工业产业结构确定工业水价的。

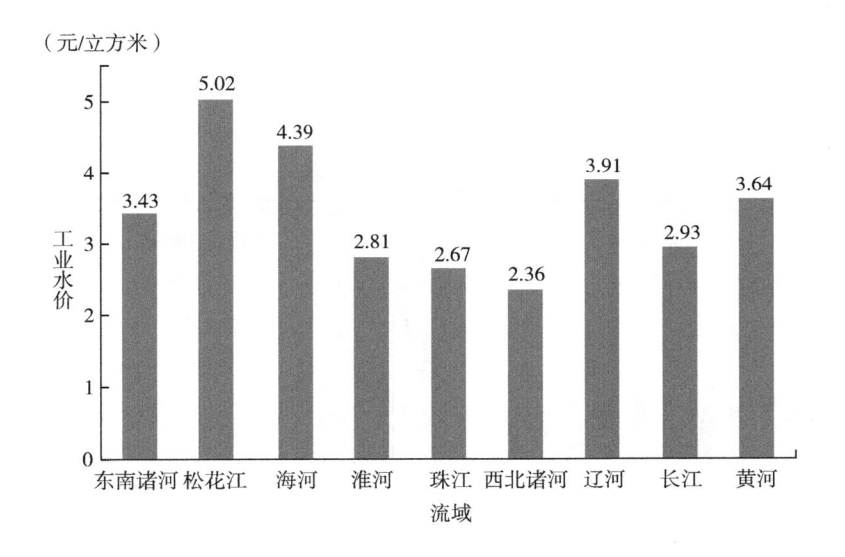

图 3-17 不同流域工业水价

更细致地，不同年份不同流域工业水价的变化趋势与全国工业水价随年份的变化趋势基本相似（见图 3-18）。2007—2010 年工业水价呈现一个正"U"形，主要是因为 2008 年为局部最小值，而从 2008 年开始启动，达到 2010 年工业水价的近期高峰，主要是因为 2009 年水资源费划归政府非税收入，且全额纳入财政预算管理。因为工业用水主要部分是直接从地表水或者地下水取水，这样提高工程水价不会起到显著作用，只有水资源费的大幅上涨才能遏制企业直接取用地表水或者地下水，所以 2008 年后工业水价逐渐上涨。2010 年工业水价达到高峰后，又经历了一次正"U"形变化，而这次的谷底是 2014 年，主要是因为自 2015 年起加强污水处理费征收力度，地方政府在企业用水中不能再像以往一样因为招商引资而忽视环境，对工业企业污水处理费征收减免或暂缓，所以各地政府也跟随国家发布的政策按规定逐步提高工业用水污水处理费的征收比例，这导致工业水价再度上涨。

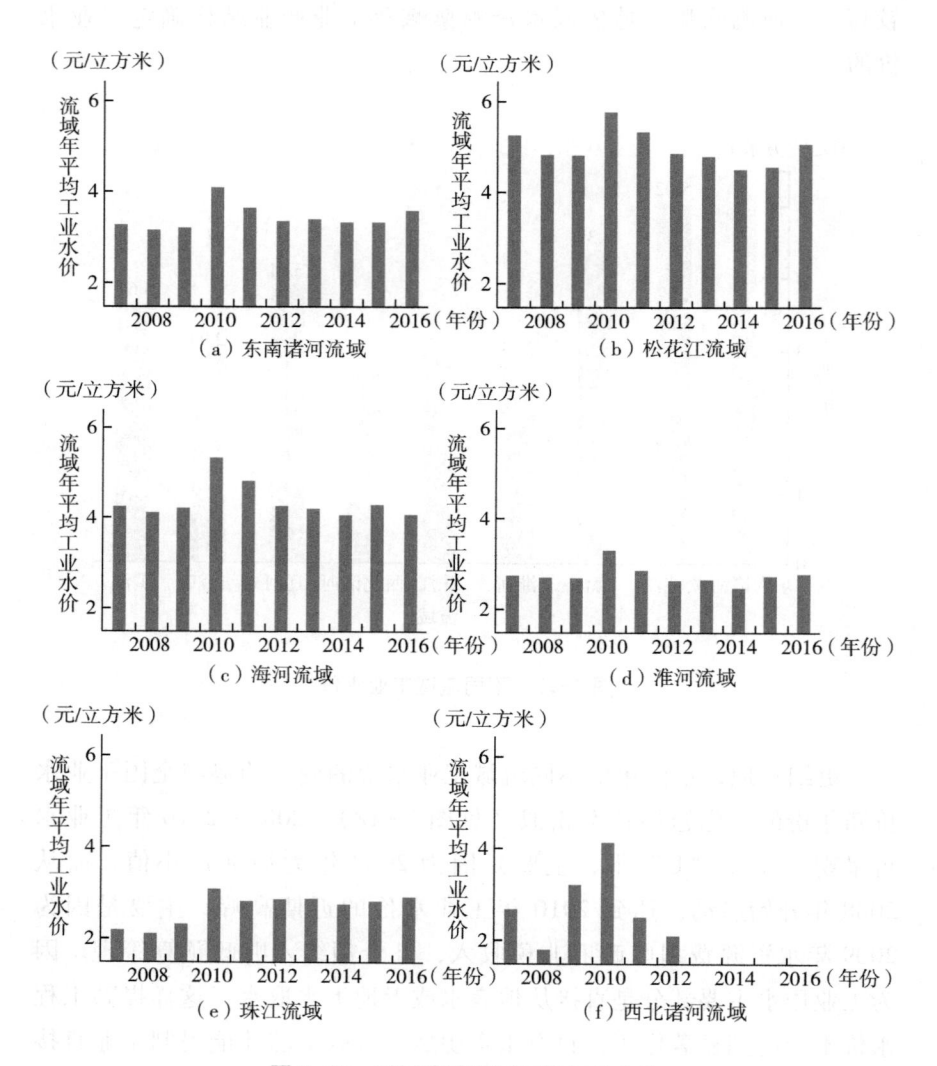

图 3-18　不同流域不同年份工业水价

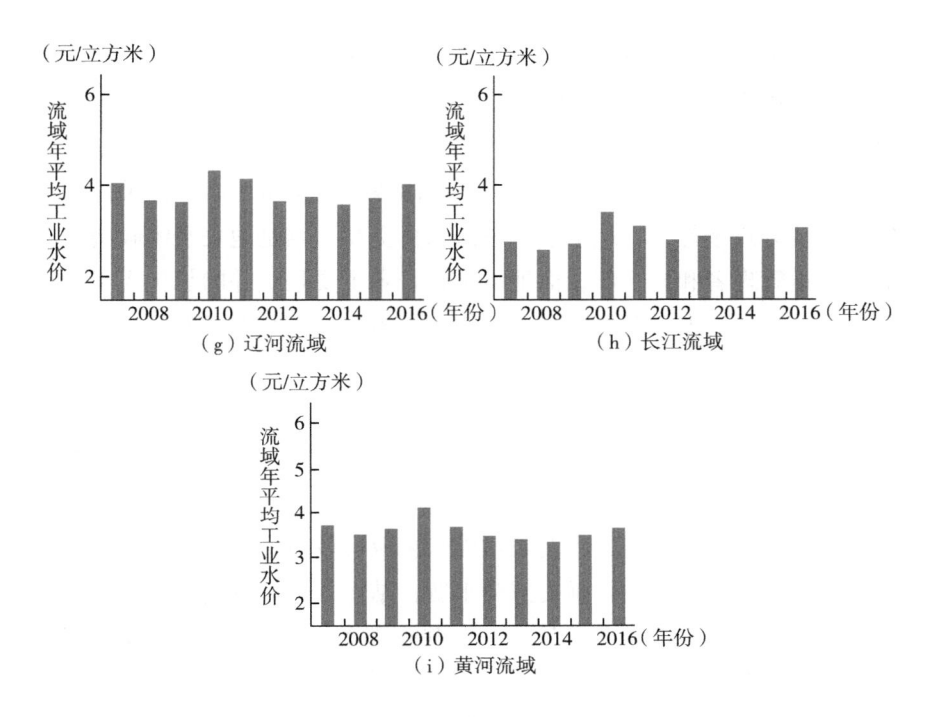

图 3-18 不同流域不同年份工业水价（续）

第三节 本章小结

本章首先分别梳理了中华人民共和国成立以来农业水价政策和城市水价政策的演变历程，其中城市水价政策分为居民生活用水和工业用水的水价结构和形式。同时结合 CWIM 跟踪调查数据、中国水价统计数据和城镇住户调查水价数据，分别对农业灌溉水价、城市居民生活水价和工业水价的变化趋势进行统计描述，并结合各自的水价政策演变历程进行分析。

考察农业水价的变化趋势及现状是多维度的，具体包括以下几点。一是绝大多数灌溉用水都存在通过灌溉管理者向农户收水费的情况，不向机井管理者交水费的灌溉机井是因为农民自己直接支付电费和油费。二是就收费方式而言，无论是灌溉管理者层面还是农户地块层面，地表水都以按面积收费为主，但计量水价收费方式比例在增长；而地下水的收费以多种形式的计量水费为主，且其比例在不断增长，其中按用电量收费方式占主导地位，按面积收费方式的比例在逐渐萎缩。三是灌溉价格水平方面，同种水源同种作物条件下，采用计量水价方式收取的水价高于按面积收费的灌溉水价，且玉米的灌溉平均水价更高；同种作物在同种收费方式条件下，地下水的灌溉水价更高。四是地表水的收费者主要是渠道管理者和村干部，而地下水收费者主要是机井的承包人和股东等私人。另外，渠道灌溉因其公共属性，需要给予收费者专门报酬；而相对私有化的机井，因收费者可通过卖水获利，专门的收费报酬已经包含在利润中，较少有专门报酬。五是地表水的缴费主要是规定按特定期限统一结算，而地下水灌溉以按次数结算为主。不过二者都是灌溉之后再缴费。六是地表水和地下水的税费收取率都较高，均大于90%，目前多数灌溉管理者对拖欠水费农户尚未采取有效措施。七是渠道管理者和灌区结算，而且多数要预交部分水费；结算方式以按用水量和按面积为主，二者的水价都呈上升趋势。机井管理者的结算对象是供电部门，灌溉水价的主要组成是电价，而且结算电价也呈现持续增长趋势。另外，无论是地表水还是地下水，灌溉管理者拿到的灌溉价格都要低于其向农户出售的灌溉价格，但二者的原因不同，地表水灌溉是因为农户要承担输水过程中的水量损失，而地下水灌溉是因为机井管理者要从中获取利润。

针对水价结构的不同部分，是在对水资源价值不断研究的基础上逐渐形成认识的，其属性不同。一是城市水价政策改革中最基础的是工程水价，其是人们最初认为的水价，随着对其认识和社会经济不断发展，其改革已经由行政事业性收费转变为商品收费。二是水资源费从原来的只对工矿企业征收，逐渐演变为一种自然资源产权的象征，由原来的水资源费依法转变成了水资源税，其对工业用水的意义重大，因为工业取水中相当部分来自直接取用地表水或地下水。三是污水处理费虽然进入水价结构最晚，但其最能体现用水的外部性问题，且其属于政府非税收入，全额上缴地方国库，纳入地方政府性基金预算管理，实行专款专用。同时，污水处理费改革也是造成现在城市生活居民水价和工业水价上涨的主要原因之一。国家绿色发展战略的首要任务就是控制污染继续蔓延，通过完善污水处理费征收程序，健全城镇污水处理服务费市场化形成机制，逐步实现城镇污水处理费基本覆盖服务费用，探索建立污水处理农户付费制度。在此基础上，通过建立有利于节约用水的价格机制，促进节水减排和水资源可持续利用。

中国工业化进程快于城市化进程，所以在水价改革方面，工业水价改革进程快于城市居民生活用水水价改革。无论是水资源费的收取还是污水处理费的收取，工业用水的实施时间都要早于城市居民生活用水的实施时间，这就导致了工业水价高于城市居民生活用水水价，尽管工业用水的水质条件要比城市生活用水的水质条件低。所以，水价政策改革的历程符合了中国社会经济发展的历程，是对社会经济发展过程中关于水资源利用问题的一种反馈。城市居民生活水价构成中水资源税和污水处理费，按照国家的有关规定经过几轮调整，已经逐渐达到改革的目标，水价的形成机制也逐渐完善。在水价形式方面，全国城市已经大面积推开了阶梯水价制度；在工业水价方面，水价构成中经过几轮改革，修改了过去"以调代改"的方式，逐渐理顺了水价机制，在水价形式上，也大面积推行了超额累进加价制度。

第四章
灌溉用水经济价值评估

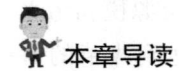

本章导读

➢目前，测算灌溉用水经济价值的主流方法有哪些？其测算结果如何？

➢影响灌溉用水经济价值测算结果的因素有哪些？

➢中国灌溉用水经济价值的测算结果是多少？其水源和作物异质性如何？

➢灌溉用水经济价值与灌溉水价的关系如何？

灌溉用水经济价值的核算，是水资源需求管理的关键内容。清晰核算灌溉用水的经济价值，能够为农业水价综合改革中的农业水价提价空间和预期效果提供有效指导。为了回答中国目前灌溉水价的经济价值，本章运用地块作物数据，在估计灌溉作物生产函数的基础上，核算灌溉用水的边际产值和平均价值，并与水价进行比较。

第一节 文献评述

一 研究方法

灌溉用水经济价值源于1992年的国际水资源与环境大会，其指出各种水资源（包括灌溉用水）都应该被视为一种商品，且有价值（Hanemann，2006）。然而，对水资源价值的定义一直没有统一的说法。有的研究者最早把水资源价值定义为理性使用者对水资源支付意愿的总和（Ward and Michelsen，2002），但也有学者认为应该定义为更具客观性的描述，如水资源的实际贡献价值（Young，2005）。当然，对于灌溉用水的经济价值，更多学者倾向实际贡献价值的定义（Johansson，2000；Johansson et al.，2002；Tsur et al.，2005）。

灌溉用水经济价值的定义其实与其测算方法是相关的，Young（2005）把灌溉用水经济价值的计算方法分为两大类：归纳法（Inductive Techniques）和演绎法（Deductive Techniques）。前者是基于一定量观察数据的特征总结，估计灌溉用水对生产率的影响；后者则是通过已知产出和其他投入，反向推导灌溉用水经济价值。其实归纳法和演绎法可以分别对应我们具体的计量分析和数学规划方法。本书为了更直观地体现灌溉用水经济价值的研究方法，主要的方法都包括在计量分析和数学规划两大类中。现有研究中灌溉用水经济价值总体可分为边际价值和平均价值，而且每种经济价值都分别有计量分析和数学规划实现方法。边际价值测量的是灌溉用水每增加一个单位，对收益值变化的影响。平均价值则是通过估计一定量灌溉用水的总价值，并把这一价值平摊到每一单位用水量上的价值。

对于灌溉用水边际价值的估计，在计量分析中表现为计算灌溉用水的边际产值，而在数学规划上表现为计算灌溉用水的影子价值。计量分析是通过建立生产函数（产量或产值），利用其对灌溉用水量的偏导数直接测算灌溉用水边际价值（Jaghdani et al.，2012；Frija et al.，2013）。数学规划方法则是建立目标函数（利润或收益），基于限制条件，通过最大化目标函数来测算灌溉用水的影子价值（Shi et al.，2014；Vasileiou et al.，2014）。其实两种测算方法有其内在的逻辑一致性，对于一个农户而言，其生产利润最大化的目标函数和约束条件如下所示：

$$\underset{x_{ij}}{\text{Max}} \sum_{j} p_j f_j(x_{Lj},\ x_{wj},\ x_{lj},\ x_{fj},\ x_{kj}) - \sum_{i} c_i x_{ij}$$
$$\text{Subject}: \sum_{j} x_{ij} \subseteq B_i;\ x_{ij} \geq 0 \tag{4-1}$$

式中：j 为作物种类；p 为作物价格；$f_j(\cdot)$ 为作物生产函数；x 为各种投入要素，包括土地（L）、水（w）、劳动（l）、化肥（f）和其他资金投入（k）；c 为各种投入品的价格；B 为资源总量限制。经过最优化处理，得出：

$$VMP_{jw} = p_j \frac{\partial f_j(\cdot)}{\partial x_{wj}} = c_w + \lambda_w \tag{4-2}$$

式中，左边代表灌溉用水边际生产价值（VMP），右边分别是水价和灌溉用水的影子价值，当二者相等时水资源配置达到最优。在这里，计量分析方法通过对生产函数进行回归，进而计算出水的边际生产量，再乘以作物价格得到灌溉用水边际生产价值，即作物的灌溉用水经济价值；数学规划则是通过模拟程序直接计算出水的影子价值。需要注意的是，关于影子价值的定义比较多，差异的根源在于其目标函数的定义（Vasileiou et al.，2014；Ziolkowska，2015）。追本溯源，是 Heckman（1974）最早为了研究非市场化工资而提出的影子价值（或者影子价格，也叫"被遮蔽的价格"），指的是某种非市场定价要素的真正价值，即若放松该资源约束对收益变化的影响，市场愿意为该资源付出的真正价格。这里由于目标函数设置的差异，计量分析的边际价值与数学规划的影子价值间的等式关系产生差异。一般而言，如式（4-2）的设置，数学规划测算出的影子价值是灌溉用水边际价值与实际水价的差异，当影子价值大于0，表明水价小于其边际价值，仍有提价空间（Huang et al.，2010）。但是，有两种变化可以使式（4-2）的关系变为式（4-3），即计量方法得出的边际价值就是数学规划计算的影子价值。一种变化是当利润函数的成本函数中不包括用水成本，另一种变化是目标函数从利润函数变为收益函数。其实这两种变化的内在逻辑是一致的，即都去掉用水成本，那么计算出来的影子价值就包含了水价。

$$VMP_{jw} = p_j \frac{\partial f_j(\cdot)}{\partial x_{wj}} = \lambda_w \tag{4-3}$$

对于平均价值的估计，本质上就是如何估计一定用水量的总价值。计算这个总价值的方法是多样的，计量分析可以估计灌溉用水的内涵价值和生产拟合价值；而数学规划可以计算灌溉用水的贡献值残值和净收益差。下面将逐一论述。

在计量分析方法下，计算灌溉用水的内涵价值，是一种基于支付意愿的条件评估法。首先通过对灌溉用水支付意愿的调查，其次用支付意愿对其影响因素进行回归，最后利用支付意愿的拟合值作为一定用水量的经济价值,除以用水量就得到灌溉用水平均价值。这种方法把各部门的用水同质化,常常涉及非农业部门对水资源的支付意愿,能够测算灌溉用水的机会成本,所以测得的灌溉用水成本往往较高(Rigby et al.,2010;Mesa-Jurado et al.,2012;Jaghdani et al.,2012;Thiene and Tsur,2013)。生产拟合价值则较为直观,就是基于被估计出来的生产价值函数,计算灌溉用水作物产值的拟合值,再把这个总价值平摊到每一单位灌溉用水上。这种方法虽然基于平均价值的定义,但其把生产中所有投入要素的贡献都折入灌溉用水,使其平均价值也很高。

灌溉用水的贡献值残值是数学规划中最常用到的方法,其基本逻辑就是在总收益中除灌溉用水外所有生产要素的投入,剩下的价值就是灌溉用水的价值。这时灌溉用水的经济价值由式(4-4)表示(Conradie and Hoag,2004;Scheierling et al.,2006):

$$R_W = P_Y Y - \sum P_X X \qquad (4-4)$$

式中,Y 为产量,W 为用水量,X 为灌溉用水之外的投入要素,P 为作物和各投入要素的价格。这种残值归咎法虽然去掉了已知其他因素的贡献,但是内含两个很强的假设条件:①已知投入要素中包含所有生产要素,即所有投入要素可量化;②除灌溉用水外所有要素均是市场竞争性的,即要素价格等于其边际价值。以上假设必然导致以下问题。一是现实中式(4-4)不可能包括所有除水之外的生产要素,那些看不见或不便测量要素的贡献被归纳到灌溉用水上,从而高估灌溉用水的经济价值(Qureshi et al.,2010)。二是其他投入要素市场并非都是完全竞争市场,当存在补贴或非市场竞争时,计算的结果是有偏差的,往往得出的灌溉用水经济价值差异性很大(Davidson and Hellegers,2011;Ziolkowska,2015)。三是残值法的另一个缺点是常常出现负值,不符合平均价值的经济含义(Speelman et al.,2008)。尽管如此,由于这种方法方便直观,依然得到了最大范围的应用,先后应用的作物包括玉米(Miller et al.,1965;Mesa-Jurado et al.,2007;Ziolkowska,2015)、水稻(Hellegers and Davidson,2010;Berbel et al.,2011)、小麦(Berbel et al.,2011;Ziolkowska,2015)、棉花(Hellegers and Davidson,2010;Berbel et al.,2011)、蔬菜(Speelman et al.,2008;Esmaeili and Vazirzadeh,2009)、水果(Esmaeili and Vazirzadeh,2009;Berbel et al.,

2011）及油料作物（Mesa-Jurado et al.，2010；Ziolkowska，2015）。另外，用数学规划计算净收益差是基于是否灌溉情景下的产值差异比较，也体现了一种对灌溉用水的支付意愿。从定义来看，收益差其实是大尺度用水量的边际价值，就单方水角度来说仍是平均价值，其利用灌溉地块和非灌溉地块之间生产者剩余的差异（归纳为灌溉的效用）除以用水量，得出平均经济价值（Samarawickrema and Kulshreshtha，2008；Jaghdani et al.，2012）。

本章研究的重点是测算灌溉用水的边际价值，主要对灌溉计量分析下的边际产值和数学规划下的影子价值进行分析。如前文所述，计量分析和数学规划在灌溉用水经济价值实证研究中也各有利弊，具体分为以下几个方面。

第一，控制变量或限制条件的可变异性。由于数学规划法事先设定好了限制条件，如农户特征、灌溉技术和经济制度、灌溉时间和作物种植制度等条件一般是固定的或者仅有有限的选项，这便导致了很多具体体现生产特征的控制变量被忽略或简化，不能准确体现这些变量对生产价值的具体作用。与此相比，计量分析法把这些限制条件作为控制变量放入回归方程，克服了数学规划法的以上局限性。

第二，结果的可验证性。验证数学规划方法模拟结果的可靠性是困难的，因为一方面其在总体上没有一个指标来验证目标函数的拟合程度，另一方面计算出的灌溉用水影子价值也没有一个指标来说明其可靠性。计量分析在这方面具有天然的优势，其估计出的方程式一般都有一个总体拟合优度的指标，而且每个自变量都有其显著性指标，可以验证结果的有效性。

第三，对数据的要求。尽管数学规划（尤其是线性规划）往往使用大量的数据进行模拟运算，且通常模拟结果借助大规模的二手数据实现，但其对数据规模的要求不高，即使很少的样本量也能作出数学规划的结果，因为它可以根据设定模拟假设情景下的数据，这也是很多研究倾向用数学规划方法的一个重要原因。当然，对于两种方法而言，数据规模越大通常越有利于估计结果，因为有了更多的现实依据和参照。对于计量分析而言，数据规模越大固然也越有利于其回归结果的显著性，但计量分析法对数据的核心要求是数据的变异性，并以此来进行参数估计，并不仅仅要求数据规模。

第四，对作物生长过程中生物或物理过程的模拟的准确性。由于数学规划法相对于计量分析法缺乏灵活的函数形式，其对于作物生长、灌溉过程中的生物、物理机制缺乏灵活的适应性，模拟结果的准确性不高（Bontemps and Couture，2002）。计量分析法可以通过其灵活的函数设定形式来最大限度地模拟这种生物、物理机制，使结果更具可靠性。但是，计量分析法能够模拟这种机制的前提条件是收集到完整的关于这种机制的数据，这在经济实证研究中往往是比较困难的。另外，数学规划在此方面的优势还体现在其模型的可修改空间，具体表现为：①细化约束条件，这些约束条件可以进一步表示作物的生长机制，且无须数据支持。②校正目标函数，可以通过非线性规划，如 PMP 法细化作物生长机制对目标函数的影响，提高模拟精度（Medellin-Azuara et al.，2010）。

第五，用水量的变化区间。灌溉用水边际价值的本质是作物产值对灌溉用水量的反应，所以用水量的变异性在计量回归和规划模拟中都至关重要。由于计量分析采用的都是现实观测数据，而这种数据的用水量变异性一般较小，所测得的灌溉生产函数仅是基于生产曲线中间一小部分投入产出的估计结果，难免有偏。用水量的变异性较小对于数学规划法来说不构成限制，因为数学规划所使用的用水量数据可以不局限于观测数据范围，其还可以通过对不同情景下设置用水量进行生产模拟。

二　主要结论

按照研究方法分类，我们把研究灌溉用水经济价值的相关文献汇总，具体情况如表 4-1 所示。从研究时间来看，计量分析的方法起步较早，最早可追溯到 1965 年（Miller et al.，1965）。与此相比，数学规划的方法起步相对较晚，直到 20 世纪 80 年代才出现（Cornforth and Lacewell，1982），但由于数学规划的易操作性，之后一直经久不衰。用计量分析方法测算灌溉用水经济价值的研究数量，在 2008 年后随着可用数据的积累也呈现增长趋势。从研究地域来看，对美国地区的研究依然占主导，而且持续不衰［从 Miller 等（1965）到 Ziolkowska（2015）］，其次是南非和西班牙，其他国家的相关研究起步较晚，印度和中国在 2008 年之后出现多篇研究文献，也反映出这两个灌溉大国对灌溉用水经济价值的关注（Shiferaw et al., 2008; Shi et al., 2014; Wang et al., 2014）。另外，伊朗（Esmaeili and Vazirzadeh, 2009; Jaghdani et al., 2012）、沙特阿拉伯（Nashwan et al., 2016）这些沙漠性气候国家也较为关注灌溉用水经济价值。可见，对灌溉用水经济价值的研究区域依然主要分布于传统的灌溉大国、地中海沿岸国家及极端干旱型气候国家。

表4-1　　　　　　　　　灌溉用水经济价值文献总结　　单位：个、美元/立方米

方法	文献/年份	价值估计个数	经济价值	价值类型	目标函数或具体模型	作物个数	研究国家
数学规划	Cornforth 等，1982	2	0.012—0.015	1	利润函数	12	美国
	Howe，1985	1	-0.124—0.084	1	利润函数	8	美国
	Bernardo 等，1987	4	0.007—0.064	1	用水需求函数	4	美国
	McGuckin 等，1987	3	0.013—0.025	1	利润函数	3	美国
	Gardner 等，1988	1	0.061	1	水回报函数	5	美国
	Lefkoff 等，1990	2	0.009—0.054	1	利润函数	2	美国
	Booker，1990	1	0.018	1	利润函数	4	美国
	Torell 等，1990	2	0.010—0.012	1	内涵价值函数	不明	美国
	Afzal 等，1992	1	0.240	1	利润函数	4	巴基斯坦
	Michelsen 等，1993	1	0.084	2	利润函数	4	美国
	Dinar 等，1993	1	0.122	2	利润函数	3	美国
	Booker 等，1994	1	0.018	1	利润函数	22	美国
	Taylor 等，1995	3	0.008—0.025	1	利润函数	3	美国
	Teague 等，1995	1	0.198	2	利润函数	3	美国
	Grove 等，1997	1	0.044	1	利润函数	1	南非
	Turner 等，1997	1	0.022—0.125	1	水回报函数	7	美国
	Louw 等，1997	1	0.049	1	水回报函数	13	南非
	Faux 等，1999	2	0.008—0.038	1	内涵价值函数	不明	美国
	Louw 等，2000	4	0—0.008	1	利润函数	不明	南非
	Conradie，2002	1	0.004	1	水回报函数	6	南非
	Ward 等，2002	12	0.015—0.077	1	生产函数	1	美国
	Fernandez-Zamudio 等，2006	2	0.721—0.826	2	利润函数	3	西班牙

续表

方法	文献/年份	价值估计个数	经济价值	价值类型	目标函数或具体模型	作物个数	研究国家
数学规划	Mesa-Jurado 等，2007	2	0.192—0.282	2	剩余价值函数	6	西班牙
	Samarawickrema 等，2008	6	0.009—0.076	2	生产函数	26	加拿大
	Speelman 等，2008	11	0.039—1.436	2	剩余价值函数	11	南非
	Samarawickrema 等，2009	10	0.078—0.924	1	生产函数	10	加拿大
	Esmaeili 等，2009	8	0.004—0.827	2	剩余价值函数	8	伊朗
	Huang 等，2010	2	0.061—0.080	1	利润函数	3	中国
	Qureshi 等，2010	8	0.036—0.11	2	剩余价值函数	7	澳大利亚
	Hellegers 等，2010	13	0—2.25	2	剩余价值函数	7	印度
	Medellin-Azuara 等，2010	12	0.209—0.544	1	利润函数	60	墨西哥
	Mesa-Jurado 等，2010	2	0.598—0.677	2	剩余价值函数	1	西班牙
	Berbel 等，2011	8	0.045—0.618	2	剩余价值函数	6	西班牙
	Thiene 等，2013	4	2.571—9.117	2	内涵价格函数	2	意大利
	Vasileiou 等，2014	5	0.209—2.822	1	利润函数	7	英格兰
	Shi 等，2014	3	0.010—0.183	1	利润函数	不明	中国
	Ziolkowska，2015	14	-0.438—0.305	1	剩余价值函数	5	美国
	Paredes 等，2017	2	0.327—0.357	2	生产函数	1	葡萄牙
计量分析	Miller 等，1965	15	0.021—0.719	1	OLS	2	美国
	Frank 等，1979	1	0.051	1	Ridge regression	16	美国
	Kulshreshtha 等，1991	3	0.069—0.140	1	OLS	8	美国
	Kumar 等，2008	2	0.183—0.268	2	OLS	13	印度
	Shiferaw 等，2008	5	0.093—2.356	1	SEM（3SLS）	5	印度
	Rigby 等，2010	2	0.135—0.507	3	Mixed logit	3	西班牙
	Sadeghi 等，2010	2	0.073—0.195	1	EGLS	1	伊朗
	Mesa-Jurado 等，2012	1	0.038—0.085	2	Tobit	1	西班牙
	Jaghdani 等，2012	3	0.024—0.109	3	OLS	2	伊朗
	Palanisami 等，2012	5	0.051—0.142	1	OLS	5	印度
	Pande 等，2012	8	0.013—0.455	3	Frontier	2	印度
	Frija 等，2013	2	0.159—0.543	3	OLS	1	突尼斯
	Wang 等，2014	2	0.012—0.016	1	OLS	1	中国
	Gezahegn 等，2015	3	0.030—0.036	1	OLS	3	埃塞俄比亚

续表

方法	文献/年份	价值估计个数	经济价值	价值类型	目标函数或具体模型	作物个数	研究国家
计量分析	Expósito 等，2016	3	0.110—1.250	1	OLS	1	西班牙
	Nashwan 等，2016	1	0.139	1	OLS	1	沙特阿拉伯

注：①文献中的灌溉用水经济价值，根据国际公认标准换算（1 英亩·英尺＝1233.5 立方米，1 英亩·英寸＝102.8 立方米）和各种价值所在年份的当年的汇率换算成美元，而且根据美元通货膨胀指数换算成 2001 年价格水平。②价值类型：1＝灌溉用水边际价值，2＝灌溉用水平均价值，3＝两种价值都包括。

资料来源：笔者整理。

从研究主题来看，多数文献都关注到灌溉用水边际价值（占所收集文献的 70%）；平均价值依然是研究热点，特别是使用残值法计算。另外，也有部分研究同时估计出边际价值和平均价值，得出边际价值一般小于平均价值的结论（Rigby et al.，2010；Jaghdani et al.，2012；Pande et al.，2012；Frija et al.，2013）。

从灌溉用水经济价值的具体值来看，数学规划方法测得的经济价值的取值范围较大，而且经常出现极端值；计量分析测算的经济价值的取值范围相对集中，区间跨度不大。如 Vasileiou 等（2014）测得的经济价值为 0.21—2.82 美元/立方米，而且这种现象比较普遍（Esmaeili and Vazirzadeh，2009；Hellegers and Davidson，2010）。究其原因，一部分是由于所包含较多作物的不同价格水平，更重要的是因为数学规划所模拟的用水量取值区间较大。另外，虽然计量分析得到的灌溉用水经济价值不大，但较小的估计值也比较少见（Frank and Beattie，1979）；而在数学规划方法下可以看到接近 0 甚至小于 0 的值（Howe，1985；Conradie，2002；Ziolkowska，2015）。所以，虽然数学规划测得的灌溉用水经济价值的平均值比计量分析大，但其得到的极小值也更多。

灌溉用水经济价值除了与用水量存在负相关关系，也与作物价格正相关。表 4-1 中，可以看到包含作物数量较多的文献的估计值个数也较多，灌溉用水经济价值的取值区间也较大（Samarawickrema and Kulshreshtha，2008；Medellin-Azuara et al.，2010）。因为包含作物数量较多的文献中很可能包括高价值作物，其灌溉用水经济价值也相对较高。如 Berbel 等（2011）估计的橄榄树灌溉用水的价值为 0.62 美元/立方米，而水稻灌溉用水的平均价值仅为 0.05 美元/立方米。又如 Samarawickrema 和 Kulshreshtha（2009）测算的马铃薯和菜豆的灌溉用水边际价值分别为 0.92 美元/立方米和 0.54 美元/立方米，而小麦灌溉用水的边际价值仅为 0.12 美元/立方米。我们关注的小麦和玉米的灌溉用水边际价值取值范围分别为 [-0.30, 0.19] 美元/立方米和 [0.02, 0.06] 美元/立方米，其均值分别为 0.002 美元/立方米和 0.040 美元/立方米；平均价值的均值分别为 0.10 美元/立方米和 0.18 美元/立方米（Hellegers and Davidson, 2010; Qureshi et al., 2010; Sadeghi et al., 2010; Gezahegn and Zhu, 2015; Ziolkowska, 2015）。

另外，灌溉用水在作物生长不同阶段的经济价值也有所差异。Pande 等（2012）把作物生长季分为初始、发展、后期和成熟四个阶段，研究结果显示棉花和蓖麻在不同生长阶段灌溉用水的边际价值有显著差异，其中在成熟阶段的边际价值最高，分别达到 10.43 卢比/立方米和 6.82 卢比/立方米，分别是生长季边际价值的 2.5 倍和 3.2 倍。当然，灌溉用水经济价值除了受上述因素的影响，农户特征、作物结构、数据类型、气候变量、灌溉水源、研究区域等因素都会对其产生影响。对于所有因素的具体影响，将在本章第二节的 meta 分析中做出详细论述。

对于我们关注的灌溉用水边际价值，在得出其具体值之后，通常有三种分析方法。一是算出不同地区或时间的边际价值并做出比较。不同地区因自然条件差异，边际价值的差别较大，同种作物间比较，通常是干旱地区的边际价值较大（Kumar et al., 2008）。二是把边际价值和灌溉的边际成本做比较，边际成本一方面可以表现为水价，另一方面也可表现为文章核算出的抽水成本，通常得到的结果是边际价值大于边际成本，但也有例外（Expósito and Berbel, 2016; Frija et al., 2013）。这说明一般情况下每增加 1 单位用水产生的收益高于成本（水价），继续增加用水量可以增加额外收益。三是进一步地计算个体边际价值，这里又分为三个分析途径：①计算每一个样本的边际价值，并与其水价进行比较，按比较结果分类，通常一部分边际价值大于水价；②对于求出的每个样本的边际价值，画出其分布，看看有多少样本分别在平均边际价值之上或之下；③可在边际价值等于边际成本时，计算出最优用水量，把这个最优用水量与样本的实际用水量分布对比，看看多少样本低于或超过最优水量。以上三种分析，其实是一个核心观点，即灌溉用水的边际价值与边际成本（水价）的关系。如 Nashwan 等（2016）比较沙特阿拉伯不同井深与折现率情景下不同的边际成本与计算出来的边际价值的大小关系，得出边际价值均大于边际成本，二者比例为 1.06—2.23，说明灌溉用水量仍不足。Sadeghi 等（2010）基于伊朗宏观灌溉数据计算出边际价值后，把每个地区每年的边际价值分别与当地水价比较，得出边际价值均大于水价，而且是水价的十倍以上，表明当地农业生产受到灌溉水源约束。Expósito 和 Berbel（2016）基于西班牙南部农户灌溉数据在估计出二次生产方程式后，算出使产量最大化的用水量，之后通过拟合图像，分析现有灌溉用水量与最优用水量之间的差距，并指出福利损失，说明由于大部分农场受水量限制，现有灌溉水量没有达到最优水量，收益受损。

三　对现有文献的总结和本书研究切入点

如前所述，灌溉用水经济价值分为边际价值和平均价值，边际价值研究是主流。研究方法包括计量分析和数学规划，其中数学规划较为流行，计量回归更具吸引性但难度较大。数学规划方法测得的经济价值的取值范围较大，而且经常出现极端值；计量分析测算的经济价值的取值范围相对集中，区间跨度较小。灌溉用水经济价值与用水量呈负相关关系，与作物价格呈正相关关系。另外，灌溉用水在作物生长不同阶段的经济价值也有所差异。在分析出灌溉用水边际价值后，比较其与灌溉边际成本的大小关系并挖掘背后的生产和用水状况内涵是研究的落脚点。

基于以上总结，可知目前关于灌溉用水经济价值仍有很多不足和待突破的空间，具体包括以下五个方面。一是缺乏对于全球范围的灌溉用水经济价值的综合对比文献，目前的文献测出的农业用水经济价值是在不同年份、不同单位的价值，无法进行相互比较。二是由于计量分析方法受多种条件限制，非常缺乏有效的计量实证研究，还有大量空白需要填补。三是现有实证研究缺乏微观数据，特别是微观面板数据的支持，因而对基于高质量微观数据的实证研究是急缺的。四是研究也多是关于美国等发达国家，很少有关于中国及其他发展中国家的实证研究，因此需要加强关于中国农业用水经济价值的实证研究。五是缺乏基于长时期大规模实地调研数据对地表水和地下水灌溉用水需求及经济价值开展的定量分析，因而难以给决策者提供科学的决策依据。以上这些局限性，一方面是本书要着力克服并做出相应成果的地方，另一方面也是目前政策层面亟须明确并加以运用的关键点。

第二节　灌溉用水经济价值的 meta 分析

在对中国灌溉用水经济价值进行实证测算前，有必要对灌溉用水经济价值的影响因素及其影响程度进行深入的分析。meta 分析是一种基于文献的因素定量分析方法，它是基于文献数据，并运用统计方法或计量模型对特定变量的影响因素做出定量分析。基于本章第一节对灌溉用水经济价值文献的总结，提取文献中共有的因素，并结合相关的二手数据，系统梳理影响灌溉用水经济价值评估结果的研究方法、数据类型和作物种类等因素，并据此开展基于计量模型的 meta 回归分析。

一　数据来源与统计描述

（一）数据来源

在灌溉用水经济价值文献选择上，本书以"Web of Science"和"Google Scholar"数据库作为文献来源，搜索主题为"灌溉用水经济价值、农业用水经济价值、灌溉用水边际价值、农业用水边际价值"的文献。在搜索结果中通过学科提炼（主要选择经济学、管理学、农学和资源科学的文献）和摘要提取，选取真正测算灌溉用水需求价格弹性的文献。由于灌溉用水经济价值会因年份的差异带来经济价值的较大波动，本书所选取的文献为 2000 年至今研究灌溉用水经济价值的公开发表的论文。最终，搜集到从 2000—2017 年世界范围内的 35 篇文献（见表 4-1）。当然，这些文献中每篇文献所提供的灌溉用水经济价值的估计值个数为 1—15，文献汇总出 181 个灌溉用水经济价值样本，其中包括 104 个边际价值和 77 个平均价值。从这些文献中，本书提取文献中共有的因素做 meta 分析，包括灌溉用水量、研究方法、作物类型、数据类型、气候变量、灌溉水源等。而且，在分析中本书分别对总体价值、边际价值和平均价值三组样本分类进行分析。

为了对各国灌溉用水经济价值做 meta 分析，需要统一文献中提取的各样本值的单位，就必须用汇率进行各国间货币单位的折算。本书所采用的汇率来自世界银行公开数据库（http：//data.worldbank.org/），并以国际货币基金组织的数据作为补充（http：//www.imf.org/external/np/fin/ert/GUI/Pages/CountryDataBase.aspx）。需要说明的是，考虑到美元币值的稳定性和国际化水平，本书的汇率是各年每种所涉及的货币对美国美元的汇率。这里需要说明的是，文献中所提供的灌溉用水经济价值的单位、货币和年份都存在差异，为了便于比较，本书根据文献中所提供的经济价值，按照当年汇率统一折算成美元，再根据美元通货膨胀指数折算成 2001 年价格水平，统一用"美元/立方米"作为经济价值的单位。另外，在世界银行公开数据库中，本书还收集了各国人均GDP（也以美元形式表示）、农业产值占 GDP 比重和灌溉面积占耕地面积比例等相关数据，以供在 meta 分析中控制国家差异。

（二）灌溉用水经济价值统计描述

表 4-2 的描述统计显示，灌溉用水经济价值总体上随灌溉用水量的升高而降低。具体地，本书把样本用水量按从低到高的顺序统一分成四个区间，并在每个样本区间内统计相应的灌溉用水量和灌溉用水经济价值的平均值。统计结果显示，灌溉用水总体经济价值和平均价值从最低用水量区间到最高用水量区间依次减少，减少幅度分别约为 81% 和92%。灌溉用水边际价值在总体上也随着用水量的增加而降低，幅度约为 61%；但在第三区间和第四区间的边际价值是略有增加的，这可能是受其他因素的影响导致的，但并不影响总体趋势。

表 4-2　　　　　　灌溉用水量对灌溉用水经济价值的影响

单位：立方米/公顷、美元/立方米

用水量区间	用水量均值	总体经济价值	边际价值	平均价值
1%—25%	943	0.81	0.31	2.06
26%—50%	2594	0.33	0.14	0.76
51%—75%	4787	0.21	0.11	0.32

续表

用水量区间	用水量均值	总体经济价值	边际价值	平均价值
76%—100%	10076	0.15	0.12	0.17
平均	4601	0.38	0.18	0.64

注：各种经济价值的单位均为美元/立方米，而且根据美元通货膨胀指数统一换算成2001年价格水平。

资料来源：笔者根据文献整理。

用水量之外的其他因素也对灌溉用水经济价值有所影响。如表4-3所示，灌溉用水经济价值的主要测算方法包括计量分析和数学规划两类，两类测算方法计算的灌溉用水经济价值也有所差异。在所有经济价值样本中，共包括131个数学规划计算结果和50个计量结果，它们的经济价值均值分别为0.44美元/立方米和0.22美元/立方米，边际价值分别为0.21美元/立方米和0.17美元/立方米，平均价值则分别为0.68美元/立方米和0.25美元/立方米。可见，数学规划方法测算的灌溉用水经济价值较大。另外，在每种测算方法下的边际价值也小于平均价值，说明灌溉用水的边际价值一般小于平均价值。在作物结构上，混合作物的灌溉用水的总体经济价值、边际价值和平均价值都显著大于单一作物，分别是单一作物的3.9倍、2.6倍和4.6倍。而若按作物价格分类，高价值与低价值作物的灌溉用水经济价值也都存在显著差异，前者在三种价值上分别是后者的6.1倍、5.4倍和5.6倍。就实证数据层次而言，基于宏观区域数据的灌溉用水经济价值小于基于微观农户或地块数据的经济价值，但这种趋势在边际价值上不显著。从数据类型分类来看，截面、时序及面板三种数据所测算的经济价值不存在显著差异，其中数量较少的时序数据测算的经济价值较小。

表4-3　　　　　其他因素对灌溉用水经济价值的影响

单位：个、美元/立方米

分类		总体经济价值			边际价值			平均价值		
		样本量	均值	t值或F值	样本量	均值	t值或F值	样本量	均值	t值或F值
测算方法	数学规划	131	0.44	1.45	62	0.21	0.76	69	0.68	0.88
	计量分析	50	0.22		42	0.17		8	0.25	

续表

分类		总体经济价值			边际价值			平均价值		
		样本量	均值	t值或F值	样本量	均值	t值或F值	样本量	均值	t值或F值
作物结构	单一作物	135	0.22	4.16***	77	0.13	3.25***	58	0.34	3.79***
	混合作物	46	0.85		27	0.34		19	1.57	
作物价值	低价值作物	68	0.09	3.31**	41	0.05	4.09***	27	0.16	2.37**
	高价值作物	113	0.55		63	0.27		50	0.90	
数据层次	微观数据	93	0.57	2.94***	55	0.21	1.10	38	1.08	3.04***
	宏观数据	88	0.18		49	0.15		39	0.21	
数据类型	截面数据	153	0.41	0.55	84	0.18	0.54	69	0.69	1.02
	时序数据	4	0.11		4	0.11		0	—	
	面板数据	24	0.23		16	0.25		8	0.19	
温度带	热带	37	0.37	3.39**	18	0.23	5.88***	19	0.50	0.84
	亚热带	56	0.63		26	0.33		30	0.88	
	温带	88	0.22		60	0.11		28	0.47	
降水	湿润型气候	97	0.36	0.36	62	0.22	1.64	35	0.59	0.31
	干旱型气候	84	0.40		42	0.13		42	0.68	
灌溉水源	仅地表水	70	0.22	2.22	53	0.25	3.62**	17	0.11	2.24
	仅地下水	29	0.33		15	0.18		14	0.50	
	联合灌溉	82	0.53		36	0.09		46	0.88	

注：①各种经济价值的单位均为美元/立方米，而且根据美元通货膨胀指数统一换算成2001年价格水平。②＊、＊＊和＊＊＊分别代表在10%、5%和1%的水平下显著。

资料来源：笔者根据文献整理。

对于气候变量，由于文献中缺乏充足的数据支持，也没有较好的二手数据来源，在此本书把文献研究区域所述的气候带从气温和降水两个维度分类，气温分为热带、亚热带和温带，降水类型分为干旱型和湿润型①。从温度带分类来看，亚热带的灌溉用水的三种经济价值最高，这可能是由于样本中亚热带的作物结构上混合作物和高价值作物的比重都高于其他两个温度带的样本，分别占36%和73%；而温带地区的灌溉

---

① 需要说明的是，由于地中海气候冬季温和多雨，夏季炎热干燥，本书把它划归亚热带的干旱型气候（作物生长季在夏季）。

用水经济价值（特别是边际价值）最小，表明在温度较低的地区，随着蒸发量的减少，灌溉用水边际价值越小。从降水类型来看，总体经济价值与平均价值均表现为在干旱型气候中的样本的灌溉用水经济价值较大，边际价值表现则相反，但这些趋势都不显著。另外，从灌溉水源来看，三种灌溉水源的灌溉用水边际价值均值总体上存在显著差异，其中联合灌溉样本的边际价值最小，但其平均价值最大。

二 计量模型设定及结果分析

尽管以上分析可以使我们初步探查不同因素对灌溉用水经济价值的影响。但如果要清楚区分某一因素的具体影响，就必须排除此因素之外的其他因素的干扰。所以，有必要建立计量模型，控制更多的相关因素，得出某一因素的具体影响程度。基于已有的理论框架，建立灌溉用水经济价值 meta 分析模型如下：

$$EV_{ij}=\alpha+\beta\ln(Wap_{ij})+\lambda Iss\_vmp_{ij}+\gamma\sum X_{ij}+\varepsilon_{ij} \qquad (4-5)$$

式中，下标 ij 为第 i 篇文献中的第 j 个样本（$i=1$，2，…，35；$j=1$，2，…，15）；EV 为文献中灌溉用水经济价值，包括边际价值和平均价值，以及二者的合并样本。分析中根据研究主题可分为总体价值模型、边际价值模型和平均价值模型，三者的区别在于所运用的样本不同。用水量 Wap 统一取对数形式，而因变量可取自然数或对数形式，所以模型形式可分为半对数和双对数形式。Iss_vmp 为样本属于边际价值的哑变量，只在总体价值模型中出现；X 为其他影响因素变量，包括研究方法、作物类型、数据类型、气候因素、灌溉水源、地区相关控制变量以及期刊特征，具体说明和统计描述如表 4-4 所示。在控制研究区域差异时，本书并没有粗略地使用地区虚变量（地区太多），而是根据世界银行的公开数据库，分别使用研究区域所在国家的人均 GDP、农业产值占 GDP 比重和灌溉面积比例来控制研究区域在经济发展水平和灌溉农业状况上的差异。对于期刊特征，由于本书的文献都是公开发表的论文，可以统一使用发表期刊的影响因子。另外，α、β、λ 和 γ 分别为对应自变量的待估参数，ε 为模型随机扰动项。

在模型估计过程中，考虑到灌溉用水经济价值一般都大于 0，而本书的样本存在少量边际价值小于 0 的样本（Ziolkowska，2015），所以在半对数模型的基础上加入 Tobit 截尾回归考察正常情况下的灌溉用水边

表 4-4　灌溉用水经济价值 meta 分析模型变量说明及统计描述

	变量	均值	标准差	区间	备注
因变量	灌溉用水经济价值	0.38	0.92	[-0.44, 9.12]	美元/立方米，根据文献中所提供灌溉用水经济价值，按照当年汇率统一换算成美元，再根据美元通货膨胀指数折算成 2001 年价格水平；包括边际价值和平均价值
	灌溉用水边际价值	0.18	0.30	[-0.44, 1.96]	
	灌溉用水平均价值	0.64	1.33	[0, 9.12]	
自变量	灌溉用水量	4601	4354	[0, 34595]	立方米/公顷，根据文献中所提供灌溉用水量，统一折算
	边际价值研究	0.57	0.50	[0, 1]	虚变量，文献中样本值所属的研究的主题：1=边际价值，0=平均价值
	计量分析	0.27	0.45	[0, 1]	虚变量，文献分析方法：1=计量分析，0=数学规划
	混合作物	0.25	0.44	[0, 1]	虚变量，文献中样本作物结构：1=多种作物，0=单一作物
	高价值作物	0.62	0.49	[0, 1]	虚变量，文献中样本作物价值水平：1=高价值作物，如水果、蔬菜、油料作物等；0=低价值作物，如粮食、饲料等
	地区宏观数据	0.49	0.50	[0, 1]	虚变量，数据覆盖层次：1=地区宏观数据，如村、灌区、县、省等水平；0=微观数据，如农户、地块水平
	时间序列数据	0.02	0.15	[0, 1]	虚变量，数据类型：1=时间序列数据；0=其他，基组为截面数据
	面板数据	0.13	0.34	[0, 1]	虚变量，数据类型：1=面板数据；0=其他，基组为截面数据
	亚热带	0.31	0.46	[0, 1]	虚变量，气候变量的温度维度：1=亚热带，包括亚热带季风气候、地中海气候等；0=其他，基组为热带
	温带	0.49	0.50	[0, 1]	虚变量，气候变量的温度维度：1=温带，包括亚温带季风气候、温带大陆性气候等；0=其他，基组为热带

续表

	变量	均值	标准差	区间	备注
自变量	干旱型气候	0.46	0.50	[0, 1]	虚变量，气候变量的降水维度：1 = 干旱型气候，包括各种温度带的沙漠性气候、大陆性气候、地中海气候（作物生长季）等；0 = 其他，如季风性或海洋性气候
	仅地下水灌溉	0.16	0.37	[0, 1]	虚变量，灌溉水源仅为地下水：1 = 仅地下水灌溉；0 = 其他，基组为仅地表水灌溉
	联合灌溉	0.45	0.50	[0, 1]	虚变量，灌溉水源包括地表水和地下水：1 = 联合灌溉；0 = 其他，基组为仅地表水灌溉
	人均GDP	17472	14981	[115, 39281]	美元/人，文献研究区域所属国家当年的人均GDP，按照当年汇率统一换算成美元，再根据美元通货膨胀指数折算成2001年价格水平
	农业产值占GDP比重	7.14	8.56	[0.83, 40.12]	%，文献研究区域所属国家当年的农业产值占GDP比重
	灌溉面积比例	11.10	10.85	[0.38, 33.82]	%，文献研究区域所属国家当年的灌溉面积比例
	期刊近五年影响因子	1.92	1.39	[0.07, 4.32]	文献发表期刊的近五年影响因子

资料来源：笔者整理。

际价值的影响因素。另外，由于每篇提供的弹性样本数不等，这里就会产生两个问题：一是每一篇文献所提供的弹性样本间可能有关联，这样就会产生文献层次上的异方差性。二是文献提供弹性个数的不均等性，会使回归中提供较多弹性的文献占较大比例，样本的公平性可能产生有偏差的回归结果。针对这两个问题，本书分别采取文献层面上的稳健回归，以及在稳健回归的基础上再进行加权回归（权重为各文献样本出现概率的倒数）。具体的回归结果如表4-5所示。

表4-5　　灌溉用水经济价值meta分析回归结果（加权稳健回归）

变量		半对数形式 总体价值	半对数形式 边际价值	半对数形式 平均价值	双对数形式 总体价值	双对数形式 边际价值	双对数形式 平均价值	Tobit模型（半对数形式）总体价值	Tobit模型（半对数形式）边际价值	Tobit模型（半对数形式）平均价值
用水量	用水量（对数值）（立方米/公顷）	-0.2388*** (6.15)	-0.1941*** (3.26)	-0.1346 (1.44)	-0.3747*** (4.36)	-0.5425*** (3.12)	-0.1658** (2.24)	-0.2321*** (6.02)	-0.1941*** (3.62)	-0.1271 (1.57)
研究主题	边际价值研究（1=是，0=否）	-0.3544 (1.61)			-0.3038 (1.09)			-0.3804* (1.72)		
研究方法	计量分析（1=是，0=否）	-0.2519 (1.00)	-0.1605* (2.00)	-0.9112*** (3.53)	-0.5846 (1.56)	-0.7080* (1.94)	-1.4331*** (4.78)	-0.2518 (1.05)	-0.1531** (2.04)	-0.9098*** (3.92)
作物类型	混合作物（1=是，0=否）	0.2503 (1.37)	0.1884 (1.55)	0.4164 (0.42)	0.0448 (0.15)	0.5338 (1.65)	0.0173 (0.03)	0.2374 (1.36)	0.1945* (1.76)	0.4170 (0.47)
	高价值作物（1=是，0=否）	0.1734 (1.38)	-0.0088 (0.12)	0.8029** (2.32)	0.9883*** (3.02)	0.6068 (1.31)	1.5285*** (4.81)	0.2238* (1.67)	-0.0026 (0.04)	0.7982** (2.58)
数据类型	地区宏观数据（1=是，0=否）	-0.5846** (2.05)	-0.1917** (2.28)	-0.8045 (1.46)	-0.9650*** (2.75)	-0.5698 (1.50)	-2.1686*** (6.18)	-0.6216** (2.15)	-0.1863** (2.37)	-0.8280* (1.70)
	时间序列数据（1=是，0=否）	0.7358 (0.93)	-0.1963 (1.48)		0.7450 (1.02)	-0.5644 (0.71)		0.7764 (1.01)	-0.2173 (1.64)	
	面板数据（1=是，0=否）	0.3355 (1.19)	0.1533 (1.04)	0.2485 (0.20)	0.1205 (0.26)	0.1521 (0.22)	0.4558 (0.67)	0.3150 (1.15)	0.1423 (1.03)	0.2474 (0.22)
气候因素	亚热带（1=是，0=否）	0.3189 (0.32)	-0.6554** (2.77)	27.1663 (1.40)	0.5365 (0.56)	-1.5715** (2.20)	28.9920*** (3.09)	0.3879 (0.40)	-0.6457*** (3.04)	27.0739 (1.56)
	温带（1=是，0=否）	0.0919 (0.11)	-0.8103*** (3.87)	21.1335 (1.37)	-0.9204 (1.05)	-2.8963*** (4.01)	21.9415*** (2.95)	0.1323 (0.16)	-0.8018*** (4.24)	21.0564 (1.52)

146

续表

	变量	半对数形式			双对数形式			Tobit 模型（半对数形式）		
		总体价值	边际价值	平均价值	总体价值	边际价值	平均价值	总体价值	边际价值	平均价值
气候因素	干旱型气候（1=是，0=否）	-0.2722 (0.98)	0.1844 (1.53)	-10.7797 (1.57)	-0.5660 (1.19)	0.1301 (0.24)	-11.1540*** (3.18)	-0.2980 (1.09)	0.1928* (1.68)	-10.7589* (1.75)
灌溉水源	仅地下水灌溉（1=是，0=否）	0.5150 (1.22)	-0.1309 (0.90)	1.9642*** (3.23)	0.0141 (0.03)	-0.8965 (1.54)	2.3696*** (5.87)	0.4664 (1.19)	-0.1216 (0.91)	1.9908*** (3.62)
	联合灌溉（1=是，0=否）	0.4115 (1.13)	-0.2326** (2.31)	0.8447 (0.85)	-0.2738 (0.53)	-1.0426 (1.70)	0.0359 (0.06)	0.3510 (1.03)	-0.2507** (2.52)	0.8385 (0.95)
地区控制变量	人均GDP（对数值）（元/人）	0.2325 (0.66)	-0.1931*** (3.55)	-1.5650 (1.11)	-0.5767* (1.99)	-1.2242*** (5.68)	-1.6402* (1.85)	0.1975 (0.62)	-0.1956*** (3.69)	-1.5531 (1.24)
	农业产值占GDP比重（%）	0.0222 (0.33)	-0.0541*** (4.15)	0.1289 (0.70)	-0.1247** (2.28)	-0.2630*** (6.60)	0.2643*** (3.72)	0.0194 (0.31)	-0.0539*** (4.44)	0.1281 (0.78)
	灌溉面积比例（%）	0.0268 (0.89)	0.0030 (0.90)	0.3598* (2.05)	0.0400 (1.63)	0.0126 (0.80)	0.3195*** (3.84)	0.0289 (0.97)	0.0031 (1.04)	0.3592** (2.29)
期刊	期刊近五年影响因子	-0.0481 (0.55)	-0.0258 (1.55)	0.0281 (0.04)	-0.4767*** (3.65)	-0.5357*** (5.41)	-0.2926 (0.63)	-0.0766 (0.79)	-0.0298** (2.22)	0.0208 (0.03)
	常数项	-0.1068 (0.02)	4.6076*** (4.04)	-4.3068 (0.60)	8.1417** (2.13)	18.0670*** (5.62)	-5.7955 (1.62)	0.1957 (0.05)	4.6175*** (4.31)	-4.3770 (0.68)
	adj. R^2 或 Pseudo R^2	0.299	0.500	0.575	0.502	0.566	0.678	0.158	0.176	0.296
	观察值	181	104	77	181	104	77	181	104	77

注：括号中为 t 值，*、**和***分别表示在10%、5%和1%水平下显著。

模型的总体回归结果较好，特别是双对数形式的模型 R^2 在 0.6 左右，表明模型中自变量对灌溉用水经济价值变异的总体解释力在 60% 左右。值得注意的是，在半对数和双对数形式下，按研究主题分开样本的回归结果解释力都大于总体样本下的回归，表明按研究主题分别回归的方法是有效的。

对于用水量而言，回归结果显示随着灌溉用水量的提高，灌溉用水经济价值呈减少趋势。而且，这一趋势在灌溉用水边际价值上更显著。具体地，回归中一致显示用水量的系数为负，双对数模型为本书提供了灌溉用水经济价值对用水量的弹性，约为-0.54，即灌溉用水量提高 1% 可使灌溉用水经济价值减小 0.54% 以上，这符合生产要素边际报酬递减规律。对于总体价值模型中的研究主题变量，本书以灌溉用水平均价值研究为基组，考察灌溉用水边际价值与平均价值的区别，结果显示，灌溉用水边际价值要小于平均价值（在 Tobit 模型中更显著），与统计描述相一致。

对于研究方法，模型以数学规划为基组，考察其与计量分析结果的区别。结果显示，基于计量分析的灌溉用水经济价值比基于数学规划的经济价值要低，这可能是因为数学规划能够使用水量区间较大，从而出现节水情景下的高经济价值样本。数据显示，在边际价值样本中，计量分析和数学规划方法下样本的最大值分别达到 0.92 美元/立方米和 1.96 美元/立方米；而在平均价值样本中，计量分析和数学规划方法下样本的最大值分别达到 0.54 美元/立方米和 9.12 美元/立方米。需要注意的是，在用数学规划测算的边际价值样本中，约有 10% 的灌溉用水边际价值小于 0，计量分析则没有出现此种情景，这再一次证明了数学规划所测算的结果区间较大，而且其平均值较大的原因是存在大量的经济价值较大的样本。究其产生原因：数学规划可以模拟多种用水量情景下的灌溉用水经济价值，包括用较小用水量下的高经济价值样本和较多用水量下的低经济价值样本；计量模型则只能基于实际灌溉用水量做实证分析，而实际用水量又是变异性较小的，所以不会出现较大的经济价值。

作物类型对灌溉用水经济价值的影响显示，混合作物相对于单一作物的灌溉用水边际价值较高，而高价值作物相对于低价值作物的经济价值也较高。正如统计描述中所展示的，包含多种作物的样本的灌溉用水经济价值显著大于单一作物样本的经济价值,这是作物结构可调节性差异对产值的影响所导致的。一方面,当作物结构是多种作物混合种植时,农户可以根据水资源禀赋调节作物种植比例,从而实现利润最大化;另一方面,混合作物包含高价值经济作物的可能性够高(数据显示混合作物和单一作物样本中高价值作物的比例分别为87%和54%),从而更容易实现高利润。接下来我们来看一下高价值作物对灌溉用水经济价值的具体影响,其中有两种机制:一方面,灌溉用水经济价值与作物价格正相关,高价值作物的灌溉用水经济价值自然较高;另一方面,由于高价值作物的用水需求价格弹性较小,易于多用水,从而减少经济价值。从模型运行结果的正向显著来看,显然是前一种机制占据了主导地位,尤其体现在灌溉用水平均价值上。

在数据类型的影响上,也分为两个方面:一方面,地区宏观数据得出的灌溉用水经济价值比基于地块或农户的微观数据的经济价值小,这可能是由于地区水平的加总使平均用水量较大;另一方面,相对于基于截面数据的灌溉用水经济价值,时间序列数据和面板数据测得的经济价值没有一致性显著影响,这与统计描述结果类似,可能与样本分布有关,因为有85%的样本都是截面数据,甚至不存在测算平均价值的时序数据。

气候因素对灌溉用水经济价值的影响可以从温度和降水两个维度分析。结果显示,在温度上,相对于热带地区,亚热带和温带的灌溉用水边际价值都显著较小,说明在其他条件不变时高温条件有利于提高作物的蒸腾量,从而促进作物生长。而降水只对灌溉用水平均价值的影响有一致显著性,即干旱地区灌溉用水平均价值反而更小。这里也有两种机制在发挥作用:一方面,干旱地区缺水,会使灌溉用水量受到限制,从而增加灌溉用水平均价值;另一方面,如果灌溉设施完善,那么相对于湿润地区,干旱地区的灌溉用水量可能更多,从而使灌溉用水平均价值较小。从回归结果看,显然是后一种机制占据主导地位,因为样本所在地基本为灌溉设施完善的传统灌溉地区。

灌溉水源对灌溉用水经济价值的影响主要体现在地下水灌溉的平均价值和联合灌溉的边际价值方面。地下水灌溉样本与地表水灌溉样本相比,其灌溉用水的平均价值显著较大;联合灌溉样本的边际价值却显著较小。这有两个原因：一是地下水灌溉的稳定性更高，使其经济价值较大；二是地下水的灌溉用水量相对较少，这也增大了灌溉用水的经济价值。而联合灌溉也在这两种机制的作用之下，因其水源更稳定且可用水量较大降低了灌溉用水经济价值。

另外，地区控制变量对灌溉用水经济价值的作用显示，人均 GDP 较高的地区，灌溉用水经济价值相对较小；农业产值占 GDP 比重较高的地区，灌溉用水边际价值降低，而平均价值相对较高；灌溉面积比例增加对灌溉用水平均价值有正向影响。人均 GDP 可以代表研究区域的富裕程度，一般较富裕的地区拥有相对多的资金投资在生产要素上，所以人均 GDP 较高地区的用水需求较大，会减少灌溉用水经济价值。农业产值占 GDP 比重表明研究区域农业的重要性，在农业较重要的地区，农户对灌溉用水的需求自然较重视，更不愿承受因减少用水量而带来的收益损失，所以在灌溉依然有利可图的条件下，这些地区农户灌溉用水量会比较大，从而减少灌溉用水经济价值。另外，灌溉面积比例较大的地区的灌溉水源较稳定且灌溉设施较完善，提高了灌溉可靠性，从而增加灌溉用水经济价值。除此之外，期刊的影响因子对灌溉用水需求价格弹性影响为负，即在高影响因子期刊上发表的结果中，灌溉用水经济价值较低，一方面可能是因为高影响因子期刊对发表结果的慎重性，另一方面也可能是因为计量分析或边际价值研究的文章更可能发表在影响因子较高的期刊。

第三节 灌溉用水量与作物产值

一 描述性统计分析

灌溉用水作为农业生产的重要投入要素之一，其边际产量按一般规律呈从递增到递减的趋势。在作物价格稳定的情况下，灌溉用水的边际产值的变化趋势也基本与边际产量类似。基于 CWIM 农户地块面板数据，本书把每种作物都分成所有样本、地表水灌溉样本和地下水灌溉样本三大类，对于作物的每一类样本都按照其单位面积上的用水量从低到高分为四个区间，再考察每个用水量区间所对应的产量与产值及其变化（见表 4-6）。

表 4-6　　　　灌溉用水量与作物产量和产值关系统计描述

样本范围	用水量区间	小麦 用水量（立方米/公顷）	小麦 产量（千克/公顷）	小麦 产值（元/公顷）	玉米 用水量（立方米/公顷）	玉米 产量（千克/公顷）	玉米 产值（元/公顷）
所有样本	1%—25%	1794	5008	6583	1113	5906	7449
	26%—50%	3203	5357	7085	2544	6436	7902
	51%—75%	4684	5514	7497	4959	7178	8784
	76%—100%	8432	5015	6930	10760	7005	8366
	平均	4528	5224	7024	4844	6631	8125
地表水灌溉样本	1%—25%	1955	4545	6006	2039	6042	7343
	26%—50%	3908	5012	6899	4723	7430	8923
	51%—75%	5832	4786	6875	7404	7228	8583
	76%—100%	9989	4509	6422	12743	6732	7880
	平均	5420	4713	6552	6727	6858	8182
地下水灌溉样本	1%—25%	1705	5398	7031	844	6120	8077
	26%—50%	2765	5814	7791	1478	6176	7837
	51%—75%	3850	5507	7298	2425	6550	8042
	76%—100%	5791	6198	8089	5199	6768	8618
	平均	3528	5729	7552	2487	6403	8144

资料来源：笔者根据CWIM调查数据整理。

由分析结果可知，大部分样本仍处于用水量边际产量大于 0 的阶段，即增加用水量可以增加作物产量。具体来讲，小麦和玉米都呈现单位面积产量和产值均随用水量增加而增加的趋势，但是在前三个用水量区间的单位面积产量和产值呈现递增趋势，到第四个用水量区间就有所减少，但减少幅度较小，而且第四区间的产量与产值都与其均值相近。分水源来看，地表水与地下水样本在作物用水量与产量关系变化上有所差异。地表水地块上，虽然小麦和玉米在总体上也都呈现单位面积产量随用水量增加的趋势，增幅分别约为 10% 和 23%；但是，两种作物只在前两个用水区间产值递增，到后两个区间开始出现产量递减。这表明地表水灌溉样本虽然总体上灌溉用水的边际产值仍然为正，但已经有相当一部分样本的边际产值开始转负，灌溉量过大。与此相比，地下水不仅在总体上呈现产量随用水量递增趋势（小麦和玉米分别约为15%、11%），而且用水量区间之间基本上呈现单位面积产值递增趋势（小麦和玉米分别在第三区间有略微递减）。这表明，一方面地下水与地表水相同，即在总体上边际产量仍然为正；另一方面，地下水与地表水灌溉地块不同，其绝大多数样本的边际产量仍大于0，而且处于递增趋势。

当然，农业生产是一个很复杂的系统性问题，单纯的统计描述存在偏差。一方面，本书的用水量区间划分较粗糙；另一方面，本书统计描述时只是考察用水量与产量和产值的关系，没有考察作物生产中的其他因素，难免有偏差。所以，要清楚区分灌溉用水对作物产值的贡献，需要考虑建立作物生产模型，在控制其他相关因素的基础上厘清用水量和作物产出的关系。

二 灌溉作物生产函数计量模型估计结果

（一）计量模型设定

模型分别采用了C-D函数的双对数形式和Translog形式，具体形式如下。

（1）C-D形式：

$$\ln Y_{ijkt} = \alpha + \beta_s \sum_{s=1}^{4} \ln X_{s,ijkt} + \gamma_g \sum_{g=1}^{6} CL_{g,kt} + \theta Dis_{jkt} + \delta_i + \tau year + \varepsilon_{ijkt} \quad (4-6)$$

（2）Translog形式：

$$\ln Y_{ijkt} = \alpha + \beta_s \sum_{s=1}^{4} \ln X_{s,ijkt} + \lambda_{sv} \sum_{s,v=1}^{4} \ln X_{s,ijkt} \times \ln X_{v,ijkt} + \frac{1}{2} \sigma_s \sum_{s=1}^{4} \ln X_{s,ijkt}^2 +$$

$$\gamma_g \sum_{g=1}^{6} CL_{g,kt} + \theta Dis_{ijkt} + \delta_i + \tau year + \varepsilon_{ijkt} \quad (4-7)$$

式中，各个变量的下标$ijkt$为地块i、农户j、村庄k和年份t。模型是基于地块上（地块固定效应δ_i）作物层面的，所以每一个模型都分别应用于小麦和玉米样本。自变量中除了我们关注的灌溉用水量，还包括其他投入要素，并控制了气候变量和地块受灾情况。另外，用年份表示农业生产技术进步。对于模型中各个变量的具体解释和基本统计描述如表4-7所示。α、β、λ、σ、γ、θ和τ分别为所对应变量的待估参数；ε为误差项。

表 4-7　　　　　　　　　　作物生产价值模型变量描述

变量		单位	变量描述	小麦 (N=1696) 均值	标准差	玉米 (N=1308) 均值	标准差
因变量 (Y)	单产	千克/公顷	单位面积产量	5224	1384	6631	2069
投入要素 (X)	用水量（对数值）	立方米/公顷	单位面积灌溉用水量	4528	2916	4844	4177
	折纯化肥量（对数值）	千克/公顷	单位面积化肥投入折纯量	392	176	344	205
	劳动力投入（对数值）	天/公顷	单位面积劳动力投入	117	138	141	129
	其他资金投入（对数值）	元/公顷	其他资金投入：包括每公顷的种子、农药、地膜、机械等投入总和，用单位面积上的总资金投入表示其他资金投入的价格，2001年价格水平	2016	937	2075	1797
气候变量 (CL)	平均温度	摄氏度	平均温度：生长季时间范围内的县级水平的月平均气温	9.96	1.94	20.50	2.48
	温度平方项						
	总降水量	毫米	总降水量：收获当月向前推一年的时间范围内的县级水平的总降水量	503	238	379	174
	降水平方项						
	温度标准差		月气温标准差	9.88	0.92	4.89	0.73
	降水量标准差		月降水量标准差	53	27	38	18
灾害变量	遭受灾害	1=是，0=否	虚变量，该地块该年是否受灾：灾害包括旱灾、涝灾和其他影响产出的灾害	0.23	0.42	0.40	0.49
技术进步	年份	年	样本的生产年份	2005	4	2006	4

（二）计量模型结果与分析

基于上述的两种模型和作物地块灌溉数据，本书分别对小麦和玉米的生产函数进行了估计。为了更好地区分不同水源条件下的灌溉用水对作物产值的贡献，对于每一个模型的回归本书都根据灌溉水源分为五组样本：所有样本、地表水（包括联合灌溉）样本、仅用地表水样本、地下水（包括联合灌溉）样本及仅用地下水样本。生产函数的 Translog 形式是 C-D 形式加入投入要素交叉项和平方项的扩展形式，有必要对其结果的差异性进行 F 检验。如果拒绝原假设，则考虑更全面的 Translog 形式更优；如果不能拒绝原假设，则较稳健的 C-D 形式更优。表 4-8 展示了两种函数形式的 F 检验，结果显示在地块固定效应下，同一种作物的模型选择并不一致。具体地，小麦的总体样本和地表水样本的 Translog 形式更优，地下水样本的 C-D 形式更好；而玉米除了地下水（包括联合灌溉）样本的 Translog 形式更好，其余样本分类都选择 C-D 形式。

表 4-8　生产函数 C-D 形式与 Translog 形式的 F 检验

作物	所有样本	地表水（包括联合灌溉）	仅用地表水	地下水（包括联合灌溉）	仅用地下水
小麦	7.26*** (0.0072)	15.57*** (0.0001)	11.91*** (0.0006)	0.10 (0.7565)	0.00 (0.9803)
玉米	0.77 (0.3799)	0.02 (0.8878)	0.35 (0.5571)	4.68** (0.0321)	1.94 (0.1655)

注：括号内为 p 值；*、** 和 *** 分别代表在 10%、5% 和 1% 水平下显著。

两种函数形式的估计结果分别呈现在表 4-9 和表 4-10 中[①]。从总体结果看，C-D 函数模型在地块层面上的固定效应结果的运行效果较好。小麦和玉米的总样本回归组内 R^2 分别为 0.207 和 0.221；而地表水样本回归结果，两种作物的组内 R^2 分别在 0.2 和 0.3 上下浮动；地下水的回归结果也都在 0.3 左右。表明模型对灌溉用水影响因素的分析有

---

① 当然，由于所使用的地块数据为非平衡面板数据，为了使回归的更稳健，我们也在农户层面上做了固定效应回归，其结果无系统性差异。

第四章 | 灌溉用水经济价值评估

表4-9　作物生产价值函数回归结果（C-D形式，地块固定效应）

产量（对数值）（千克/公顷）

变量	小麦 所有样本	小麦 地表水（包括联合灌溉）	小麦 仅用地表水	小麦 地下水（包括联合灌溉）	小麦 仅用地下水	玉米 所有样本	玉米 地表水（包括联合灌溉）	玉米 仅用地表水	玉米 地下水（包括联合灌溉）	玉米 仅用地下水
用水量（对数值）（立方米/公顷）	0.0796*** (4.84)	0.0841*** (3.83)	0.0646** (2.38)	0.0517** (2.00)	0.0510* (1.79)	0.0772*** (3.40)	0.0883*** (2.60)	0.0864** (2.46)	0.0708*** (2.62)	0.0713*** (2.81)
折纯化肥量（对数值）（千克/公顷）	0.0214 (1.20)	0.0070 (0.24)	-0.0110 (0.35)	0.0014 (0.06)	-0.0164 (0.73)	0.0056 (0.33)	0.0123 (0.30)	0.0166 (0.39)	0.0072 (0.47)	0.0105 (0.76)
劳动力投入（对数值）（天/公顷）	-0.0421*** (3.20)	-0.0205 (1.20)	-0.0270 (1.45)	-0.0586*** (2.79)	-0.0465** (2.12)	0.0212 (0.94)	0.0721** (2.29)	0.0853** (2.64)	-0.0759*** (2.67)	-0.0856*** (3.07)
其他资金投入（对数值）（元/公顷）	0.0548** (2.25)	0.0768** (2.10)	0.1013** (2.48)	0.0428 (1.29)	0.0829** (2.46)	0.0695** (2.49)	0.0407 (0.91)	0.0232 (0.50)	0.0810** (2.31)	0.0987*** (2.77)
气候变量	Y	Y	Y	Y	Y	Y	Y	Y	Y	Y
地块遭受灾害	Y	Y	Y	Y	Y	Y	Y	Y	Y	Y
技术进步	Y	Y	Y	Y	Y	Y	Y	Y	Y	Y
常数项	7.2211 (0.93)	18.3507 (1.73)	34.7183*** (2.85)	-18.5717 (1.44)	-14.3203 (1.02)	-44.3045*** (3.07)	-81.7634*** (3.10)	-100.5609*** (3.57)	-0.3234 (0.01)	-7.4503 (0.26)
rho	0.759	0.832	0.852	0.587	0.588	0.606	0.795	0.826	0.653	0.680
组内 R^2	0.207	0.190	0.178	0.298	0.278	0.221	0.286	0.306	0.246	0.331
观测值	1696	919	770	926	777	1308	748	696	612	560

注：括号中为t值绝对值，*、**和***分别代表在10%、5%和1%水平下显著，Y代表已控制该类变量。

表 4-10 作物生产价值函数回归结果（Translog 形式，地块固定效应）产量（对数值）（千克/公顷）

变量	小麦 所有样本	小麦 地表水（包括联合灌溉）	小麦 仅用地表水	小麦 地下水（包括联合灌溉）	小麦 仅用地下水	玉米 所有样本	玉米 地表水（包括联合灌溉）	玉米 仅用地表水	玉米 地下水（包括联合灌溉）	玉米 仅用地下水
用水量（对数值）（立方米/公顷）	1.3651*** (3.95)	2.4566*** (4.96)	2.8950*** (4.69)	0.2748 (0.47)	−0.0700 (0.10)	0.2276 (0.70)	0.3246 (0.48)	0.6132 (0.85)	0.3945 (0.86)	0.6785 (1.35)
折纯化肥量（对数值）（千克/公顷）	−0.0238 (0.06)	−0.1763 (0.28)	−0.6381 (0.91)	0.0183 (0.03)	0.4098 (0.62)	0.0025 (0.01)	−0.8332 (1.06)	−0.4793 (0.57)	−0.0847 (0.39)	0.0212 (0.10)
劳动力投入（对数值）（天/公顷）	0.0922 (0.39)	0.8966*** (2.75)	0.9833*** (2.61)	−0.2774 (0.73)	−0.0145 (0.04)	−0.0003 (0.00)	0.9886** (1.98)	0.7356 (1.36)	−1.0439** (2.59)	−0.6979 (1.65)
其他资金投入（对数值）（元/公顷）	1.3966*** (2.84)	1.5733** (2.21)	1.6360** (1.99)	1.0231 (1.39)	0.7035 (0.87)	−0.4703* (1.68)	0.1939 (0.38)	0.1826 (0.35)	−0.5111 (1.13)	−0.4636 (0.99)
交互项（用水量×化肥折纯量）	−0.0449* (1.65)	−0.0397 (1.09)	−0.0393 (1.02)	−0.0221 (0.48)	−0.0560 (1.08)	0.0036 (0.18)	0.1330** (2.24)	0.1232** (1.97)	−0.0212 (0.98)	−0.0180 (0.90)
交互项（用水量×劳动力投入）	0.0010 (0.07)	−0.0361** (2.12)	−0.0431** (2.10)	0.0161 (0.52)	0.0100 (0.29)	0.0417* (1.89)	−0.0276 (0.71)	−0.0099 (0.22)	0.0254 (0.74)	0.0225 (0.59)
交互项（用水量×其他资金投入）	−0.0991*** (3.44)	−0.0781* (1.77)	−0.0778 (1.59)	−0.0480 (1.12)	−0.0166 (0.34)	0.0341 (1.61)	−0.0253 (0.69)	−0.0322 (0.87)	0.0106 (0.27)	0.0019 (0.04)
交互项（化肥折纯量×劳动力投入）	0.0060 (0.29)	−0.0164 (0.60)	−0.0257 (0.90)	0.0505 (1.47)	0.0067 (0.19)	−0.0120 (0.49)	−0.0076 (0.20)	0.0006 (0.02)	0.0272 (0.90)	0.0170 (0.59)
交互项（化肥折纯量×其他资金投入）	0.0350 (0.82)	0.0986 (1.57)	0.1146* (1.69)	−0.0101 (0.16)	−0.0097 (0.16)	0.0021 (0.10)	−0.0516 (1.25)	−0.0625 (1.49)	0.0160 (0.67)	0.0051 (0.22)
交互项（劳动力投入×其他资金投入）	−0.0273 (1.11)	−0.0608* (1.80)	−0.0601 (1.64)	−0.0456 (1.26)	−0.0552 (1.53)	−0.0137 (0.56)	−0.0507 (1.44)	−0.0352 (0.99)	0.0528 (1.42)	0.0339 (0.82)

续表

变量	产量（对数值）（千克/公顷) 小麦 所有样本	小麦 地表水（包括联合灌溉）	小麦 仅用地表水	小麦 地下水（包括联合灌溉）	小麦 仅用地下水	玉米 所有样本	玉米 地表水（包括联合灌溉）	玉米 仅用地表水	玉米 地下水（包括联合灌溉）	玉米 仅用地下水
用水量平方项	-0.0348 (1.23)	-0.1661*** (3.67)	-0.2158*** (3.72)	0.0258 (0.55)	0.0688 (1.20)	-0.0753** (2.35)	-0.0853 (1.40)	-0.1165* (1.70)	-0.0521 (1.06)	-0.0808* (1.68)
化肥折纯量平方项	0.0217 (1.37)	-0.0289 (0.41)	0.0322 (0.42)	0.0062 (0.33)	0.0118 (0.63)	0.0029 (0.19)	0.0108 (0.11)	-0.0295 (0.30)	0.0104 (0.69)	0.0069 (0.46)
劳动力投入平方项	0.0076 (0.49)	-0.0103 (0.54)	-0.0073 (0.36)	0.0329 (1.20)	0.0629** (2.32)	-0.0338 (1.06)	-0.0535 (1.03)	-0.0642 (1.22)	0.0583 (1.42)	0.0255 (0.61)
其他资金投入平方项	-0.0812 (1.40)	-0.1512 (1.63)	-0.1736* (1.68)	-0.0455 (0.59)	-0.0262 (0.33)	0.0425 (1.16)	0.0892* (1.67)	0.0955* (1.76)	0.0290 (0.56)	0.0534 (0.96)
气候变量	Y	Y	Y	Y	Y	Y	Y	Y	Y	Y
地块遭受灾害	Y	Y	Y	Y	Y	Y	Y	Y	Y	Y
技术进步	Y	Y	Y	Y	Y	Y	Y	Y	Y	Y
常数项	-3.5962 (0.43)	6.0189 (0.55)	21.7448* (1.74)	-23.7508* (1.66)	-10.4564 (0.70)	-45.0208*** (3.09)	-66.4742** (2.46)	-84.8888*** (2.93)	15.7763 (0.51)	-1.1729 (0.04)
rho	0.773	0.848	0.864	0.583	0.591	0.633	0.744	0.831	0.716	0.691
R^2 within	0.242	0.305	0.310	0.322	0.321	0.247	0.346	0.369	0.300	0.373
观测值	1696	919	770	926	777	1308	748	696	612	560

注：括号内为 t 值绝对值，*、** 和 *** 分别代表在10%、5%和1%水平下显著，Y 代表此类变量已被控制。

一定的解释力，这也印证了 C-D 函数形式对玉米的解释力更高。同样地，对于 Translog 函数形式而言，小麦和玉米的总样本回归组内 R^2 分别为 0.242 和 0.247；而地表水和地下水样本回归结果，两种作物的组内 R^2 都大于 0.3。另外，所有回归结果的 rho 值均分布在 0.58—0.87，说明残差项大部分来自样本个体差异，而非误差项，也表明使用固定效应是正确的选择。

根据两种函数形式的估计及结果，可以计算出小麦和玉米对应的灌溉用水生产弹性（见表 4-11），由这些弹性可以看出灌溉用水对作物单产的贡献。在地块固定效应下，小麦和玉米的灌溉用水生产价值弹性分别为 0.0753 和 0.0772，即每增加 1% 的用水量可以使小麦和玉米的单位面积产量增加约 0.08%。就仅用地表水灌溉地块而言，两种作物的这种弹性分别为 0.0692 和 0.0864，仅用地下水灌溉地块则分别达到 0.0510 和 0.0713。可见，灌溉用水投入增加了作物产量。另外，基于农户固定效应的弹性估计结果，在小麦样本上相对较大，在玉米的地下水灌溉样本相对较大，在玉米的地表水灌溉则不显著。表明相对于农户固定效应模型，地块固定效应模型的估计结果更稳健，这可能是由于在农户固定效应时，一些影响作物生产的因素不能被消解。

表 4-11　　　　　　　　　　灌溉用水生产弹性统计

作物	估计方法		所有样本	地表水（包括联合灌溉）	仅用地表水	地下水（包括联合灌溉）	仅用地下水
小麦	地块固定效应	C-D	0.0796*** (4.84)	0.0841*** (3.83)	0.0646** (2.38)	**0.0517** **(2.00)**	**0.0510* (1.79)**
		Translog	**0.0753*** (4.34)**	**0.0791*** (3.48)**	**0.0692** (2.33)**	0.0634** (2.16)	0.7350** (2.22)
	农户固定效应	C-D	0.1004*** (7.63)	0.1028*** (6.17)	0.0838*** (4.25)	0.0796*** (3.93)	0.0859*** (3.91)
		Translog	0.0964*** (7.12)	0.0889*** (5.15)	0.0721*** (3.48)	0.0851*** (3.99)	0.0914*** (3.85)

续表

作物	估计方法		所有样本	地表水（包括联合灌溉）	仅用地表水	地下水（包括联合灌溉）	仅用地下水
玉米	地块固定效应	C-D	**0.0772*** **(3.40)**	**0.0883** **(2.60)**	**0.0864** **(2.46)**	0.0708*** (2.62)	**0.0713*** **(2.81)**
		Translog	0.0768*** (3.31)	0.0471 (1.28)	0.0470 (1.25)	**0.0738*** **(2.67)**	0.0844*** (3.19)
	农户固定效应	C-D	0.0635*** (4.03)	0.0338 (1.35)	0.0242 (0.95)	0.1048*** (5.69)	0.1054*** (5.87)
		Translog	0.0576*** (3.66)	0.0049 (0.19)	0.0064 (0.24)	0.1141*** (6.08)	0.1238*** (6.50)

注：括号内为 t 值，*、** 和 *** 分别代表在10%、5%和1%水平下显著，字体加黑系数是本书最终采用的系数。

第四节 灌溉用水经济价值核算

一 平均灌溉用水边际价值

基于表4-11所提供的灌溉用水生产价值弹性，得到小麦和玉米的灌溉用水的边际价值（见表4-12）。这里本书根据前面的 F 检验，主要考察地块固定效应算出的结果，并且在小麦地块的总样本和地表水样本地块采纳Translog函数形式计算结果，地下水样本地块采纳C-D函数形式计算结果；而玉米基本上所用样本地块都采纳C-D函数形式计算结果，其他结果作为参考。另外，为了对比，本书还列出了每种灌溉用水边际价值对应的平均价值和平均水价，其中平均价值的计算方法分别采用函数法和残值法。

由分析结果可知，小麦略低于玉米的灌溉用水边际价值，分别约为0.20元/立方米和0.26元/立方米。这与其他研究结果相近，文献中关于小麦和玉米的灌溉用水边际价值平均值分别约为0.15元/立方米和0.24元/立方米，其中小麦灌溉用水边际价值的具体范围是-1.56—1.61元/立方米，差异性较大（Sadeghi et al., 2010；Berbel et al., 2011；Wang et al., 2014；Gezahegn and Zhu, 2015；Ziolkowska, 2015），

表 4-12　　　　　灌溉用水经济价值与水价对比　　　　单位：元/立方米

作物	价值与水价	所有样本	地表水（包括联合灌溉）	仅用地表水	地下水（包括联合灌溉）	仅用地下水
小麦	边际价值					
	C-D（地块固定效应）	0.2066	0.1717	0.1304	**0.1589**	**0.1658**
	Translog（地块固定效应）	**0.1954**	**0.1615**	**0.1396**	0.1949	0.2389
	C-D（农户固定效应）	0.2606	0.2099	0.1692	0.2449	0.2794
	Translog（农户固定效应）	0.2502	0.1814	0.1454	0.2617	0.2971
	平均价值					
	函数法	1.5512	1.2241	1.2088	1.9585	2.1404
	残值法	0.8274	0.5562	0.5323	1.0728	1.1482
	平均水价	**0.1790**	**0.1385**	**0.1201**	**0.2089**	**0.2109**
玉米	边际价值					
	C-D（地块固定效应）	**0.2596**	**0.1758**	**0.1704**	0.3502	0.3706
	Translog（地块固定效应）	0.2585			**0.3653**	**0.4391**
	C-D（农户固定效应）	0.2135			0.5187	0.5481
	Translog（农户固定效应）	0.1936			0.5646	0.6435
	平均价值					
	函数法	1.6773	1.2273	1.2163	2.9825	3.2749
	残值法	1.4704	0.7321	0.7227	2.3206	2.4565
	平均水价	**0.1680**	**0.1017**	**0.0946**	**0.2417**	**0.2480**

注：表中所有价值与水价的单位均为元/立方米，而且按照农村消费价格指数换算成2001年价格水平；空白处为对应模型估计生产弹性不显著的情况，字体加黑价值计算结果为本书最终采用的价值估计。

而玉米的取值范围是 0.08—0.48 元/立方米，较为稳定（Hellegers and Davidson，2010；Qureshi et al.，2010；Berbel et al.，2011；Ziolkowska，2015）。从灌溉水源看，两种作物均呈现地下水灌溉地块的灌溉用水边际价值大于地表水灌溉地块。具体地，小麦的地表水和地下水灌溉地块的灌溉用水边际价值分别约为 0.14 元/立方米和 0.17 元/立方米，而玉米的地表水和地下水灌溉地块的灌溉用水边际价值分别约为 0.17 元/立方米和 0.37 元/立方米。另外也可看出，在地表水灌溉地块上小麦和玉米的灌溉用水边际价值相当，约为 0.15 元/立方米；而在地下水灌溉地块上玉米比小麦的灌溉用水边际价值高出约一倍。对于灌溉用水边际价值的差异的原因在于灌溉用水量的差异，地下水灌溉和玉米作物都倾向较少的灌溉用水量。

从统计结果也可看出，小麦和玉米在任何灌溉水源下的灌溉用水边际价值都小于其平均价值，而且在大部分灌溉水源下的灌溉用水边际价值大于平均水价。灌溉用水边际价值小于平均价值表明灌溉用水要素处于边际效应递减阶段，是生产函数最常见的阶段。而灌溉用水边际价值大于水价，表明生产处于边际效益仍大于边际成本阶段，增加灌溉量依然有利可图，但是由于水资源约束，农户虽然有增加灌溉量的动机，但其不得不采用水资源允许的最大灌溉量，这也是灌溉需求缺乏价格弹性的原因。同时也应该注意到地下水灌溉小麦地块的灌溉用水边际价值小于平均水价（虽然基于农户固定效应的计算结果显示小麦地下水灌溉用水边际价值依然大于平均水价），表明小麦地下水灌溉水价更接近灌溉用水市场价值。

二 个体灌溉用水边际价值

在利用灌溉用水边际生产价值弹性计算出灌溉用水边际产值后，可根据单个样本的灌溉用水量、产量和作物价格计算出每种作物在各种灌溉情景下的个体灌溉用水边际价值。如表 4-13 所示，计算出的个体灌溉用水边际价值分别是按省份和按年份分类的均值。表中显示，河南小麦的灌溉用水边际价值最大，而河北玉米的灌溉用水边际价值最大（三种灌溉情景都是如此），宁夏没有纯地下水灌溉地块，且其灌溉用水边际价值最小。从年份分布看，两种作物在不同灌溉情景下总体上均呈现灌溉用水边际生产价值越来越大的趋势。

表 4-13　　　　　灌溉用水边际价值样本分布　　　　单位：元/立方米

分类		小麦			玉米		
		所用样本	地表水	地下水	所用样本	地表水	地下水
按省份	河北	0.20	0.16	0.21	0.44	0.40	0.44
	河南	0.26	0.26	0.26	0.29	0.33	0.28
	宁夏	0.11	0.10		0.11	0.13	

续表

分类		小麦			玉米		
		所用样本	地表水	地下水	所用样本	地表水	地下水
按年份	2001年	0.11	0.09	0.11	0.16	0.14	0.20
	2004年	0.18	0.14	0.22	0.18	0.10	0.38
	2007年	0.24	0.17	0.30	0.27	0.20	0.36
	2011年	0.28	0.20	0.32	0.38	0.25	0.46

注：表中所有价值与水价的单位均为元/立方米，而且按照农村消费价格指数换算成2001年价格水平；表中各边际价值都是个体边际价值的均值。

资料来源：笔者根据CWIM调查数据整理。

需要重点讨论的是灌溉用水边际价值与灌溉水价的关系。具体来说，本书还发现作物在不同灌溉水源下，大部分的灌溉用水边际价值都大于灌溉水价，而且地表水灌溉的地块的灌溉用水边际价值大于水价的比例较高。由表4-14可知，小麦和玉米分别有65%和76%样本的灌溉用水边际价值大于水价；在仅用地表水灌溉地块上，小麦和玉米的灌溉用水边际价值大于水价的比例分别为68%和83%；在仅用地下水灌溉地块上，小麦和玉米的这种比例分别为55%和71%。这表明无论是小麦还是玉米，大部分样本的边际生产价值都高于目前的水价，也就是水价还没有达到边际价值的水平，不能反映水资源的稀缺价值。另外，也有少部分样本的灌溉用水边际价值小于水价。如小麦和玉米分别有35%和24%样本的灌溉用水边际价值小于水价。在仅用地表水灌溉地块上，小麦和玉米的灌溉用水边际价值小于其灌溉水价的比例分别是32%和17%；在仅用地下水灌溉地块上，小麦和玉米的这种比例分别为45%和29%。这表明小麦和玉米仍有少部分样本的灌溉水价已经达到或超过灌溉用水边际价值。

表4-14　　　　灌溉用水边际价值与水价比较样本分布　　　　单位：%

分类	小麦			玉米		
	所用样本	地表水	地下水	所用样本	地表水	地下水
边际价值大于水价	65	68	55	76	83	71
边际价值小于水价	35	32	45	24	17	29

资料来源：笔者根据CWIM调查数据整理。

第五节 本章小结

本章首先基于已有研究文献，对灌溉用水经济价值做 meta 分析，考察了灌溉用水经济价值的影响因素。结果显示，灌溉用水量、研究方法、作物类型、数据类型、气候变量、灌溉水源、研究区域特征及发表期刊特征等因素分别对灌溉用水经济价值有着不同影响，具体包括以下七个方面。一是灌溉用水边际价值要小于平均价值，而且随着灌溉用水量的提高，所有类型的灌溉用水经济价值均呈现减少趋势。二是混合作物相对于单一作物的灌溉用水边际价值较高，而高价值作物相对于低价值作物的经济价值也较高。三是数据类型的影响只能得到基于地区宏观数据的灌溉用水经济价值比基于地块或农户的微观数据的经济价值小。四是气候因素的影响体现在，相对于热带地区，亚热带和温带的灌溉用水边际价值都较小，而依赖灌溉的干旱地区的灌溉用水平均价值相对较低。五是灌溉水源的影响主要体现是地下水灌溉样本与地表水灌溉样本相比，其灌溉用水的平均价值相对较大；而联合灌溉样本的灌溉用水边际价值较小。六是地区控制变量的影响显示，人均 GDP 较高的地区，灌溉用水经济价值相对较小；农业产值占 GDP 比重较高的地区，灌溉用水边际价值较低，而平均价值相对较高；灌溉面积比例增加对灌溉用水经济价值有正向影响。七是基于计量分析的测算结果比数学规划的灌溉用水经济价值测算结果小，高影响因子期刊发表的测算结果也往往较小。

其次，本章分别运用统计描述和计量模型的方法，分析了小麦和玉米在不同灌溉水源下灌溉用水对作物产值的影响。进一步地，根据计量结果计算相应的灌溉用水边际价值（整体和个体维度），并且讨论灌溉用水边际价值与灌溉水价的关系，基本结论如下：一是统计描述和计量结果都显示，灌溉用水量增加能够提升作物单产，灌溉用水对作物产量的贡献仍处于正向作用阶段，灌溉用水生产弹性都显著大于 0。二是平均灌溉用水边际价值在不同作物和灌溉水源下皆有所差异。总体上，小麦和玉米的灌溉用水边际价值在地表水灌溉地块上相当，而在地下水灌溉地块上玉米明显较高；而且，两种作物均呈现地下水灌溉地块的灌溉用水边际价值大于地表水灌溉地块。三是平均灌溉用水边际价值小于灌溉用水平均价值，大于灌溉水价；从个体灌溉用水边际价值来看，不同作物在不同省份的灌溉用水边际价值均存在差异，而且随年份递增。四是小麦和玉米在不同灌溉水源下大部分样本的灌溉用水边际价值都大于灌溉水价，另有少部分样本的灌溉用水边际价值要小于灌溉水价。

第五章

灌溉用水需求价格弹性估计

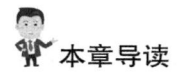

本章导读

➢文献中测算灌溉用水需求价格弹性的方法是什么？其测算结果如何？

➢影响灌溉用需求价格弹性测算结果的因素有哪些？

➢中国灌溉用水需求价格弹性的测算结果是多少？其水源和作物异质性如何？

➢灌溉用水需求价格弹性、边际价值与灌溉水价的关系如何？

为了回答农业水价政策对灌溉用水需求的具体影响，以及相应的需求价格弹性水平，本章在梳理已有文献的基础上，首先对灌溉用水需求价格弹性的影响因素做 meta 分析，然后利用 CWIM 四轮调查数据分别利用统计描述和计量模型技术，着重考察灌溉水价收费水平和收费方式对作物灌溉用水需求的影响，并根据计量结果计算需求价格弹性。

第一节 文献评述

一 研究方法

（一）主要研究方法

农业水价对灌溉用水影响的研究方法主要包括数学规划和计量分析，还有少量的统计描述分析（于法稳等，2005；Molle et al.，2008）。对于灌溉用水需求价格弹性的研究，Scheierling 等（2006）将其分为三大类，即数学规划研究（包括线性和非线性）、计量分析研究和田间试验研究。严格来说，田间试验研究（Hexem and Heady，1978；Ayer and Hoyt，1981；Hoyt，1982；Kelley and Ayer，1982；Ayer et al.，1983；Hoyt，1984）测得农业用水需求弹性不能算作一种研究方法，因为其使用试验数据进行测算，具体的计算方法依然依托于数学规划或计量分析。而且，这种方法测得的农业用水需求弹性的绝对值往往非常小，即极度缺乏弹性，其绝对值一般在0.1以下，有的甚至仅为0.001。其原因一方面是仅有的几种或一种作物不能被轻易改变；另一方面在于试验中其他投入也不能随之改变，致使与之相配合的用水量也相对固定。其实，最核心的原因在于没有农户对价格反应的驱动力，即试验地块与农户经营地块的本质上的不同是其不存在利润最大化或成本最小化的经营目标，灌溉用水量仅作为种植试验的一项条件，完全不考虑水价的影响。这种对水价先天不具备反应能力的用水量不仅极度缺乏需求价格弹性，也违背了需求价格弹性研究的初衷，不具有研究意义，因此本书不包括此类研究。所以，田间试验研究仅仅是一种数据源上的分类方法，与数学规划研究和计量分析研究不是一个维度上的分类，计量分析和数学规划才是真正在同一数据源维度上研究方法的分类。另外，一方面由于统计描述方法不能测算出需求价格弹性，另一方面其样本量较少，所以在此不做具体讨论。可以说，农业水价对灌溉用水需求影响及其需求价格弹性的研究方法主要包括计量分析和数学规划两大类。

其实两种研究方法的逻辑起点是一致的，都需要从农业用水需求函数计算出农业用水需求价格弹性。农业用水需求函数实质上是一种生产要素需求函数，为生产函数和成本函数的衍生函数。传统经济学上由两种方法求得，即利润最大化和成本最小化。求得的农业用水需求函数分别为式（5-1）和式（5-2）：

$$w_1 = w(p, r_w, r_x) \qquad (5-1)$$

$$w_2 = w(q, r_w, r_x) \qquad (5-2)$$

式中，w_1 和 w_2 分别为由利润最大化和成本最小化得出的用水需求；p 为作物价格；q 为设定产量；r_w 和 r_x 分别为水价和其他投入要素价格。无论是利润最大化还是成本最小化，其都通过灌溉用水投入的边际产值得到灌溉用水的需求函数，进而计算农业用水需求价格弹性。基于这一理论基础，计量分析方法是直接构造相应的用水需求函数并利用已有数据进行参数估计，再利用估计出的参数计算灌溉用水的需求价格弹性；而数学规划方法在初始便把数据放入目标函数和限制条件内进行模拟，直接建立用水需求函数，并在假设价格下利用数学模拟计算需求价格弹性。

同样地，数学规划和计量分析方法在研究农业水价对用水需求影响，以及相应的灌溉用水需求弹性时也各有利弊。除已知的控制变量或限制条件的可变异性、结果的可验证性、对数据的要求、对作物生长过程中生物或物理过程模拟的准确性四个方面外[1]，两种方法对价格的变异性方面也有所差异。具体地，灌溉用水需求价格弹性的核心在于灌溉用水量对水价的反应，所以水价的变异性在计量回归和规划模拟中都至关重要。由于计量分析采用的都是现实观测数据，而这种数据的水价变异性一般较小，所测得的水价和需求曲线仅是用水需求曲线的中间一段，而且在计量回归中不显著（Hooker and Alexander，1998；裴源生等，2003）；另外，现实中由于水价过低，达不到用水量对其反应的阈值，农业用水需求价格弹性极小，甚至无反应（Hooker and Alexander，1998），使其估计结果不可靠。这是计量分析法在计算农业用水需求价格弹性中最明显的缺点，也是先前数学规划法远盛行于计量分析法的最重要原因。观测水价的变异性较小对于数学规划法来说不构成限制，因为数学规划所使用的价格数据不仅局限于观测水价范围，其还对水价设置一定增长率进行不同价格水平下的模拟计算（Howitt et al.，1980；Ray，2002）。

（二）常见研究方法的估计策略

在具体的估计策略上，计量分析除了传统的OLS，还有一些较为复杂的多阶段分析（Nieswiadomy，1985；Wheeler et al.，2008；Shiferaw et al.，2008），以及工具变量的使用（Ogg and Gollehon，1989；Schoengold et al.，2006）。面板数据的使用也使固定效应（Hendricks and Peterson，2012；Sadeghi et al.，2012）和随机效应（Gonzalez-Alvarez et al.，2006；Sadeghi et al.，2010；Chiueh，2012）分析成为可能，另

---

[1] 详见本书第四章第一节关于这两种方法的比价论述。

外脊回归（Frank and Beattie，1979）、汉克曼模型（Moore et al.，1994）、似不相关回归（Bell et al.，2007）和多元 Probit 模型（Veettil，2011）也被应用到了该问题的分析中。而数学规划依然是以利润为目标函数的线性和非线性规划为主，非线性规划近年来有增多的趋势（Howitt et al.，1980；Schaible，1997；Varela - Ortega et al.，1998；Hall，2001），而目标函数也出现了效用函数（Gomez-Limon，2004）、生产函数（Moore et al.，1974），以及用水需求函数（Appels et al.，2004）等。另外，也有部分研究先通过其他方法（如计量模型）计算参数，最后进行数学模拟得到的水价对用水量的影响（Schaible et al.，1991；Speelman et al.，2009；Huang et al.，2010）。

对于数学规划法而言，最常见的是线性规划（Linear Programming，LP），此外还有一系列的非线性规划（Quadratic Programming，QP）。对比 LP 和 QP，Hall（2001）从复杂性、对真实土地利用情况的相近性、对水权交易和水需求的反应程度三个方面比较 QP 和 LP 模型，结果显示两种模型总体相似，QP 模型预测结果更贴近现实的作物种植结构、更少的水权交易和更富弹性的农业用水需求。同样地，Howitt 等（1980）在同一篇文章中比较 QP 和 LP 测算的农业用水需求价格弹性，QP 模型的预测结果也比 LP 模型的预测结果更具有弹性。一般而言，QP 模型能够把不同要素组合利用（如作物与灌溉技术互相组合），这既能贴近实际数据，又能把复杂的系统简单化（Hall，2001）。LP 模型的优点在于能以一种系统变化细致表达某一主要因素变化，即 LP 模型能把这一系统分解成多个可管理的部分，如 LP 模型经常把水价分成不同的区段，得到分段水需求函数（Moore and Hedges，1963；Hall，2001）。可计算一般均衡（CGE）也是一种数学规划方法，其更好地引入了土地、劳动、资本对灌溉用水量，以及投入要素相对价格的替代作用，计算出农业用水边际价值并构建农业用水需求函数，进而得出农业用水需求价格弹性。Appels 等（2004）也利用此方法，计算出在不同生产周期和作物组合情况下，农业用水需求价格弹性相差较大。

综上所述，数学规划和计量分析依然是农业水价对灌溉用水量影响及其需求价格弹性研究的主要方法。两种方法各自存在着优势和缺陷，互为补充。因此在选择具体的方法时，需要根据具体研究目的和数据类型而定。

二 主要结论

(一) 农业水价对灌溉用水需求的影响

基于研究方法的分类，根据对相关文献的总结，可以从研究时间、地域、数据和结果方面得出农业水价对灌溉用水需求影响研究结论。

从研究时间来看，数学规划的方法起步较早，最早可追溯到1963年（Moore and Hedges，1963），而且在农业用水需求价格弹性研究中占有数量优势，理论发展也相对较为成熟。与此相比，计量分析的方法则起步相对较晚，直到1979年才见于关于美国西部农业用水经济价值的研究（Frank and Beatti，1979），但自2003年以来用计量分析方法测算农业用水需求价格弹性的研究增长显著，至今依然是研究热点，国内期刊也开始出现此类研究（裴源生等，2003；Zhou et al.，2015）。

从研究地域来看，无论是数学规划研究还是计量分析，关于美国的研究都占了一半，而且持续不衰 [从 Moore 和 Hedges（1963）到 Hendricks 和 Peterson（2012）]；其次是澳大利亚，这一定程度上源于这两个国家现代农业的发达和农业经济研究的起步较早且发展相对成熟。其他国家的相关研究起步较晚，伊朗（Mallawaaracbcbi et al.，1992；Pagan et al.，1997；Hall，2001；Bell et al.，2007；Wheeler et al.，2008）和中国（裴源生等，2003；Wei and Lu，2007；Hendricks and Peterson，2012）关于水价影响灌溉用水需求的研究主要集中于计量分析方法；印度（Ray，2002；Davidson and Hellegers，2011）此方面的研究也一直是热点，且两种方法都有相关研究。用数学规划方法研究农业用水需求价格弹性的国家还有西班牙（Varela-Ortega et al.，1998；Gomez-Limon，2004）、法国（Bontemps and Couture，2002）等，以色列（Bar-shira et al.，2006）和坦桑尼亚（Michael et al.，2014）等国也有利用计量分析方法进行此方面研究的成果。

从研究数据来看，截面数据所占比重依然最大，但面板数据也有很大比例增加。只是和其他方面研究类似，面板数据多是地区层级的，基于微观层面的面板数据研究依然有限（Berbel and Gomez-Limon，2000；Lu et al.，2004；Gonzalez-Alvarez et al.，2006；Bell et al.，2007；Hendricks and Peterson，2012）。另外，基于时间序列数据的实证研究也为水价变动对用水量影响的研究提供了新方向，但此类研究都是基于灌区层级的加总数据（Wei and Lu，2007；Wheeler et al.，2008），依然缺乏微观证据。

从研究结果来看，水价对用水量的影响作用方向是多样的。一方面水价直接影响农户采用节水技术或加强用水管理，直接节水（Zou et al.，2013；Cremades et al.，2015）；另一方面则是通过影响农户调整种植结构，减少耗水作物的种植比例来间接节水（Moore et al.，1994；Berbel and Gomez-Limon，2000；Schoengold and Sundin，2014）。从总体来看，农业水价的提高会使农户减少灌溉用水量，但也有例外（Moore et al.，1994；Bontemps and Couture，2002；廖永松，2009）。类似的例外可能是多方面原因造成的，即其他因素也可能影响农业水价对灌溉用水量的作用，水价区间就是最明显的因素。因为在低水价区间农户的需求价格弹性很小，从而水价对灌溉用水量的作用不大，而在高水价区间相反（Moore et al.，1974；Berbel and Gomez–Limon，2000；Bontemps and Couture，2002；Huang et al.，2010）。当样本处于低水价区间，且变异性不大时，水价对灌溉用水量的影响很可能不显著。

（二）影响灌溉用水需求的非水价因素

灌溉用水需求除受水价因素影响外，还有一系列因素直接或间接地影响着灌溉用水量。包括作物类型、作物和其他投入价格、气候因素、灌溉水源可靠性、灌溉管理手段以及农户和地块特征等。

作物本身的需水特性是影响灌溉用水需求的基本因素，高耗水作物基本的灌溉用水需求就相对较大。在研究中，一般通过耗水作物比例或作物耗水系数分别表示农户或作物层面的用水基本需求，其都与灌溉用水需求呈正相关关系（Shumway，1973；Gonzalez–Alvarez et al.，2006）。另外，也有的研究直接用作物种类作为虚变量，结果显示那些基本耗水需求较高作物的灌溉用水需求也相对较大，如甜玉米和西红柿（Gonzalez-Alvarez et al.，2006）、水稻和甘蔗（Shiferaw et al.，2008）；而那些本身需水量不高的作物的灌溉用水需求相对较小，如高粱（Hendricks and Peterson，2012）和草料（Gonzalez-Alvarez et al.，2006）。一般而言，大田作物面积比例较高的农场，其灌溉用水需求也相对较大（Zuo et al.，2016）。

根据要素需求函数，除水价外，作物价格和其他投入要素的价格都是影响灌溉用水需求的重要因素。从农业用水需求函数来看，作物价格和各种其他投入要素的价格是基本变量：作物价格对用水量有正向影响（Nieswiadomy，1985；Mullen et al.，2009），与灌溉用水互补的投入要素价格对用水量有负向影响（Frank and Beattie，1979；Michael et al.，2014），与灌溉用水相互替代的投入要素价格对用水量有正向影响（Sadeghi et al.，2010；Sadeghi et al.，2012）。一般而言，作物价格与其灌溉用水需求呈正相关（Frank and Beattie，1979；Nieswiadomy，1985；Wheeler et al.，2008；Mullen et al.，2009；Finger，2012）。但是，也有一些研究没有体现这种显著关系，包括大麦、玉米、小麦、苜蓿（Moore et al.，1994；廖永松，2009）、大豆（Mullen et al.，2009）、水果和蔬菜（Bell et al.，2007）。灌溉用水需求和其他要素价格的关系可以体现其他要素与灌溉用水之间的关系，负相关表明存在互补关系，而正相关代表替代关系。化肥、劳动力及资金投入要素（如种子、农药、机械等）与灌溉用水的关系也各有特点。就化肥而言，以上两种关系均有体现，而没有在作物或数据等方面的分布规律，如有研究结果表明小麦、水稻、蔬菜以及糖料等作物的灌溉用水和化肥呈替代关系（Shiferaw et al.，2008；Sadeghi et al.，2010b；Michael et al.，2014），而也有研究结果表明棉花、蔬菜、小麦等作物的灌溉用水和化肥存在互补关系（Frank and Beattie，1979；廖永松，2009），当然也有部分研究结果没有得出化肥价格与灌溉用水需求存在显著关系（Bell et al.，2007；Sadeghi et al.，2010a；Sadeghi et al.，2012a）。同时，对于劳动力而言，通过工资与灌溉用水量的关系也得出存在多元化的要素关系。一些研究结果表明劳动力投入和灌溉用水量是互补的（Frank and Beattie，1979；Gomez-Limon，2004；Sadeghi et al.，2012b），少量研究结果显示为替代关系（Nieswiadomy，1988；Sadeghi et al.，2010b），多数研究结果显示灌溉用水量和劳动力投入关系不显著（Nieswiadomy，1985；Moore et al.，1994；Bell et al.，2007；Shiferaw et al.，2008；Sadeghi et al.，2012a）。对种子、农药、机械等其他资金投入，其与灌溉用水需求所体现出的关系依然是不一致的，如 Frank 和 Beattie（1979）、Michael 等（2014）证明的是互补关系，而 Nieswiadomy（1988）和 Shiferaw 等

(2008) 得出了替代关系。即使采用同样的数据源，不同作物所得出的结论也可能相反，如基于伊朗省级面板数据得出的西红柿种子投入与用水量存在互补关系（Sadeghi et al.，2012a），而小麦和西瓜的种子投入均与用水量呈替代关系（Sadeghi et al.，2010b；Sadeghi et al.，2012b）。

  气候因素不仅通过作物生长来影响作物灌溉用水需求，还能通过灌溉水源供给来影响灌溉用水量。随着气温升高，蒸发量加大，导致灌溉用水需求上升。在研究中，灌溉用水需求和气温的这种关系具体可表现为正线性关系或倒"U"形关系（Schoengold et al.，2006；张丽娟，2016）。相较于气温，降水对灌溉用水需求的影响更直接，因为降水和灌溉用水可形成直接的替代关系，随着降水量的增加，灌溉用水需求一般会呈减少趋势（Moore et al.，1994；Bar-Shira et al.，2006；Wei and Lu，2007）。但也有研究结果表明，降水量对小麦、大麦、菜豆、苜蓿等作物的灌溉用水需求影响不显著（裴源生等，2003；Mullen et al.，2009）。另外，灌溉用水需求不仅与作物生长季降水呈负相关，而且可能与上年降水或当年种植前降水呈负向关系（Nieswiadomy，1985）。极端气候，如干旱对灌溉用水需求的影响是双向的：一方面，干旱导致灌溉用水供给下降，在灌溉水源可靠性较差的条件下，农户不得不减少灌溉用水量；另一方面，也有研究结果表明当供水设施完善时，干旱使农民的灌溉用水需求显著增加（Wheeler et al.，2008；杨宇，2015；张丽娟，2016）。

  对于灌溉水源而言，存在替代水源的情况下，灌溉用水需求相对较大（Hooker and Alexander，1998）。对于某种具体水源而言，由于地下水灌溉水源的灌溉成本通常比地表水大，在地下水灌溉比例较高的地区，灌溉用水需求相对较低（Moore et al.，1994；Zhou et al.，2015）。然而，地下水相较于地表水的灌溉可靠性更好，也可能使其灌溉用水量更高（廖永松，2009）。另外，灌溉水源水质对灌溉用水需求至关重要，如果灌溉水质较差，如盐度较高、污染等，会使农户的灌溉用水需求减少（Moore et al.，1974）。灌溉水源的可靠性可以增加作物灌溉用水量，杨宇（2015）基于中国九省小麦地块数据，得出机井数量和渠道长度的增加均能够显著增加灌溉次数。此外，水权交易的可能性虽然可以使农户获得更多灌溉水源，增加灌溉可靠性，但水权转让的利益驱动也可能使农户减少用水量（Howitt et al.，1980；Ray，2002；Appels et al.，2004；张丽娟，2016）。

在灌溉管理上，灌溉用水需求主要是随着节水技术的采用而下降的。大量的研究表明，无论是宏观上的节水技术投资（Varela-Ortega et al.，1998），还是微观上的田间节水技术采用（Bernardo et al.，1987；Graveline et al.，2014），都能促进灌溉用水需求的减少。采用压力灌溉技术总体上能够减少灌溉用水需求（Moore et al.，1994），而Mullen等（2009）进一步指出高压灌溉系统的节水效果显著优于中压灌溉系统和低压灌溉系统。

此外，农户与地块特征也影响着灌溉用水需求。随着农户年龄的增长和受教育水平的提高，务农经验增加和学习能力的提高均能使其掌握较为节水的生产技术，从而减少灌溉用水需求（Shiferaw et al.，2008；杨宇，2015；Zuo et al.，2016）。在土壤类型上，保水性较好的土壤类型也能够减少灌溉用水需求（Moore and Hedges，1963；Schoengold et al.，2006）。

（三）灌溉用水需求价格弹性

Scheierling等（2006）利用1963—2004年发表的24篇研究美国农业用水需求的文献中的73个灌溉用水需求价格弹性做的meta分析显示，美国农业用水需求价格弹性绝对值的均值为0.48，中位数仅为0.16，表明农业用水需求对水价缺乏弹性。而且，弹性跨度极大（从0.01到1.97），方差为0.53。而本书在其基础上增加样本量，得到的结果中均值约为0.52，中位数上升到0.3；弹性绝对值为0.01—3.09，总体方差为0.56（见表5-1）。

表5-1　　　　　　农业用水需求价格弹性文献总结

方法	文献/年份	估计弹性个数	弹性范围	弹性均值	弹性中位数	灌溉水价（美元/立方米）	作物个数	研究国家
计量分析	Frank和Beattie，1979	21	1.01—1.69	1.10	1.05	0.007—0.109	16	美国
	Nieswiadomy，1985	1	0.80	0.80	0.80	0.011	2	美国

续表

方法	文献/年份	估计弹性个数	弹性范围	弹性均值	弹性中位数	灌溉水价（美元/立方米）	作物个数	研究国家
计量分析	Nieswiadomy，1988	1	0.25	0.25	0.25	0.007—0.011	2	美国
	Ogg 和 Gollehon，1989	7	0.07—0.34	0.21	0.22	0.050—0.100	12	美国
	Moore 等，1994	9	0.05—0.14	0.09	0.07	0.023—0.033	5	美国
	裴源生等，2003	4	0.13—0.72	0.45	0.47	0.001—0.043	不明	中国
	Lu 等，2004	18	0.10—0.67	0.29	0.23	0.030—0.050	1	美国
	Bar-Shira 等，2006	6	0.13—1.47	0.57	0.40	0.130—0.320	不明	以色列
	Schoengold 等，2006	1	0.79	0.79	0.79	0.055	2	美国
	Gonzalez-Alvarez 等，2006	1	0.27	0.27	0.27	0.019	4	美国
	Wei 和 Lu，2007	1	0.43	0.43	0.43	0.008	1	中国
	Bell 等，2007	8	0.82—1.87	1.16	1.00	1.013	8	澳大利亚
	Wheeler 等，2008	3	0.52—1.51	0.95	0.81	0.093—0.142	3	澳大利亚
	Mullen 等，2009	4	0.01—0.17	0.10	0.10	0.020	4	美国
	Sadeghi 等，2010	1	0.02	0.02	0.02	0.005	1	伊朗
	Sadeghi 等，2010	1	0.04	0.04	0.04	0.005—0.011	1	伊朗
	Davidson 和 Hellegers，2011	3	0.44—2.12	1.07	0.64	0.040—0.320	9	印度
	Chiueh，2012	1	0.37	0.37	0.37	0.046	不明	中国
	Hendricks 和 Peterson，2012	1	0.10	0.10	0.10	0.008	5	美国
	Sadeghi 等，2012	1	0.06	0.06	0.06	0.005	1	伊朗
	Sadeghi 等，2012	1	0.09	0.09	0.09	0.005—0.011	1	伊朗
	Michael 等，2014	1	0.03	0.03	0.03	0.003	1	坦桑尼亚
	Jeder 等，2014	3	0.17—0.40	0.29	0.30	0.110—0.130	5	突尼斯
	Pfeiffer 和 Lin，2014	1	0.26	0.26	0.26	0.023	5	美国
	Zhou 等，2015	1	0.55	0.55	0.55	0.009	5	中国
	Zuo 等，2016	5	0.53—0.60	0.57	0.56	1.270—1.560	6	澳大利亚
数学规划	Moore 和 Hedges，1963	2	0.19—0.70	0.45	0.45	0.046—0.113	3	美国
	Shumway，1973	3	0.48—2.03	1.17	1.00	0.018—0.077	2	美国
	Heady 等，1973	1	0.15	0.15	0.15	0.093	25	美国

续表

方法	文献/年份	估计弹性个数	弹性范围	弹性均值	弹性中位数	灌溉水价（美元/立方米）	作物个数	研究国家
数学规划	Moore 等，1974	1	0.42	0.42	0.42	0.010	3	美国
	Gisser 等，1979	2	0.08—0.12	0.10	0.10	0.046—0.061	18	美国
	Howitt 等，1980	4	0.20—1.50	0.78	0.72	0.076—0.101	28	美国
	Bernardo 等，1987	1	0.12	0.12	0.12	0.036	4	美国
	Kulshreshtha 和 Tewari，1991	7	0.05—3.09	0.98	0.53	0.013—0.174	7	加拿大
	Mallawaaracbcbi 等，1992	1	0.34	0.34	0.34	0.035	2	澳大利亚
	Schaible，1997	9	0.01—1.55	0.29	0.08	0.004—0.010	9	美国
	Pagan 等，1997	6	0.03—3.01	1.06	0.22	0.023—0.068	9	澳大利亚
	Hooker 和 Alexander，1998	4	0.25—0.50	0.36	0.35	0.026—0.098	4	美国
	Varela-Ortega 等，1998	3	0.32—1.34	0.66	0.32	0.094—0.289	2	西班牙
	Hall，2001	2	0.11—0.14	0.13	0.13	0.023	10	澳大利亚
	Ray，2002	1	0.01	0.01	0.01	0.015	1	印度
	Bontemps 和 Couture，2002	3	0.08—0.50	0.28	0.25	0.056	1	法国
	Scheierling 等，2004	18	0.01—1.30	0.51	0.54	0.017—0.330	5	美国
	Appels 等，2004	6	0.32—1.34	0.83	0.83	0.203	6	澳大利亚
	Gomez-Limon，2004	4	0.24—0.92	0.50	0.42	0.027—0.045	7	西班牙
	Finger，2012	1	0.40	0.40	0.40	0.110	1	瑞士

注：①表中需求价格弹性为绝对值。②灌溉水价根据文献中价格所在年份的当年汇率换算成美元，而且根据美元通货膨胀指数换算成 2001 年价格水平。

资料来源：笔者整理。

各研究测得的农业用水需求价格弹性存在差异的原因是多方面的，即很多因素都会对农业用水需求价格弹性产生影响。除已经讨论的研究方法对农业用水需求价格弹性有影响外，水价、生产周期、农户生产调节能力、作物结构、数据类型、气候变量、水源、研究区域等因素都会对农业用水需求价格弹性的大小产生影响。

从农业用水的需求函数可知，在其他条件不变的情况下，水价越高，农业用水需求价格弹性越高。由于不同研究的年份和水价单位不同，不便于直接作各研究间的横向比较，在同一研究内绝大部分研究呈农业用水需求价格弹性随水价上升而提高的趋势。如前所述，由于数学规划方法的水价变异性较大，这种趋势也较为明显（Moore and Hedges，1963；Shumway，1973；Hooker and Alexander，1998；Gomez - Limon，2004；Scheierling et al.，2004）；计量分析方法测得的水价弹性也基本呈此特点（Wheeler et al.，2008；Davidson and Hellegers，2011）。当然，也有少数研究呈与此相反的趋势，Howitt 等（1980）分别用 QP 和 LP 模型测得的结果都是水价在 25—35 美元/（英亩·英尺）的区间比在 35—45 美元/（英亩·英尺）的区间更有弹性[①]；Varela - Ortega 等（1998）的研究显示水价在 17—30 比塞塔/立方米的区间比在 4—17 比塞塔/立方米和 30—35 比塞塔/立方米的区间更具有弹性[②]，呈倒"U"形，这可能是由于水价高到一定程度，用水量已经减少到最小（甚至为0），水价的上升不会引起用水量的进一步减少。

经济学生产理论中，生产周期的长期指的是所有投入变量都可变，短期为至少有一种投入变量保持不变。由于在长期农户能够随着水价的调整而调整用水量和其他投入品的可能性更大，相较于短期，长期农业用水需求更富有价格弹性。例如，在保持其他条件基本一致的情况下，长期的农业用水需求价格弹性也确实大于短期弹性，其水价弹性绝对值的平均值分别为 0.68 和 0.49（Frank and Beattie，1979；Pagan et al.，1997；Appels et al.，2004；Bar-Shira et al.，2006；Wheeler et al.，2008）。

农户生产调节能力可从调节作物结构、灌溉面积、灌溉制度和灌溉技术四个角度来解释。一般认为农户可能调节的项目越多，其对水价变动的适应能力就越强，也就越有可能对用水量进行调节，相应的用水需

[①] 英亩·英尺（acre-foot）为灌溉水量单位，相当于 1 英亩地 1 英尺深的水量，即 1233.5 立方米。

[②] 比塞塔是西班牙在 1999 年之前使用的货币单位，其货币缩写为 PTA。比塞塔在 1999 年被欧元所取代。

求就越富有价格弹性（Scheierling et al., 2004; Scheierling et al., 2006）。从总体上看，表5-1中具有作物结构和灌溉制度调节能力的样本确实更富有水价弹性，调节灌溉面积和灌溉技术的作用却不明显。然而，就每个研究个体而言，保持其他条件一致，在拥有调节作物结构（Varela-Ortega et al., 1998; Wheeler et al., 2008）、灌溉面积（Pagan et al., 1997; Scheierling et al., 2004）、灌溉制度（Gomez-Limon, 2004; Scheierling et al., 2004）和灌溉技术（Pagan et al., 1997; Wheeler et al., 2008）的能力时，农业用水确实更富有价格弹性。另外，对于调节灌溉节水技术而言是相对的，如果农户现阶段处于粗放的灌溉技术阶段，那么这种调节灌溉技术的能力的水价弹性是显著的；如果农户现阶段的灌溉技术已经是高效节水型，那么此时的调节灌溉技术的能力对水价弹性影响有限。

作物结构可以从两个维度来度量：其一，是单种作物还是混合作物；其二，是否包括高经济价值作物。如前所述，混合作物结构相较于单个作物有可能根据水价调整作物种植结构，进而调整用水量，因此对水价富有弹性。而事实上，这种混合作物与单种作物的对比方式，与已经论述的农户调节作物结构的能力也是相关的。高经济价值作物在这里是指对灌溉水的净回报值较高，如蔬菜、水果等（Scheierling et al., 2006）。一般认为高经济价值作物对灌溉用水的需求价格弹性较小，因为调整用水量造成的经济损失可能远远超过节水收益，故其对水价并不敏感（Schaible, 1997; Bell et al., 2007; Mullen et al., 2009）。另外，就我们所关注的粮食作物而言，小麦的灌溉用水需求价格弹性在0.03—0.12，均值约为0.08；玉米的灌溉用水需求价格弹性在0.04—0.67，均值约为0.24。

数据结构也可分为两个维度：地块或家庭数据与地区数据；截面数据、时间序列数据、面板数据。与微观的家庭或地块数据相比，地区加总数据会把作物灌溉特征、家庭特征等信息覆盖，形成一个总体的粗略数值，从而不能体现这些信息对农业用水需求的影响（Appels et al., 2004），在计算弹性时这些被忽略的因素可能被归结到水价因素上，进而夸大水价的作用，得出比实际更富有水价弹性。另外，相较于截面数据，时间序列数据和面板数据都包含了时间因素，倾向长期变化，为农户对用水量的调节行为提供可能性，所以其计算出的水价弹性也更有弹性，特别是跨度时期较长的时间序列数据（裴源生等，2003；Wei and Lu，2007；Wheeler et al.，2008）。

灌溉水源类型的多寡可以显示用水农户对灌溉水源的依赖性。一般而言，可以实现地表水和地下水联合灌溉的农户，在面临一种水源价格提高时有更多的调节选择，对单一水源的依赖性也较小，农业用水需求相对更富有价格弹性。文献梳理显示，采用两种水源计算的水价弹性确实显著高于单一采用地下水或地表水计算的水价弹性（Davidson and Hellegers，2011；Sun et al.，2018）。而关于地表水和地下水的比较，目前没有定论，相对于价格而言，其水需求可能更受供水稳定性的影响（Zuo et al.，2016）。

气候变量是影响灌溉的重要外生变量，降水（Hendricks and Peterson，2012）、气温（Schoengold et al.，2006）、蒸发量（Hooker and Alexander，1998）和积温（Mullen et al.，2009）都是影响农业用水需求的重要指标。最直接地，在降雨量较多的地区灌溉需求相应减少，农户对农业用水的需求量也显著减少，从而农业用水需求也会较为富有价格弹性（Frank and Beattie，1979；Bontemps and Couture，2002）。气温、蒸发量和积温是正相关的变量，在降水不变的情况下，这些变量越大，作物对灌溉水需求的依赖度也就越大，从而农业用水需求价格弹性越小（Frank and Beattie，1979；Moore et al.，1994；Mullen et al.，2009）。不过在复杂现实条件下，这些因素的交叉作用可能与预期结果相矛盾，如 Moore 等（1994）、Mullen 等（2009）都显示当积温和降水两个变量同时增大时，由于积温的作用超过了降水的影响，农业用水需求价格弹性越来越小，这与降水对价格弹性影响的预期相矛盾。此外，一般研究中降雨量的数据都是年度或生长季数据，这样的总体数据掩盖了降雨量的波动变化，这种变化与灌溉时间、灌溉水量等决策是相关的（Appels et al.，2004），降雨量波动越大，农户就越依赖灌溉用水，从而农业用水需求的价格弹性就越小。

在研究中，农业用水需求价格弹性也呈地域性特点，这与所研究区域除气候变量外的其他诸如土壤类型、地形、农民收入水平等因素有关。在本书梳理的研究中，美国境内的水价弹性是略低于其他国家的水价弹性的，当然国家间的水价弹性也相差很大。对研究区域不同造成的水价弹性差异，应该分解为其背后的多种原因进行研究，而且要控制好其他关键变量，不能一概认为研究区域直接造成了农业用水需求价格弹性的差异。

第二节 灌溉用水需求价格弹性的 meta 分析

在对中国灌溉用水需求价格弹性进行实证测算前，有必要对灌溉用水需求价格弹性的影响因素及其影响程度进行深入分析。同样地，基于本章第一节对灌溉用水需求价格弹性文献总结，提取文献中共有的因素，并结合相关的二手数据，系统梳理影响灌溉用水需求价格弹性的水价、研究方法、数据类型和作物种类等因素，并由此开展基于计量模型的 meta 分析。

一 数据来源与统计描述

在文献选择上，本书以"Web of Science"数据库为基础，以"Google Scholar"作为补充辅助，对主题为"灌溉用水需求、农业用水需求、灌溉用水需求价格弹性以及水价弹性"等文献进行了系统搜索。在搜索结果中通过学科提炼（主要选择经济学、管理学、农学和资源科学的文献）和摘要提取，选取真正测算灌溉用水需求价格弹性的文献。最终，搜集到从 1963 到 2016 年世界范围内的 46 篇文献（见表 5-1）[①]。这些文献中每篇文献所提供的灌溉用水需求价格弹性估计值的个数从 1 到 24 个不等（Pfeiffer and Lin，2014；Schaible，1997），46 篇文献总共提供了 213 个灌溉用水需求价格弹性样本。从这些文献中，本书提取灌溉水价、研究方法、作物类型、数据类型、气候变量、灌溉水源等因素，构建后续的 meta 分析数据库。如前所述，为了对各国灌溉用水需求价格弹性做 meta 分析，需要统一文献中提取的各样本值的单位（如水价、国民收入等），就必须用汇率进行各国间货币单位的折算。与第四章灌溉用水经济价值 meta 分析一样，本章采用同样的汇率数据和美

[①] 在会议论文与期刊论文内容一致的情况下，以期刊论文为准；在以上选择规则下，46 篇文献中仍包括 5 篇会议论文。另外，文献还包括一篇从中国知网检索的中文文献。

元通货膨胀率统一换算成2001年价格水平。另外,在世界银行公开数据库中,本书还收集了各国人均GDP(也以美元形式表示)、农业产值占GDP比重和灌溉面积占耕地面积比例等相关数据。

与需求曲线性质一致,灌溉用水需求价格弹性(绝对值)总体上随灌溉水价的增长而升高。本书把样本水价按从低到高的顺序分成四个区间,并在每个样本区间内统计相应的灌溉水价和需求价格弹性的平均值(见表5-2)。这里需要说明的是,文献中所提供的水价单位、货币和年份都存在差异,为了便于比较,本书将文献中所提供的水价按照当年汇率统一换算成美元(考虑到美元比值的稳定性和国际化水平),再根据美元通货膨胀指数换算成2001年价格水平,统一用"美元/立方米"作为水价单位。统计结果显示,价格弹性均值随着价格区间的提高依次上升,增幅为150%。更细致地,价格弹性均值在不同相邻水价区间之间的增幅不同,其中在第一到第二水价区间的增幅最小(约为13%),而在第二到第三水价区间,以及第三到第四水价区间的价格弹性增幅都较大(分别为64%和36%),这也表明不同价格水平下灌溉用水需求价格弹性的变化并非线性的。

表5-2　　　　灌溉水价对灌溉用水需求价格弹性的影响

单位:个、美元/立方米

水价区间	样本量	水价均值	价格弹性均值
1%—25%	53	0.009	0.32
26%—50%	53	0.028	0.36
51%—75%	54	0.058	0.59
76%—100%	53	0.422	0.80
总和/平均	213	0.129	0.52

注:价格弹性为绝对值,水价按美元通货膨胀指数换算成2001年价格水平。

资料来源:笔者整理。

水价之外的其他因素对灌溉用水需求价格弹性的分组差异如表5-3所示。如前所述,灌溉用水需求价格弹性的主要测算方法包括计量分析和数学规划两类,两类测算方法计算的价格弹性也有所差异。在所有弹性样本中,共包括88个数学规划计算结果和125个计量结果,它们的弹性均值分别为 0.56 和 0.48，可见数学规划方法测算的灌溉用水需求价格弹性略大。在作物结构上，混合作物的灌溉用水需求价格弹性均值明显大于单一作物，分别为 0.66 和 0.33。若按作物产出价格分类，则高价值与低价值作物的灌溉用水需求价格弹性均值基本没有差异，都约为 0.52。就实证数据层次而言，基于宏观区域数据的灌溉用水需求价格弹性显著大于基于微观农户或地块数据的价格弹性，与文献综述部分一致。从数据类型分类来看，包含了更多年份的时序数据和面板数据所测得的灌溉用水需求价格弹性更大。

表 5-3　其他因素对灌溉用水需求价格弹性的影响　　　　单位：个

分类		样本量	价格弹性均值	t 值或 F 值
测算方法	数学规划	88	0.56	1.03
	计量分析	125	0.48	
作物结构	单一作物	93	0.33	4.35***
	混合作物	120	0.66	
作物价值	低价值作物	137	0.52	0.01
	高价值作物	76	0.52	
数据层次	微观数据	94	0.36	3.72***
	宏观数据	119	0.64	
数据类型	截面数据	141	0.47	2.59*
	时序数据	16	0.78	
	面板数据	56	0.57	
温度带	热带	9	0.64	0.6
	亚热带	102	0.55	
	温带	102	0.48	
降水	湿润型气候	112	0.58	1.62*
	干旱型气候	101	0.45	
灌溉水源	仅地表水	55	0.54	2.45*
	仅地下水	46	0.36	
	联合灌溉	112	0.57	

注：价格弹性为绝对值形式，*、**和***分别代表10%、5%和1%显著性水平。
资料来源：笔者整理。

对于气候变量，本书依然把文献研究区域所述的气候带从气温和降水两个维度来分类，温度上分为热带、亚热带和温带，降水类型分为干旱型和湿润型。从温度带分类来看，三组灌溉用水需求价格弹性均值不存在显著差异；但从降水类型来看，湿润型气候的灌溉用水需求价格弹性均值明显较大，富有弹性。另外，从灌溉水源来看，三种灌溉水源的灌溉用水需求价格弹性均值总体存在显著差异，其中地下水灌溉样本的灌溉用水需求价格弹性均值最小。

当然，以上分析可以使我们初步探查不同因素对灌溉用水需求价格弹性的影响。如果要清楚区分某一因素的具体影响，就必须排除此因素之外的其他因素的干扰。所以，本书建立 meta 分析计量模型，纳入更多的相关因素，得出某一因素的具体影响。

二 计量模型设定及结果分析

基于已有理论框架，可建立灌溉用水需求价格弹性 meta 分析计量模型，具体如式（5-3）和式（5-4）所示。

水平形式：

$$Elas_{ij} = \alpha + \beta Wprice_{ij} + \gamma \sum X_{ij} + \varepsilon_{ij} \tag{5-3}$$

双对数形式：

$$\ln(Elas_{ij}) = \alpha + \beta \ln(Wprice_{ij}) + \gamma \sum X_{ij} + \varepsilon_{ij} \tag{5-4}$$

模型分为水平和双对数形式两种情况，其具体形式是根据价格弹性和水价的形式而定的，其他自变量完全相同。模型中，下标 ij 为第 i 篇文献中的第 j 个样本（$i=1,2,\cdots,46$；$j=1,2,\cdots,24$）；$Elas$ 为文献中灌溉用水需求价格弹性的绝对值；$Wprice$ 为统一折算的灌溉水价；X 为其他影响因素，包括研究方法、作物类型、数据类型、气候因素、灌溉水源、地区相关控制变量及期刊特征（具体说明和统计描述见表5-4）[①]；α、β、λ 和 γ 分别为对应自变量的待估参数；ε 为模型随机扰动项。

[①] 对于期刊特征，本书先后考虑过影响因子、审稿周期和文章引用率，但文章引用率受文章发表年份的影响很大，而审稿周期的资料不全，所以选取学界公认的期刊影响因子来表示期刊特征。对于没有期刊影响因子的五篇会议论文，本书采取已有样本最低值的方法处理。

表 5-4　灌溉用水需求价格弹性 meta 分析模型变量说明及统计描述

	变量	均值	标准差	区间	备注
因变量	灌溉用水需求价格弹性	0.52	0.56	[0.01, 3.09]	绝对值形式
自变量	水价	0.13	0.28	[0.0007, 1.56]	美元/立方米，按文献中所提供水价，按照当年汇率统一换算成美元，再根据美元通货膨胀指数换算成 2001 年价格水平
	计量分析	0.59	0.49	[0, 1]	虚变量，文献分析方法：1=计量分析，0=数学规划
	混合作物	0.56	0.50	[0, 1]	虚变量，文献中样本作物结构：1=多种作物，0=单一作物
	高价值作物	0.36	0.48	[0, 1]	虚变量，文献中样本作物价值水平：1=高价值作物，如水果、蔬菜、油料作物等；0=低价值作物，如粮食，饲料等
	地区宏观数据	0.56	0.50	[0, 1]	虚变量，数据覆盖层次：1=地区宏观数据，如村、灌区、县、省等水平；0=微观数据，如农户、地块水平
	时间序列数据	0.08	0.26	[0, 1]	虚变量，数据类型：1=时间序列数据；0=其他，基组为截面数据
	面板数据	0.26	0.44	[0, 1]	虚变量，数据类型：1=面板数据；0=其他，基组为截面数据
	亚热带	0.48	0.50	[0, 1]	虚变量，气候变量的温度维度：1=亚热带，包括亚热带季风气候、地中海气候等；0=其他，基组为热带
	温带	0.48	0.50	[0, 1]	虚变量，气候变量的温度维度：1=温带，包括亚温带季风气候、温带大陆性气候等；0=其他，基组为热带
	干旱型气候	0.47	0.50	[0, 1]	虚变量，气候变量的降水维度：1=干旱型气候，包括各种温度带的沙漠性气候、大陆性气候、地中海气候（作物生长季）等；0=其他，如季风性或海洋性气候

续表

	变量	均值	标准差	区间	备注
自变量	仅地下水灌溉	0.22	0.41	[0, 1]	虚变量，灌溉水源仅为地下水：1＝仅地下水灌溉；0＝其他，基组为仅地表水灌溉
	联合灌溉	0.53	0.50	[0, 1]	虚变量，灌溉水源包括地表和地下水：1＝联合灌溉；0＝其他，基组为仅地表水灌溉
	人均 GDP	26331	9794	[402, 59312]	美元/人，文献研究区域所属国家当年的人均 GDP，按照当年汇率统一换算成美元，再根据美元通货膨胀指数换算成 2001 年价格水平
	农业产值占 GDP 比重	3.23	4.60	[0.87, 29.39]	%，文献研究区域所属国家当年的农业产值占 GDP 比重
	灌溉面积比例	6.24	6.30	[0.08, 32.21]	%，文献研究区域所属国家当年的灌溉面积比例
	期刊近五年影响因子	1.58	1.27	[0.50, 6.60]	文献发表期刊的近五年影响因子

资料来源：笔者整理。

在回归过程中，考虑到灌溉用水需求价格弹性一般小于 0，所以其绝对值都大于 0 的特性，本书在水平模型的基础上加入 Tobit 截尾回归。由于样本弹性都是小于 0 的情况，Tobit 回归结果与线性回归系数几乎完全一致，差别性仅在于其显著性水平，本书重点考察水平模型和双对数模型，Tobit 模型作为辅助参考。另外，这里依然存在每篇提供的弹性样本数不等导致的异方差和样本公平性问题，本书仍然采用文献层面上的加权稳健回归（权重为各文献样本出现概率的倒数）。通过以上程序，回归结果如表 5-5 所示。

模型的总体回归结果较好，R^2 在 0.3 左右，表明模型中自变量对灌溉用水需求价格弹性的总体解释力在 30% 左右，而且双对数形式的模型解释力更高，约为 38%。值得注意的是，在进行加权稳健回归后，模型的总体解释力得到显著提升，其中，双对数模型的解释力在 50% 以上。

表 5-5　灌溉用水需求价格弹性 meta 分析回归结果

变量		一般回归 OLS（线形）	一般回归 OLS（双对数）	一般回归 Tobit（线形）	文献层面稳健回归 OLS（线形）	文献层面稳健回归 OLS（双对数）	文献层面稳健回归 Tobit（线形）	加权稳健回归 OLS（线形）	加权稳健回归 OLS（双对数）	加权稳健回归 Tobit（线形）
水价	水价（自然或对数形式）（元/立方米）	0.6834*** (4.19)	0.4486*** (5.75)	0.6834*** (4.37)	0.6834** (2.15)	0.4486*** (4.19)	0.6834** (2.23)	0.6551*** (2.52)	0.4519*** (4.33)	0.6551*** (2.62)
研究方法	计量分析（1=是, 0=否）	-0.1743* (1.86)	-0.4202** (2.04)	-0.1743* (1.94)	-0.1743 (1.56)	-0.4202 (1.01)	-0.1743 (1.62)	-0.2982** (2.15)	-0.3259 (1.05)	-0.2982** (2.23)
作物类型	混合作物（1=是, 0=否）	0.2983*** (3.23)	0.9127*** (4.19)	0.2983*** (3.36)	0.2983** (2.38)	0.9127** (2.35)	0.2983** (2.47)	0.1488 (1.45)	0.5126* (1.70)	0.1488 (1.51)
	高价值作物（1=是, 0=否）	-0.1099 (1.31)	-0.3697** (2.00)	-0.1099 (1.37)	-0.1099 (0.75)	-0.3697 (1.49)	-0.1099 (0.78)	-0.1302 (1.32)	-0.4008* (1.82)	-0.1302 (1.38)
	地区宏观数据（1=是, 0=否）	0.3063** (2.42)	0.2955 (1.01)	0.3063** (2.53)	0.3063** (2.05)	0.2955 (0.63)	0.3063** (2.13)	0.2323** (2.05)	0.3159 (1.11)	0.2323** (2.13)
数据类型	时间序列数据（1=是, 0=否）	0.3179* (1.86)	0.9182** (2.48)	0.3179* (1.94)	0.3179 (1.54)	0.9182* (1.76)	0.3179 (1.61)	0.4509*** (2.66)	1.3622*** (3.20)	0.4509*** (2.77)
	面板数据（1=是, 0=否）	-0.1866* (1.88)	-0.4933** (2.30)	-0.1866* (1.96)	-0.1866 (1.15)	-0.4933 (1.39)	-0.1866 (1.20)	-0.0360 (0.30)	-0.0574 (0.20)	-0.0360 (0.31)
气候因素	亚热带（1=是, 0=否）	-0.0408 (0.17)	0.2350 (0.46)	-0.0408 (0.18)	-0.0408 (0.22)	0.2350 (0.45)	-0.0408 (0.23)	0.1556 (0.87)	1.1421*** (2.77)	0.1556 (0.90)
	温带（1=是, 0=否）	-0.2906 (1.28)	-0.4274 (0.87)	-0.2906 (1.34)	-0.2906 (1.45)	-0.4274 (0.80)	-0.2906 (1.50)	-0.0856 (0.45)	0.4419 (1.01)	-0.0856 (0.46)

续表

变量		一般回归			文献层面稳健回归			加权稳健回归		
		OLS (线形)	OLS (双对数)	Tobit (线形)	OLS (线形)	OLS (双对数)	Tobit (线形)	OLS (线形)	OLS (双对数)	Tobit (线形)
气候因素	干旱型气候 (1=是, 0=否)	-0.0745 (0.72)	-0.3439 (1.56)	-0.0745 (0.75)	-0.0745 (0.66)	-0.3439 (1.24)	-0.0745 (0.68)	-0.0826 (0.83)	-0.1163 (0.54)	-0.0826 (0.86)
灌溉水源	仅地下水灌溉 (1=是, 0=否)	0.1115 (0.89)	0.4639* (1.72)	0.1115 (0.93)	0.1115 (0.79)	0.4639 (1.36)	0.1115 (0.83)	0.2088 (1.51)	0.4493 (1.45)	0.2088 (1.57)
	联合灌溉 (1=是, 0=否)	0.2640** (2.38)	0.5283** (2.21)	0.2640** (2.48)	0.2640** (2.20)	0.5283* (1.92)	0.2640** (2.28)	0.2591** (2.47)	0.1359 (0.51)	0.2591** (2.57)
地区控制变量	人均 GDP (对数值) (元/人)	-0.1136 (0.88)	-0.7118** (2.51)	-0.1136 (0.92)	-0.1136 (0.81)	-0.7118 (1.59)	-0.1136 (0.84)	-0.0178 (0.20)	-0.1637 (0.63)	-0.0178 (0.21)
	农业产值占GDP比重 (%)	-0.0317 (1.16)	-0.1383** (2.32)	-0.0317 (1.21)	-0.0317 (1.19)	-0.1383 (1.53)	-0.0317 (1.24)	-0.0090 (0.56)	-0.0196 (0.43)	-0.0090 (0.58)
	灌溉面积比例 (%)	0.0064 (0.89)	-0.0033 (0.21)	0.0064 (0.92)	0.0064 (0.90)	-0.0033 (0.23)	0.0064 (0.94)	0.0093* (1.89)	-0.0054 (0.34)	0.0093* (1.97)
期刊	期刊近五年影响因子	-0.0673** (2.05)	-0.1036 (1.45)	-0.0673** (2.14)	-0.0673** (2.37)	-0.1036 (1.15)	-0.0673** (2.46)	-0.0465 (1.61)	-0.0172 (0.20)	-0.0465* (1.67)
	常数项	1.5876 (1.06)	7.4313** (2.23)	1.5876 (1.10)	1.5876 (0.97)	7.4313 (1.40)	1.5876 (1.01)	0.4655 (0.44)	0.7226 (0.23)	0.4655 (0.46)
	adj. R^2 或 Pseudo R^2	0.251	0.379	0.218	0.251	0.379	0.218	0.264	0.522	0.266
	观察值	213	213	213	213	213	213	213	213	213

注：括号中为 t 值，*、**和***分别表示在10%、5%和1%水平下显著。

对于关键自变量水价，回归结果显示高水价能够提高灌溉用水需求价格弹性（绝对值），即农户的用水需求对高水价更敏感。具体地，回归中一致显示水价的系数显著为正，双对数模型为我们提供了灌溉用水需求价格弹性对灌溉水价的弹性在0.45左右，即灌溉水价提高1%可使灌溉用水需求价格弹性提高约0.45%，这符合需求函数在价格较高区间的高弹性特征。对于研究方法，模型以数学规划为基组，考察计量分析对灌溉用水需求价格弹性的影响。结果显示，基于计量分析的灌溉用水需求价格弹性比基于数学规划的弹性要低，这可能是因为本章第一节所述的数学规划能够使水价区间变大，从而有更多因高水价而产生的高价格弹性，进而拉高平均弹性。数据显示，计量分析和数学规划方法下样本的最大价格弹性分别达到2.12和3.09。需要注意的是，在低弹性区间上，数学规划也可能有更多样本。数据显示计量分析方法下约有5%的样本价格弹性小于0.03，而数学规划方法下的这一比例增加到7%。另外，Scheierling等（2006）的研究结论并没有直接证明数学规划方法下的灌溉用水需求价格弹性大于计量分析下的弹性，只是证明了两种方法计算的灌溉用水需求价格弹性均显著高于地块试验上的价格弹性。所以，结果说明，计量分析得出的灌溉用水需求价格弹性区间较小，数学规划得出的灌溉用水需求价格弹性较大的原因在于其高价格弹性部分样本的贡献。

作物类型对灌溉用水需求价格弹性的影响显示，混合作物相比单一作物的价格弹性较高，而高价值作物相比低价值作物的价格弹性较低。正如统计描述中展示的，包含多种作物的样本的灌溉用水需求价格弹性总体上显著大于单一作物样本的弹性，这是作物结构可调节性差异对灌溉用水需求的影响所导致的。当作物结构是多种作物混合种植时，水价上升促使的节水激励可以通过减少耗水作物比重来实现，即实现外延型节水；而单一作物的样本，由于其缺乏这种作物结构调节机制，灌溉用水需求对水价的反应不敏感。从作物价格来看，相较于低价值作物，高价值作物用水需求对价格的反应不敏感。这是因为在用水需求函数中，作物价格对用水需求的影响是正向的，即高价值作物比低价值作物倾向多用水，所以水价的上升对高价值作物用水量的影响较小。换句话说，如果在种植结构不能调整的情况下，水价上升对高价值作物的内涵型节水激励较弱。

数据类型对灌溉用水需求价格弹性的影响有两个方面。一方面，地区宏观数据得出的灌溉用水需求价格弹性比基于地块或农户的微观数据的价格弹性大。其中的逻辑关系与混合作物的影响类似，在于宏观数据包含更多的作物和用水农户，其灌溉用水需求面对水价的调节能力更强。另一方面，基于截面数据的灌溉用水需求价格弹小于时间序列数据的弹性，但大于面板数据测得的价格弹性。其中的作用机制还是用水量的可调节性，即在包含了更长时间的时间序列数据中，农户的灌溉用水需求可以有充足的时间对水价做出长期调整，使得灌溉用水需求对水价的反应弹性较大。对于面板数据的灌溉用水需求价格弹性较小但显著性水平不高的原因有两个。一是虽然面板数据包含的多年的因素可以使灌溉用水需求价格弹性提高，但由于缺乏长面板样本，时间调节功能的优势并没有体现出来。二是截面数据样本占据了近70%的样本总量，所以其价格变异性远大于面板数据，这使面板数据相较于截面数据的灌溉用水需求价格弹性较低。

气候因素对灌溉用水需求价格弹性的影响可以从温度和降水两个维度进行分析。在温度上，相比热带地区，亚热带的价格弹性相对较大，但温带的价格弹性较小，而这两种趋势都不显著。气候因素对灌溉用水需求价格弹性的影响主要体现在降水维度上，相较于湿润型气候地区，干旱型气候地区的灌溉用水需求价格弹性更小。其中的原因比较直接，因为干旱地区缺乏灌溉用水，面对水资源缺乏的状况，农户灌溉用水需求对水价的反应自然不敏感。但是，在回归结构中干旱地区灌溉用水需求价格弹性较小的效应是不显著的。

灌溉水源对灌溉用水需求价格弹性的影响主要体现在水源的可替代性，替代性较高的灌溉用水需求价格弹性也相应较高。模型结果显示，联合灌溉样本的灌溉用水需求价格弹性比仅地表水样本的价格弹性大，表明在拥有替代水源的条件下，农户的灌溉用水需求对水价的反应较为敏感。同时，模型结果也显示地下水灌溉样本的灌溉用水需求价格弹性也比地表水灌溉样本大（并非都显著），这与统计描述的结果相反，这可能是由不同水源类型的样本量差异造成的。

另外，地区控制变量的回归结果显示，人均GDP和农业产值占

GDP 比重都能降低灌溉用水需求价格弹性，而灌溉面积比例对灌溉用水需求价格弹性影响不显著。人均 GDP 可以代表研究区域的富裕程度，一般较富裕的地区拥有相对多的资金投资在生产要素上，所以当水价上升时，人均 GDP 较高地区的用水需求减少程度相对较小，即灌溉用水需求价格弹性较低。农业产值占 GDP 比重表明研究区域农业的重要性，在农业较为重要的地区，农户对灌溉用水的需求较为重视，不愿承受因减少用水量而带来的收益损失，所以在灌溉依然有利可图的条件下，这些地区农户灌溉用水量对水价的反应程度较弱。一般而言，灌溉面积比例较大的地区农户对灌溉用水的依赖性更强，其灌溉用水需求价格弹性更低。然而，在本书的模型中，这个因素的影响不显著，这可能是本书样本自身的局限性造成的。此外，模型显示，期刊的影响因子对灌溉用水需求价格弹性影响为负，即在高影响因子期刊上发表的结果中，水价弹性趋向减小。这是由于高影响因子期刊对发表结果保持一定的慎重性，同时也反映灌溉用水需求缺乏价格弹性的事实。

第三节　农业水价政策对作物灌溉用水需求的影响

一　描述性统计分析

（一）灌溉水价对作物灌溉用水需求的影响

一般而言，灌溉用水量随着灌溉价格的升高而下降。为了验证这种关系，运用 CWIM 作物地块数据，按照灌溉水价从低到高的顺序，把样本平均分为四个区间，比较每个价格区间内的平均灌溉用水量。基于地块数据，本书分别对比小麦和玉米样本的水价与用水量关系；对于每种作物，本书考察的样本分为三类：全部样本、只用地表水灌溉样本和只用地下水灌溉样本。对比结果如表 5-6 所示。

根据统计结果，小麦和玉米在不同灌溉水源样本下，灌溉用水量均随着水价的提高而降低。具体地，小麦和玉米在全样本层面从最低价格区间到最高价格区间用水量减少幅度分别为 55% 和 74%；在地表水灌溉地块上，两种作物因价格提高而产生的区间用水量减少幅度分别为 57% 和 68%；在地下水灌溉地块上，小麦和玉米的区间用水量减少幅度分别为 24% 和 45%。可以初步判断，在同种灌溉水源下，玉米灌溉用水

表 5-6　　　　　　　灌溉用水量与灌溉水价关系统计描述

单位：元/立方米、立方米/公顷

作物	价格区间	所有样本 水价	所有样本 用水量	地表水 水价	地表水 用水量	地下水 水价	地下水 用水量
小麦	1%—25%	0.04	6578	0.03	7767	0.05	3880
	26%—50%	0.08	4643	0.05	5868	0.11	3844
	51%—75%	0.14	3947	0.09	4730	0.20	3455
	76%—100%	0.46	2945	0.31	3315	0.48	2934
	平均	0.18	4528	0.12	5420	0.21	3528
玉米	1%—25%	0.03	8336	0.02	10185	0.06	3305
	26%—50%	0.07	5620	0.05	7378	0.13	2750
	51%—75%	0.13	3222	0.08	6064	0.23	2065
	76%—100%	0.44	2199	0.22	3283	0.57	1826
	平均	0.17	4844	0.09	6727	0.25	2487

注：水价按照农村居民消费价格指数统一换算成2001年价格水平。

资料来源：笔者根据CWIM调查数据整理。

量对价格的反应更敏感，用水需求价格弹性应该更大，这可能与其生长季在雨季，不如小麦对灌溉用水有强烈依赖有关。我们也可以看出，同种作物地表水灌溉的用水需求价格弹性比地下水大，这可能与不同水源的用水量和可替代性相关。更具体地，深入每个相邻价格区间用水量的减少幅度来看，基本呈现较高价格区间的需求价格弹性更大，如地表水灌溉地块中，小麦和玉米最低价格区间到第二价格区间平均用水量减少幅度约为24%和28%，而在第三价格区间到最高价格区间的平均用水量减少幅度约为30%和46%。

（二）灌溉收费方式对作物灌溉用水需求的影响

同样地，我们需要考察不同灌溉收费方式下作物的灌溉用水量是否也有所差异。地表水和地下水在不同收费方式下灌溉水价差异很大，在此本书基于CWIM地块用水数据，分别比较小麦和玉米在不同灌溉水源下不同灌溉收费方式的用水量。具体的统计描述如表5-7所示，需要说明的是表5-7中因地下水灌溉地块的收费方式细化了按用电量和用油量，所以对于全样本和地表水灌溉样本而言，是按用电量或用油量收费方式。

表 5-7（a） 不同灌溉收费方式下的用水量　　单位：立方米/公顷

年份	小麦			玉米		
	按面积	按时间	按用电或用油量	按面积	按时间	按用电或用油量
2001	5470	4641	3815	5780	2853	2369
2004	5265	3549	3126	7632	1805	1899
2007	4452	3269	3731	6356	2452	2664
2011	6050	4322	3371	5661	3086	2226
平均	5247	3884	3533	6364	2668	2324

资料来源：笔者根据 CWIM 调查数据整理。

表 5-7（b） 地表水不同灌溉收费方式下的用水量　　单位：立方米/公顷

年份	小麦			玉米		
	按面积	按时间	按用电或用油量	按面积	按时间	按用电或用油量
2001	6395	4853	4816	6468	3278	2786
2004	5829	2060	3542	8449	1920	2040
2007	4927	2934	5603	6782	2250	1950
2011	6604	3758	2745	6323	1500	3060
平均	5920	3138	4180	7037	2534	2382

资料来源：笔者根据 CWIM 调查数据整理。

表 5-7（c） 地下水不同灌溉收费方式下的用水量　　单位：立方米/公顷

年份	小麦				玉米			
	按面积	按时间	按用电量	按用油量	按面积	按时间	按用电量	按用油量
2001	3147	4705	3626	3389	2697	2738	1564	3233
2004	4463	3970	2402	3117	1200	1790	1233	1635
2007	6811	3451	3131	2592	5295	2345	2625	3153
2011	5096	4401	3358	4152	4428	2989	2138	2773
平均	4342	4122	3177	3187	3707	2559	2119	2739

资料来源：笔者根据 CWIM 调查数据整理。

由表 5-7 中数据可知，无论是何种灌溉水源，小麦和玉米在计量水价下灌溉用水量都小于按面积收费方式下的灌溉用水量①。对地表水而言，小麦和玉米在按时间收费时的平均用水量比按面积收费分别少 47%和 64%，而在按用电量或用油量收费时的减少幅度分别为 29%和 66%。对地下水灌溉地块而言，小麦和玉米在按时间收费时的平均用水量比按面积收费分别少 5%和 31%，在按用电量收费时的减少幅度分别为 29%和 43%，在按用油量收费时的减少幅度分别为 27%和 26%。另外，灌溉数据在每年的分布也基本上呈此种趋势。可以发现，在地下水灌溉地块上，所有收费方式下的玉米用水量均小于小麦用水量，符合作物生长规律。在地表水灌溉地块，如果是按面积收费，玉米的灌溉用水量反而高于小麦用水量；而在计量水价下，玉米的灌溉用水量明显小于小麦用水量，从而更加凸显计量水价对减少用水量的作用。

综上所述，提高灌溉水价或采用计量水价都能减少作物灌溉用水量。但如前所述，计量水价下灌溉水价往往比按面积收费的水价高，二者存在密切联系，不能仅做统计描述来说明它们对灌溉用水量的影响。所以，有必要建立计量模型，在控制其他要素的情况下，单独考察水价和收费方式的具体作用。

二 计量模型及其估计结果

（一）计量模型设定

为了分析灌溉水价及其收费方式对用水量的影响，控制住其他因素（如气候因素，以及村、农户和地块特征等），将建立作物灌溉用水需求模型，并利用计量经济学方法估计出关键系数。模型采用双对数形式，其具体形式如下：

$$\ln W_{ijkt} = \alpha + \beta_s \sum_{s=1}^{5} \ln Xp_{s,ijkt} + \psi_p \sum_{p=1}^{3} SCH_{p,ijkt} + \sigma_q \sum_{q=1}^{3} SCH_{q,ijkt} \times \ln Wp_{ijkt} + \gamma_g \sum_{g=1}^{6} CL_{g,kt} + \eta_v \sum_{v=1}^{5} V_{v,kt} + \theta_u \sum_{u=1}^{6} H_{u,jkt} + \varphi_m \sum_{m=1}^{7} PL_{m,ijkt} + \delta_{ijk} + \lambda_t + \varepsilon_{ijkt}$$

(5-5)

式中，各个变量的下标 i、j、k 和 t 分别为地块 i、农户 j、村庄 k 和年

---

① 这里的计量水价并非指按用水量（立方米）计费，而是分别按照灌溉时长、耗电量或耗油量等准计量水价模式计费。

份 t；W 为用水量；W_p 为灌溉水价。模型基于地块上作物层面的，所以每个模型都分别应用于小麦和玉米样本。自变量中除了我们关注的水价和收费方式变量，还包括作物价格、其他投入品价格这些必要变量，并控制了气候变量、村特征、农户特征及地块特征①。同时，δ_{ijk} 和 λ_t 分别为地块和年份双向固定效应；α、β、ψ、γ、σ、η、θ 和 φ 为所对应变量的待估参数；ε 为误差项。对模型中各个变量的具体解释和统计描述如表 5-8 所示。

表 5-8　　　　　　　　作物灌溉用水需求模型变量描述

变量		单位	变量描述	小麦 ($N=1696$) 均值	标准差	玉米 ($N=1308$) 均值	标准差
因变量	用水量	立方米/公顷	单位面积灌溉用水量	4528	2916	4844	4177
投入要素价格 (X_p)	水价	元/立方米	灌溉水价，2001 年价格水平	0.18	0.29	0.17	0.24
	化肥价格	元/千克	化肥价格，2001 年价格水平	4.31	1.52	3.96	1.61
	劳动力工资	元/天	劳动力工资，2001 年价格水平	16.21	7.57	17.78	8.03
	其他资金投入	元/公顷	其他资金投入，包括每公顷的种子、农药、地膜、机械等投入总和，用单位面积上的总资金投入表示其他资金投入的价格，2001 年价格水平	2016	937	2075	1797
	作物价格	元/千克	作物价格，2001 年价格水平	1.34	0.23	1.20	0.33
收费方式虚变量 (SCH)	计量水价	1＝是，0＝否	虚变量，是否计量水价，这是一个合并变量，包括按时间、按用电量和按用油量计量 3 类	0.46	0.50	0.41	0.49
	按时间	1＝是，0＝否	虚变量，水价是否按时间计量	0.21	0.41	0.17	0.38

---

① 需要说明的是，一些不随时间变化的村和农户特征（如村庄地形、户主受教育水平等）不包括在本书的模型内，但是模型中包含了部分不随时间变化的地块特征（包括地块面积和土壤类型），这些变量在地块固定效应下会被消解，但在农户固定效应下会有回归系数。

续表

变量		单位	变量描述	小麦 ($N=1696$)		玉米 ($N=1308$)	
				均值	标准差	均值	标准差
收费方式虚变量（SCH）	按用电或用油量	1=是，0=否	虚变量，水价是否按用电或用油量计量：在地表下水灌溉地块该指标可细化为按用电量计量和按用油量计量两类	0.26	0.44	0.22	0.42
气候变量（CL）	平均温度	摄氏度	平均温度：生长季内的县级水平的月平均气温	9.96	1.94	20.50	2.48
	平均温度平方项						
	总降水量	毫米	总降水量：收获当月向前推一年的时间范围内的县级水平的总降水量	503	238	379	174
	总降水量平方项						
	气温标准差		月气温标准差	9.88	0.92	4.89	0.73
	降水量标准差		月降水量标准差	52.80	26.98	38.49	17.59
村特征（V）	村是否缺水	1=是，0=否	虚变量，村是否缺水	0.34	0.47	0.34	0.47
	村纯地表水灌溉的面积比例	%	村纯地表水灌溉的面积比例	44.18	45.89	53.26	46.72
	村纯联合灌溉的面积比例	%	村纯联合灌溉的面积比例	13.05	26.88	7.38	19.69
	深井比例	%	村深井比例	22.89	38.77	27.12	41.38
	灌溉面积机井密度	眼/公顷	灌溉面积机井密度	0.29	0.42	0.19	0.30
农户特征（H）	户主年龄	岁	户主年龄	49.08	10.31	49.51	10.55
	家庭非农劳动比例	%	家庭非农劳动比例	42.17	31.32	43.89	32.31
	家庭妇女劳动力比例	%	家庭妇女劳动力比例	1.43	0.76	1.40	0.74

续表

变量		单位	变量描述	小麦 (N=1696)		玉米 (N=1308)	
				均值	标准差	均值	标准差
农户特征 (H)	家庭18岁以下劳动力比例	%	家庭18岁以下劳动力比例	0.15	0.46	0.11	0.39
	家庭60岁以上劳动力比例	%	家庭60岁以上劳动力比例	0.24	0.58	0.26	0.60
	家庭财产	元	家庭财产	41158	62580	48136	73657
地块特征 (PL)	地块面积	公顷	地块面积	0.16	0.12	0.15	0.11
	壤土虚变量	1=是, 0=否	虚变量，该地块土壤类型是否为壤土，沙土为基组	0.32	0.47	0.33	0.47
	黏土虚变量	1=是, 0=否	虚变量，该地块土壤类型是否为黏土，沙土为基组	0.51	0.50	0.48	0.50
	地块距离放水口距离	千米	地块距离放水口距离	0.36	0.93	0.39	0.64
	地块到放水口非土渠比例	%	地块到放水口非土渠比例	43.74	48.76	38.21	47.57
	遭受旱灾	1=是, 0=否	虚变量，该地块在某一年内是否受旱灾	0.07	0.25	0.08	0.28
	遭受水灾	1=是, 0=否	虚变量，该地块在某一年内是否受洪灾	0.04	0.18	0.07	0.26

资料来源：笔者根据CWIM调查数据整理。

灌溉用水需求模型是根据水价和收费方式的不同组合构建的五个模型，其组合方式如表5-9所示。模型1只放入水价变量作为基本模型；模型2放入水价和收费方式变量，并以按面积收费为基组，把所有计量水价收费方式合成一个哑变量；模型3是在模型2基础上的进一步细化，即把计量水价哑变量细化，在地表水上分为按时间收费和按用油或用电量收费两个哑变量，在地下水上分为按时间收费、按用电量收费和按用油量收费三个哑变量（表5-7）；模型4是在模型2基础上的改进，即加入水价与计量水价哑变量的交叉项；模型 5 是在模型 3 基础上的改进，即加入水价与每种计量水价哑变量的交叉项。通过加入收费方式的后四种模型与模型 1 估计出的需求价格弹性的稳健性，来检验水价与收费方式间的关系对模型估计结果的影响。

表 5-9　　　　　　灌溉用水需求模型收费方式变量选择

收费方式变量	模型 1	模型 2	模型 3	模型 4	模型 5
计量水价		√		√	
按时间			√		√
按用电或用油量			√		√
计量水价×水价（交叉项）				√	
按时间×水价（交叉项）					√
按用电或用油量×水价（交叉项）					√

注：√代表对应模型中包括此变量，所有模型中均包含水价变量。

（二）计量模型结果与分析

基于上述的五个模型和作物地块灌溉数据，本书分别对小麦和玉米的灌溉用水需求函数进行估计。这里需要说明的是，为了区分不同水源条件下的灌溉用水影响因素，对于每个模型的回归本书都根据灌溉水源分为五组样本分别回归：所有样本、地表水（包括联合灌溉）样本、仅用地表水样本、地下水（包括联合灌溉）样本及仅用地下水样本，进行地块层面双向固定效应模型估计。

模型 1 和模型 5 的估计结果分别呈现在表 5-10 和表 5-11 中[①]。从总体结果来看，模型 1 在地块层面上的固定效应结果的运行效果较好：小麦和玉米的总样本回归组内 R^2 分别为 0.276 和 0.327；而地表水样本回归结果，两种作物的组内 R^2 分别大于 0.50 和 0.65；地下水的回归结果也都大于 0.25。表明模型对灌溉用水影响因素的分析有一定的解释力，特别是对地表水样本解释力更高。另外，所有回归结果的 rho

---

① 研究对五个模型分别都做了地块层面和农户层面的双向固定效应模型估计，为了节约篇幅，本书只展示模型 1 和模型 5 的回归结果。

表 5-10　作物灌溉用水需求函数回归结果（模型 1）

变量	灌溉用水量（对数值）							
	小麦				玉米			
	所有样本	地表水（包括联合灌溉）	仅用地表水	地下水（包括联合灌溉）	仅用地下水	所有样本	地表水（包括联合灌溉）	仅用地表水	地下水（包括联合灌溉）	仅用地下水
水价（对数值）（元/立方米）	-0.1822*** (8.31)	-0.3119*** (9.42)	-0.3092*** (8.78)	-0.0989** (2.33)	-0.0811* (1.93)	-0.3479*** (10.05)	-0.4925*** (14.55)	-0.5362*** (12.97)	-0.1863** (2.30)	-0.1240 (1.39)
化肥价格（对数值）（元/千克）	0.0774 (1.07)	0.0543 (0.48)	0.1727* (1.71)	0.2163** (1.98)	0.1418 (1.33)	0.1059 (1.38)	0.1206* (1.77)	0.1236* (1.80)	-0.0160 (0.08)	-0.1002 (0.43)
劳动力工资（对数值）（元/天）	3.5383 (0.67)	5.9099 (0.61)	-14.2718 (1.43)	-35.9645*** (2.78)	-125.4716** (2.43)	3.1979 (0.98)	-12.9838** (2.34)	-11.3061 (1.09)	43.2658 (1.26)	222.7707 (1.07)
作物价格（元/千克）	1.1032*** (4.11)	0.2366 (0.65)	1.1305*** (2.84)	1.6061*** (4.07)	1.9873*** (4.68)	0.0536 (0.25)	-0.0526 (0.27)	-0.0571 (0.29)	-0.2051 (0.38)	0.3094 (0.51)
单位面积其他资金投入（元/公顷）	-0.0435 (0.79)	0.0864 (0.99)	0.0663 (0.80)	-0.1542* (1.99)	-0.1132 (1.50)	0.0997* (1.79)	0.0848 (1.48)	0.0843 (1.46)	0.1279 (1.23)	0.1478 (1.28)
气候变量	Y	Y	Y	Y	Y	Y	Y	Y	Y	Y
村、农户、地块特征	Y	Y	Y	Y	Y	Y	Y	Y	Y	Y
地块固定效应	Y	Y	Y	Y	Y	Y	Y	Y	Y	Y
年份固定效应	Y	Y	Y	Y	Y	Y	Y	Y	Y	Y
常数项	-10.1239 (0.75)	-13.7458 (0.56)	35.3918 (1.45)	69.4575** (2.22)	272.2823** (2.38)	66.6736*** (3.16)	50.9947* (1.80)	48.9165 (1.64)	2.1558 (0.02)	-451.5804 (0.92)

续表

变量	所有样本	小麦 地表水（包括联合灌溉）	小麦 仅用地表水	小麦 地下水（包括联合灌溉）	小麦 仅用地下水	所有样本	玉米 地表水（包括联合灌溉）	玉米 仅用地表水	玉米 地下水（包括联合灌溉）	玉米 仅用地下水
rho	0.607	0.683	0.811	0.677	0.728	0.659	0.887	0.946	0.667	0.599
R^2 within	0.276	0.516	0.553	0.271	0.296	0.327	0.668	0.654	0.270	0.273
观测值	1696	919	770	926	777	1308	748	696	612	560

注：括号内为 t 值绝对值，*、**和***分别代表在10%、5%和1%水平下显著，Y 代表此类变量已被控制。

表5-11　作物灌溉用水需求函数回归结果（模型5）

变量	灌溉用水量（对数值）									
	所有样本	小麦 地表水（包括联合灌溉）	小麦 仅用地表水	小麦 地下水（包括联合灌溉）	小麦 仅用地下水	所有样本	玉米 地表水（包括联合灌溉）	玉米 仅用地表水	玉米 地下水（包括联合灌溉）	玉米 仅用地下水
水价（对数值）（元/立方米）	-0.2120*** (6.66)	-0.3637*** (8.66)	-0.3197*** (7.12)	-0.5516*** (3.14)	-0.7325*** (4.03)	-0.4961*** (11.63)	-0.5527*** (14.12)	-0.5433*** (13.17)	-0.4493** (2.09)	0.0175 (0.04)
化肥价格（对数值）（元/千克）	0.0831 (1.18)	0.0362 (0.34)	0.1294 (1.34)	0.1865* (1.70)	0.1440 (1.38)	0.1023 (1.41)	0.1237* (1.86)	0.1262* (1.87)	0.0487 (0.25)	-0.0245 (0.11)

续表

变量	小麦 所有样本	小麦 地表水（包括联合灌溉）	小麦 仅用地表水	小麦 地下水（包括联合灌溉）	小麦 仅用地下水	灌溉用水量（对数值）所有样本	玉米 地表水（包括联合灌溉）	玉米 仅用地表水	玉米 地下水（包括联合灌溉）	玉米 仅用地下水
劳动力工资（对数值）（元/天）	3.4329 (0.66)	1.4063 (0.15)	−16.0745* (1.70)	−32.7268** (2.51)	−114.3023** (2.26)	1.5726 (0.51)	−22.1097*** (3.10)	−20.2087* (1.90)	15.2945 (0.45)	−24.8689 (0.12)
作物价格（元/千克）	1.0018*** (3.79)	0.3430 (0.99)	1.1804*** (3.09)	1.4996*** (3.74)	1.7369*** (4.10)	0.0226 (0.11)	−0.0135 (0.07)	0.0220 (0.11)	−0.4726 (0.91)	0.1833 (0.31)
单位面积其他资金投入（元/公顷）	−0.0147 (0.27)	0.1120 (1.37)	0.1135 (1.44)	−0.1306* (1.70)	−0.0728 (0.98)	0.0984* (1.85)	0.0871 (1.56)	0.0679 (1.19)	0.0384 (0.36)	0.0836 (0.73)
按时间（1=是，0=否）	−0.2478** (2.07)	−0.3458* (1.84)	−0.3753* (1.93)	0.6244 (1.60)	1.1121*** (2.81)	0.4459** (2.02)	1.9527 (0.94)	0.6077 (0.27)	0.0316 (0.06)	−1.2577 (1.32)
按用电或用油量（1=是，0=否）	−0.1303 (0.97)	0.0875 (0.32)	0.3381 (1.01)			0.3638* (1.77)	−0.9571 (0.97)	−1.2315 (0.81)		
按用电量（1=是，0=否）				0.3997 (0.93)	0.8690** (2.03)				−0.3840 (0.68)	−1.5690 (1.65)
按用油量（1=是，0=否）				0.5144 (1.26)	1.4766*** (3.56)				1.1739* (1.85)	−0.0245 (0.02)
按时间×水价（对数值）	0.0500 (0.89)	0.1294 (1.32)	0.1226 (1.27)	0.5369*** (2.88)	0.6255*** (3.31)	0.4189*** (4.09)	0.9697 (1.14)	0.4415 (0.49)	0.3428 (1.45)	−0.1608 (0.39)

续表

变量	小麦 所有样本	小麦 地表水（包括联合灌溉）	小麦 仅用地表水	小麦 地下水（包括联合灌溉）	小麦 仅用地下水	灌溉用水量（对数值）所有样本	玉米 地表水（包括联合灌溉）	玉米 仅用地表水	玉米 地下水（包括联合灌溉）	玉米 仅用地下水
按用电或用油量×水价（对数值）	0.0782 (1.59)	0.1932*** (2.62)	0.2080** (2.34)			0.3401*** (4.78)	0.1274 (0.83)	0.1728 (0.51)		
按用电量×水价（对数值）				0.4610** (2.38)	0.6122*** (3.15)				0.2241 (0.95)	−0.2180 (0.55)
按用油量×水价（对数值）				0.4310** (2.35)	0.7297*** (3.89)				0.4531* (1.77)	−0.0103 (0.02)
气候变量	Y	Y	Y	Y	Y	Y	Y	Y	Y	Y
村、农户、地块特征	Y	Y	Y	Y	Y	Y	Y	Y	Y	Y
地块固定效应	Y	Y	Y	Y	Y	Y	Y	Y	Y	Y
年份固定效应	Y	Y	Y	Y	Y	Y	Y	Y	Y	Y
常数项	−12.0128 (0.91)	−2.7705 (0.12)	39.0070* (1.68)	61.1620* (1.94)	245.0824** (2.20)	45.1865** (2.23)	41.0385 (1.44)	38.6116 (1.24)	−46.9630 (0.45)	25.4132 (0.05)
rho	0.635	0.685	0.744	0.681	0.715	0.704	0.790	0.815	0.677	0.690
R^2 within	0.314	0.586	0.612	0.310	0.363	0.406	0.692	0.676	0.375	0.387
观测值	1696	919	770	926	777	1308	748	696	612	560

注：括号内为 t 值绝对值，*、**和***分别代表在10%、5%和1%的水平下显著，Y 代表此类变量已被控制。

值基本都在 0.6 以上，玉米地块的地表水模型甚至高达 0.946，表明残差项的大部分来自样本个体差异，而非误差项，也表明使用固定效应是正确的选择。

从模型 1 对水价变量的估计结果可知，无论采用何种灌溉水源或何种作物，提高水价均能减少灌溉用水量。基于双对数函数形式的特征，水价的回归系数即为灌溉用水需求价格弹性。总体上，小麦和玉米的灌溉用水需求价格弹性分别约为 -0.18 和 -0.35，玉米对水价的反应更敏感。分水源来看，小麦和玉米的地表水灌溉的水价弹性均大于地下水（这里的大小指的是弹性的绝对值，即用水量对水价的反应程度）。拥有补充水源地块的灌溉需求价格弹性基本上略大于单一水源地块，相较于地下水灌溉地块，拥有联合灌溉条件能显著提高需水价格弹性，减少对地下水的依赖性。基于模型 1 的分析结果，本书逐步分析后四种模型，由表中结果显示，虽然加入了收费方式及其与水价的交叉项，各模型得出的用水需求价格弹性与模型 1 无甚差别（模型 4 和模型 5 需要特别计算，对比结果会在本章第四节呈现），表明模型稳健性较高，需求价格弹性可信。

再通过模型 2 到模型 5 着重考查收费方式对用水量的影响。如前所述，计量水价收费方式可以有效减少灌溉用水量。模型 2 的计量结果显示，小麦和玉米在地表水和地下水灌溉地块上采用计量水价收费方式均能减少用水量（相对于按面积收费方式），其中地表水减少的效果更大（小麦在 50% 左右，玉米大于 65%）。对计量水价的细分可以得到模型 3 的回归结果，按时间收费对小麦地表水灌溉用水量和玉米地下水灌溉用水量节水效果更明显，比按面积收费的节水效果分别超过约 55% 和 65%。在地表水灌溉中按用电或用油量都能使灌溉用水量减少，但玉米地块的作用更明显。在地下水灌溉中，一方面按用电量收费就能起到节水效果，且玉米节水效果依然大于小麦；另一方面相对精细的按用电量收费节水效果优于按用油量收费。加入计量水价收费方式和水价的交叉项后，模型 4 和模型 5 的水价变量系数更接近模型 1，而且计算的收费方式虚变量的节水效果分别与模型 2 和模型 3 相似，此处不再赘述。

第四节 灌溉用水需求价格弹性估计结果

基于本章第三节对五个灌溉用水需求函数的回归结果，我们得出小麦和玉米在每种模型不同灌溉水源下的需求价格弹性。汇总这些结果，可得到表5-12。表5-12汇总了地块固定效应和农户固定效应回归结果的灌溉需求价格弹性，我们主要关注前者。同一种固定效应下，同种灌溉水源样本的五种模型计算的灌溉用水需求价格弹性是基本相同的，表明结果稳健性较强。

从弹性结果来看，灌溉用水需求价格弹性因作物和灌溉水源的不同而存在差异。具体地，玉米的需求价格弹性大于小麦（这里的大小指的是弹性的绝对值，用水量对水价的反应程度），其平均需求价格弹性分别约为-0.18和-0.35，即玉米用水需求对水价的反应比小麦更敏感。其中的原因可能是两种作物生长季内降雨量的差异，在中国北方季风性气候下，玉米生长季与雨季重合，相对于生长在较干旱季节的小麦，玉米对灌溉用水的依赖性更小。样本数据显示，总体上小麦和玉米生长季内降雨量的均值分别是201毫米和310毫米，相当于每公顷玉米多得到1100立方米的降水量。另外，根据文献结果，小麦的灌溉用水需求价格弹性在[-0.12, -0.03]区间上（均值为-0.08）(Moore et al., 1994; Schaible, 1997; Sadeghi et al., 2010)，低于本书的计算结果；而玉米的灌溉用水需求价格弹性在[-0.67, -0.04]区间上（Moore et al., 1994; Bontemps and Couture, 2002; Mullen et al., 2009; Finger, 2012)，本书的计算结果也在此区间内。

两种作物的地表水需求价格弹性均大于地下水，小麦的地表水和地下水需求价格弹性分别约为-0.31和-0.09，而玉米对应的价格弹性分别约为-0.50和-0.18。拥有补充水源地块的灌溉需求价格弹性率大于单一水源地块，特别是相对于地下水灌溉地块，拥有联合灌溉条件能显著提高需水价格弹性，减少对地下水的依赖性。因灌溉水源差异产生的灌溉用水需求价格弹性差别可以从两个角度来解释。一方面，地表水灌溉地块相对于地下水灌溉地块，得到替代水源（实现联合灌溉的机会更高）。由表5-13可知，小麦和玉米在地表水灌溉地块上联合灌溉面积

表5-12 灌溉用水需求价格弹性

固定效应层级	模型分类	小麦 所有样本	小麦 地表水(包括联合灌溉)	小麦 仅用地表水	小麦 地下水(包括联合灌溉)	小麦 仅用地下水	玉米 所有样本	玉米 地表水(包括联合灌溉)	玉米 仅用地表水	玉米 地下水(包括联合灌溉)	玉米 仅用地下水
地块	模型1	-0.1822*** (8.31)	-0.3119*** (9.42)	-0.3092*** (8.78)	-0.0989** (2.33)	-0.0811* (1.93)	-0.3479*** (10.05)	-0.4925*** (14.55)	-0.5362*** (12.97)	-0.1863** (2.30)	-0.1240 (1.39)
地块	模型2	-0.1779*** (8.31)	-0.2974*** (9.53)	-0.2817*** (8.29)	-0.0947** (2.25)	-0.0819* (1.94)	-0.3529*** (10.43)	-0.5078*** (15.14)	-0.5454*** (13.47)	-0.1824** (2.28)	-0.1375 (1.57)
地块	模型3	-0.1753*** (8.05)	-0.2934*** (8.75)	-0.2602*** (7.01)	-0.0967** (2.29)	-0.0906** (2.16)	-0.3490*** (10.27)	-0.5420*** (14.91)	-0.5437*** (13.27)	-0.1571** (2.04)	-0.1239 (1.48)
地块	模型4	-0.1829*** (8.44)	-0.3282*** (9.67)	-0.3015*** (7.93)	-0.1097*** (2.61)	0.1033** (2.48)	-0.3547*** (10.83)	-0.5231*** (15.47)	-0.5151*** (11.73)	-0.1824** (2.28)	-0.1306 (1.46)
地块	模型5	-0.1813*** (8.13)	-0.3227*** (9.15)	-0.2874*** (7.48)	-0.1119** (2.52)	-0.1224*** (2.77)	-0.3488*** (10.09)	-0.5126*** (10.96)	-0.5231*** (9.97)	-0.1658** (2.14)	-0.1303 (1.50)

续表

固定效应层级	模型分类	小麦 所有样本	小麦 地表水（包括联合灌溉）	小麦 仅用地表水	小麦 地下水（包括联合灌溉）	小麦 仅用地下水	玉米 所有样本	玉米 地表水（包括联合灌溉）	玉米 仅用地表水	玉米 地下水（包括联合灌溉）	玉米 仅用地下水
	模型1	-0.1650*** (10.26)	-0.2801*** (12.85)	-0.2940*** (11.66)	-0.1139*** (3.82)	-0.0548** (1.97)	-0.3025*** (12.42)	-0.3751*** (14.66)	-0.4382*** (14.74)	-0.2024*** (4.00)	-0.1874*** (3.45)
	模型2	-0.1619*** (10.22)	-0.2699*** (12.81)	-0.2685*** (10.91)	-0.1132*** (3.85)	-0.0568** (2.04)	-0.3028*** (12.64)	-0.3914*** (15.54)	-0.4405*** (15.03)	-0.1901*** (3.83)	-0.1832*** (3.48)
	模型3	-0.1574*** (9.83)	-0.2668*** (11.98)	-0.2509*** (9.79)	-0.1144*** (3.89)	-0.0592** (2.13)	-0.3030*** (12.61)	-0.4174*** (16.16)	-0.4494*** (15.47)	-0.1801*** (3.70)	-0.1584*** (3.10)
	模型4	-0.1684*** (10.45)	-0.2902*** (12.69)	-0.2874*** (10.85)	-0.1197*** (4.09)	-0.0676** (2.43)	-0.3008*** (12.90)	-0.4013*** (16.09)	-0.4134*** (13.81)	-0.1956*** (3.98)	-0.1962*** (3.71)
农户	模型5	-0.1623*** (9.88)	-0.2950*** (12.24)	-0.2765*** (10.32)	-0.1145*** (3.79)	-0.0727** (2.55)	-0.3036*** (12.77)	-0.3911*** (11.64)	-0.4362*** (12.17)	-0.1954*** (4.01)	-0.1771*** (3.40)

注：括号内为 t 值，*、**和***分别代表在10%、5%和1%的水平下显著。

表 5-13　　　　不同灌溉水源作物的灌溉用水可替代性　　　　单位：%

作物	灌溉水源	村只用地表水灌溉面积比例	村只用地下水灌溉面积比例	村联合灌溉面积比例
小麦	仅用地表水地块	81	6	13
小麦	仅用地下水地块	5	87	7
小麦	联合灌溉地块	21	38	41
玉米	仅用地表水地块	84	6	10
玉米	仅用地下水地块	3	93	4
玉米	联合灌溉地块	29	36	35

资料来源：笔者根据 CWIM 调查数据整理。

比例均大于地下水灌溉地块。另一方面，地表水灌溉地块本身的用水量大于地下水灌溉地块，这使地表水灌溉地块在水价上升时有较大的调节空间。如表 5-6 所示，小麦和玉米地表水灌溉地块用水量分别是地下水灌溉地块用水量的 1.5 倍和 2.7 倍。

第五节　灌溉用水经济价值与需求价格弹性内在关系

再进一步地，把灌溉用水边际价值、灌溉水价及其灌溉用水需求价格弹性联系起来，我们会发现其内在的经济学逻辑。大量的实证结果显示，在同时测得灌溉用水边际价值和需求价格弹性时，边际价值通常大于水价，而且需求价格弹性较低（Kulshreshtha and Tewari，1991；Sadeghi et al.，2010）。如 Sadeghi 等（2010）基于伊朗小麦灌溉数据，利用 GLS 估计方法，计算灌溉用水边际价值为 0.031—0.317 美元/立方米，大于其灌溉水价 0.0019—0.0208 美元/立方米，但其需求价格弹性为-0.036。但是，由于地下水灌溉地块的水源可替代性较差，地下水灌溉小麦地块在灌溉用水边际价值超过平均水价的情况下，其需求价格弹性（绝对值）依然是最小的。

基于第四章第四节所计算出的个体灌溉用水边际价值和水价比较，无论是小麦还是玉米，在各种灌溉水源下的灌溉用水需求价格弹性都呈现一种普遍规律：在灌溉用水边际价值小于水价情况下的灌溉用水的需求价格弹性（绝对值）会显著大于在灌溉用水边际价值大于水价情况下的灌溉用水的需求价格弹性（绝对值）。如表 5-14 所示，在所有样本下，当小麦灌溉用水边际价值大于水价时的灌溉用水需求价格弹性仅为-0.19，而当灌溉用水边际价值小于水价的灌溉用水需求价格弹性变为-0.71；玉米样本显示出更加明显的对比效果，即灌溉用水需求价格弹性从灌溉用水边际价值大于水价时的-0.85 变为灌溉用水边际价值小于水价时的-2.38。甚至当灌溉用水边际价值从大于水价变为小于水价时，灌溉用水需求价格弹性会从无弹性（弹性绝对值小于 1）变为有弹性（弹性绝对值大于 1）。如地表水灌溉的小麦地块，在灌溉用水大于和小于水价的情况下，灌溉用水需求价格弹性分别为-0.39 和-1.82，差异十分明显。

表 5-14　灌溉用水边际价值与水价不同关系下的个体灌溉用水需求价格弹性

分类	小麦			玉米		
	所用样本	地表水	地下水	所用样本	地表水	地下水
边际价值>水价	-0.19	-0.39	-0.08	-0.85	-1.27	-0.2
边际价值<水价	-0.71	-1.82	-0.15	-2.38	-3.72	-0.41

资料来源：笔者根据 CWIM 调查数据整理。

如前所述，对于大部分样本而言，水价都低于灌溉用水边际价值，所以灌溉用水需求价格弹性较低。在这种情况下，如果小幅度提高水价，那么对灌溉用水量的减少效果不是很显著，因而只有当水价的调价幅度较大，其达到或超过作物灌溉用水的边际价值，才能更好地发挥价格杠杆在节水方面的激励机制。而对于水价大于灌溉用水边际价值的少部分样本而言，如果价格进一步提高，即使小幅度地提高水价，灌溉用水量也会有较大幅度的降低。

第六节　本章小结

本章首先基于已有的研究文献，分别对灌溉用水的需求价格弹性做

meta 分析。结果显示，灌溉水价、用水量、研究方法、作物类型、数据类型、气候变量、灌溉水源、研究区域特征，以及发表期刊特征等因素分别对灌溉用水需求价格弹性和经济价值有着不同影响，具体包括以下五个方面。一是水价较高时的灌溉用水需求价格弹性（绝对值）也较大。二是混合作物相对于单一作物的价格弹性较高，而高价值作物相对于低价值作物的弹性较低。三是地区宏观数据得出的灌溉用水需求价格弹性比基于地块或农户的微观数据的价格弹性大；基于截面数据的灌溉用水需求价格弹性小于时间序列数据的弹性，而大于面板数据测得的价格弹性。四是气候因素对灌溉用水需求价格弹性的影响主要体现在降水上，相较于湿润型气候地区，干旱型气候地区的农户对灌溉用水依赖性更大，其需求价格弹性更小。五是在灌溉水源影响上，拥有替代水源条件的联合灌溉样本的灌溉用水需求价格弹性比仅用地表水灌溉样本的价格弹性大。

其次，本章基于 CWIM 地块面板数据，分析了农业水价政策（灌溉水价和收费方式）对小麦和玉米在不同灌溉情景下灌溉用水量的影响。根据计量结果计算相应的灌溉用水需求价格弹性，并且讨论灌溉用水需求价格弹性在不同作物和灌溉情景下的情况，以及与水价和灌溉用水边际价值的内在关系。基本结论如下：一是统计描述和计量模型一致显示，无论采用何种灌溉水源，提高水价均能减少小麦和玉米的灌溉用水量；而且，相较于其他形式的收费方式，采用计量水价收费方式可以有效减少作物地表水和地下水灌溉用水量。二是灌溉用水需求价格弹性因作物和灌溉水源的不同而存在差异。玉米的需求价格弹性大于小麦，对水价的反应更敏感；而且，两种作物的地表水的平均需求价格弹性均大于地下水。三是当水价大于边际价值时，作物在各种灌溉水源下的灌溉用水的需求价格弹性会显著提高；但大部分样本的水价都低于灌溉用水边际价值，因而灌溉用水需求价格弹性较低。

第六章

双赢的智慧：灌溉水价政策的节水和收入效应
——以河北省"一提一补"水价改革为例

本章导读

➢ 农户节水与增收双目标权衡下制定水价政策的基本思路是什么？
➢ "一提一补"水价改革的政策设计和实施过程是怎样的？
➢ "一提一补"水价改革对作物用水量和农户收益影响如何？
➢ 推广"一提一补"水价改革面临的挑战与对策是什么？

本章以河北省衡水市桃城区著名的"一提一补"灌溉水价改革为例，分析农业用水提价和补贴策略对农户作物用水效率和收入的影响，以期探索农业水价改革中实现节水和增收双赢目标的方案。

第一节 水价政策下农户节水与增收的权衡

中国的农业水安全对粮食安全至关重要，且政府已经建立一套非常严格的制度来管理国家有限的水资源。快速发展的工业部门和日益富裕的城镇居民生活部门正与农业部门争夺有限的水资源，农业用水的比例已从1949年的97%降至2022年的63%（Wang et al., 2009）[1]。此外，

---

[1] 《中国水资源公报（2022）》，http://www.mwr.gov.cn/sj/tjgb/szygb/202306/t20230630_1672556.html。

第六章 | 双赢的智慧：灌溉水价政策的节水和收入效应

未来几十年，气候变化将加剧中国主要粮食产区的缺水状况（Wang et al.，2013）。2012 年初，国务院宣布实施水资源管理"三条红线"政策，该政策将全国年用水总量限制在 7000 亿立方米以下，并要求到 2030 年将灌溉效率提高到 60%。虽然投资节水技术是提高灌溉效率的必要条件，但中国的灌溉技术采用率仍很低（Blanke et al.，2007），且越来越多的证据表明农户未能采用节水技术的主要原因是缺乏经济激励（Liu et al.，2011；Wang，2012）。因此，政策制定者和学者将注意力转向了如何通过价格政策等经济手段建立有效的激励机制（Dinar and Mody，2004；Huang et al.，2010）。

近年来，中国工业和家庭部门的水价改革实施相对顺利，而农业部门自农业水价综合改革进入"深水区"后一直停滞不前。决策者对灌溉水价改革的主要担忧是，提高价格会减少农民收入，进一步扩大城乡收入差距。况且，学者已经证实了增加灌溉费用对农户收入可能存在负面影响（Huang et al.，2010）。因此，灌溉水价不仅是一种经济政策，也是一个政治问题。事实上，随着 2004 年国家农业税减免和粮食补贴政策的实施，中国一些发达地区甚至免除了对农户征收灌溉费用，以进一步减轻农民经济负担（Wang，2012）。然而，如果农户不承担灌溉费用，他们就很可能没有动力通过提高灌溉效率来减少用水量，农业水资源可持续利用面临更大挑战（Dinar and Mody，2004；Dinar and Saleth，2005；Huang et al.，2010）。

同时提高灌溉水价和农户收入不仅在中国是一个挑战，在其他国家也是如此，这些国家的农民习惯于低价甚至免费用水（Dinar and Saleth，2005；Hellegers and Perry，2006）。一些学者断言，农户很可能会抵制灌溉定价政策，因为这对他们的收入有直接负面影响；很少有机会从其他地方弥补亏空，而且没有明显迹象表明供水会改善的情况下更是如此（Gomez-Limon and Riesgo，2004；Mejias et al.，2004）。许多研究也都证实了因水价上涨导致收入下降的论点，其主要原因在于农户灌溉用水需求缺乏价格弹性（Moore et al.，1994；Ogg and Gollehon，1989；Schoengold et al.，2006）。

在现实世界中，以上节水与增收的矛盾能否找到有效的解决方案？Dinar 和 Mody（2004）发现，尽管提高灌溉水价可能会损害农户的收入，但倘若找到一种方法说服他们接受并在调整期应用补充性保护工具对灌溉水价改革的顺利实施至关重要。基于对中国北方的实证研究，Huang 等（2010）建议在制定灌溉水价政策的同时建构补贴计划，将补贴转移给农户，作为对农户收入损失的补偿。然而，这些措施能否在田间地头实施，对农户的用水效率和收入有何影响等问题仍然存疑。为了充分了解这些问题，理想的方法是利用随机控制试验，在某些地方以一套具体的灌溉水价政策作为政策冲击，比较实验组和对照组农户的表现。然而，开展这样的研究往往受到许多社会经济和政治困难的制约。

幸运的是，中国河北省以"一提一补"灌溉水价改革试点为我们提供了这样的一个准自然实验，帮助我们解答上述疑问。这项改革得到了国家"节水型社会"项目的支持，自 2005 年起由河北省衡水市桃城区水管部门负责推进。在改革县区，90%以上的灌溉都依赖于地下水资源，其改革的重点是地下水灌溉价格。为了赢得农户的接受和支持，这项改革建立了一套机制，有望实现减少农户灌溉用水量，同时保证农户收入不降反增的双赢目标。尽管引起了上层政策制定者和媒体的高度关注，但这项改革至今仍未扩展到其他地区（WRBTD，2012）。尽管地方领导和少数学者对改革进行了分析，但大多数研究都是基于案例研究（Chang and Liu，2010）或理论分析（Chen et al.，2014），很少有实证研究来评估改革本身，因此很难解答政策制定者的困惑。

所以，本章的总体目标是评估"一提一补"灌溉水价改革试点在实现提高灌溉效率和保持或增加农户收入方面的效果。具体分为以下四步：一是我们研究了改革是如何在桃城区设计和实施的；二是评估了改革对三种主要灌溉作物（小麦、玉米和棉花）的地下水灌溉效率的影响；三是讨论了参与农户的经济收益和损失；四是确定了与改革的可持续实施有关的主要问题和将其推广到其他地区的可行性建议。

第二节 "一提一补"水价改革及其试点实施

一 改革的设计

随着 2002 年新《中华人民共和国水法》的修订和颁布，政府正式提出建立节水型社会。其目的是控制用水总量的增长，减轻缺水的压力。政府提出的主要措施是实行配额管理政策，改革水价，建立水权制度，以及推广节水技术。为了建立节水型社会，水利部印发《关于开展节水型社会建设试点工作指导意见的通知》，鼓励各省向水利部申请试点项目。水利部将为其批准的每个试点项目拨付资金，以用于实施试点项目建设。

作为严重缺水的地区之一，河北省于 2005 年开始实施试点项目，桃城区被选为首批参与试点项目的地区之一。在试点项目开始时，根据国家政策和其他此类项目的经验，桃城区水务局官员尝试实施用水配额管理政策并建立水权制度；然而，他们遇到了很多困难，特别是村干部和农户没有动力参与改革，而且沟通和监督的交易成本很高（Chang and Liu，2010）。后来，根据他们的实地调查和仔细谋划，水务局官员创造了一套定价机制，并将其命名为"一提一补"。该机制的总体思路是实现双赢的政策，即提高地下水灌溉价格以减少灌溉用水量，同时也向农户提供补贴以抵消提价对其收入的潜在负面影响。

图 6-1 展示了"一提一补"水价政策的总体设计框架。对于参加改革的农户来说，地下水灌溉费用被分为两部分：（A）改革前的灌溉

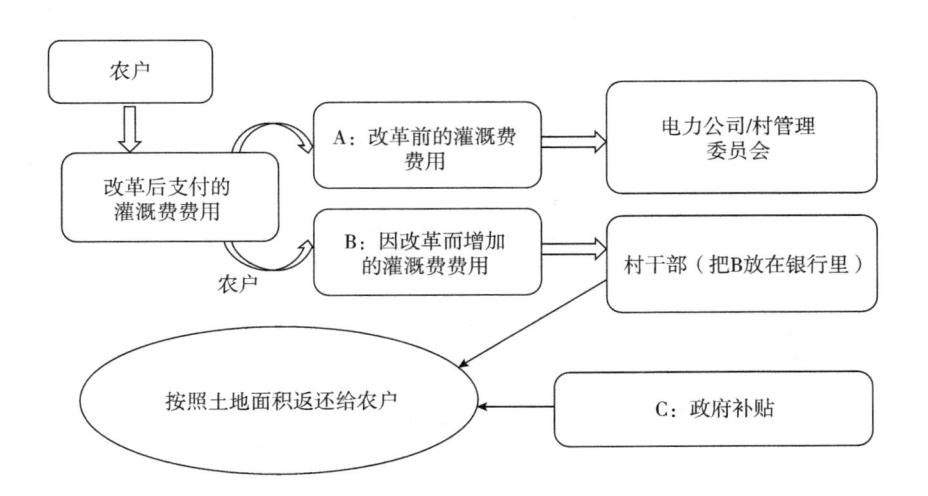

图 6-1　河北省桃城区地下水灌溉水价"一提一补"试点改革的机制

费用和（B）因改革而增加的灌溉费用。其中，A 部分主要是需要交给电力公司的电费，以及需要交给村委员会的管理费；B 部分为因改革而增加的灌溉费用，由村干部负责管理并存入银行。在年底时，村干部从银行取出 B 部分的资金与镇政府补贴资金（C 部分）汇总，并根据灌溉土地面积重新平均分配给参与农户。

该机制的关键是按参与农户灌溉面积获得亩均相同的回报，而农户地下水亩均用水量因地而异，他们支付的灌溉费用不同。支付的灌溉费用和收益之间的差额被视为对农户的激励，以减少他们地下水灌溉用水量。如果一些农户亩均用水量比其他农户低，即使在没有政府补贴的情况下，他们最终也会有收益，因为他们支付的灌溉提价水费相对少，但亩均土地获得的改革回报相同。在加入政府补贴后，大多数参与农户的回报都能覆盖其提价水费。

二　研究区域和数据

（一）微观调查概况

河北省衡水市桃城区土地总面积为 592 平方千米，2014 年人口为 43 万人，人均可用水资源量仅为 117 立方米，仅为全国平均水平的 1/18，也低于河北省的平均水平（全国平均水平的 1/7）。在该地区，近 90%的用水（主要用于灌溉）依赖地下水资源，该地区 70%以上的机井抽取深层地下水（WRBHC，2012）。农业用水需求的急剧增加，导致地下水超采，地下水位每年下降 2 米以上（Chen et al.，2014）。鉴于此种严峻缺水形势，河北省水利厅于 2005 年选择桃城区作为实施灌溉水价改革的试点地区之一。

为了解灌溉水价改革试点的实施和效果，我们在桃城区组织了两轮实地调查。第一轮是在 2009 年进行的。根据与该区水务局工作人员的沟通，我们将全区 354 个村庄分为两组：第一组（52 个村庄）参加了改革（实验组），第二组（其余 302 个村庄）未参与改革（对照组）。从每组中随机选择了 10 个村庄，并在其中进行农户访谈。从这 20 个随机选择的村庄中，每个村庄又选择了 4 个农户，并从每个农户中选择了其种植的 2 块地进行详细调查。2009 年，我们的调查样本共包括 20 个村庄 80 个农户的 160 块土地。2012 年，我们进行了第二轮跟踪调查，并收集了相同类型的信息。然而，由于原来的农户中有 15 户已经不住村庄里,所以我们在丢失农户样本村中重新选择了 15 户新样本农户进行替换。

我们设计了两个独立的调查问卷收集所需信息:农户问卷和村干部问卷。收集的第一个重要信息是灌溉费用,包括地下水和地表水灌溉费用。地下水灌溉费用与抽水的用电量密切相关,在这个地区,所有机井都装配了电表。农户能够告诉我们每种作物的总用电量和他们支付的相应灌溉费用,以及灌溉用电的价格。对于那些参与改革的村庄,我们询问农户在改革前支付了多少地下水灌溉费用,以及改革后收到多少补贴。对于地表水灌溉费用,农户每年按土地面积支付。除灌溉费用外,村干部还向农户收取管理费,用于运营和维护机井和水渠。我们向村干部询问了改革开始的年份、改革前后支付的灌溉水费、管理费、电价、政府补贴、用水户协会成立的时间,以及他们如何在村里实施改革。

除灌溉费用的相关信息外,我们还收集了每个样本地块中各作物的灌溉用水量信息。我们询问农户作物整个生长季节的总灌溉次数、每次灌溉时长和灌溉用水量。如果农户不清楚灌溉用水量,我们就从其所属的灌溉管理者那里获得相应信息;灌溉管理者通常能给我们提供地下水和地表水灌溉的详细用水量信息。对于地下水灌溉,根据机井水泵的大小或每个泵每小时平均抽水量信息,我们用每小时抽出的平均地下水量乘以灌溉时间来计算地下水灌溉用水量。对于地表水灌溉,管水村干部或灌区的渠道管理者详细记录了村里每个时间段的地表水灌溉总量和总灌溉面积信息。根据这些信息,我们估算出村里每个时间段每个地区的单位时间内地表水灌溉量,并将其乘以农户各作物的灌溉时长,得到样本地块每种作物的地表水灌溉用水量。

此外,我们收集了有关地块、家庭和村庄的特征信息。地块特征包括土壤类型、地块到管井的距离及田间灌溉节水技术。家庭特征包括户主的年龄和教育程度、非农工作和农场规模。在村庄特征中,最重要的信息与缺水情况有关,如根据他们的经验判断水是否稀缺。

(二) 调查样本的灌溉用水基本特征

调查结果显示,地下水是样本地块的主要灌溉水源。在我们的样本村中,77%的灌溉地块只依靠地下水,21%的灌溉地块进行联合灌溉(可同时使用地下水和地表水),仅有 2%的灌溉地块只依靠地表水。在灌溉用水方面，参加试点改革项目的村庄和未参加项目的村庄之间没有显著差异。

深层机井是地下水灌溉的主要供水设施。总体而言，村庄平均拥有8口机井和116公顷灌溉土地。在所有机井中，96%是深井，机井深度在200—300米。其余的浅井（平均深度为60米）只出现在那些未参加过改革的村庄中。农户灌溉依赖深井的主要原因是桃城区的浅层含水层几乎已经干涸；而且由于严重的盐碱化问题，地下水质量很差。这些现象也反映了这一地区缺水的严重程度。Wang等（2006）根据他们在中国北方的大型实地调查发现，80%以上的管井是由农户管理的。然而，在我们在桃城区的样本点，几乎所有的管井都由村委会管理。

为了实施试点改革，被选中的村庄需要建立用水户协会。但是，这些用水户协会的管理者是村干部，故村干部也是灌溉管理者。在一些村庄，村委会主任会雇用一些农户来操作机井并收取灌溉费用，而这些农户无权参与管理决策。深层机井的投资和运营成本很高，单个农户很难投资和管理，所以这些样本村也都选择村干部作为管理者。

三　灌溉水价改革实施

（一）试点改革的进展

基于实地调查，并非所有村庄同时开始改革。在参与改革的10个村庄中，只有1个村在2005年实施了改革，3个村于2006年实施，3个村于2007年实施，3个村于2008年实施改革。这意味着改革是逐步推进的，当地水务局工作人员在积累了一定的经验后采取了循序渐进的方式推进改革。尽管不是在同一时间推行改革，但所有的试点村实施计划都是相似的。

值得注意的是，并非所有的村庄都按计划实施了改革。在实地调查中，我们从村干部和农户那里收集了关于地下水灌溉费用的信息。根据他们的回答，我们发现在10个试点村中的7个村，村干部提供的地下水灌溉费用信息与农户的回答一致；这些村被定义为"改革试点村"。然而，在另外3个村庄，村干部和农户之间关于地下水灌溉费用的信息是不同的。平均来说，村干部报告的灌溉费用比农户报告的高30%，农户表示他们的灌溉费用与改革前的差不多。换句话说，虽然这3个村子收到了项目补贴并被列为试点村，但村干部并未进行实际的改革

(提价)。因此,我们把它们定义为"未改革的试点村"。

第二轮实地调查显示,有几个村庄在 2009—2012 年停止实施或退出改革(见表 6-1)。在 2009 年的 7 个改革试点村中,有一个从改革试点组转到了未改革试点组,另一个转到了对照组;而在 2009 年的 3 个未改革试点村中,有 1 个也在 2012 年停止了改革,进入对照组。通过我们与已经退出改革项目的村庄的进一步沟通表明,几乎所有的村委会主任都表示,参与改革太耗时费力。

表 6-1　　　　　　　　2009—2012 年改革变动情况

2009 年改革试点情况	村编号	2012 年的改革状况		
		改革试点村	未改革试点村	对照村
改革试点村	1	是		
	2	是		
	3	是		
	4	是		
	5	是		
	6		是	
	7			是
未改革试点村	8		是	
	9		是	
	10			是

(二) 灌溉费用和政府补贴的变化

如表 6-2 所示,对于那些实际实施改革的村庄,农户的灌溉费用名义上增加了 1/3 以上,实际增加了约 1/5。改革前,名义灌溉费用为 0.65—0.75 元/度(平均 0.69 元/度)。2009 年,所有改革村的灌溉费用平均增加了 34%,为 0.92 元/度。2012 年的平均灌溉费用与 2009 年差别不大,达到 0.95 元/度;与改革前的灌溉水平相比,灌溉费用增加了 38%。然而,如果我们研究灌溉费用的实际变化,会发现改革导致 2009 年灌溉费用增加 20%,2012 年增加 15%。灌溉费用增长的另一个特征是,并非所有村庄的灌溉费用增长幅度都一样:有些村庄的实际增

表 6-2　试点村的灌溉费用变化

价格类型	村代码	项目实施的起始年份（年）	农民支付的灌溉费用[a]（元/度） 实施项目之前 (1)	农民支付的灌溉费用[a]（元/度） 2009 年 (2)	农民支付的灌溉费用[a]（元/度） 2012 年 (3)	因改革而增加的灌溉费用比例（%） 2009 年 [(2)−(1)]/(1)×100	因改革而增加的灌溉费用比例（%） 2012 年 [(3)−(1)]/(1)×100	政府的补贴（元/度） 2009 年 (4)	政府的补贴（元/度） 2012 年 (5)
2009 年的名义价格	1	2006	0.65	0.95	0.98	46	51	0.10	0.11
	2	2007	0.65	0.95	1.00	46	54	0.10	0.10
	3	2007	0.75	0.90	0.90	20	20	0.05	0.05
	4	2008	0.65	0.77	0.86	18	32	0.05	0.10
	5	2008	0.74	0.9	1.00	22	35	0.05	0.10
	6[b]	2005	0.68	0.98	—	44	—	0.10	—
	7[c]	2007	0.70	0.98	—	40	—	0.10	—
	平均值		0.69	0.92	0.95	34	38	0.08	0.09
2009 年的实际价格[d]	1	2006	0.74	0.95	0.90	29	22	0.10	0.10
	2	2007	0.73	0.95	0.91	31	25	0.10	0.09
	3	2007	0.84	0.90	0.82	7	−2	0.05	0.05
	4	2008	0.69	0.77	0.78	12	13	0.05	0.09
	5	2008	0.79	0.90	0.91	15	16	0.05	0.09
	6[c]	2005	0.68	0.98	—	44	—	0.10	—
	7[d]	2007	0.70	0.98	—	40	—	0.10	—
	平均值		0.76	0.92	0.86	20	15	0.08	0.08

注：a 灌溉费用包括电费和管理费（约占 10%），向农户一起收取，并以用电量来衡量；b 该村成为未改革试点村，即 2012 年仍有政府补贴，但补贴由村领导保管，2012 年向农民收取的灌溉费用为 0.81 元/度（名义值），也比 2009 年少很多；c 该村成为对照村，也就是说，他们在 2012 年没有得到政府补贴，2012 年向农民收取的灌溉费用为 0.78 元/度（名义值）；d 灌溉费用和政府补贴都采用农村消费价格指数，根据 2009 年的价格水平进行通货膨胀调整。

长幅度超过40%，有些村庄的增长幅度不到10%，这也是水务局与村委会反复沟通的结果。另外，即使给参与改革的农户明确的预期——增加的费用最后会返还给农户，但确定水费提高的幅度在各村仍是一个敏感问题。

政府为改革提供补贴资金的目的是鼓励村干部和农户参与改革，使改革能够顺利推进。补贴水平因村而异，2009年样本村只有0.05元/度和0.10元/度两个补贴水平，且2012年的名义补贴与2009年相比没有明显变化。经测算，2009年农户平均获得补贴额约为0.08元/度，约为提价水平的35%。此外，地方政府（水务局）的补贴完全来自试点项目资金，其补贴的可持续性风险较高。

第三节 水价试点改革对主要农作物地下水灌溉用水量的影响

一 描述性统计分析

调研数据表明，改革试点村的农户小麦地下水灌溉用水量可能比其他村少。2009年，将改革付诸实践的村庄农户平均地下水灌溉用水量约为2654立方米/公顷，这比只在名义上实施改革的未改革试点村（2671立方米/公顷）或完全未参与的对照村（2816立方米/公顷）要少（见表6-3）。2012年的统计结果也呈此趋势。与小麦类似，改革试点村棉花的地下水灌溉用水量也较低，但玉米的情况并非如此。结果显示，2009年在改革试点村，棉花的灌溉地下水用水量为1137立方米/公顷，低于未改革试点村（1557立方米/公顷）和对照村（1139立方米/公顷）；2012年的结果与2009年的结果相似。但是，如果对比玉米的地下水灌溉用水量情况，我们会发现相反的结果。为了确定小麦和棉花是否比玉米的地下水用水量对灌溉水价更敏感，我们需要基于计量模型分析，并控制其他因素的影响来进一步研究。

二 计量经济学模型的设定

除灌溉水价外，其他社会经济和自然因素也影响农户的灌溉决策。为了衡量改革对农户灌溉用水量的影响，我们基于在桃城区的两轮实地调查，建立了以下计量经济学模型。

表 6-3　　　　　　　三种作物的地下水灌溉用水量　　　单位：立方米/公顷

作物	改革分类	2009 年	2012 年
小麦	改革试点村	2654	2549
	未改革试点村	2671	2799
	对照村	2816	2953
玉米	改革试点村	1291	1697
	未改革试点村	960	1403
	对照村	1130	1692
棉花	改革试点村	1137	897
	未改革试点村	1557	1170
	对照村	1139	1103

$$W_{cijk} = \alpha_1 + \beta_1 R_k + \beta_3 Z_{cijk} + \beta_4 D_k + \beta_5 T + \varepsilon_{cijk} \quad (6-1)$$

$$W_{cijk} = \alpha_2 + \eta_1 R_k + \eta_2 N_k + \eta_3 Z_{cijk} + \eta_4 D_k + \eta_5 T + \Phi_{cijk} \quad (6-2)$$

$$W_{cijk} = \alpha_3 + \gamma_1 P_{cijk} + \gamma_2 Z_{cijk} + \gamma_3 D_k + \gamma_4 T + \delta_{cijk} \quad (6-3)$$

式中，下标 $cijk$ 表示村庄 k 农户 j 的第 i 地块上的作物 c（小麦、玉米或棉花）。因变量 W 表示块地层面按作物计算的地下水灌溉用水量（在计量估计中我们采用其对数值形式）。我们感兴趣的关键自变量是式（6-1）中的 R 和式（6-2）中的 N，前者是用来衡量一个村庄是否为改革试点村，后者则衡量一个村庄是否为未改革试点村。式（6-1）比较了改革试点村和非改革试点村（包括未改革试点村和对照村）的灌溉情况，式（6-2）分别比较了改革试点村与对照村的灌溉情况，以及未改革试点村与对照村的灌溉情况。由于改革增加了灌溉费用，从而直接影响了农户的灌溉行为。因此，在式（6-3）中，我们未使用改革变量（R 和 N），而是使用提价水平 P（与实施改革前相比，灌溉费用的实际变化）衡量改革对地下水灌溉用水量的影响。

另外，所有三个模型均加入一组控制变量（Z）：①村庄层面的变量，即村庄是否缺水。②家庭层面的变量，包括户主的年龄和受教育年限、非农工作的比例、农场规模。③地块层面的变量，包括地表水灌溉面积、壤土、黏土、地块到管井的距离、分别使用地下和地上管道输水长度的比例。为了控制不随时间变化的因素，我们在三个模型中加入了乡镇虚拟变量（D_k）；我们还以 2009 年为基组增加了一个年份虚拟变量（T），以控制时间固定效应。α_1—α_3、β_1—β_5、η_1—η_5 和 γ_1—γ_4 为待估参数，而 ε、Φ 和 δ 均是随机误差项。计量模型所涉及所有变量的描述性统计如表 6-4 所示。

我们使用普通最小二乘法（OLS）作为基本估计策略。原因包括两方面：一是模型中的关键自变量（改革变量）是外生的[①]，且不存在完全的多重共线性，OLS 估计是一致的；二是当自变量是外生的且不存在当误差项同方差、连续且不相关时，在线性无偏估计中是最优的。

三 计量模型的估计结果

表 6-5 列出了三个模型的估计结果，总体拟合度尚可。小麦模型的调整 R^2 约为 0.30，玉米和棉花分别约为 0.25 和 0.21，这些数值对基于类似地区的一次实地调查的多元分析来说已经相对较高。

值得注意的是，估计结果表明实施改革可以大大降低灌溉小麦的地下水灌溉用水量。在保持其他因素不变的情况下，改革试点村的农户对小麦的地下水灌溉用水量明显低于未改革试点村和对照村。具体来说，如果一个村庄实施了改革，那么该村农户的小麦地下水灌溉用水量就会下降 21%。未改革试点村的回归系数在统计上并不显著，这意味着未改革试点村的地下水灌溉用水量与对照村没有区别，仅是口头上的名义改革并无节水效应。

与小麦类似，实施改革也大大降低了棉花的地下水灌溉用水量，但对玉米没有明显影响。在棉花模型中，与未改革试点村或对照村相比，在改革试点村的农户能够显著降低棉花的地下水利用率灌溉用水量（也降低约 21%）。此外，未改革试点村的棉花地下水灌溉用水量也与对照村没有明显区别。然而，即使在实施改革的村庄，玉米的地下水灌溉用水量也没有明显变化，可能是玉米主要在雨季生长，因此不需要

[①] 在实施改革之前，水务局的工作人员将确定哪些村庄是潜在的试点地。选择原则是基于他们的经验，即村干部是否愿意合作。之后，水利局工作人员将与村干部谈话，然后决定最终的样本地点。因此，选择试点村的第一步主要是由水利局工作人员决定，而不是村干部。因此，样本选择问题并不那么严重。此外，我们的回归数据是地块层面的，而改革变量是村级层面的；改革试点村的农户无权决定是否参与改革，因为决定权在村干部手中。因此，对于农民个人来说，这个改革变量可以被视为外生变量。

表6-4　计量模型变量描述性统计

	变量	单位	小麦 (N=161) 平均值	标准差	最小值	最大值	玉米 (N=182) 平均值	标准差	最小值	最大值	棉花 (N=85) 平均值	标准差	最小值	最大值
因变量	地下水灌溉用水量	立方米/公顷	2805	1349	420	12150	1459	723	315	4500	1142	472	525	3750
水价改革变量	改革试点村	1=是, 0=否	0.25	0.43	0.00	1.00	0.31	0.46	0.00	1.00	0.34	0.48	0.00	1.00
	未改革试点村	1=是, 0=否	0.12	0.33	0.00	1.00	0.14	0.35	0.00	1.00	0.14	0.35	0.00	1.00
	提价水平	元/度	0.06	0.12	−0.31	0.33	0.07	0.13	−0.31	0.33	0.08	0.12	−0.31	0.30
村庄特征	是否缺水	1=是, 0=否	0.39	0.49	0.00	1.00	0.35	0.48	0.00	1.00	0.48	0.50	0.00	1.00
农户特征	户主年龄	岁	52.00	9.34	29.00	84.00	51.47	8.55	29.00	71.00	50.45	7.58	31.00	67.00
	户主受教育年限	年	7.74	2.35	0.00	12.00	7.91	2.23	2.00	12.00	7.73	2.22	0.00	12.00
	家庭非农劳动力比例		0.15	0.25	0.00	1.00	0.14	0.24	0.00	1.00	0.23	0.27	0.00	1.00
地块特征	地块面积	公顷	0.20	0.09	0.05	0.53	0.20	0.09	0.05	0.53	0.19	0.11	0.03	0.60
	地表水灌溉用水量	立方米/公顷	185.74	570.69	0.00	4000.00	28.98	155.90	0.00	1371.43	33.88	312.38	0.00	2880.00
	壤土	1=是, 0=否	0.43	0.50	0.00	1.00	0.37	0.49	0.00	1.00	0.28	0.45	0.00	1.00
	黏土	1=是, 0=否	0.27	0.45	0.00	1.00	0.32	0.47	0.00	1.00	0.36	0.48	0.00	1.00
	地块距离井口距离	千米	0.24	0.21	0.00	1.00	0.25	0.24	0.00	2.00	0.31	0.30	0.00	1.50
	输水地下管道比例		0.82	0.28	0.00	1.00	0.83	0.28	0.00	1.00	0.80	0.27	0.00	1.00
	输水地面管道比例		0.16	0.27	0.00	1.00	0.15	0.26	0.00	1.00	0.19	0.26	0.00	1.00

注：N为不同作物观测值数量；表中三个未注明单位的比例变量用0—1小数表示。

第六章 双赢的智慧：灌溉水价政策的节水和收入效应

表6-5 小麦地下水灌溉利用率决定因素的回归结果

<table>
<tr><th rowspan="3">变量</th><th colspan="9">地下水灌溉利用率（立方米/公顷）（取对数）</th></tr>
<tr><th colspan="3">小麦</th><th colspan="3">玉米</th><th colspan="3">棉花</th></tr>
<tr><th>(1)</th><th>(2)</th><th>(3)</th><th>(4)</th><th>(5)</th><th>(6)</th><th>(7)</th><th>(8)</th><th>(9)</th></tr>
<tr><td>改革试点村
(1=是, 0=否)</td><td>-0.2086*
(1.70)</td><td>-0.2385*
(1.76)</td><td></td><td>0.1000
(0.92)</td><td>0.0915
(0.83)</td><td></td><td>-0.2131*
(1.78)</td><td>-0.2022*
(1.75)</td><td></td></tr>
<tr><td>未改革试点村
(1=是, 0=否)</td><td></td><td>-0.1468
(0.80)</td><td></td><td></td><td>-0.0418
(0.28)</td><td></td><td></td><td>0.1267
(1.14)</td><td></td></tr>
<tr><td>提价水平
（元/度）</td><td></td><td></td><td>-0.7007*
(1.98)</td><td></td><td></td><td>0.1594
(0.57)</td><td></td><td></td><td>-0.8804***
(3.06)</td></tr>
<tr><td>村庄缺水特征</td><td>Y</td><td>Y</td><td>Y</td><td>Y</td><td>Y</td><td>Y</td><td>Y</td><td>Y</td><td>Y</td></tr>
<tr><td>农户特征</td><td>Y</td><td>Y</td><td>Y</td><td>Y</td><td>Y</td><td>Y</td><td>Y</td><td>Y</td><td>Y</td></tr>
<tr><td>地块特征</td><td>Y</td><td>Y</td><td>Y</td><td>Y</td><td>Y</td><td>Y</td><td>Y</td><td>Y</td><td>Y</td></tr>
<tr><td>乡镇虚拟变量</td><td>Y</td><td>Y</td><td>Y</td><td>Y</td><td>Y</td><td>Y</td><td>Y</td><td>Y</td><td>Y</td></tr>
<tr><td>年份虚拟变量</td><td>Y</td><td>Y</td><td>Y</td><td>Y</td><td>Y</td><td>Y</td><td>Y</td><td>Y</td><td>Y</td></tr>
<tr><td>常数项</td><td>8.0979***
(21.35)</td><td>8.0945***
(21.13)</td><td>8.0332***
(20.73)</td><td>7.4486***
(14.75)</td><td>7.4460***
(14.70)</td><td>7.4430***
(14.50)</td><td>7.2163***
(20.44)</td><td>7.1836***
(19.68)</td><td>7.1320***
(17.88)</td></tr>
<tr><td>Adj R^2</td><td>0.2960</td><td>0.3036</td><td>0.2922</td><td>0.2534</td><td>0.2539</td><td>0.2486</td><td>0.2042</td><td>0.2158</td><td>0.2135</td></tr>
<tr><td>样本量</td><td>161</td><td>161</td><td>161</td><td>182</td><td>182</td><td>182</td><td>85</td><td>85</td><td>85</td></tr>
</table>

注：括号内为 t 统计量的绝对值（村层面的聚类标准误）；* 和 *** 分别表示在10%和1%的水平下显著。

那么多的灌溉用水量①。

此外，正如预期并与上述结果一致，提高地下水的灌溉费用大大降低了小麦和棉花的地下水灌溉用水量。代表地下水灌溉费用变化的提价水平的系数在小麦和棉花模型中都是显著为负的。结果表明，如果地下水灌溉费用增加1元/度（比目前的灌溉费用增加约100%），小麦的地下灌溉用水量可分别减少50%和59%②。因此，实行灌溉提价政策仍是减少地下水灌溉的有效措施。然而，从估计结果可知，灌溉价格的弹性并不高；政府想要显著减少地下水的灌溉用水量，因此灌溉价格必须大幅提高，其他文献也指出了这一点（Huang et al., 2010）。如果要提高灌溉用地下水的价格，最好同时为农户提供补贴，以抵消水价上涨对其收入的负面影响。这个试点项目存在的问题是，农户降低的收入能否被补贴填补？有多少农户会受益？又有多少农户会损失？这些问题将在第四节讨论。

第四节 农户的收益和损失

分析结果表明，如果不发放补贴，大约一半的农户会因为改革而亏损。如图6-2（a）所示③，如果不发放补贴，2009年有42%的麦农会亏钱，58%的麦农会赚钱④。2012年，50%的麦农会亏钱，50%的麦农会赚得更多［见图6-2（c）］。在村层面考察这个问题，如果没有补贴，2009年和2012年，损失或赚取的钱的总和必然为零。这并不难理解，因为补贴作为一些农户赚到的额外资金，其来源正是那些损失的农户。也就是说，单位面积使用更多地下水进行灌溉的农户受到了惩罚，

---

① 这里所讨论的是我们在实地调查中观察到的可能的主要原因之一，在未来我们需要更多的证据来证明这一点。

② 50%＝100%×exp（0.770-1）；59%＝100%×exp（0.8804-1）。

③ 2012年三种作物的地块样本自2009年以来有所减少，因为一些家庭在2012年的两个样本地块中没有种植相同的作物。

④ 与其单独看作物，不如把所有作物的总收入放在一起看，这样能够更准确反映改革对一个家庭的总作物收入的影响。然而，我们只从每个家庭中选择了两块地来收集生产投入和产出的信息。此外，这两块地里种植的主要作物是小麦、玉米和棉花；种植其他作物的地块未被列入调查范围。因此，我们无法在家庭层面上估计所有作物的收入。

第六章 | 双赢的智慧：灌溉水价政策的节水和收入效应

那些使用较少的农户则得到了奖励。这就是改革的目的，希望通过发动农户间的节水竞争，鼓励他们减少灌溉用水。玉米和棉花农户也有类似的结果［见图6-3中的（a）和（c）、图6-4中的（a）和（c）］。

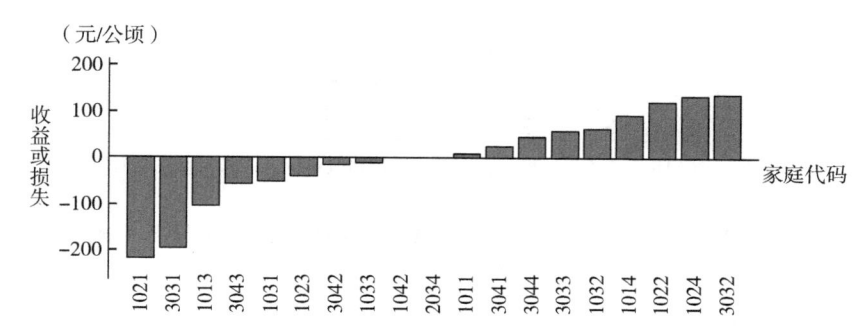

（a）2009年不对麦农进行补贴的情况下，因价格改革试点带来的收益或损失

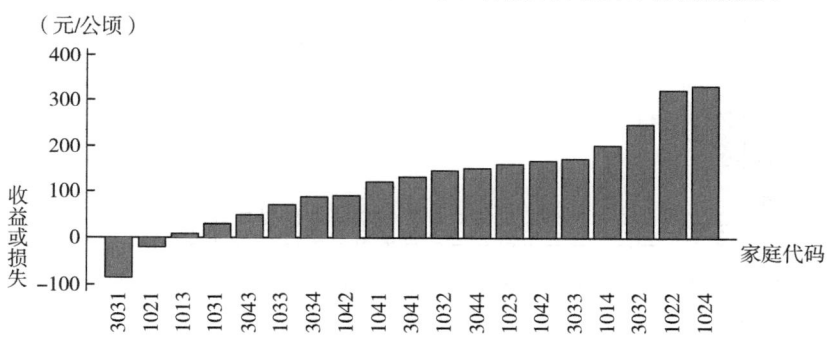

（b）2009年对麦农有补贴的情况下，因价格改革试点带来的收益或损失

（c）2012年不对麦农进行补贴的情况下，因价格改革试点带来的收益或损失

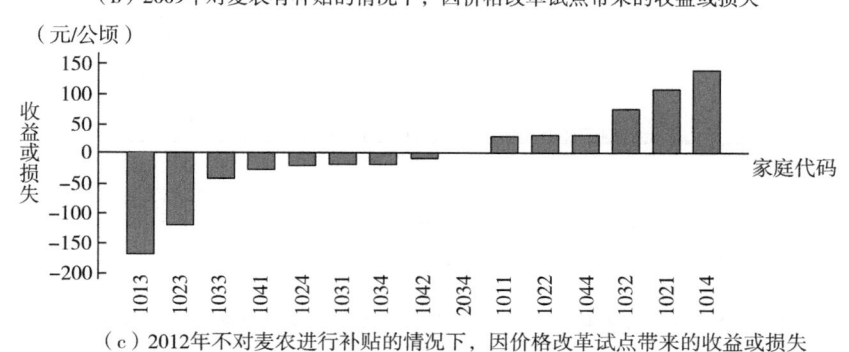

图 6-2　改革试点村的麦农因价格改革试点的收益和损失情况

223

（d）2012年对麦农有补贴的情况下，因价格改革试点带来的收益或损失

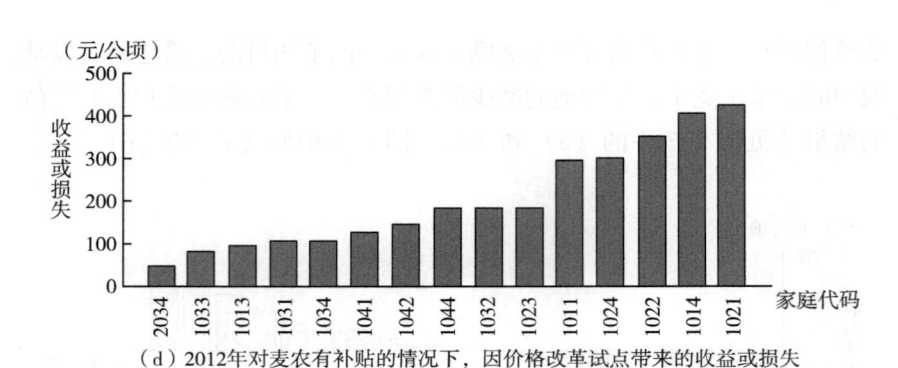

图6-2　改革试点村的麦农因价格改革试点的收益和损失情况（续）

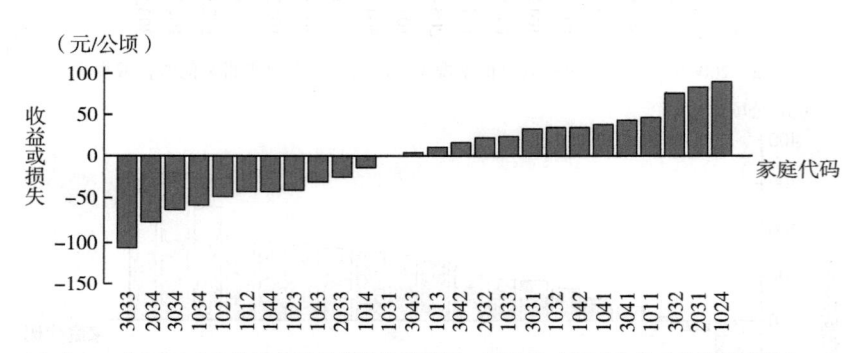

（a）2009年不对玉米种植户进行补贴的情况下，因价格改革试点带来的收益或损失

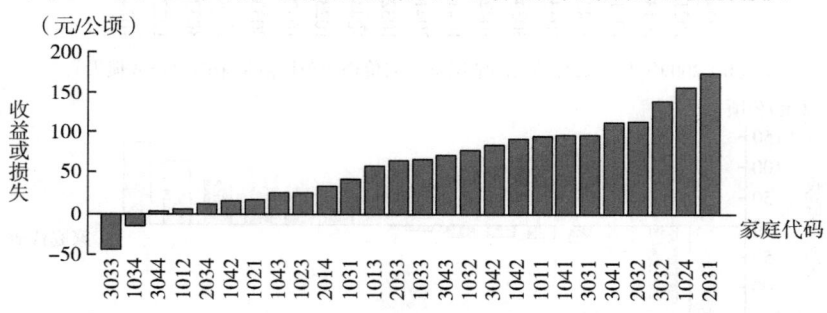

（b）2009年对玉米种植户进行补贴的情况下，因价格改革试点带来的收益或损失

图6-3　改革试点村的玉米种植户因价格改革试点的收益和损失情况

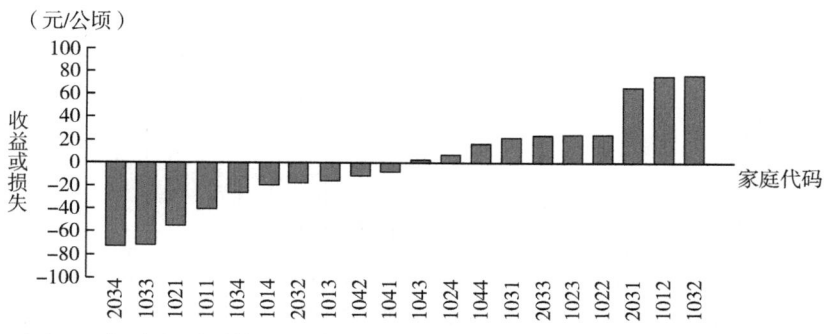

第六章 | 双赢的智慧：灌溉水价政策的节水和收入效应

（c）2012年不对玉米种植户进行补贴的情况下，因价格改革试点带来的收益或损失

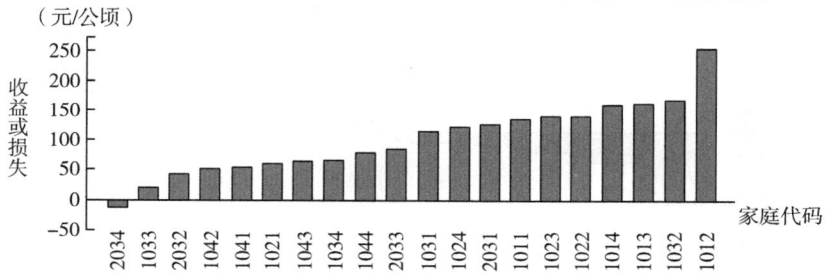

（d）2012年对玉米种植户进行补贴的情况下，因价格改革试点带来的收益或损失

图 6-3 改革试点村的玉米种植户因价格改革试点的收益和损失情况（续）

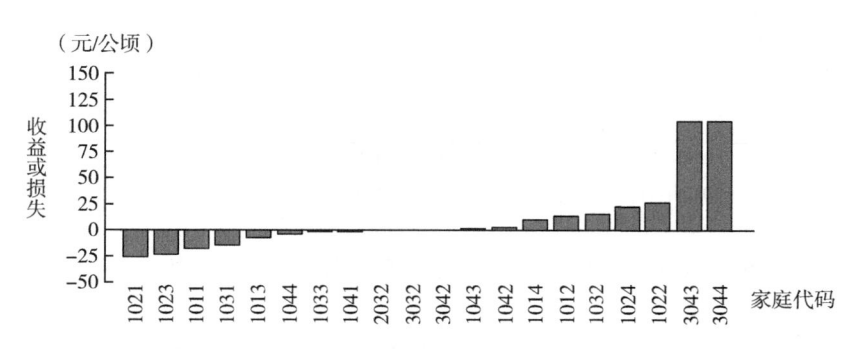

（a）2009年不对棉农进行补贴的情况下，因价格改革试点带来的收益或损失

图 6-4 改革试点村的棉农因价格改革试点的收益和损失情况

225

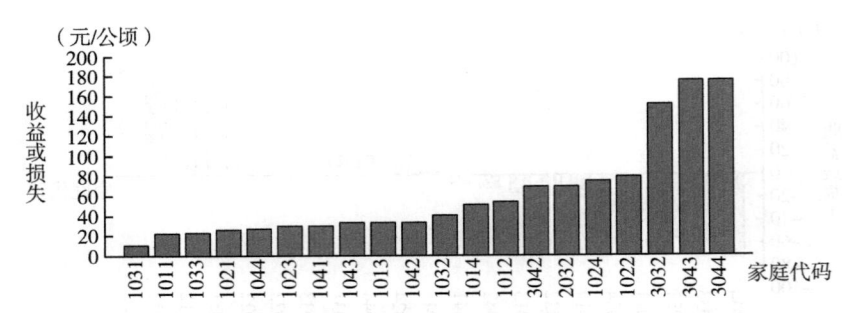

(b) 2009年对棉农进行补贴的情况下，因价格改革试点带来的收益或损失

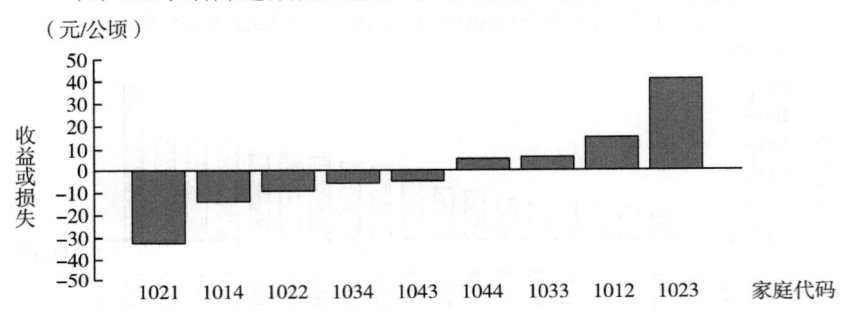

(c) 2012年不对棉农进行补贴的情况下，因价格改革试点带来的收益或损失

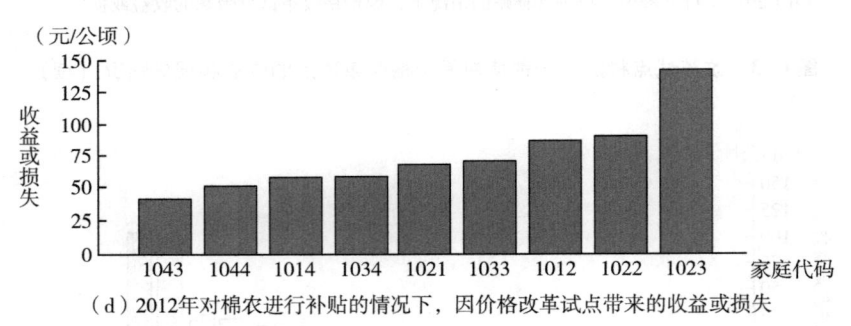

(d) 2012年对棉农进行补贴的情况下，因价格改革试点带来的收益或损失

图 6-4　改革试点村的棉农因价格改革试点的收益和损失情况（续）

与此对比，在实施了改革的村子里大多数农户因得到了补贴就能挣到钱。为了鼓励农户支持和参与改革，地方政府向改革试点村提供了一定比例的补贴。显然，所提供的补贴抵消了改革对农户收入的负面影响，因为在 2009 年只有 11% 的麦农在获得补贴后亏损，在 2012 年这一比例只有 5%［见图 6-2 的（b）和（d）］。我们还发现玉米种植户和棉农也有类似的情况：他们中相对较少的人在获得补贴后亏损［见

图6-3中的（b）和（d）、图6-4中的（b）和（d）]。2009年，小麦种植户平均每公顷收入126元，2012年每公顷收入204元[见图6-2（b）和（d）]。玉米和棉花种植农户也都有收入，尽管比小麦种植农户少。例如，2009年，玉米种植农户每公顷赚了62元，棉花种植农户赚了60元[见图6-3中的（b）、图6-4中的（b）]。补贴与地下水灌溉用电量密切相关，而小麦农户灌溉更多（灌溉频率大于其他作物），因此从改革中获得了更多的收入。

第五节 试点推广面临的挑战与对策

如上所述，试点改革大大降低了主要作物的地下水灌溉用水量，且保障了大多数农户的收入。然而，经过十多年的观察，这项试点改革仍未推广到其他地区。中央和地方政府也都在关注这个问题，想了解造成这种情况的原因是什么？下面我们将讨论可能制约试点改革推广的一些因素，并提出应对策略。

一 参加试点改革村庄的代表性

我们的调查结果显示，参与试点改革的村庄有几个共同的社会经济特征：①他们主要依靠地下水进行灌溉。②他们主要使用深层机井灌溉。③这些机井主要由村干部管理。第一个特征在中国北方的许多村庄都很常见（Wang et al.，2009），然而第2个和第3个特征并不属于这一地区的整体情况。基于对中国北方的大规模实地调查，Wang等（2006，2009）发现，尽管许多村庄的深层机井数量明显增加，但浅层机井仍是农田灌溉的主要地下水来源。此外，大多数机井是由农户维护和管理，而不是由村干部管理的。中国北方的大多数村庄都有浅层和深层管井，其也往往比试点村庄有更多的机井。如果要将改革推广到中国北方其他地区，实施过程可能会更加复杂，因此政府最好选择其他具有不同社会经济特征的村庄进行试验。

二 改革的补贴金额、形式和来源

提供补贴是鼓励村干部和农户参与改革的一个重要因素。然而，即使大多数农户可以通过领取补贴来赚钱，为什么有些村庄仍然选择退出改革？将试点改革提价收取的金额与政府的农业补贴金额相比，可能便有了答案。在中国，政府总共向农户提供了 1668 亿元的农业补贴，包括粮食、种子、机械和综合投入补贴（Huang et al.，2013）。2012 年，粮食种植面积为 0.11 亿公顷，这意味着农户获得的农业补贴为每公顷 1516 元，这个数字远高于通过本试点改革发放的补贴。在本书试点改革中，小麦种植农户平均每公顷获得 181 元的补贴（占农业补贴的 11%），每公顷获得 204 元的收益（占农业补贴的 13%）（见图 6-2）。换句话说，水价改革补贴的金额对农户参与试点的激励作用不大。因此，如果政府想鼓励更多的农户参与试点改革，并在未来普遍实施水价改革，确定一个合适的金额作为补贴将是改革成功的一个重要因素。

除了补贴额度，补贴的类型也需要仔细考量。调查发现，补贴金额与用电量密切相关，因为其是以用电单位（度）来衡量的。这意味着如果一个村庄使用更多的电（从而使用更多的地下水），他们就会得到更多补贴。然而，改革的目的是减少用电总量，从而减少对地下水的开采。因此，根据目前的补贴政策，如果补贴仍是在村一级发放的，这样的补贴会降低村干部鼓励农户减少灌溉用水量的积极性。因为补贴已经平均分给了所有的农户，所以不会影响他们的灌溉行为。如果政府想用补贴来降低地下水灌溉用水量（而不仅是鼓励农户参与改革），最好重新设计改革，不要把补贴与用电量联系起来；如果有联系，也应该是负向联系。另一个可能的方法是，如果村庄或农户能够在一定程度上减少对地下水的依赖，就提供统一价值的补贴。无论如何，在补贴制定方面应该有更多的选择，以便试点改革能够检验各种形式补贴的有效性。

最后一个问题是补贴的来源。起初，补贴是通过节水型社会的特别项目资金提供的。然而，这样的来源是不可持续的，因为这些项目可能会结束。未来，如果政府想实施灌溉水价改革，实现提高灌溉效率的同时保障农户收入的双赢目标，就应该建立一个单独的正式资金来源来提供补贴。事实上，政府已经对农业生产实施了这样的补贴政策，如灌溉补贴政策的设计者可以借鉴其他农业补贴的经验。灌溉价格改革补贴的另一个重要来源是政府收取的水资源费。2008 年，国家发布了关于水资源费的规定，其后又逐步对农业水资源税进行探索和试点。在此基础上，应该将这些税或非收入分配给节水措施。因此，在未来的灌溉水价改革工作中，政府可以将这些收取的水资源费作为补贴的重要财政来源。

三 改革设计和监测问题

改革的设计和实施仍有进一步改进的余地。这项改革试点是由桃城区水务局工作人员设计的，他们的主要优势是有丰富的水务政策实施经验，以及对当地自然和社会经济特点熟知。基于这一优势，试点改革效果很好，实现了双赢的政策改革目标。即便如此，如果能将决策者的经验与调查研究结论相结合（如对灌溉用水需求和价格弹性的研究），改革就可以被设计得更好，并扩展到其他地区。此外，未来的任何试点改革都必须进一步加强对实施情况的监测。正如我们在调查中发现的那样，并不是所有的试点村都真正实施了改革，有些只是名义上的改革。

四 扩展到地表水灌溉价格改革并与水权改革相联系

不仅地下水的灌溉水价需要改革，地表水的灌溉水价也必须改革。桃城区地下水灌溉水价试点改革的经验和教训为设计地表水灌溉水价改革提供了参考。但是，实施这样的改革会比地下水的改革更加困难。一个主要的困难是对灌溉行为的测量不力。尽管地下水灌溉也很难测量，但机井有电表，可以用来确定地下水的灌溉用水量。然而，尽管很难找到测量每个农户使用地表水的灌溉用水量的方法，但对于小群体来说还是有可能做到的。目前，中国的大多数村庄在村一级测量用于灌溉的地表水总量（在部分村庄也按农户小组测量）。如果政府能在村里投资建设这种测量设施，就有可能找到一种解决方法来测量小农户群体的地表水灌溉用水量。如果能实现地表水测量，那地表水灌溉价格便可以使用地下水的类似机制来进行改革。当然，必须进行更多的试点实验和研究，以确定如何实施这种改革。

清楚村干部和农户为什么要减少地下水灌溉用水量是向他们提供激励、参与价格改革的最后一步。如上所述，获得政府补贴是鼓励村委会主任和农户实施改革的一个重要因素。但是，如果减少灌溉所节约的水可以在公开市场上出售，农户就会有更大、更持久的动力来减少对灌溉的依赖。也就是说，如果灌溉水价改革能够同时得到水权和水市场改革的支持，将更容易实现双赢。尽管政府已在快速推进水权和水市场改革，但如何正确设计和实施这种改革仍然是一个困难的问题，需要更多研究。

第六节 本章小结

在世界范围内，提高灌溉价格的同时提高农户收入具有普遍挑战性。本章的总体目标是评估在中国河北的"一提一补"灌溉水价改革试点中能否实现以上的双赢目标。基于2009年和2012年进行的两轮实地调查数据，可知试点改革的关键机制是农户获得相似的回报（增加的灌溉费用和政府补贴的重新平均分配），但支付的灌溉费用不同；返还额和支付水费之间的差额被视为农户减少灌溉用水量的一种激励。计量分析结果表明，在真正的改革试点农村，水价改革可使当地农民用于灌溉小麦和棉花的地下水用水量均减少21%。如果政府不发放补贴，该地区大约一半的农户将因改革而亏损；然而，在改革试点村大多数获得补贴的农户都能赚钱。所以，如果能适当扩大代表性村庄范围，提高补贴价值，并将补贴与用水负向挂钩，同时结合水权和水市场改革设计政策，就有可能在更多的地区实现节水与增收双赢的水价改革策略。

第七章

城市居民生活用水需求价格弹性估计

本章导读

➤城市居民生活用水需求的影响因素有哪些？
➤城市居民生活用水需求价格弹性的估计方法是什么？
➤中国城市居民生活用水需求价格弹性有多大？与其他国家和地区相比如何？

为了回答城市居民水价政策对城市居民生活用水需求的影响，以及计算相应的需求价格弹性水平，本章主要考察城市生活水价收费水平对城市居民生活用水的影响。基于各地级市统计年鉴而形成的城市居民地级市级非平衡面板数据和城市居民调查数据，通过建立相应的计量经济模型及其估计结果，得出相应的需求价格弹性。

第一节 文献评述

一 城市居民生活用水需求的影响因素

影响城市居民生活用水需求的因素较多，除水价这一核心因素外，其他因素也要考虑。在估计城市居民生活用水的需求函数时，相关文献虽然主要考察水价对生活用水量的影响，但是也同时包含其他可能影响家庭用水量的自变量，对这些自变量在模型中的显著程度进行总结，有利于我们分析城市居民家庭用水影响因素[①]。除了总结有哪些自变量可以被代入模型中，还可以从文献中考察自变量之间是否有交互关系，进一步深入理解模型中自变量的选择与机制。

　　通过总结文献中影响城市生活用水需求的因素，可以发现国内虽然也用需求弹性模型进行研究，但是缺乏规范性，构建的计量模型也比较简单，且缺乏统计理论方面的讨论。部分研究只是用两个时期的价格差和用水量差计算水价弹性，计算的是点弹性，然后立即以此为基础推算在特定价格上涨比例下相应的节水比例，忽略了需求弹性自身的变化，但未忽视系数显著性问题（胡浩，2004；刘英才，2016）。部分研究中只有水价与人均可支配收入两个自变量，且只汇报了方程总体的显著性，对单个自变量的显著程度缺乏讨论（马涛等，2013；冯业栋、李传昭，2004）。部分研究讨论了人均可支配收入、实际水价，报告了方程整体和每个变量的显著性（王健，2005；王英，2003）。沈大军等（2006）分收入组讨论收入和水价的影响，董凤丽和韩洪云（2006）则加入了教育变量。夏骋翔和李克娟（2007）通过调查陕西省四市发现水在不同城市间有吉芬商品的情况，在同一城市不同收入间表现为正常商品，用水消费恩格尔系数测算合理水价，并进一步表示水短缺。除水价和收入外，用人均生活用水量的一阶滞后项来表示用水习惯，生活用水总量作为代理变量表示城市基础设施供水能力，同时用降水量表示气候条件；此时收入不显著，可能是因为水费支出占收入比重过小导致（孙镭，2006）。胡峰（2006）用收入和水价宏观分析了南通市用水，得出与大多数研究相仿的结论，其进一步分析影响家庭生活用水的因素后，根据中国国情，城市居民生活用水基本上都属于室内用水，发现家庭特征变量如人均居住面积、人口年龄结构、用水方式、节水措施、教育水平皆显著；而水价不显著可能是居民对生活用水水价不够了解，其根本原因在于当前水价偏低，水费仅占家庭收入极小的一部分，水价未能对居民的节水行为产生激励作用。

　　总结国内外研究结果，水价具有显著的负影响，人均可支配收入具

[①] 这些研究中，部分模型中水价之外的因素可能只是控制变量，其回归结果不能完全准确显示其影响程度。

有显著的正影响。且收入弹性绝对值大于价格弹性，表明收入对用水量的拉动作用大于价格的抑制作用。城市间收入弹性和价格弹性的比较，主要在于水价上涨速度、收入上涨速度、人均年生活用水量以及价格水平和收入水平。若要维持用水量不变，则水价的涨幅要高于收入的涨幅。从计划的角度来看，使用水需求函数预测价格调整后用水量的变化本来无可厚非，但问题在于水价调整中可能有许多不同的因素，水需求函数本身也会发生变化。以影响因素对文献进行归类，我们可以看出居民收入会被重点考虑，其他因素文献中也多有控制（见表7-1）。居民收入作为居民用水需求的重要影响因素，其会影响居民的预算约束，一般在实证研究中大多采用人均可支配收入，少数采用职工平均工资以及家庭财产。其他影响因素，如家庭人口规模、居住面积、受教育程度、用水器械、气候等影响因素，有些研究进行了控制与识别。

表 7-1　　　　　　　　　居民生活用水影响因素

影响因素	影响方向	文献
人均可支配收入	+	Schleich 和 Hillenbrand，2009；Ruijs 等，2008；Olmstead 等，2007；Nieswiadomy，1992；王英，2003；尹建丽、袁汝华，2005；冯业栋、李传昭，2004；王健，2005；尹建丽，2005；孙镭，2006；董凤丽、韩洪云，2006；夏骋翔、李克娟，2007；邢秀凤、吴艳丽，2007；李眺，2007；魏雨丽等，2008；李云鹤、汪党献，2008；王雨等，2008；马涛等，2013
职工平均工资	+	沈大军、杨小柳，1999；沈大军等，2006；黄耀磷、农彦彦，2008
家庭财产	+	Lee Wilson，1989；Charles W. Howe，1982；Howe 和 Linaweaver，1967
家庭人口规模	−	Schleich 和 Hillenbrand，2009；Ruijs 等，2008；Olmstead 等，2007；Nieswiadomy，1992；孙镭，2006；胡峰，2006；黄耀磷、农彦彦，2008
年龄	−	Hortová 和 Krištoufek，2014；胡峰，2006；李翠梅等，2010
居住面积	+	Schleich 和 Hillenbrand，2009；黄耀磷、农彦彦，2008；李翠梅等，2010；Zhang 等，2017
受教育程度	+	胡峰，2006；董凤丽、韩洪云，2006
用水器具	+	Olmstead 等，2007；胡峰，2006

续表

影响因素	影响方向	文献
降雨	+	Hortová 和 Krištoufek，2014；Schleich 和 Hillenbrand，2009；Ruijs 等，2008；孙镭，2006
气温	+	Hortová 和 Krištoufek，2014；Schleich 和 Hillenbrand，2009；Ruijs 等，2008；胡峰，2006

资料来源：笔者整理。

二 城市居民生活用水的需求价格弹性

目前，中国的供水现状主要分为农村供水和城市供水，农村供水包括农业供水（灌溉、养殖等农业种植养殖活动）和农村生活饮用供水；城市供水实行分类供水的方式，其类别趋于简化，在 2009 年发布的《国家发展改革委、住房和城乡建设部关于做好城市供水价格管理工作有关问题的通知》根据使用性质逐步将城市用水划分为现行的居民生活用水、工业用水、行政事业性用水、经营服务业用水、特种用水五大类，城市供水价格分类简化为居民生活用水、非居民生活用水和特种用水三类。其中，非居民生活用水包括工业、经营服务用水和行政事业单位用水等，特种用水主要包括洗浴、洗车用水等，关于特种用水范围，各地可根据当地实际自行确定。

城市居民生活用水需求价格弹性，最主要的研究方法为计量经济模型分析，其基本思路是从城市居民生活用水需求函数计算出城市居民生活用水需求价格弹性。城市居民生活用水需求函数为效用函数的衍生函数，实质为一个优化问题，由在收入约束条件下效用最大化而求得。城市居民生活用水需求函数如下：

$$D = D(p_w, p_x, I) \tag{7-1}$$

式中，D 为根据效用函数最大化推导出的用水需求；p_w 为自来水价格；p_x 为其他居民消费其他物品的价格；I 为居民的收入。计量分析方法就是首先构造城市居民用水需求函数，其次利用已经收集的数据进行参数的估计，最后用估计出的需求函数的参数计算出相应的需求价格弹性。

居民的用水需求函数包括个人品位、偏好、收入，以及外部的水价和其他商品的价格与家庭特征。生活用水一般分为室内用水和室外用水，室内用水主要包括淋浴或沐浴、喝水、冲厕、洗碗等清洁事项，室

第七章 城市居民生活用水需求价格弹性估计

外用水主要包括灌溉草地、洗车、浇洒花园及树木、冲洗人行道和车道及供游泳池的水。

模型设置形式是影响生活用水价格弹性的首要因素。根据以往文献，线性模型容易被估计，但其潜在的假定是无论对应什么水价水平，对于水价的变动，生活用水需求量的变动都是一样的，这显然和实证研究的结果不一致。被研究者用于估计需求价格弹性最多的是双对数模型，之所以其被用得最多，除其容易被估计外，双对数模型的设置也被认为更加符合消费者行为的实际，无论是水价高还是低，消费者对其敏感程度保持一致。此外，还有一些改进模型，如价格和其他影响需求的变量以乘积的形式放到一个模型中，其估计的生活用水需求价格弹性会随着其他变量值的变化而变化。

国外对城市居民生活水价的研究起步较早。从 20 世纪 60 年代就开始关注居民生活用水需求 (Gottlieb, 1963; Turnovsky, 1969)。欧美国家家庭用水除室内还有室外，总的家庭用水的需求价格弹性一般缺乏弹性，不过在夏季和户外用水方面富有弹性。这符合对水资源的需求规律，作为最基本需求的生活用水往往缺乏弹性，比如饮水和盥洗等，但是在夏季用水量较大，较高的水价会使居民想办法降低用水量。户外用水则属于非必要用水，当水价上升时，用水户就会减少在户外的用水，以降低总的用水量。

水价水平和水价结构是影响生活用水需求价格弹性的关键因素。Espey (1997) 关于城市居民生活用水需求价格弹性所做的 meta 分析发现，水价结构是影响生活用水需求弹性的一个重要因素，并发现地区之间的差别不显著，但是夏季和冬季用水的需求价格弹性差别显著。具体地，meta 分析总结出了蒸散量、降雨、水价结构、季节对生活用水的价格弹性有显著作用，但是我们可以看出除了水价结构，其他三项都与夏季用水量大有关，而美国之所以夏季用水量大，主要是因为室外用水量的大幅增加。这点和中国的现实条件是不相同的，中国城镇居民极少有自己的草地和游泳池，也很少会用家庭用水来洗车。同时，笔者指出家庭人口数、房屋面积以及温度会影响用水量，但是显示不出对生活用水需求弹性的影响；对于数据层面，家庭层面数据和聚合数据未显示出明显的差异。尽管研究表明，家庭用水消费需求的驱动因素包括水价格、收入、人口特征、文化甚至宗教、气候等，但最重要的还是水价和收入，认为家庭用水需求趋于价格无弹性，这意味着需求的减少低于价格的增长（Corbella and Pujol，2009）。

除了水价，还有很多其他因素也影响居民的生活用水需求，进而影响生活用水需求价格弹性。在目前的研究中主要是家庭收入、家庭人口数、年龄及其他人口学特征、室内面积和室外面积，以及其他商品的价格，如 Hansen（1996）发现能源价格是一个影响用水需求的重要变量。另外，气候条件也是影响生活用水需求的重要因素，如降雨量及气温主要影响室外用水，包括灌溉草地、浇洒花园及树木、游泳池用水等。其他影响因素还包括居住房屋的状况、平均蒸散量、房屋用水是否计量等。研究不同方法的估计结果，使用 IV 和 OLS 估计双对数模型，研究了德国 600 个供水地区，得出负价格弹性和正收入弹性（Schleich and Hillenbrand，2009）。国外研究者在研究生活用水价格弹性时皆考虑了气候影响，最后得出的结论基本是价格弹性为负，收入弹性为正（Olmstead et al.，2007；Nieswiadomy，1992；Ruijs et al.，2008）。

与国外相比，国内对于生活用水需求价格弹性的分析较少。国内相关研究主要应用供求定价模型，该方法比较简单且数据容易获得，而且它适用于水资源这类一定期间内供给相对固定的商品。多数文献针对某一个城市进行研究，如温州、沈阳、秦皇岛、哈尔滨，往往得出价格弹性为负，收入弹性为正（董凤丽、韩洪云，2006；周鹏、胡剑锋，2009；马涛等，2013；刘英才，2016）。郑新业等（2012）用 222 个地级市的界面数据，使用联立方程组模型估计出城市居民生活用水需求价格弹性为 -2.43。另外，也有研究通过仔细审查家庭、工业和农业部门的用水，使用 1997—2003 年的 31 个省级面板数据，建立线性和双对数模型进行比较，估计出家庭部门的收入弹性为 0.42（Zhou and Tol，2005）（见表 7-2）。

表 7-2　　截面数据城市生活用水需求价格弹性文献总结

数据类型	研究地点	价格弹性值	文献
横截面数据	美国堪萨斯州	-1.24—-0.66	Gottlieb，1963
	美国犹他州北部	-0.77	Gardner-Schick，1964

续表

数据类型	研究地点	价格弹性值	文献
横截面数据	美国	总体：-0.40 冬季：-0.23 夏季东部：-1.57 夏季西部：-0.70	Howe 和 Linaweaver, 1967
	美国马塞诸州	-0.40—-0.05	Turnovsky, 1969
	美国伊利诺伊州东北部	-0.26—-0.02	Wong, 1972
	加拿大多伦多市	总体：-0.93 冬季：-0.75 夏季：-1.07	Grima, 1972
	美国迈阿密市	按边际价格计算：-0.51 按平均价格计算：-0.62	Gibbs, 1978
	美国	新英格兰地区：-0.43 中西部地区：-0.30 南部地区：-0.38 中部大平原地区：-0.58 西南地区：-0.36 西北地区：-0.69	Foster 和 Beattie, 1979
	美国	-0.06	Charles W. Howe, 1982
	美国	-0.5	Lee Wilson, 1989
	美国	按边际价格计算：-0.17—-0.02 按平均价格计算：-0.60—-0.45	Nieswiadomy, 1992
	美国、加拿大	-0.33	Olmstead 等, 2007
	德国	-0.24	Schleich 和 Hillenbrand, 2009
	中国	东北地区：-0.1295 黄淮海地区：-0.2439 长江中下游地区：-0.4976 华南地区：-0.1123 西南地区：-0.0435 西北地区：-0.2789 全国：-0.3292	沈大军等, 1999

续表

数据类型	研究地点	价格弹性值	文献
横截面数据	中国重庆市	-0.204	冯业栋、李传昭，2004
	中国深圳市	低收入组：-0.32 中低收入组：-0.58 中高收入组：-0.25 高收入组：-0.19 全部样本：-0.4111	沈大军等，2006
	中国西安市、宝鸡市、咸阳市	0.1256	夏骋翔、李克娟，2007
	中国35个城市	-0.8—-0.53	黄耀磷、农彦彦，2008
	中国石河子市	-0.1003	江煜等，2008
	中国	-2.43	郑新业、李芳，2012
混合截面数据	中国	-0.55	Zhang等，2017
	中国广东省	-0.24	赵达、周龙飞，2018
	中国	-0.5—-0.4	张巍等，2019

资料来源：笔者整理。

早期对城市居民用水需求价格弹性的估计多数基于截面数据进行。早期较有影响的住宅用水需求分析是由 Howe 和 Linaweaver 在 1967 年所做的，其覆盖了整个美国的一个横截面，提供了不同的价格和收入弹性，用于冬季和夏季的使用，以及服务类型（公共与私人下水道）。他们的研究结果表明，室内用水的价格是稳定的（-0.23），而所谓的"洒水"更有弹性，在东部（-1.6）和西部（-0.7）之间存在显著差异。之后，又有多个学者也用美国全国的家庭用水的横截面数据进行了估计，结果都表明居民用水是缺乏弹性的。中国直到20世纪末才开始使用截面数据进行估计，主要是城市层面和地区层面的聚合数据（冯业栋、李传昭，2004；夏骋翔、李克娟，2007；沈大军等，1999；郑新业等，2012；黄耀磷、农彦彦，2008；江煜等，2008），且绝大多数研究表明居民生活用水需求是缺乏价格弹性的；住户层面的研究目前不多，但也显示是缺乏弹性（沈大军等，2006）（见表7-3）。

表 7-3 时间序列与面板数据城市生活用水需求价格弹性文献总结

数据类型	研究地点	价格弹性值	文献
时间序列数据	美国亚利桑那州杜桑市	1946—1965 年：-0.62 1965—1971 年：0.41	Young，1973
	美国北卡罗来纳州罗利市	总体：-0.27 冬季：-0.305 夏季：-1.38	Danielson，1977
	美国亚利桑那州杜桑市	对数函数计算：-0.39 线性函数计算：-0.63	Billings 和 Agthe，1980
	美国芝加哥市	城区：-0.02 郊区：-0.28	Grima，1972
	巴西圣保罗市	-0.50—-0.45	Ruijs 等，2008
	捷克	长期：-0.54 短期：-0.20	Hortová 和 Krištouf，2014
	中国北京市	-0.164	王英，2003
	中国苏州市	-0.4367	王健，2005
	中国南京市	-0.288	尹建丽、袁汝华，2005
	中国北京市、西安市、南京市、广州市	北京市：-0.146 西安市：-0.278 南京市：-0.121 广州市：-0.254 总体：-0.299	尹建丽，2005
	中国哈尔滨市	-0.067	马涛等，2013
	中国广州市	-0.173	周亭，2011
	中国杭州市	-0.443	章胜，2011
	中国苏州市	-0.4—-0.2	李翠梅等，2010
	中国杭州市	-0.073	张宁、章胜，2010
	中国温州市	-0.647	周鹏、胡剑锋，2009
	中国银川市	-0.118	王雨等，2008
	中国青岛市	-0.299	邢秀凤、吴艳丽，2007
	中国沈阳市	-0.148	董凤丽、韩洪云，2006
	中国南通市	-0.185	胡峰，2006

续表

数据类型	研究地点	价格弹性值	文献
面板数据	美国加利福尼亚州	−0.39—−0.22	Lee 和 Tanverakul，2015
	中国关中地区 5 市	−0.675—−0.062	胡浩，2004
	中国北京市	低收入组：−0.786 中低收入组：−0.801 中等收入组：−0.767 中高收入组：−0.635 高收入组：−0.938	马训舟等，2011
	中国陕西省 10 市	−0.2391	孙镭，2006
	中国 35 个城市	−0.4983	李眺，2007
	中国 110 个城市	−0.54	Zhang 等，2017

资料来源：笔者整理。

随着数据积累，研究者逐步使用时间序列数据和面板数据对城市居民生活用水需求价格弹性进行估计。Grima（1972）利用芝加哥市区和郊区 1951—1961 年住户用水时间序列数据和 103 个伊利诺伊州东北部地区截面数据进行了居民生活用水需求价格弹性测算，结果显示，基于时间序列数据的结果（芝加哥市区为 −0.02，郊区为 −0.28）明显低于基于截面数据结果（−0.82—−0.26）。究其原因，可能是价格和其他变量的空间效应并不能反映时间效应，而且随着时间的推移个人需求曲线可能发生了变化。此外，在时间序列分析中，价格变动可能没有足够大的估计现实和可靠的价格弹性。

随着数据可获得性的增加，国内开始出现用面板数据估算城市居民用水需求价格弹性的分析，结果也显示居民用水需求是缺乏价格弹性的（胡浩，2004；孙镭，2006；李眺，2007；马训舟等，2011）。胡浩（2004）利用关中五市的两期面板数据，估计出城市居民生活用水需求价格弹性 −0.675—−0.062，变化较大，这是因为其使用的数据量太小，统计意义不显著。孙镭（2006）又对陕西 10 个城市的居民生活用水需求价格弹性进行了估计，结果是 −0.24；李眺（2007）进一步基于全国35 个城市的居民生活用水需求数据，得出结果为 −0.50；同时，Zhang 等（2017）利用城镇住户调查数据估计了城市居民生活用水需求价格弹性，其估计的结果为-0.54。马训舟等（2011）对北京不同收入组的城市居民生活用水需求价格弹性进行了估计，低收入组和高收入组的弹性分别是-0.79和-0.94。

为了实现节约用水、社会公平和成本补偿，近年来阶梯水价在中国城市普遍推行，关于阶梯水价的效果讨论开始增多。阶梯水价作为一种新的定价方式，因其拥有能够在一定程度上兼顾效率和公平的特有交叉补贴机制，被寄予缓解水资源短缺的希望，但对于阶梯水价的作用，还存在争议。一方面，赵达、周龙飞（2018）认为住户当月消费基本是对上月平均价格而非边际价格或者期望边际价格做出反应，弹性约为-0.24；另一方面，也有研究认为实行阶梯水价能够降低家庭用水需求，短期内能够降低家庭年用水量在3%—4%，而长期可以降低家庭年用水量达到5%（Zhang et al.，2017）。

第二节　数据来源及描述性统计分析

一　数据来源

本书所使用的数据为各地级市统计年鉴、其他城市级统计年鉴数据，以及城市住户调查微观数据。城市居民家庭生活用水相关指标数据来自全国各地级市统计年鉴，以及《中国城市建设统计年鉴》中居民生活用水量数据；城市居民微观生活用水量数据来自国家统计局的城市住户调查数据库。

（一）城市居民生活用水地级市统计年鉴数据

城市居民生活用水地级市统计数据主要存在于各地级市统计年鉴的"人民生活"部分，其来源是全国各地级市统计局对当地居民进行的住户调查，并按照城乡分开汇总统计。但是，由于全国地级市数量接近300个，除了少数大城市的统计年鉴可以从网上搜索到，其他绝大部分地级市的统计年鉴没有网络来源，因此只能翻阅各地级市的纸质版统计年鉴，手工整理成地级市面板数据。为了获得全面的数据，笔者尽可能把中国各个地级市统计年鉴中有城市居民生活用水相关指标记录的地级市统计年鉴进行了逐一翻阅，收集齐234个地级市水平的居民用水数据的18个指标（约一半城市从2005年开始，另一半城市从2007年开始），形成了全国较为完整的针对城市居民生活用水的地级市统计年鉴数据，建立了相应的数据库。然而，因为国家从2013年开始开展城乡一体化改革，使各个地级市统计年鉴中"人民生活"部分不再出版详细的居民生活收支及家庭情况记录，而只是记录可支配收入等涉及收支的少部分数据，而且所记录的数据是城乡居民混合的数据，不再区分城市和农村，使2013年之后的城市居民生活用水相关指标数据不可得，所以本书的数据一直推动到了官方记录的2012年。因此，此次收集整理的城市级居民生活用水相关指标数据应该是国内覆盖范围最广、覆盖年数最多的一批官方数据，为后续计算城市居民生活用水需求价格弹性奠定了坚实的数据基础。

样本城市覆盖面比较全。城市居民生活用水统计年鉴数据包含全国234个城市6—8年的数据，其主要分布在中国东中部地区。样本基本覆盖了全国绝大部分的主要人口居住区，且在胡焕庸线两边均有分布，其东居住着中国94%的人口（李佳洺等，2017），同时也是所收集样本最密集分布的区域，可见此次所收集样本对全国城市居民生活用水具有代表性。从收集的地级市数量占本省地级市总数的比例可以看出，东部沿海各省地级市数据比较齐全，河北、北京、天津、山东、江苏、上海、浙江、福建、广东所收集地级市的数量占本省地级市总数的100%，辽宁、广西、海南虽然所收集地级市的数量占本省地级市总数不到100%，但也都在50%以上。中西部省份中，山西、湖北、重庆、陕西所收集地级市的数量占本省地级市总数的100%[①]。

样本中包括实施了阶梯水价的城市和实施单一制水价的城市。具体地，234个城市在这段时期中有41个城市开始实行阶梯水价，而实行阶梯水价的政策早在1998年《城市供水价格管理办法》中第十三条提出"城市居民生活用水可根据条件先实行阶梯式计量水价"。2002年4月1日，国家计委、财政部、建设部、水利部、国家环保总局就联合发出《关于进一步推进城市供水价格改革工作的通知》（以下简称《通知》），要求进一步推进城市供水价格改革。《通知》要求全国各省份

---

① 收集比例比较低的省份主要集中在边疆省份，除主要城市外，其他城市资料都较难找到，且相关记录也不完善。

辖区市以上城市必须在2003年底前实行阶梯水价，其他城市则在2005年底前实行阶梯水价。但是因为水价调整的权力分散在地级市手中，各地级市政府可能考虑经济、政治及社会等原因，执行政策速度偏慢。具体地，从图7-1中可以看到中国阶梯水价推开过程。国家于2002年提出开始试点并推广阶梯水价政策，但是各个城市出于社会稳定及其他考虑，对于阶梯水价的施行并不积极，开始只有少数试点城市进行，直到2014年国家又出台指导意见要求2015年底前所有设市城市都能实行阶梯水价，其政策效果如何是政策制定者普遍关注的问题，本书收集了研究期间中国实行阶梯水价政策的城市，发现从2002年试点开始后，逐渐增加，但是到了2008年后增加幅度明显减慢。

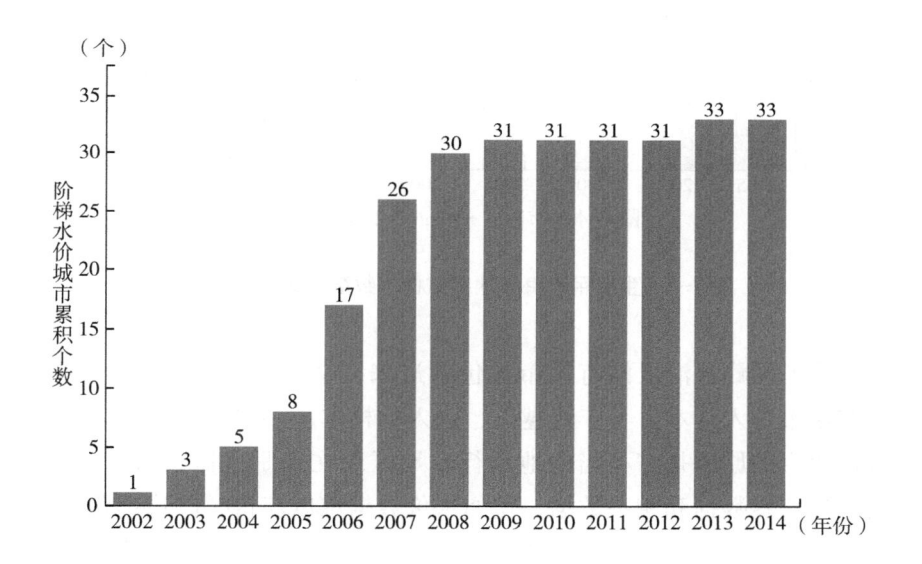

图7-1　研究期间历年阶梯水价城市累积个数

从调查的样本城市总体上看，2005年和2006年整理的地级市城市数量占当年全国城市总量的40.41%，而在2007—2012年占当年地级市数量的80.14%（图7-2）。对于全国地级市以上城市的覆盖面较广，对于全国城市的代表性较强，也有利于我们得到一个比较准确的统计推断。分地区来看，直辖市、东部省份涉及的样本城市较广，比如浙江、江苏、福建等东部省份的地级市100%覆盖。另外，缺水比较严重且进行较多水价改革试点的省份也覆盖较广,比如河北、山西也能覆盖其100%的城市。

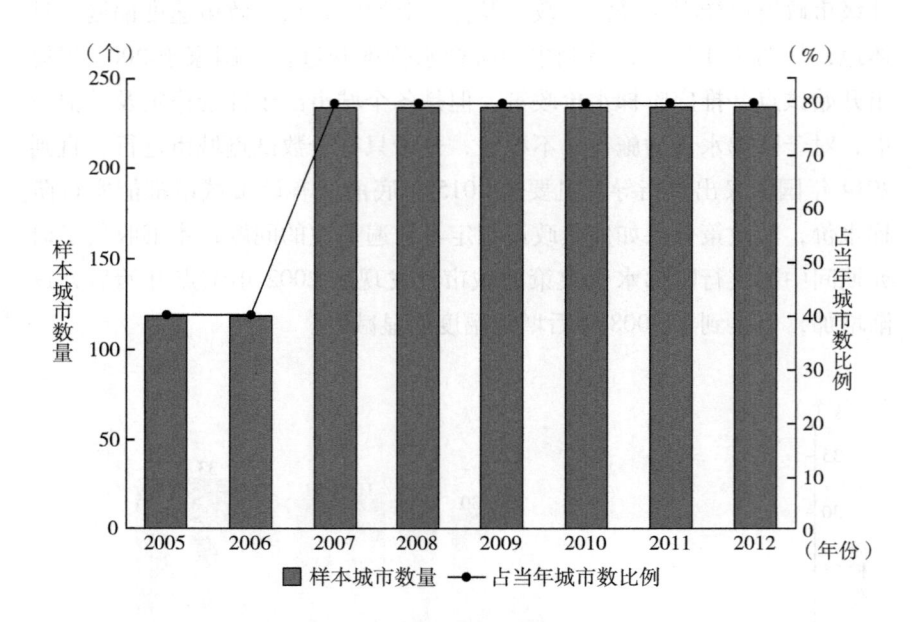

图7-2 生活用水每年地级市样本数量和比例的变化

除了西藏自治区没有城市被包括进来,全国其他30个省份都已经有城市进入样本,且年代越近,进入的样本越多。边疆省份进入的城市较少的原因是有相当的地级行政地区现在还是地区或者自治州,其统计年鉴数据和相关数据,比如水价数据难以获得,故边疆地区的样本偏少,但随着地区改市的趋势,年代越近,也有较多的边疆地区地级市加入样本。另外,因为影响城市居民生活用水量的指标涉及较多,这些指标在该城市必须全部收集到,该城市才能被包括进样本数据库。因为指标数据的有些年份有些城市可能无法获得,那么该城市也就不会被包括进研究样本,所以某些省份的某些地级市存在一直无法获得完全数据的现象,但是这种地级市随着时间的推移,政府收集数据能力的提升,指标变得更全面,所以后期的城市数据会更完整。

数据库样本能反映历年各地区城市居民生活用水全部指标的变动

情况。首先，直辖市在所有研究年份和所有涉及指标均能获得，这和直辖市历年的统计年鉴较为完善和规范有关。其次，东部沿海省份历年覆盖的城市数量也比较全面，从 2007 年开始，广东、江苏、浙江、辽宁都覆盖了其属于的城市。

（二）城市居民生活用水城市住户调查数据

自 20 世纪 80 年代以来，国家统计局住户调查办公室一直在进行城市住户调查。每年国家统计局根据分层随机抽样的方法选择不同的家庭组成一个代表性的样本。每个城市选择的家庭数量与人口有关，通过使用行政区域代码，可以确定每个家庭的所在城市。调查要求选定的家庭提供有关财产所有权、家庭特征和收入的信息，以及每日支出的详细记录。政府官员定期收集和核实这些数据，最终将各个家庭的记录汇总到人口统计、收入和支出的月度、季度和年度数据中。值得注意的是，城市住户调查数据中包括了基于每个家庭的水费支出年度数据。城市住户调查数据集为我们提供了来自 18 个省份 177 个城市的年度家庭水平记录，共计 257096 个观测值。我们删除了 20 个城市的数据，因为在观察期（2002—2014 年）中，城市住户调查都未调查这些城市，并且删除了明显有问题的记录（例如，家庭成员数量为零）。我们用每个家庭年水费支出除以年用水量来计算每个家庭每立方米用水的价格，并进行 1% 缩尾处理，减少异常值影响。

城镇住户调查数据覆盖中国的主要省份。本书所使用的中国城镇住户调查微观数据集涉及中国 18 个省份的 177 个城市，在数据集涉及的时间跨度 2002—2014 年，在数据集包括的省份和年份中有 32 个城市开始实行阶梯水价。其中，上海、北京、山东、山西、江苏、江西、浙江、重庆、陕西 9 省份城市覆盖面达到 100%，其他省份城市覆盖面也多在 60% 以上。就全国而言，177 个城市也覆盖了当年全国城市总量的 60.62%，对全国城市居民生活用水量也具有比较高的代表性。

本书所采用的城镇住户调查涉及的年代跨度较大，2002—2014 年涉及 18 个省份，覆盖的城市达到了 177 个城市，占当年地级市数量的 60.62%。从不同省份的城市覆盖面来分析，覆盖面除了直辖市的上海、北京和重庆，覆盖面达到 100% 的省份还有山东、山西、江苏、江西、浙江和陕西，其他省份虽然其地级市未全部覆盖，但是最低的广东也有61.9%。缺水比较严重进行较多水价改革试点的省份也覆盖到了，比如山西也能覆盖其100%的城市。从区域分布来看，东中西及东北省份均有覆盖，东部省份有北京、山东、江苏、浙江、上海和广东；中部省份有山西、河南、安徽、湖北和江西；西部省份有云南、四川、甘肃、重庆和陕西；东北省份有辽宁和黑龙江。从所覆盖城市所在流域来看，基本覆盖了中国主要的一级流域。

从图7-3可知，2002—2009年数据集中的地级市城市数量占当年全国城市总量的百分比，从56.5%上升到60.62%，但2010年、2011年、2013年和2014年只包含中国的四个省市（四川省、广东省、辽宁省、上海市），其中城市占当年全国城市总量的百分比为14.73%，而在2012年包含全国10个省份，其中涉及的地级市数量占当年全国城市总量的百分比为33.22%。鉴于本书采用的是家庭户级别的微观数据集，所以涉及城市缺失的数据缺陷一定程度上得到缓解。

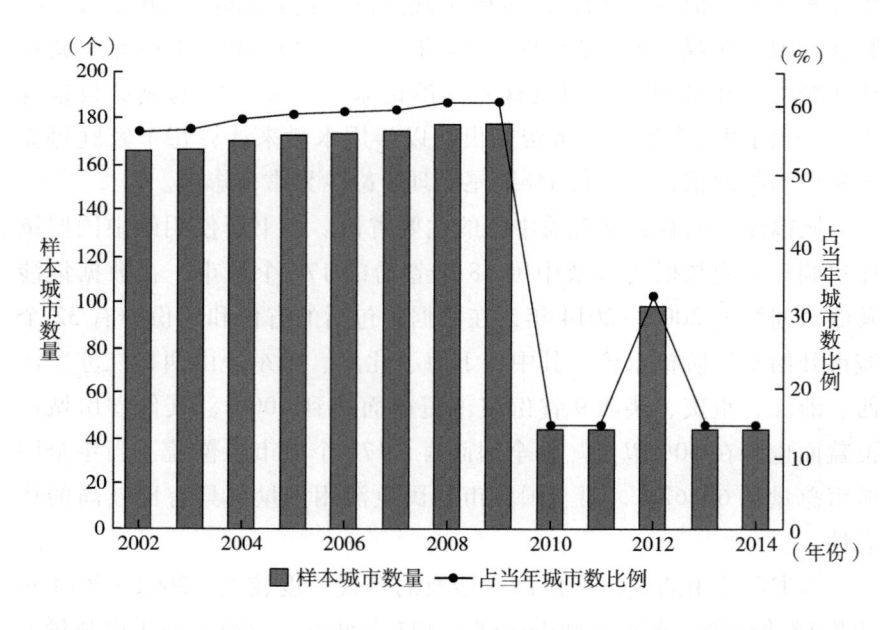

图7-3 城镇住户调查生活用水每年地级市样本数量和比例的变化

(三) 其他数据

1. 水价数据

生活水价数据源于中国水网（http：//www.h2o-china.com/）和中国价格信息网（http：//www.chinaprice.cn/fgw/chinaprice/free/index.htm）上的城市级水价数据。中国价格信息网上城市数据涉及的城市面比较小，仅有百余城市的水价数据，笔者对中国价格信息网上的水价数据和中国水网上的水价数据进行一一比对，发现两套数据一致。所以，最后采用中国水网上的地级市居民生活水价。生活水价数据包含三部分：自来水单价、污水处理费和水资源费。同时，我们使用城镇住户调查数据中的居民家庭水费和自来水消费量来计算该城市居民水价，并与中国水网中的居民生活水价进行对比，发现基本一致，验证了水价数据的准确性。

2. 气象数据

居民生活用水消费量的多寡还与当地的气候条件相关，所以在本书的城市居民生活用水需求函数中加入了气温和降水等相关气候变量。本书所使用的基础气候数据来自中国国家气象信息中心（http：//www.nmic.cn/）网站上公布的全国753个国家气象站点的观测数据。数据集收集了1990—2016年每月的温度和降水数据。居民生活用水受温度的影响很大，夏季因为气温较高，居民消费水量就较大，同时我们可以看到年平均气温波动幅度非常小，可能不能反映当年的极端温度情况下用水的巨大变化，所以笔者采用夏季（6—8月）三个月的平均气温作为气温变量加入方程中。降雨量反映了当地的干旱程度，也可以反映当地可获得水量，因为不同月份之间降雨量虽然不同，而且有明显集中降雨情况，但是目前中国的水库系统已经比较发达，雨季降雨可以被存储在地级市的水库中以供其他月份使用，所以降雨量指标采用全年降雨量。

3. 水资源数据

本书中地级市的人均水资源量数据来自中国各省份的历年水资源公报。少数省份省级水资源公报未统计该省地级市的人均水资源量数据，则使用该市水资源公报的相关数据，或者使用该市统计年鉴中的水资源量数据。如果该市水资源公报和统计年鉴因找不到相应资料或者相应资料缺乏相应数据，则直接电话咨询该市水资源管理部门取得相应数据；如果该市水资源管理部门也不方便提供数据，则用该省平均的人均水资源量代替。

对于各个城市所属流域的分类，本书严格按照水利部对水资源分区的划分来进行。首先，利用中国2353个县级行政单位流域比例表和行政区面积表，计算出每个城市各流域的面积比例，把城市划入流域面积比例最大的流域中，也就是按照面积原则把各个城市划入不同流域中，进行这样的简化是为了对各个城市进行流域归属分类。在划分城市所属流域的过程中，还会出现另一类问题，一个城市按面积原则属于一个流域，但按照用水量则可能是另一个面积较小的流域。再加上中国跨流域调水工程大规模地建设加剧了这一问题，如北京属于海河流域，但是北京已经有一半以上人口喝上了南水北调水，水源地属于长江流域，在我们的研究中仍然按照水利部对水资源分区的规定，把北京算入海河流域。这是因为我们对各个城市所属流域的划分是按照最高一级来划分的，全国被分为十大流域，这和水资源一级分区是一致的。

4. 价格指数数据

本书选定2016年为基年，从《中国统计年鉴》收集了各省份历年城市居民消费价格指数用于对生活水价、人均可支配收入等数据的折算，使研究时间跨度内的各年生活水价、人均可支配收入等数据具备可比性。

二 城市居民生活用水需求与水价关系描述性统计

本章分别基于地级市居民生活用水量数据和城市住户调查数据对居民生活用水需求进行研究，关注城市居民生活水价对居民生活用水量的影响。就具体指标而言，本研究在测度城市居民生活用水量时，因为地级市数据中记录的是人均日用水量，而城市住户调查数据记录的是一户家庭一年的总用水量，二者从不同维度衡量城市居民生活用水需求。两套数据中的城市居民生活水价的来源也不一样，前者是中国水网上记录的各个城市的历史居民水价数据，后者则是用每一户家庭年水费支出除以年用水量得出的每吨水的平均价格①。

第一，城市居民生活用水量及其水价分布如何，影响到数据的处理和计量方法的选择。图 7-4（a）是地级市数据中城市居民人均日生活用水量分布情况，可以看出对数化处理后的数据分布比较接近正态分布。由图 7-4（b）可知，家庭生活年用水量最集中的在不到 100 吨/户的区间里，这也符合目前阶梯水价在给每个核心家庭（一般为 3 人）规定第一级水价用水额度大约人均 30 吨/年的情况；同时，也看到城镇住户调查生活水价呈多峰分布。另外，从图 7-4（c）中可以看出，全国各地级市统计年鉴涉及的水价数据比较平滑，其分布与正态分布相一致；相应的平均水价为 2.32 元，95%的置信区间为［2.29，2.35］。从图 7-4（d）可知，因为城镇住户调查数据涉及几万家庭户，其水价数据虽然从总体上看与正态分布相近，但也存在多峰分布的情况，反映出各地城市生活水价政策差异较大。

（a）城市居民人均日生活用水量的核密度值

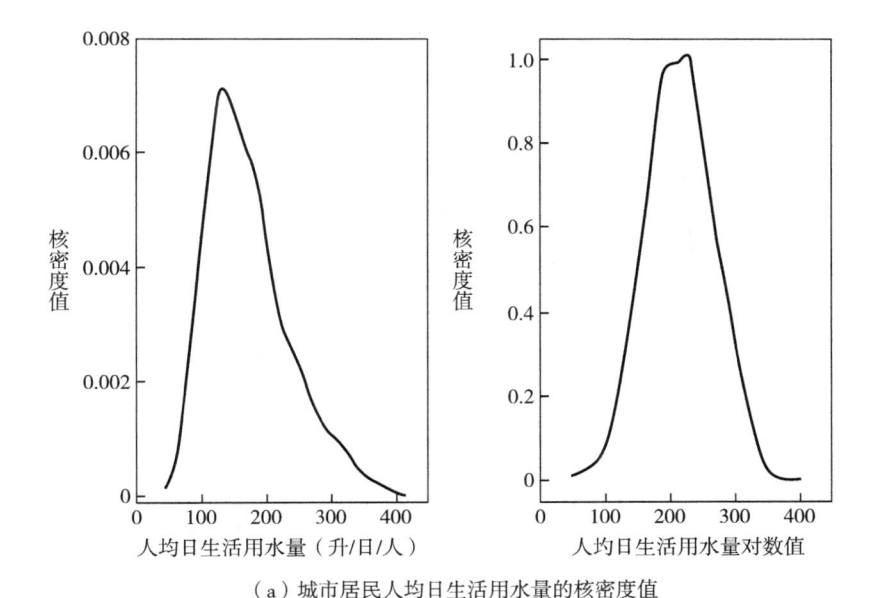

图 7-4 城市居民生活用水量和水价分布情况

---

① 在用城市住户调查数据进行计量模型的估计时，其水价数据就有了内生性问题，采用的方法是用同该家庭一个城市的其他家庭户的平均水价作为代理变量进行回归，从而缓解水价的内生性问题。

(b）家庭生活年用水量的核密度值

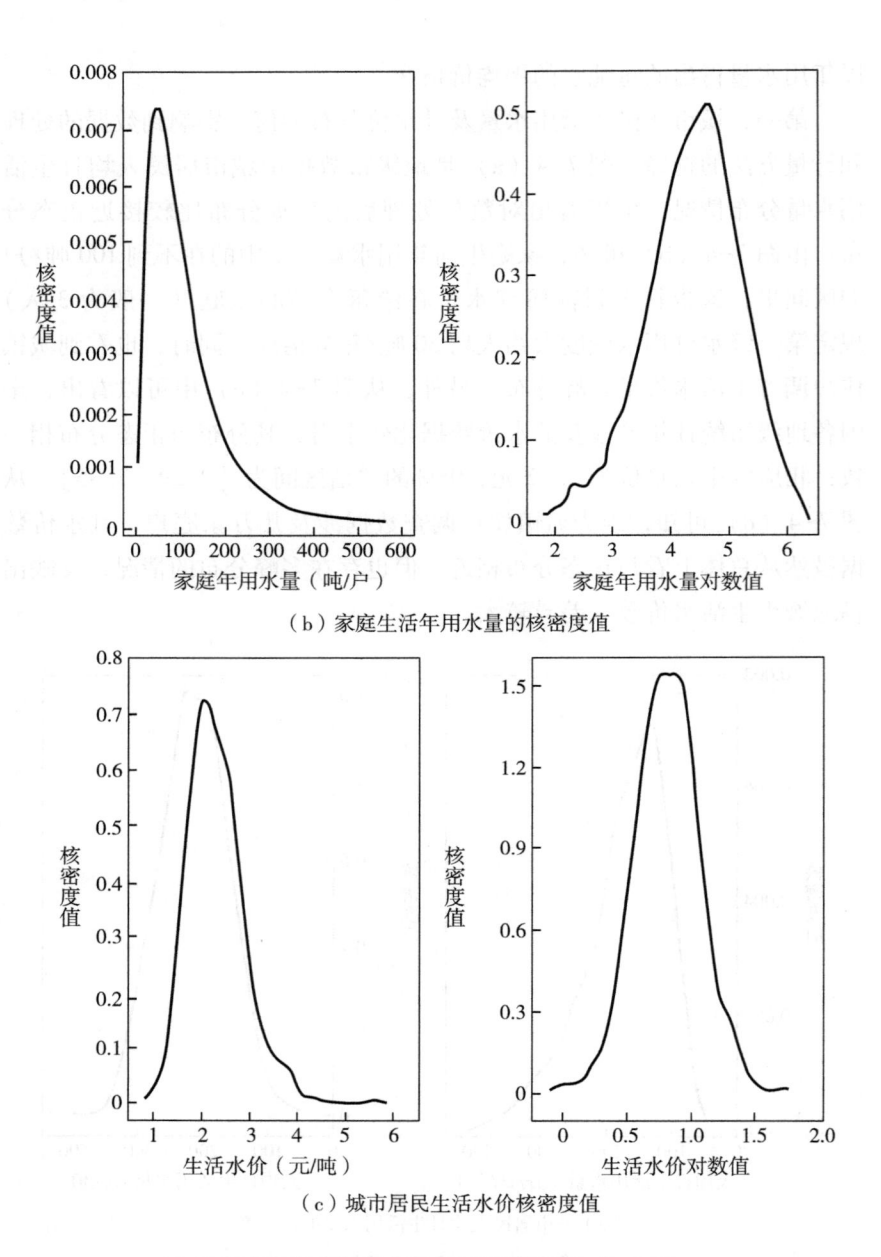

(c）城市居民生活水价核密度值

图 7-4　城市居民生活用水量和水价分布情况（续）

第七章 | 城市居民生活用水需求价格弹性估计

（d）城镇住户调查生活水价核密值

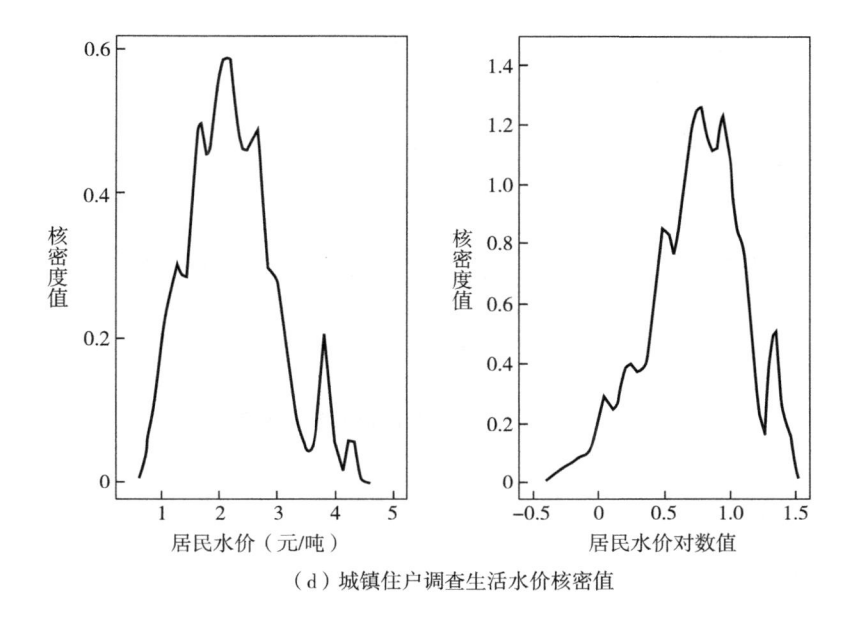

图 7-4 城市居民生活用水量和水价分布情况（续）

第二，两套数据的城市居民生活用水量历年的变化趋势基本一致，都有先增加后下降的过程。从图 7-5（a）中可以看出，城市居民人均日生活用水量有一个先增加后降低的过程，其中 2008 年为最高点，其后逐渐下降，表明中国城市居民人均日生活用水量在逐渐降低。然而，由图 7-5（b）可知，2002—2009 年，18 个省份的样本家庭年用水量呈先下降后上升趋势；2010 年、2011 年、2013 年和 2014 年明显上涨，主要原因在于，这两年只有 4 个省份的样本，且基本位于水资源丰富、生活习惯用水量大的区域，所以出现家庭年用水量大幅提高的情况；2012 年家庭年用水量又出现下降，主要是因为 2012 年包含 10 个省份的样本，拉低平均值。虽然两套数据呈现的用水量高点不一致，但在 2012 年前具有相似的变化趋势，即先增加后减少。

第三，两套数据呈现的城市居民生活用水量在各个流域的分布基本一致。从图 7-6（a）中可以看出，不同流域之间的城市居民人均日生活用水量差异明显，其中人均日生活用水量最多的是珠江流域、长江流域和东南诸河流域，其均值分别为 232.23 升/天、193.99 升/天和 190.93

（a）不同年份城市居民人均日生活用水量　　（b）不同年份城市居民家庭年用水量

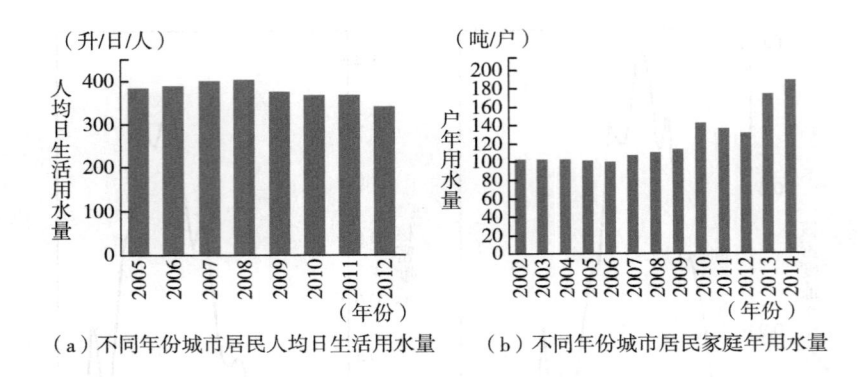

图 7-5　不同年份城市居民年用水量

（a）不同流域城市居民人均日生活用水量　　（b）不同流域城市居民家庭年用水量

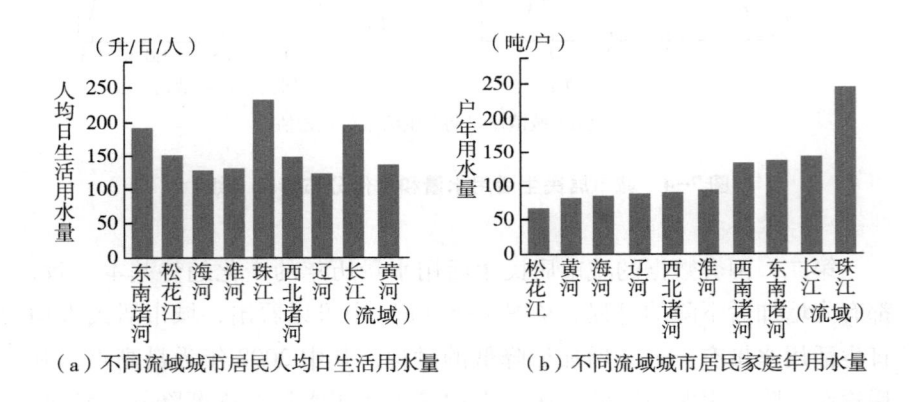

图 7-6　不同流域城市居民年用水量

升/天；而人均日生活用水量最少的是大家熟知的缺水地区，包括海河流域、淮河流域、辽河流域和黄河流域，其均值分别为 127.61 升/天、130.63 升/天、121.65 升/天和 135.94 升/天。人均日生活用水量最高的珠江流域是最低的辽河流域的 1.91 倍。从图 7-6（b）中可知，不同流域城市居民家庭年用水量中，北方六个流域城市居民家庭年用水量均小于 100 吨/年，而南方四个流域城市居民家庭年用水量都大于 100 吨/年，可见不同的水资源条件和气候条件对城市居民用水产生了影响。两套数据城市居民生活用水量在各个流域的变化趋势也有不一致的地方，比如用水最少的流域，在地级市统计年鉴中是辽河流域，而在城市住户调查中是松花江流域。同时，我们也要看到在南方流域中，珠江流域用水量均显著高于其他南方流域,这表明城市居民生活用水不仅要考虑水资源禀赋,还要考虑其他一些因素,比如经济社会发展水平、生活习惯和文化习俗等。

第四,两套数据均显示不同流域城市居民生活用水量与水价之间呈负相关关系。总体上,大多数流域的城市居民人均日生活用水量与水价之间呈负相关关系,但海河流域和西北诸河流域略微呈正相关关系,淮河流域和辽河流域趋势不明显[见图7-7(a)]。从图7-7(b)可知,城市居民户均年生活用水量与居民生活水价之间总体上也呈负相关关系,且大多数流域遵循此特征,仅有样本较少的西北诸河流域和西南诸河流域略微呈正相关关系,海河、松花江和东南诸河三大流域的相关关系趋于平缓。

(a)分流域城市人均日生活用水量和生活水价散点图

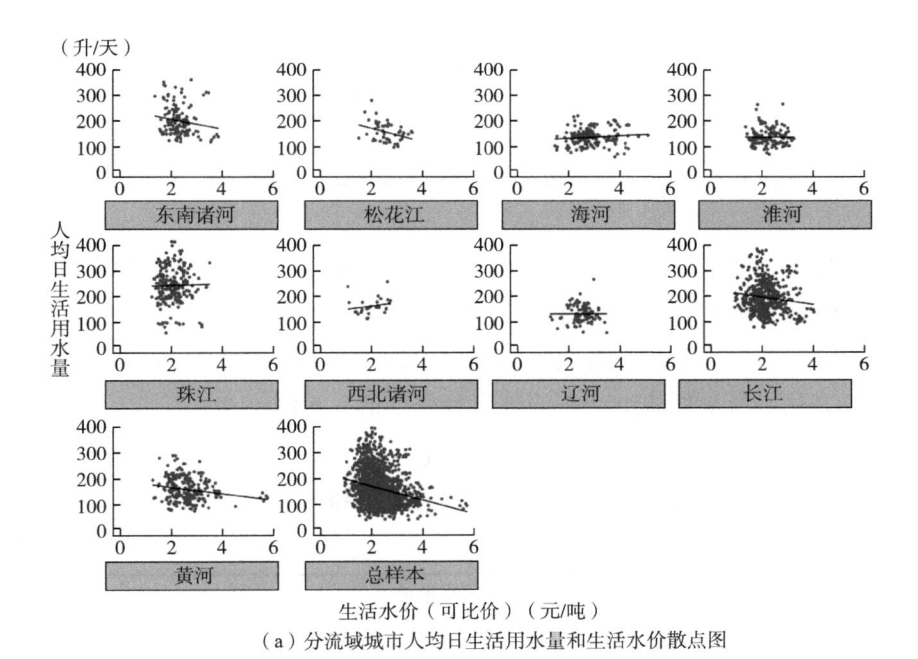

图7-7 分流域城市居民年生活用水量和生活水价关系

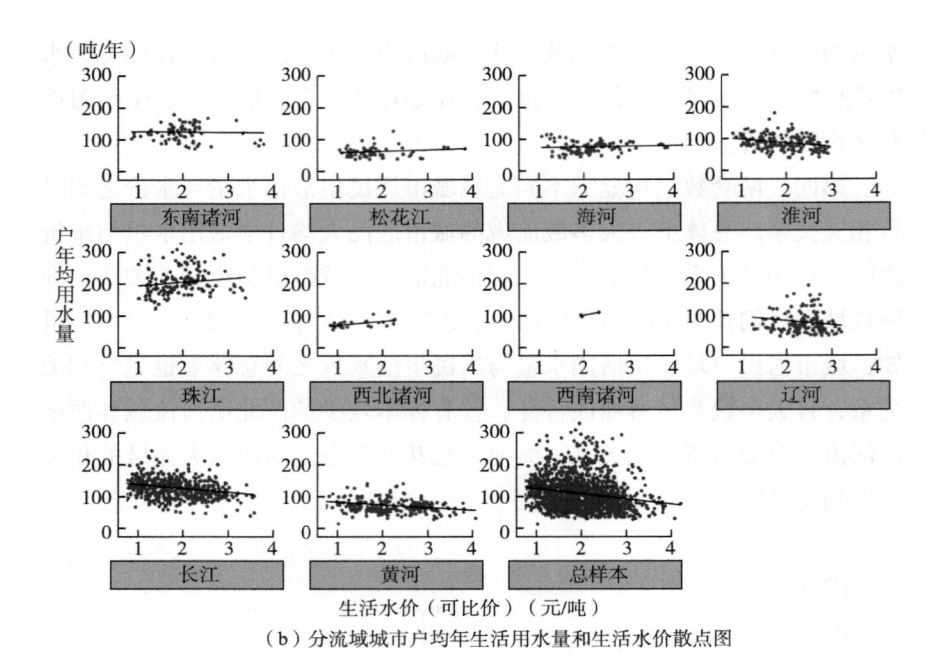

(b）分流域城市户均年生活用水量和生活水价散点图

图 7-7　分流域城市居民年生活用水量和生活水价关系（续）

另外，从水价相对外生的地级市居民生活用水量数据也可以直接量化上述负相关关系。表 7-4 的描述性统计结果显示，城市人均日生活用水量随着水价的上升有明显的降低，用水量最高的组（平均价格最低）是用水量最低的组（平均价格最高）的 2.6 倍。

表 7-4　人均日生活用水量与自变量关系统计描述

单位：升/日、元/吨

人均生活用水量区间	人均生活用水量	生活水价
1%—25%	101.17	2.56
26%—50%	140.65	2.38
51%—75%	180.60	2.23
76%—100%	263.48	2.12
平均	171.48	2.32

第三节　城市居民生活用水需求计量模型设定

使用地级市居民生活用水量数据集和城市住户调查数据对城市居民生活用水需求进行研究时，因为这两套数据所涉及的变量不同，所以需要分别进行计量模型的设定。具体区别包括以下两点：一是两套数据中城市居民生活用水量的定义和居民生活水价的来源均不同；二是在城市住户调查中，部分变量（如建筑类型、用水设备等微观变量）在地级市数据集中没有。

一　基于地级市统计年鉴数据的计量模型设定

基于对影响城市居民生活用水的影响因素进行的总结，我们可以构建中国地级市居民生活用水需求计量模型：

$$\ln Q_{it} = \alpha_1 + \beta_1 \ln P_{it} + \gamma_1 IBR_{it} + \delta_1 \ln X_{it} + \pi_i + \varepsilon_{1it} \qquad (7-2)$$

式中，it 为城市 i 在第 t 年的情况；被解释变量 Q 为城市年人均用水量（模型中取自然对数）；核心解释变量 P 为用价格指数折算过的城市居民用水价格（模型中取自然对数），作为影响居民生活用水的主要价格变量，其在双对数模型中的系数（β_1）就是城市居民用水的需求价格弹性。与水价相关的价格模式虚变量 IBR 表示是否实行阶梯水价政策；其他控制变量 X 包括城市居民人均可支配收入、家庭人口数、人均居住面积、每百户拥有淋浴热水器的数量、城市所在地区年降雨总量、城市夏季平均气温和城市人均水资源量，以及流域固定效应 π_i。以上各变量的定义和统计描述如表 7-5 所示，城市居民日生活用水量的平均值为 170.8 升/天，但是人均日生活用水量最大值与最小值之比达到 8.24 倍；生活水价最大值与最小值之比达到 6.26 倍，且在研究的时间阶段和城市中有 14% 的城市施行过阶梯水价。

表 7-5　　　　　　　生活用水需求模型变量描述

	变量	单位	变量描述	平均值	标准差	最小值	最大值
因变量	人均日生活用水量	升/天	指人均日生活用水量	170.80	64.02	48.77	401.94

续表

	变量	单位	变量描述	平均值	标准差	最小值	最大值
自变量	生活水价	元/立方米	包括自来水费和污水处理费以及水资源费	2.31	0.61	0.92	5.76
	阶梯水价城市	1=是，0=否		0.14	0.35	0.00	1.00
	人均可支配收入	元	是居民可用于最终消费支出和储蓄的总和，即居民可用于自由支配的收入	17812.82	6305.61	6452.47	45250.18
	人均住房建筑面积	平方米/人	是指按居住人口计算的平均每人拥有的住宅建筑面积	31.05	5.48	17.29	59.10
	家庭规模	人/户	指以家庭为单位包括的人口数	2.91	0.22	2.38	4.42
	洗衣机	台/百户	每百户拥有的洗衣机数量	96.36	7.11	30.00	122.00
	热水器	台/百户	每百户拥有的热水器数量	83.08	21.61	1.00	142.00
	年降雨量	毫米	年降雨量的总和	1008.26	530.59	74.90	4340.80
	夏季平均气温	摄氏度	6、7、8月气温的平均值	25.69	2.83	15.13	29.63
	人均水资源量	立方米/人	全市水资源总量与全市人口的比值	1444.87	1793.20	15.77	14506.85

注：数据来源为笔者整理的地级市居民生活用水量数据集，所有变量观测样本量为1640个。

二 基于城市住户调查数据的计量模型设定

利用城市住户调查数据估计城市居民用水需求价格弹性时，使用阶梯水价产生的数据时必须解决的一个重要问题是联立性偏误（互为因果），因为水价既决定消费水量又由消费水量决定。为了解决这一偏误，我们使用了一种折叠刀分组方法为平均价格生成一个有效的工具变量。具体来说，对于每个家庭，我们使用同一城市和同一年内其他家庭面临的平均价格作为工具变量。比如，如果 $\bar{p}$ 是某一年某个城市的平均水价，p_i 是家庭 i 面临的水价，那么对家庭 i 的价格工具变量为 $(\overline{NP}-p_i)/(N-1)$，$N$ 是该城市家庭户总数。通过这种方法构建出的价格工具变量与家庭 i 做出的任何选择不相关，工具变量法的两阶段最小二乘法可以解决内生性问题。

在计量分析中，我们建立了如下计量模型：

$$\ln Q_{ijt} = \alpha_2 + \beta_2 \ln P_{ijt} + \gamma_2 IBR_{jt} + \delta_2 \ln X_{ijt} + \mu_j + \tau_t + \varepsilon_{2it} \tag{7-3}$$

同式（7-2）类似，式（7-3）中，下标 ijt 为城市 j 家庭 i 在第 t 年的情况；被解释变量 Q 为户年用水量（模型中取自然对数）；核心解释变量 P 为用价格指数折算过的城镇居民用水价格（模型中取自然对数），作为影响居民生活用水的主要价格变量，其在双对数模型中的系数（β_2）就是城市居民用水的需求价格弹性。与水价相关的价格模式虚变量 IBR 表示是否实行阶梯水价政策；其他控制变量 X 包括家庭可支配收入、现有住房总建筑面积、家庭人口、家庭就业率、住宅建筑式样、饮水情况、用水情况、卫生设备、洗衣机、淋浴热水器、年降雨量、夏季平均气温，以及城市固定效应 μ_j 和年份固定效应 τ_t。以上各变量的定义和统计描述见表 7-6，可知城市家庭一户年用水量的平均值为 108.07 吨，人均年用水量为 37.79 吨；居民水价的平均值为 2.21 元/吨，与地级市数据集中的 2.31 元/吨基本一致，且生活水价的最大值与最小值之比为 5.82，可以看出不同城市的水价差别较大。

表 7-6　　城镇住户调查生活用水需求模型变量描述

	变量	单位	变量描述	平均值	标准差	最小值	最大值
因变量	户年用水量	吨	指一个家庭户一年消费的水的总量	108.07	86.26	5.90	562.00
自变量	生活水价	元/吨	包括自来水费和污水处理费以及水资源费	2.21	0.71	0.72	4.19
	是否实行阶梯水价	1=是，0=否	指城市是否实行了阶梯水价	0.14	0.35	0.00	1.00
	可支配收入	元/年	指调查户可用于消费支出和其他非义务性支出及储蓄的总和，即居民家庭可以用来自由支配的收入	44851.56	32378.62	5911.43	210326.50

续表

	变量	单位	变量描述	平均值	标准差	最小值	最大值
自变量	现住房总建筑面积	平方米	指调查户现住房的总建筑面积	2.86	0.80	1.00	5.00
	家庭人口	人/户	指居住在一起，经济上合在一起共同生活的家庭成员	76.99	30.69	22.00	240.00
	家庭就业率	%	指家庭就业人口占家庭总人口的比例	0.96	0.30	0	3.00
	住宅建筑式样			0.80	0.47	0	5.00
	饮水情况			3.88	1.07	0	7.00
	用水情况		指调查户用于洗脸、洗澡、洗衣等方面的情况	0.52	0.29	0.00	1.00
	卫生设备	1=有，0=无	指调查户的现住所内有无浴室及带有下水道的厕所	1.24	0.59	0.00	5.00
	洗衣机	台/户	指一次洗衣在6千克以下的自动、半自动、单缸、双缸、滚筒家用洗衣机	1.02	0.15	1.00	4.00
	淋浴热水器	台/户	指家用淋浴热水器，包括电热水器、燃气热水器、太阳能热水器	2.19	0.51	1.00	4.00
	年降雨量	毫米	年降雨量的总和	965.77	649.07	51.60	22958.10
	夏季平均气温	摄氏度	6、7、8月气温的平均值	25.54	2.64	15.13	30.00

注：资料来源为城市住户调查资料，所有变量观测样本量为257096户。

第四节　城市居民生活用水需求价格弹性估计结果与分析

一　城市级统计年鉴数据计量模型结果与分析

基于计量模型式（7-2）和城市居民生活用水地级市统计年鉴数

据，我们对城市居民人均日用水量需求函数进行了估计。混合截面回归的结果如表7-7所示，关键变量的符号与大小与描述性统计分析结果及理论预期一致，模型回归结果也比较稳定。水资源作为城市生活的必需品，很少有替代品，所以其需求价格弹性都比较小。中国城市居民生活用水消费占人均可支配收入比例较低，所以水价仍然可以作为一个有用的调节工具来起到节约用水的作用。根据本书的回归结果，随着城市水价的提高，城市居民生活用水量将出现减少，水价每增加一个百分点，可以降低城市居民生活用水量0.2个百分点，即城市居民生活用水需求价格弹性约为-0.2。另外，是否实行阶梯水价也对较少用水需求有显著影响。关于收入对生活用水量的影响，本书按照大多数文献的设定，采用线性形式，回归结果较为稳定，收入每增加一个百分点，将会使用水量增加0.1个百分点，即用水需求收入弹性约为0.1。

表 7-7　城市居民生活用水需求函数及其价格弹性估计结果

项目	人均日生活用水量（升/日）（取对数）					
生活水价（取对数）（元/吨）	-0.383*** (0.0353)	-0.357*** (0.0358)	-0.411*** (0.0361)	-0.293*** (0.0371)	-0.247*** (0.0381)	-0.186*** (0.0373)
阶梯水价城市（1=是，0=否）		-0.104*** (0.0263)	-0.0642*** (0.0238)	-0.0563** (0.0232)	-0.0491** (0.0231)	-0.0306 (0.0220)
人均可支配收入（取对数）（元/人/年）			0.178*** (0.0322)	0.133*** (0.0316)	0.131*** (0.0314)	0.0996*** (0.0303)
居民其他家庭基本情况				Y	Y	Y
气候条件					Y	Y
水资源禀赋						Y
流域虚变量						Y
常数项	5.385*** (0.0299)	5.377*** (0.0299)	5.037*** (0.514)	3.203*** (0.551)	2.878*** (0.551)	4.630*** (0.567)
观测值	1640	1640	1640	1640	1640	1640
R-squared	0.067	0.076	0.270	0.311	0.320	0.413

注：括号为回归稳健标准误，**和***分别代表在5%和1%的水平下显著，Y代表此类变量在回归中已被控制。

二 城市住户调查数据计量模型结果与分析

基于城市居民生活用水城市住户调查数据，在计量模型式（7-3）中采用工具变量两阶段估计策略，我们对城市居民生活用水需求函数进行估计。表7-8报告了结果，可知关键变量符号与大小与描述性统计分析结果及理论预期一致，模型回归结果稳健。相较于利用城市级统计年鉴数据估计的结果（见表7-8），城镇住户调查数据所估计的城市生活用水需求更富有价格弹性。具体地，结果显示随着城市生活水价提高1%，用水量减少0.4%，即城市居民生活用水需求价格弹性为-0.4。实行阶梯水价对生活用水需求的抑制作用也在估计结果中体现。对城市生活用水需求收入弹性的估计也明显大于城市级数据的估计结果，约为0.25，即住户收入每增加1%，将会使生活用水量增加0.25%。

表7-8　城镇住户调查生活用水需求价函数及其价格弹性估计结果（2SLS）

项目	户年用水量（吨/年）（取对数）				
水价（取对数）（元/吨）	-0.375*** (0.0146)	-0.375*** (0.0146)	-0.390*** (0.0141)	-0.396*** (0.0140)	-0.397*** (0.0140)
阶梯水价（1=是，0=否）		-0.0394*** (0.00697)	-0.0345*** (0.00676)	-0.0292*** (0.00669)	-0.0289*** (0.00669)
可支配收入（取对数）（元/年）			0.329*** (0.00254)	0.248*** (0.00283)	0.248*** (0.00283)
住户其他家庭基本情况				Y	Y
气候条件					Y
城市固定效	Y	Y	Y	Y	Y
年固定效应	Y	Y	Y	Y	Y
常数项	3.748*** (0.0297)	3.745*** (0.0297)	0.589*** (0.0377)	1.012*** (0.0413)	1.168*** (0.0702)
观测值	257096	257096	257096	257096	257096
R-squared	0.296	0.296	0.339	0.353	0.353

注：括号为回归稳健标准误，***代表在1%的水平下显著，Y代表此类变量在回归中已被控制。

第五节 本章小结

本章基于文献梳理，构建城市居民生活用水需求函数，分别利用全国多年地级市统计年鉴的城市生活用水数据和国家统计局的城镇住户调查数据，对模型进行了实证估计，并计算相应城市生活用水需求价格弹性。基本结果包括以下两点：一是使用地级市统计年鉴数据进行城市居民生活用水需求价格弹性估计结果为-0.2，即城市居民水价每上升1%，城市人均日生活用水量下降0.2%。二是使用国家统计局的城镇住户调查数据对城市居民生活用水需求价格弹性进行估计结果为-0.4，即城市居民水价每上升1%，城市家庭生活年用水量下降0.4%。综合两者结果，我们推断中国城市居民生活用水需求价格弹性在-0.4—-0.2。

通过计量模型的结果，我们可以知道水价能够作为一个主要因素影响城市居民用水需求，但其仍处于缺乏价格弹性的范围，主要是因为水费支出在城市居民家庭可支配收入和工业生产成本支出中所占比例较低，水价政策仍然是一个可以使用的节约用水的政策工具，提高水价可以有效降低城市居民的需求量。目前，中国仍然在探索通过城市居民水价制度的改革来加强水需求管理和改善用水制度，因此有必要了解水价改革对城市居民用水需求的影响，如阶梯水价改革也起到了节约用水的作用。

第八章
工业用水需求价格弹性估计

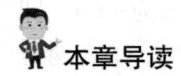

本章导读

➢工业用水需求的影响因素有哪些?
➢工业用水需求价格弹性的估计方法是什么?
➢中国工业用水需求价格弹性有多大?与其他国家和地区相比如何?

为了回答城市工业水价政策对工业用水需求的影响,以及计算相应的需求价格弹性水平,本章在厘清工业用水需求影响因素和相应的需求价格弹性分布后,分别运用统计描述和计量经济模型方法,考察工业水价收费水平对工业用水需求的影响。基于工业用水地级市水平的面板数据,建立相应的计量模型,根据计量结果得出工业用水需求价格弹性。

第一节 文献评述

一 工业用水需求的影响因素

工业用水需求的影响因素比居民生活用水更加复杂,因为它涉及不同行业的用水特征,以及节水技术进步。因此,数据的可获得性不高,从而导致国内外关于工业用水的研究都比较少。国外的研究相对较早,且都处于工厂层面,得出的数据更加可靠。主要涉及的变量有各种投入的价格、产出水平、行业类型、用水来源和类型、工业用水回用率(表征企业用水效率)、企业规模(如工厂面积、工人数量等)、所有制性质、地区等（Chiueh，2012；Arbués et al.，2010；Kumar and Managi，2009；Reynaud，2003；Dupont and Renzetti，2001；Schneider and Whitlatch，1991；Renzetti，1988；Williams and Suh，1986；Ziegler and Bell，1984；Grebenstein and Field，1979；Turnovsky，1969）。

国内首次应用边际生产方法研究了中国工业用水的价值，估计产出弹性和边际产出，并在假设水价等于工业用水边际价值的前提下，估计工业用水需求价格弹性（Wang and Lall，2002）。国内关于工业用水的文献讨论不多，也不够深入，分析的变量比较少，主要涉及雇员人数、固定资产投入、工业能耗量及工业用水重复利用率（陈优优等，2016；李翠梅等，2010；刘昕等，2009；张凯，2006；张辉、张宏伟，2006；毛春梅，2005；贾绍凤、张士锋，2003；沈大军等，2000）。

然而，最重要的因素仍是水价。对于工业水价指标的选择，有学者采用平均水价，也有采用边际水价。虽然理论上边际水价更能反映工业企业对水价变动的反应，但是因为数据可获得性较差，所以主要还是使用平均水价。另外，工业用水随行业变化差异极大，所以在有些研究中，往往会区分行业进行分析。

二　工业用水的需求价格弹性

改革开放 40 多年以来，中国工业经济实现了跨越式发展，但高投入、高能耗、高污染、低效益的发展方式不可持续。特别是在工业用水方面，中国工业用水需求提高和水资源短缺的矛盾日益凸显。然而，中国水资源价格长期处于政府管制之下，不能充分发挥其应有的调节作用。在这种情况下，测度工业用水的价格弹性，对如何正确制定工业用水价格，进而提高工业用水效率尤为重要。

工业用水需求价格弹性测算需要基于工业用水需求函数估计，而工业用水需求函数实际是一种要素需求函数，为成本函数或生产函数的衍生函数。微观经济学上可以由两种方法，即成本最小化或利润最大化得出。如式（8-1）和式（8-2）所示。

$$D_1 = D(q, p_w, p_x) \tag{8-1}$$

$$D_2 = D(p, p_w, p_x) \tag{8-2}$$

式中，D_1 和 D_2 分别为成本最小化和利润最大化推导出的工业用水需求函数；q 为既定产量；p 为工业产品价格；p_w 和 p_x 分别为工业水价和其他投入品价格。无论是成本最小化还是利润最大化，都是通过工业用水投入的边际产量或边际产值得到工业用水的需求函数，进而计算工业用水需求价格弹性。基于上述理论基础，计量分析法可以直接构造工业用水需求函数，基于已有数据对工业用水需求函数中的参数进行估计，进而计算工业用水需求价格弹性。

纵观工业用水需求价格弹性估计的研究历史，数据越来越详细，样本规模覆盖也越来越全面。Turnovsky（1969）最早利用美国地区级的聚合数据计算工业用水需求价格弹性，因为数据的获得性等因素，其数据类型为横截面数据。其后，不断有学者利用各种层面的横截面数据对工业用水需求价格弹性进行估计，随着统计制度的完善和数据收集技术的进步，学者逐步开始使用时间序列数据和面板数据对工业用水需求价格弹性进行估计（见表8-1）。

表8-1　横截面数据估计城市工业用水需求价格弹性文献总结

文献	数据类型	研究地点	价格弹性值
Turnovsky，1969	1	美国	-0.50
DeRooy，1974	1	美国	-0.894/-0.741/-0.745
Grebenstein 等，1979	1	美国	-0.326（基于 AWWA 的用水价格）/-0.801（基于 MM 的用水价格）
Babin 等，1982	1	美国	-0.66/-0.14
Ziegler 等，1984	1	美国阿肯色州	-0.08
M. Williams 等，1986	1	美国	-0.7352（平均价格）/-0.4376（边际价格）/-0.7211（用水量3750）/-0.9755（用水量7500）/-0.7611（用水量75000）
Renzetti，1988	1	加拿大不列颠哥伦比亚省	-0.1186/-0.2486/-0.5060/-0.5368
Schneider 等，1991	1	美国	-1.16
Steven Renzetti，1992	1	加拿大	-0.15/-0.59
Steven Renzetti，1993	1	加拿大	-1.14/-0.05/-2.17/-0.65
沈大军等，2000	1	中国北京市	-1.11
Hua Wang 等，2002	1	中国	-0.57/-1.20
Liaw 等，2010	1	中国台湾省	-4.37--0.02
陈优优等，2016	1	中国	-0.02/-0.95

续表

文献	数据类型	研究地点	价格弹性值
Dupont 等，2001	2	加拿大	-0.77
贾绍凤、张士锋，2003	2	北京市	-0.3950/-0.4937/-0.5930
毛春梅，2005	2	中国江苏省	-0.157
张凯，2006	2	中国天津市	-0.788
张辉等，2006	2	中国天津市	-0.48/-1.00
刘昕等，2009	2	中国咸阳市	-0.711
李翠梅等，2010	2	中国苏州市	-0.2546
Chiueh，2012	2	中国台湾省	-0.3686
Reynaud，2003	3	法国西南部	-0.79—-0.10（供水）/-2.21—-0.90（回用水）
Kumar 等，2009	3	印度	-0.942（皮革）/-0.913（酒厂）/-0.915（化学制品厂）/-0.918（糖厂）/-0.915（纸和纸制品厂）/-0.917（化肥厂）/-0.301（药物和制药厂）/-0.917（石化产品厂）
Arbués 等，2010	3	西班牙	-0.249（短期）/-0.567（长期）

注：资料来源为笔者整理；数据类型 1=横截面数据，2=时间序列数据，3=面板数据。

在使用横截面数据对工业用水需求价格弹性进行估计的研究中，因为传统发达国家工业起步较早，所以其相关研究集中在 20 世纪七八十年代。Williams 和 Suh（1986）利用 1976 年美国工业企业的截面数据，使用双对数模型和 OLS 估计方法分别测量了工业用水需求对平均价格、边际价格及其他价格（平均每月用水量在 3750、7500、75000 加仑情景下的用水价格）的响应，发现工业用水需求弹性在-0.98—-0.44。其后，Renzetti（1988）通过 1981 年加拿大不列颠哥伦比亚省四类工业企业截面数据，计算出这四类企业用水需求价格弹性在-0.54—-0.12。值得注意的是，Renzetti 在这项研究中对工业取水水价的估计用了较为精确的测量方法，即在每个企业观测到的消费水平上确定边际价格，再将该价格对反映水价结构的一系列变量进行回归。在使用平均价格和边际价格对比方面，Ziegler 等（1984）分别使用平均价格和边际价格估计了美国阿肯色州造纸和化学工业的 23 个高耗水公司的水需求弹性，发现平均价格在拟合和预测方面拥有更好的用水估算能力，在使用平均成本作为用水成本时，水价对造纸和化工行业的用水需求有显著影响。此外，一些学者在计算用水需求价格弹性时使用了 Translog 生产函数模型，如 Renzetti（1992）计算了 1985 年加拿大七类工业部门（制造业、饮料业、橡胶工业、纺织业、造纸业、金属业和矿业）用水需求价格自弹性、交叉弹性，表明取水量和循环用水量之间有相互替代的关系，通过提高取水价格可减少取水量，增加循环用水量。

此外，部分研究关注到不同水源条件下的工业用水需求价格弹性的异质性。Grebenstein（1979）研究发现在两种工业用水及其对应水价情景下，工业用水需求弹性分别为-0.326 和-0.801，造成差异的原因在于不同水源下工业用水量和资本投入在美制造业中的互补和替代关系不同。而 Liaw 等（2010）进一步关注各类用水之间的关系参数，引入工业用水回用率变量，并建立计算机系统动力学模型，以用水总成本（回用成本、排放成本、取水成本）为因变量，以平均价格为自变量，算出 2000 年中国台湾省北部 192 个高科技行业用水需求弹性在-4.37—-0.02。

相比之下，国内使用横截面数据进行工业用水需求价格弹性估计的研究较少。沈大军等（2000）首先使用 1996 年北京市工业行业截面数据，在用水价格等于边际成本与边际效益的情况下得出工业用水需求价格弹性为-1.11，其中用水需求包括新鲜取水量和重复用水量。另外，两篇研究基于边际生产力模型对工业用水需求价格弹性进行评估。具体地，Wang 和 Lall（2002）使用三种估计模型（道格拉斯、一般超越对数、企业分类超越对数）对工业用水需求价格弹性进行测算，估计出弹性值在-1.20—-0.57。陈优优等（2016）以固定资产投入量、劳动力、工业用水量、工业耗能量为投入要素，以工业增加值为产出，建立超越对数生产函数模型，对除西藏外中国 30 个省份（不含港澳台地区）工业用水需求价格弹性进行测度，发现全国各地的工业用水价格弹性基本分布在-0.95—-0.02，地区差异较大。在测算方法上，因为边际生产力模型以工业用水边际收益代理工业水价，所以必须将弹性测算结果和工业用水边际收益情况结合起来，才能得到对水价杠杆作用的正确判断。

第八章 | 工业用水需求价格弹性估计

在使用时间序列数据对工业用水需求价格弹性进行估计方面，由于国内相关研究起步较晚，反而在此方面有后发优势。相关研究利用双对数线性模型分别对江苏省棉纺业和天津市、咸阳市工业企业用水需求价格弹性进行了计算，分别为-0.16、-0.79 和-0.71（毛春梅，2005；张凯等，2006；刘昕等，2009）。其中，张凯的模型中需求量的影响因素只考虑水价，水价通过水资源价值模糊综合指数进行测算。李翠梅等（2010）基于公共设施最优定价理论和长期边际成本的理论，分析了城市供水边际价格模型，并构建了供水成本与需求函数的超越对数生产函数形式，从而建立了城市供水价格预测的长期边际成本；此外，以苏州市为例进行了实际应用研究，计算出苏州工业用水需求价格弹性为-0.25。国外基于时间序列数据的相关研究反而较少，Dupont 和 Renzetti（2001）根据加拿大 1981—1991 年制造业企业数据，计算其用水需求价格弹性为-0.77。以上模型中加入了代表技术变化的时间趋势，发现当进水与工艺相关且与冷却和蒸汽生产不相关时，进水和再循环之间的关系更强，此时技术变化已经偏向增加水摄入和减少水再循环的方向。此外，Chiueh（2012）基于 1998 年 1 月至 2008 年 12 月中国台湾省工业企业数据，使用 FGLS 方法计算出非干旱时期将农业用水转移到工业用水的需求价格弹性约为-0.37。

使用综合体现个体差异和时间变化的面板数据能够更精确地测算工业用水需求价格弹性，而此类研究相对稀缺。Reynaud（2003）通过估计位于法国西南部的工业企业样本中的水的需求量来研究工业用水需求的结构，其将工业用水量分为从给水部门购买的水量、自供水的量和回用水的量三类，使用 SUR 和 FGLS 估计了 1994—1996 年在吉伦特地区观测的 51 个工业企业的样本，工业用水量对水价反应敏感：水网取水价格弹性为-0.29（不同行业类型在-0.79—-0.10）；自供水价格弹性不显著；回用水的弹性为-1.42（不同类型工业企业在-2.21—-0.90）。Kumar 和 Managi（2009）对印度 92 个企业进行调查，把营业收入、投入要素（原材料、工资、股本、消耗水量等）纳入估计模型，发现除了药物和制药厂用水需求价格弹性为-0.301，其他企业的弹性值在-0.94—-0.87。更细致地，Arbués 和 García-Valiñas（2010）基于 1996—2000 年西班牙 298 个从事工业和服务业的城市供水用户的动态面板数据，使用"感知价格"（由当期边际价格和滞后两期平均价格得出）计算出工业用水需求弹性短期约为-0.25，长期约为-0.57。

第二节 数据来源及描述性统计分析

一 数据来源

（一）工业用水地市级数据

工业用水地市级数据主要源于《城市供水统计年鉴》。虽然在《中国城市建设统计年鉴》中有生产运营用水的统计，但其包括工业用水和建筑业用水；而在《城市供水统计年鉴》中工业用水量是纯粹的工业用水统计。另外，利用宏观数据研究工业用水，多数研究是以万元工业增加值用水量作为因变量进行研究的，但是中国自2009年不再公布城市级的工业增加值数据[1]，所以本书继续采用统计的工业总产值数据与工业用水量指标，从而保持口径的一致性。

工业用水数据样本的城市覆盖面比较广。从覆盖的省份来看，除了西藏自治区、台湾省、香港特别行政区和澳门特别行政区的城市未被覆盖，其他省份的所有城市基本被覆盖到[2]。另外，有四个省份只有省会城市被覆盖（新疆、海南、贵州和青海），它们的工业总体上不发达，且省会工业经济产值占比有绝对比重，所以并不会因样本少而显著影响分析结果。从覆盖的城市数量来看，工业用水数据已经覆盖了全国166个城市从2007—2016年的数据，占地级市数量的57.04%。从不同省份的城市覆盖面上来分析，覆盖面除了直辖市的上海、北京和重庆，覆盖面达到100%的省份还有山西、江苏和浙江，其他省份虽然其地级市未被全部覆盖，但是覆盖度最低也达到了16.67%，分别是甘肃、贵州两省，而覆盖度25%的省份分别是云南、吉林、新疆、海南和黑龙江。缺水比较严重进行较多水价改革试点的省份也覆盖到了，如河北、山西也能覆盖其90.91%和100%的城市。

---

[1] 即使公布一个城市总和的工业增加值数据，也是进行国民经济核算的时候估算出来的。
[2] 西藏自治区工业不发达，产值也比较小，所以没有西藏城市进入对准确估计工业用水需求价格弹性不会有大的影响；台湾省、香港特别行政区和澳门特别行政区数据暂时没有可靠获得途径。

然而，分年看样本的地级市覆盖率并不高，且略微呈萎缩趋势。从图 8-1 可知，包含城市最多的是 2010 年，占当年城市数量的 44.14%；最少的是 2015 年，仅占当年城市数量的 37.55%。缺失原因包括以下两方面。首先，工业用水统计制度在有些偏远的城市不完善，用水量数据又比较难以统计（如水价数据难以获得），故而边疆地区的样本始终偏少。其次，工业用水量数据库涉及多个指标，只有这些指标在该城市必须都能收集到，该城市才能被包括进样本数据库。因为指标数据的有些年份有些城市可能无法获得，那么该城市在该年份就不会被包括进样本，所以某些省份的某些地级市存在一直无法获得完全数据的现象。同时，工业用水城市样本数据库历年各地区涉及城市变动。首先，直辖市在所有研究年份和所有涉及指标均能获得，这与直辖市历年的统计年鉴比较完善和规范有关。其次，省份历年覆盖的城市数量参差不齐，比较全的如江苏、浙江，但是也有覆盖城市比较少的东部省份如广东、福建。其主要原因在于工业用水的数据采取的是各个城市上报数据，没有严格的制度保障，有些城市有些年份会存在不上报的情况，这样就造成了工业用水数据一个城市不是每年度都有数据的情况。

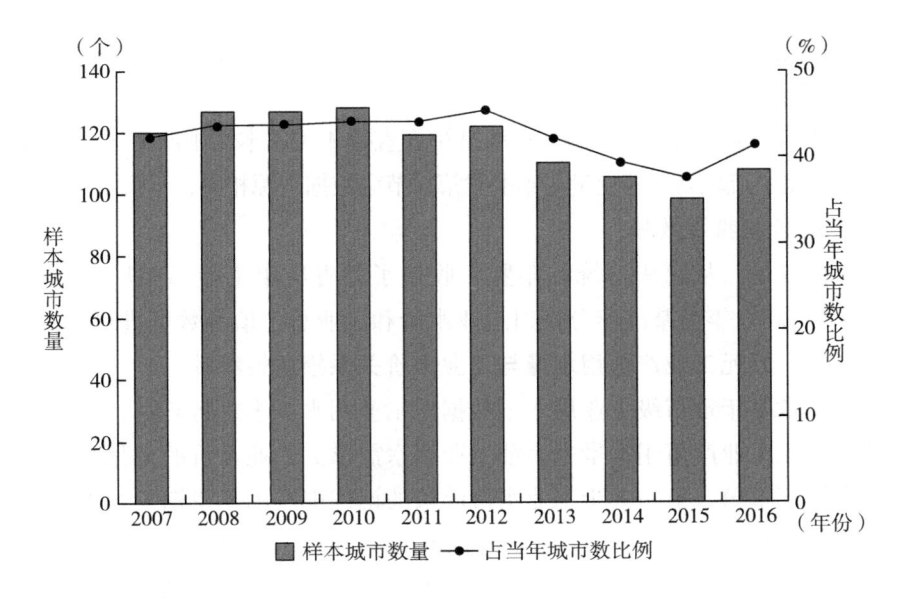

图 8-1 工业用水每年地级市样本数量和比例的变化

（二）其他数据

1. 水价数据

工业水价数据同样源于中国水网（http://www.h2o-china.com/）和中国价格信息网（http://www.chinaprice.cn/fgw/chinaprice/free/index.htm）上的城市级水价数据。中国价格信息网上城市数据涉及的城市面比较小，仅有百余城市的水价数据，笔者对中国价格信息网上的水价数据和中国水网上的水价数据进行比对，保证两套数据一致。最后主要采用中国水网上的地级市工业水价，因为其覆盖中国地级以上城市面比中国价格信息网上涉及的城市广。

工业水价数据也包含三部分：自来水单价、污水处理费和水资源费。因为工业发展早于普遍的环保设施建设，早期针对工业污水外排征收排污费，但随着环保的逐渐严格和环保基础设施的建设，工业污水变为需要达到一定的排放标准之后再排入集中处理，这时对工业企业征收的费用变成了污水处理费，所以排污费和污水处理费是工业发展不同阶段对排污企业征收的费用，当工业污水集中处理而征收污水处理费时，则停止征收排污费。本书研究的工业用水是从2007年开始至2016年，此阶段中国工业污水已经有了很大发展，绝大部分进行集中处理，所以征收的是污水处理费。

2. 水资源数据

工业企业用水与当地的水资源富裕度直接相关。本书中所采用的区域水资源量、流域划分等变量与第七章第二节中数据来源相同，不再赘述。

3. 价格指数数据

同样地，从《中国统计年鉴》收集了各省历年工业品出厂价格指数，以2016年为基准年分别对工业水价和工业总产值等数据进行折算。

二 万元工业产值用水量与工业水价关系描述性统计

本章基于地市级工业用水量数据对工业用水需求进行研究，本研究使用万元工业产值用水量来表征工业用水需求。工业水价的变化趋势已经在第三章第二节中关于工业水价政策的论述中展示，得知工业水价的主要趋势是随工业水价政策变化驱动的，水价变化呈现"W"形趋势。工业用水量和工业水价的分布如何，关系到对数据的处理以及是否符合计量估计的前提。由图8-2（a）可知，万元工业产值用水量的分布属于

第八章 | 工业用水需求价格弹性估计

(a) 万元工业产值用水量的核密度值

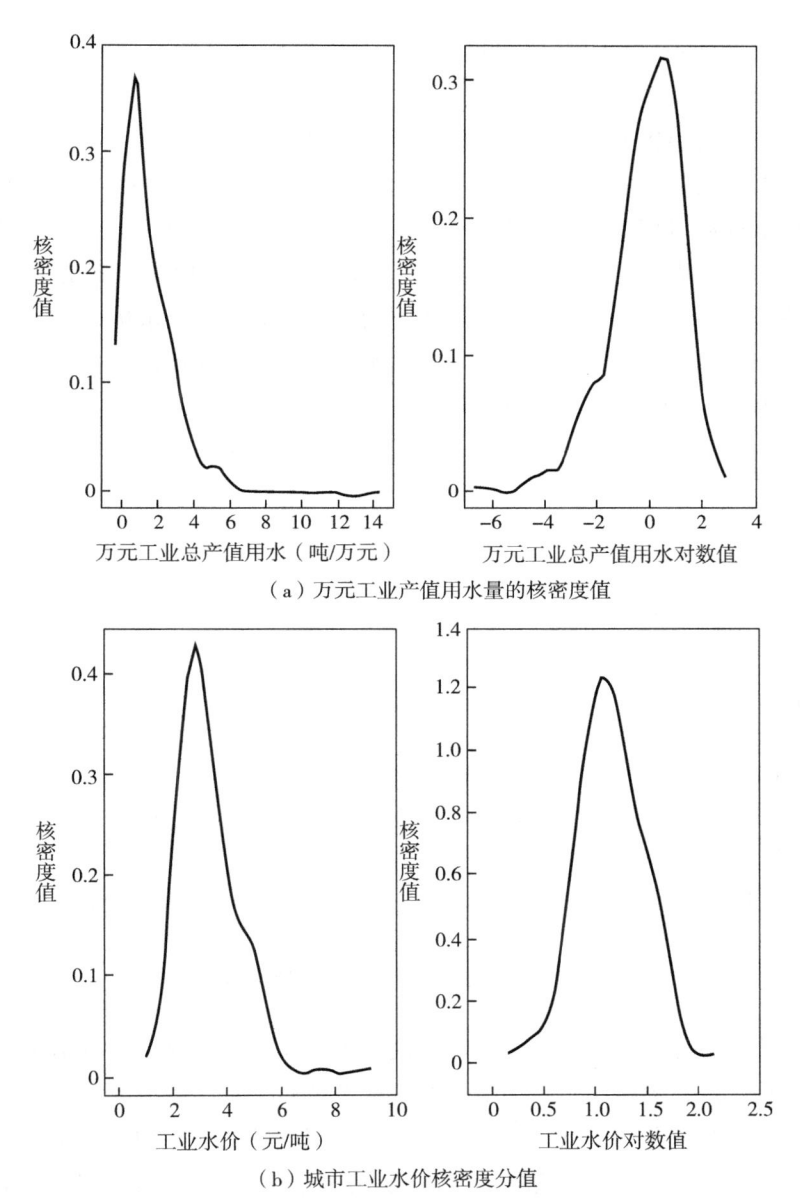

(b) 城市工业水价核密度分值

图 8-2 城市万元工业产值用水量与工业水价分布情况

偏态分布，呈现集中分布于 1（吨/万元）的右偏分布形态。这表明部分城市的万元工业产值用水量明显高于一般城市，所以需要对其进行对数化处理，且其对数值分布基本符合正态分布要求。同理，图 8-2

271

(b）显示工业水价分布比较集中，且其原始值和对数值总体上均接近正态分布。

从时间趋势来看，随着中国工业用水效率提升，万元工业产值用水量基本呈逐年下降的趋势。由图8-3可知，2007—2016年万元工业产值用水量从2007年的2.63吨/万元，一直下降到2011年的1.2吨/万元，其后有微小浮动，也呈现出了"W"形趋势。但是，其变动不如工业水价反弹高，表明工业水价是驱动万元工业产值用水量下降的驱动力之一，其他因素，如提高循环利用水比例、淘汰高耗水行业等政策也起到抑制工业用水需求上升的作用。

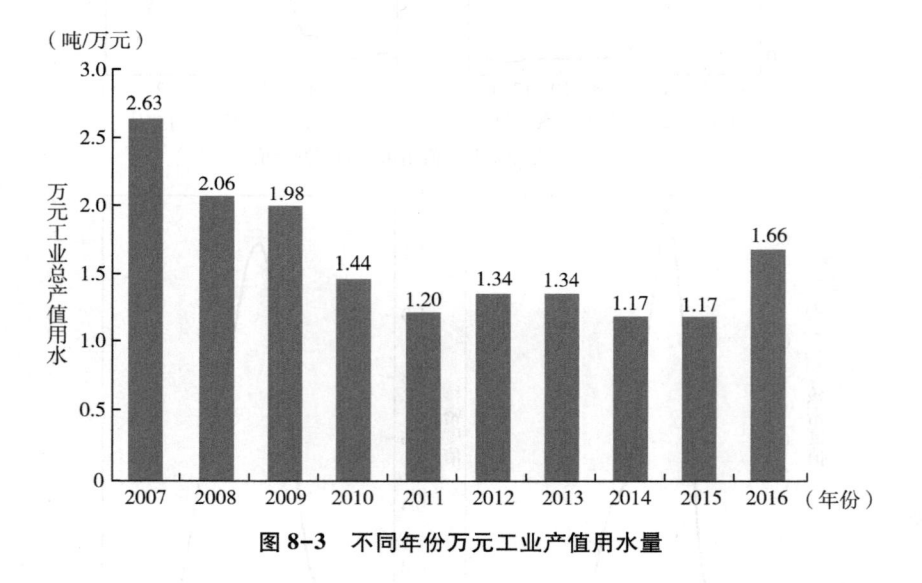

图8-3 不同年份万元工业产值用水量

从流域分布来看，万元工业产值用水量在不同流域呈现明显的异质性。具体地，工业用水效率最低的是东南诸河流域，达到2.7吨/万元；最高的则是松花江流域，其万元工业产值用水量仅有0.81吨/万元，不到松花江流域的1/4（见图8-4）。从第三章第二节描述的不同流域工业水价的情况可知，松花江流域恰恰也是工业水价最高的流域，也部分印证了工业水价起到了抑制万元工业产值用水量的作用。这可能与松花江流域属于重工业城市，行业结构比较单一，且工业化和城市化起步较早，政府比较容易管控等因素有关。另外，东南诸河流域万元工业产值用水量最高（用水效率最低），而非工业水价最低的是西北诸河流域，表明水价并非决定工业用水需求的单一因素。

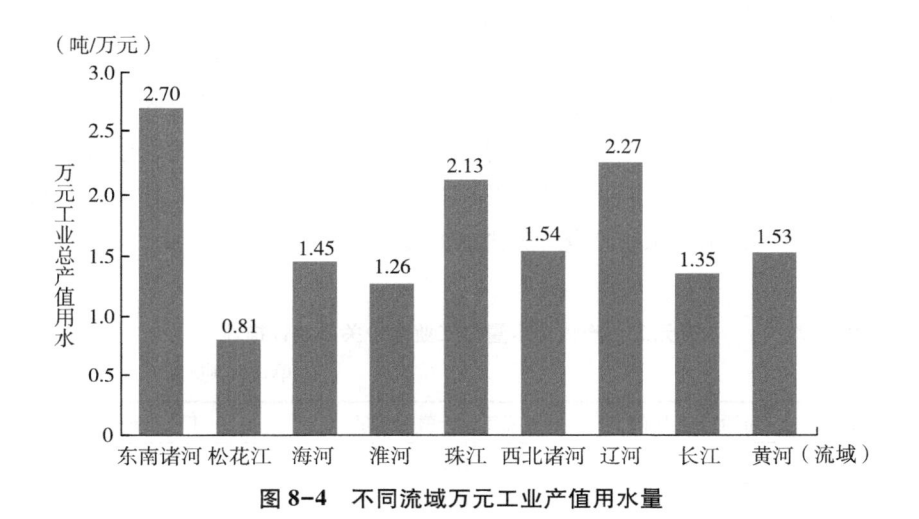

图 8-4 不同流域万元工业产值用水量

此外，图 8-5 显示万元工业产值用水量与工业水价之间均存在负相

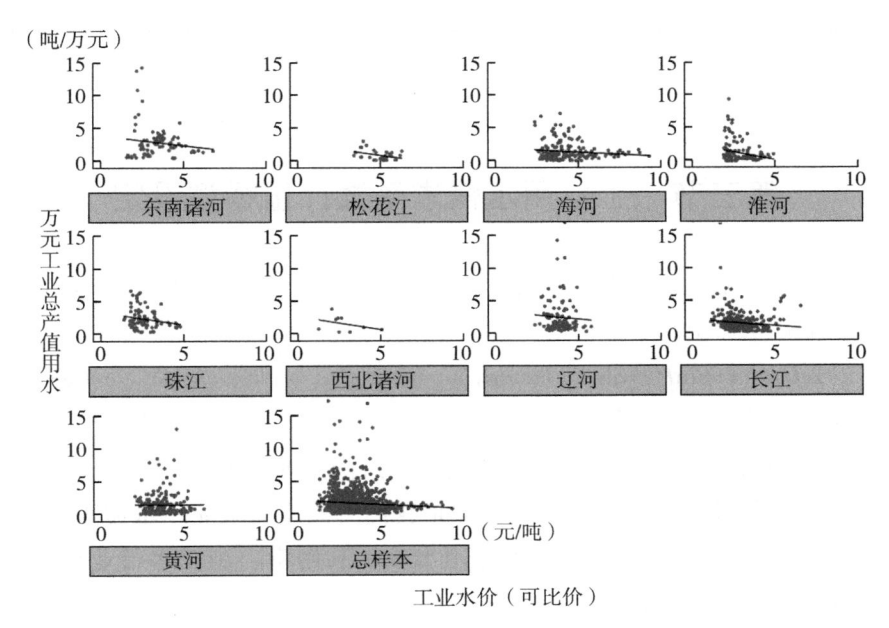

图 8-5 分流域万元工业产值用水量和工业水价关系

关关系。总体上看，九大流域万元工业产值用水量与工业水价之间的关系与全国总样本情况一致，皆为负相关关系。具体地，比较不同流域之间的情况，以上负相关关系最明显的是东南诸河流域，而黄河流域最不明显。值得注意的是，同一流域同一水价之下，万元工业产值用水量却大不同，这可能是由该流域下不同城市的工业结构差异导致的。

更具体地，万元工业产值用水量与工业水价的负相关关系也可由表8-2所示。尽管表中工业水价变化幅度较小，但随着万元工业产值用水量逐步增大，工业水价变化呈现相反的趋势。

表8-2　　　　万元工业产值用水量与工业水价关系统计描述

单位：吨/万元、元/吨

万元工业产值用水量区间	万元工业产值用水量	工业水价
1%—25%	0.27	3.34
26%—50%	0.78	3.68
51%—75%	1.50	3.39
76%—100%	3.92	3.23
平均	1.62	3.41

资料来源：笔者根据全国地级市工业用水统计年鉴数据整理。

第三节　工业用水需求函数计量模型设定

基于对工业用水需求影响因素的梳理，我们可以构建中国地级市层面工业用水需求函数计量模型：

$$\ln Q_{ijt} = \alpha + \beta \ln P_{ijt} + \delta \ln X_{ijt} + \pi_j + \varepsilon_{1ijt} \tag{8-3}$$

式中，ijt 为流域 j 城市 i 第 t 年；被解释变量 Q 为万元工业产值用水量；核心解释变量 P 为用价格指数折算过的工业用水价格，其系数 β 在双对数估计模型中的估计结果即是我们所关注的工业用水需求价格弹性。其他控制变量 X 包括工业用水重复利用率、高耗水行业比重、工业企业数、工业从业人员数，以及流域固定效应 π_j。以上各变量的定义和统计描述见表8-3，可知万元工业产值用水量和工业水价均有较大变异性。

表 8-3　　　　　工业用水需求模型变量描述

	变量	单位	变量定义	平均值	标准差	最小值	最大值
因变量	万元工业产值用水量	吨/万元	万元工业总产值用水量,2016年价格水平	1.62	1.82	0.00	17.15
自变量	工业水价	元/吨	包括自来水费和污水处理费以及水资源费,2016年价格水平	3.41	1.13	1.15	9.30
	重复利用率	%	指工业新取用水量与总用水量的比值	73.54	23.91	3.11	100.00
	高耗水行业占比	%	八大高耗水行业工业销售产值（当年价格）占总工业销售产值比例	0.40	0.14	0.14	0.83
	工业企业数	个	指该市当年工业企业的数量	876.71	1522.17	16.00	18474.00
	工业从业人员数	万人	指从事工业生产的从业人员数量	22.23	28.72	0.84	227.25

资料来源：笔者整理自收集的统计年鉴官方网站，其中万元工业产值用水量来自《城市供水统计年鉴》，工业水价来自中国水网，重复利用率和高耗水行业占比均来自《中国城市建设统计年鉴》，工业企业数和工业从业人员数均来自《中国城市统计年鉴》。各变量观测数均为1164个。

第四节　工业用水需求价格弹性估计结果与分析

表8-4显示了工业用水需求函数的回归结果。整体来看，关键变量的符号与理论预期一致，工业用水需求价格弹性值一直为负，且较为稳健，约为-0.45。以上结果表明随着工业水价的提高，万元工业产值用水量将会减少，工业水价每增加1%，可以降低万元工业产值用水量0.45%，工业水价政策还是能够促进工业节水的。从工业用水需求价格弹性值我们可以看出中国目前工业用水需求价格弹性缺乏弹性，因为

中国工业用水消费占工业成本支出比例较低,所以水价仍然可以作为一个有用的调节工具来起到节约用水的作用。本书计算的工业用水需求价格弹性结果与以往研究基本一致。如 Reynaud(2003)研究了法国 Gironde 地区 7 个工业行业的工业用水需求价格弹性,其值在-2.21— -0.10;而 Arbués 和 García(2010)研究了西班牙 Zaragoza 地区 151 个工厂的数据,其估计的工业用水需求价格弹性在-0.567—-0.249。与我们结果比较接近的是,Ya-Wen Chiueh(2012)研究了中国台湾省 17 个用水协会售水给工业企业的工业用水需求价格弹性,其结果为 -0.369。

表 8-4　　　　　　工业用水需求函数及其价格弹性估计结果

项目	万元工业用水量(对数值)(吨/万元)					
工业水价(对数值)	-0.203* (0.108)	-0.196* (0.110)	-0.289** (0.115)	-0.381*** (0.120)	-0.388*** (0.120)	-0.446*** (0.137)
重复利用率		Y	Y	Y	Y	Y
高耗水行业占比			Y	Y	Y	Y
工业企业数(对数值)				Y	Y	Y
工业从业人员数(对数值)					Y	Y
流域虚变量						Y
常数项	0.179 (0.132)	-0.0644 (0.162)	-0.226 (0.173)	-0.852*** (0.289)	-0.773** (0.315)	0.302 (0.352)
观测值	1164	1164	1164	1164	1164	1164
R-squared	0.003	0.011	0.017	0.023	0.023	0.114

注:Y 表示模型控制该变量,括号内为稳健标准误,*、** 和 *** 分别代表在 10%、5% 和 1% 水平下显著。

第五节　本章小结

本章基于工业用水需求影响因素梳理,构建工业用水需求函数,并基于全国地级市层面跨度十年的城市工业用水数据,对工业用水需求函数计量模型进行了估计,得出相应的工业用水需求价格弹性,其值约为-0.45。尽管以上结果表明水价政策仍然是一个可以使用的节约用水的政策工具，但也反映出中国工业部门的用水需求依然处于缺乏价格弹性的阶段，主要是因为水费支出在工业生产成本支出中所占比例较低。所以，鉴于中国目前仍然在探索通过工业水价制度的改革来加强水需求管理和改善用水制度，有必要基于实测的工业用水需求价格弹性预测水价改革对工业用水需求的影响。

第九章

流域水资源优化配置模型未来情景设计

本章导读

➢流域水资源模拟模型有哪些？

➢对未来各流域水资源利用总量和人工生态环境补水量变化率的预测结果如何？

➢怎样设计居民生活水价和工业水价上涨幅度情景？

➢对未来各流域城市居民生活、工业和农业可利用水量变化率预测结果如何？

水资源是社会经济发展的基础性战略资源，同时也是生态环境健康的基础资源。水价是影响水资源需求和调节水资源分配的核心因素，水价通过影响用水者的购买行为来改变水资源在不同消费部门之间的分配。中国水资源总用水量多年来经历了缓慢的上升过程，但其中的用水结构变化显著，进而影响其中水价最低的农业用水量，而灌溉又是中国农业生产的基础保证。

中国总体水资源开发利用强度在20%左右，但不同流域的开发利用率相差极大。从最低的西南诸河区的1.74%到海河流域的135.86%，超过60%的一级水资源区还有辽河区、黄河区、淮河区，此四个一级水资源区水资源问题将成为制约当地社会经济发展的重要因素。同时这些区域也是中国重要的粮食生产基地，缺水已经严重影响到中国的粮食安全。

第九章 流域水资源优化配置模型未来情景设计

本章研究 2030 年各流域农业水资源可利用量变化率是以水资源供需平衡为核心的，探索城镇化、工业化过程中，不同流域农业生产用水的变化量。首先，根据宏观经济变量，预测未来中国各流域总用水量变化率和人工生态环境补水用水变化率。其次，根据第七章、第八章已估计出的城市居民生活用水需求方程和工业用水需求方程，估计出 2030 年各个流域城市居民生活用水量变化率和工业用水变化率。最后，以 2017 年各流域各部门用水量数据为基础值，根据各流域到 2030 年总用水量变化率、人工生态环境补水变化率、城市居民生活用水变化率和工业用水量变化率，计算出 2030 年各流域农业可利用水量变化率。

第一节 流域水资源模拟模型研究综述

水资源的形成与运动具有明显的地理特征，以流域或者水文地质单元构成一个统一体。水资源的稀缺性制约已成为人类可持续发展的关注点。如何利用政策工具进行水资源优化分配，以保证水资源得到合理的开发利用，已成为各国水资源理论与实证界研究的热点。流域水资源配置模型的研究在各个国家间方兴未艾，中国在这方面虽起步较晚，但发展比较迅速。下面我们来回顾一下国内外流域水资源配置模型的发展状况。

水资源优化配置模型经历了由简单向复杂的演化发展的不同阶段。第一阶段，水库（群）调度模型。国际上把水资源作为一个系统，应用系统分析的方法，以水资源合理配置为目的的研究，最初源于 20 世纪 40 年代 Masse 提出的水库优化调度问题，中国 20 世纪 60 年代开始了以水库优化调度为先导的水资源分配研究。第二阶段，地下水管理模型。随着水资源越来越紧缺，人们开始关注地下水资源的开发利用，20 世纪 70 年代开始以地下水规划与管理为主要内容的水资源分配研究。第三阶段，地表水与地下水联合运用模型。随着水资源短缺矛盾日益尖锐，单方面考虑地表水或地下水已经不能有效解决水资源短缺问题，需要把地表水和地下水统一起来考虑。第四阶段，水资源配置模型。利用系统工程方法进行研究，考虑水量的区域分配、水资源利用效率、水利工程建设次序及水资源开发对国民经济发展的作用，成为中国水资源配置研究的雏形（尤祥瑜等，2004）。目前，应用中的流域水资源政策模拟模型主要是投入产出模型和数学规划模型。

水资源投入产出模型在中国已经应用非常广泛。倪红珍（2004）通过建立全国水资源投入占用产出模型，计算了中国51个部门的用水效率和效益指标，将单位用水产出的增加值大且单位产出增加值的完全用水消耗少的部门定义为用水效益和用水效率高的部门，并建议发展该类产业。陈锡康团队先利用静态投入产出模型法分析了中国九大流域水资源影子价格，然后利用水资源影子价格动态投入产出优化模型对全国及九大流域的水资源影子价格进行了测算（刘秀丽、陈锡康，2003；何静、陈锡康，2005）。另外，邢公奇等（2003）在价格影响局部封闭模型的基础上分析水资源价格，构造了水资源投入产出的价格变动模型，并对黄河流域和长江流域水资源价格变动进行实证分析，模拟不同水资源利用与价格变动方案所带来的不同效应。

数学规划模型在国内开始逐渐发展。在水资源优化配置领域，目前的研究主要有三个方面：农业灌溉用水分配、流域不同用水部门之间水资源分配及新方法的研究。数学规划模型用来评价水价政策对水资源在农业、生活及工业三个用水部门的配置。因为水资源的稀缺性导致三个用水部门间的争水现象，如何平衡有限的水资源在三个部门间的分配，从而使社会实现可持续发展的目标（Wang et al.，2007）。下面分别对流域单部门内部水资源配置和流域各部门之间水资源配置研究进展进行综述。

流域单部门内部水资源配置研究最多的是农业灌溉用水分配，其文献最为丰富，可能是因为农业一直是最大的用水部门。灌溉一直是粮食安全的重要支撑，廖永松（2003）使用基于部门均衡理论和流域水资源核算理论为基础开发的农业政策模拟模型 CAPSIM-PODIUM 分析了全国和九大流域的灌溉水平衡和粮食安全情景。刘莹（2008）分析黄河上游水价政策对灌溉用水和农户种植收入影响时，建立了纳入生产函数的农户多目标决策模型，分别通过一阶条件校准法和一般最大熵值法，根据代表性农户样本数据估计出农户目标权重和生产函数参数，进而利用该农户生产模型对水价政策进行模拟。现代农业在面对气候和城市化影响时，水资源的优化分配是高效农业发展的一个重要前提。研究者使用原始 PMP 方法模拟了在气候变化背景下农业水资源的分配以实现最大产量，为中国农业适应气候变化提供了科学的参考（Wang et al.，2013)。同时，PMP 方法也用于研究城市化背景下中国农业水资源如何分配以运到最大化产出的目标（Yan et al.，2015）。

在一个地区全社会水资源有限的条件下，不同用水部门之间如何分配才能确保经济可持续发展成为一个重要的研究课题，即流域各部门之间水资源配置研究。全球水资源评估模型——WaterGAP 2（包括两个部分，即全球用水模型和全球水文模型）可以计算流域层面水资源的利用和年可更新水资源量。模型考虑了人口、收入、技术及气候对用水总量的影响，以及在生活、工业、农业之间的分配，对于人均用水量、千度电用水量进行基于历史数据的拟合，同时引入效率改进参数，但模型并未考虑水价在其中所起的作用（Alcamo et al.，2003）。流域内的水资源优化配置需要着眼于流域整体管理和区域可持续发展的视角，土地利用必须作为一个关键约束，其建立了一个综合考虑经济、社会、生态的多目标模型，但计算各部门用水需求时用的是定额法，但也未考虑价格对用水户的影响（Wang et al.，2015）。交互式水资源配置模型——IWAM（包括三个子模块：水库操作模块、经济分析模块、水资源配置模块）可以实现两个目标（最大化满意度、最大化净经济效益）或者任意一个。其对生活、工业需水的估计采用反需求函数，但是其只涉及一个水库范围，且书中验证实例为假设情况（Babel et al.，2005）。研究者利用粒子群算法优化农业和工业用水来最大化就业率，研究发现通过水资源优化配置不仅增加了就业，而且提高了经济收益（Davijani et al.，2016）。国内研究者提出了水资源配置的复杂适应系统模型包括三个模块，即使用遗传算法的基于代理模块、优化模块和评价模块，评价了广东东江流域的水资源分配（Zhou et al.，2015）。

第二节　未来各流域水资源利用总量和人工生态环境补水量变化率的预测

一　各流域总需水量变化率预测

基于中国 1997—2017 年的用水量数据分析表明，该期间整个社会经济系统用水量增加了 477.37 亿立方米，其中生活用水量增加 312.95 亿立方米，工业用水量增加 155.84 亿立方米，农业用水量减少 153.32

亿立方米，且2003年开始统计人工生态环境补水量，截至2017年达到161.90亿立方米。分析其中原因是该时期为中国经济规模的快速增长期，经济规模的扩张造成水资源需求增加，且该时期最重要的特征是城市化和工业化快速推进，城市化率从1997年的29.92%增加到2017年的58.52%，是中国城市化率提升速度最快的时期，每年超过2000万人口进入城市，带来的结果就是生活用水量稳步提升。工业增加值在该时期增长迅速，工业结构调整使工业用水效率不断提升，工业用水量的增加幅度有限。2012年国务院印发的《关于实行最严格水资源管理制度的意见》提出"三条红线"，即水资源开发总量控制、水资源开发利用效率控制、水功能区限制纳污控制。其后采取的重要措施是水资源有偿使用制度，通过推行水价改革、产业结构调整和提升产业技术水平的相关政策来实现。

国内生产总值对水资源需求量的影响最为显著。水资源需求预测的有关研究表明，GDP是比较好的宏观预测指标，高齐圣和路兰（2016）利用GDP预测了中国长期水资源的需求与地区需求差异。因此，在预测全国2030年各个流域水资源需求量总量时，仅选择国内生产总值作为解释变量。关于预测各流域水资源需求总量的模型设置，可以看到近年来中国水资源需求总量基本维持稳定，主要是内部用水结构发生变化，所以本研究参考以往研究设置双对数模型来预测2030年中国总用水需求量和各个流域的用水需求量，模型设置如下：

$$\ln D_q = \alpha + \beta \ln GDP + \varepsilon \tag{9-1}$$

式中，D_q为水资源需求量；GDP为国内生产总值。全国总需水量和各个流域总需水量数据源于1997—2017年水利部公布的《中国水资源公报》中全国和各个流域的用水量数据。全国GDP和各个流域GDP数据来源于国家统计局出版的《中国统计年鉴》中全国GDP总量数据及各省份统计局发布的统计年鉴中各地级行政区（包括市、自治州、盟等地级单位）GDP总量数据，并利用中国2353个县级行政单位流域比例表，在县区层面对各县区进行流域分类，然后加总属于各个流域的县区GDP数据成为该流域的GDP总量。GDP数据以2016年为基期进行价格调整。全国及各个流域水资源用水量与GDP关系的估计结果如表9-1所示。

第九章 | 流域水资源优化配置模型未来情景设计

表 9-1　全国及各流域水资源需求模型估计结果

单位：亿立方米

用水量（对数值）

估计系数		全国	松花江区	辽河区	海河区	黄河区	淮河区	长江区	东南诸河	珠江区	西南诸河区	西北诸河区
β		0.0553*** (0.00512)	0.0947*** (0.0287)	0.0871*** (0.0142)	-0.0550*** (0.00791)	0.00165 (0.00775)	0.0394** (0.0190)	0.0866*** (0.00518)	0.0361*** (0.0107)	0.0113* (0.00555)	0.0570*** (0.0126)	0.0925*** (0.00922)
常数项		7.976*** (0.0640)	5.200*** (0.271)	4.433*** (0.134)	6.524*** (0.0829)	5.948*** (0.0809)	5.999*** (0.191)	6.560*** (0.0587)	5.414*** (0.110)	6.637*** (0.0576)	4.191*** (0.0953)	5.644*** (0.0789)
R^2		0.860	0.365	0.666	0.718	0.002	0.185	0.936	0.373	0.178	0.517	0.841

注：括号中为回归稳健标准误；*、**和***分别代表在10%、5%和1%水平下显著。

未来中国GDP增长率的预测一直是经济学界关注的热点话题。中国社会科学院经济研究所课题组（2012）对中国GDP增长率的预测为：2016—2020年为5.7%—6.6%，2021—2030年为5.4%—6.3%。陆旸和蔡昉（2016）认为2016—2020年中国GDP增长率为6.65%，2021—2025年为5.77%，2026—2030年为5.17%。同样地，易信和郭春丽（2018）、李标等（2018）分别预测中国到2030年GDP增长率可以达到5.6%和5.42%。根据以上研究对中国未来GDP增长率进行预测，本书设置2018—2024年平均每年GDP增长率为6%，其后2025—2030年，中国GDP增长率为5.5%，并且假设各流域GDP的增长速度与全国一致，则我们可以计算出总需水量变化率（见表9-2）。

表9-2　　　　　各流域用水总量增长率　　　　单位：亿立方米、%

流域	2017年用水总量	2030年用水总量增加幅度
全国	6043.7	5.53
松花江流域	497	9.47
辽河流域	189.8	8.71
海河流域	369.8	−5.50
黄河流域	395.6	0.00
淮河流域	616.2	3.94
长江流域	2060.1	8.66
东南诸河流域	313.1	3.61
珠江流域	835.8	1.13
西南诸河流域	105	5.70
西北诸河流域	660.9	9.25

表9-2中，全国到2030年水资源总需求量只比2017年增加5.53%，总量达到6377.6亿立方米，与《意见》中确立的水资源开发利用控制红线到2030年全国用水总量控制在7000亿立方米以内相比，中国完全有能力完成目标。有关研究也与本书所做的预测相一致，何希吾等（2011）认为中国需水零增长的时期可能出现在2026—2030年，

需水量零增长出现时的最大需水量为 6300 亿立方米。海河流域出现总水资源使用量减少的情况，原因在于海河流域水资源开发利用强度已经达到 135.86%，所以未来海河流域主要是通过努力减少水资源的开发利用，更加注重水资源的生态功能恢复。属于海河流域的河北省 30 年来累计超采地下水 1300 亿立方米，超采面积达到 6.7 万平方千米，成为全国最大的地下水漏斗区，引发了地面沉降、湿地萎缩等一系列地质环境问题，2014 年开始开展地下水超采综合治理试点，目标是到 2030 年实现采补平衡，减少地下水开采量 59.6 亿立方米。黄河流域回归结果不显著，从其多年来用水总量数据可以看出，其数值基本维持平稳，波动也较小。一是因为黄河流域也属于中国缺水地区且水资源开采强度超过 60%；二是因为产业结构调整，GDP 上升但是用水量并未跟着一起上升。其他八个流域总用水量都上升了 1.13%—9.47%，每个流域水资源禀赋不同，城市化水平且产业结构发展阶段不同，所以表现出不等的总用水量也在上升。

二　人工生态环境需水预测

城市化进程中除了对水资源的需求极大增加，对水生态和水环境也造成了很大的影响。水资源有多种功能，除了满足城市生活和工业需求，水资源也是生态环境中重要的组成部分，但由于前期只顾工程取水，而不顾对生态环境的影响，造成了诸多的地质生态环境问题，如过度开采地下水造成的地面沉降、海水入侵等地质类灾害。同时城市是点源污染集中排放区域，生活和工业污染的排放导致城市周边水域的严重污染，进一步导致城市自身水质型缺水，从而影响农业用水。随着人们对生态环境问题认识水平的不断深入，中国对生态环境用水的关注也在逐渐上升，开始认识到中国对生态环境用水长期的忽视导致了欠账太多。2003 年《中国水资源公报》开始统计人工生态环境补水的数据，全国人工生态环境用水量从当年的 79.5 亿立方米一直增加到 2017 年的 161.9 亿立方米，翻了一倍有余。

国内生产总值作为人工生态环境补水影响最为显著的变量。在预测全国 2030 年各个流域人工生态环境补水需求量时，仅选择国内生产总值作为解释变量。关于预测各流域人工生态环境补水需求量的模型设置，可以看到近年来中国人工生态环境补水需求量一直维持着比较快速的增长,所以本书参考以往研究设置双对数模型来预测2030年中国总的人工生态环境补水需求量和各个流域的人工生态环境补水需求量,模型设置如下:

$$\ln D_e = \alpha + \beta \ln GDP + \varepsilon \tag{9-2}$$

式中,D_e 为人工生态环境补水需求量;GDP 为国内生产总值。全国总人工生态环境补水需求量和各个流域人工生态环境补水需求量数据源于2003—2017年水利部公布的《中国水资源公报》中全国和各个流域的人工生态环境补水用水量数据。全国 GDP 和各个流域 GDP 数据来源与总用水量来源一致,并且处理方式也一样。全国及各个流域人工生态环境补水需求量与 GDP 关系的估计结果如表9-3所示。

同样地,假设 GDP 的增长速度与计算总用水量相同,我们可以根据估计方程计算出各流域人工生态环境补水需求量增长率。

全国人工生态环境补水需求量到2030年比2017年增加26.9%,增加幅度对于目前国家对生态环境的重视程度来说是适合的。中国水资源开发利用强度在20%左右,但不同流域开发利用率相差极大,使不同流域人工生态环境补水增加率相差较大。从最低的西南诸河流域的1.74%到海河流域的135.86%,超过60%的一级水资源区还有辽河流域、黄河流域、淮河流域,此四个一级水资源区过去过多占用了生态环境用水量,为了生态环境的可持续发展,需要的人工生态环境补水量增长也较多。长江流域、西北诸河流域人工生态环境补水量在2003年分别达到27亿立方米和24.9亿立方米,分别占当年全国人工生态环境补水总量的34%和31.3%,进行人工生态环境补水比较早,这么多年累积下来基本能够实现占补平衡,所以以后需要的人工生态环境补水量可能减少。西南诸河流域不属于缺水区,但是人工生态环境用水亏缺值一直比较小,所以以后增长52.7%也属于合适的区间。在增长率比较高的流域中,有些流域是因为原来的人工生态环境补水量的绝对值比较小,而2017年人工生态环境补水量最大的海河流域在2030年还需要增长134.1%,主要是由河北30多年来累积超采地下水形成的亏空导致的(见表9-4)。

第九章 | 流域水资源优化配置模型未来情景设计

表9-3 全国及各流域人工生态环境补水需求模型估计结果

单位：亿立方米

人工生态环境补水用水量（对数值）

估计系数		全国	松花江流域	辽河流域	海河流域	黄河流域	淮河流域	长江流域	东南诸河流域	珠江流域	西南诸河流域	西北诸河流域
β		0.269***	1.214***	1.650***	1.341***	1.033***	0.833***	-0.191**	-0.0834	0.0299	0.527***	-0.321**
		(0.0499)	(0.174)	(0.291)	(0.0864)	(0.0592)	(0.0878)	(0.0854)	(0.0869)	(0.108)	(0.139)	(0.135)
常数项		1.234*	-9.893***	-15.02***	-12.25***	-9.231***	-6.543***	5.365***	2.927***	2.010	-4.961***	5.945***
		(0.642)	(1.700)	(2.860)	(0.940)	(0.644)	(0.920)	(1.003)	(0.920)	(1.161)	(1.110)	(1.214)
R^2		0.690	0.790	0.712	0.949	0.959	0.874	0.277	0.066	0.006	0.523	0.302

注：括号中为回归稳健标准误，*、**和***分别代表在10%、5%和1%水平下显著。

表 9-4　　　　　各流域人工生态环境补水需求量增长率

单位：亿立方米、%

流域	2017年人工生态环境补水量	2030年人工生态环境补水需求量增加幅度
全国	161.9	26.9
松花江流域	13.1	121.4
辽河流域	7.4	165.0
海河流域	33.7	134.1
黄河流域	17.3	103.3
淮河流域	22.5	83.3
长江流域	23.9	-19.1
东南诸河流域	7.5	0
珠江流域	9.9	0
西南诸河流域	1.1	52.7
西北诸河流域	25.5	-32.1

第三节　居民生活水价和工业水价上涨幅度情景设计

从第三章对中国城市居民生活水价和工业水价改革历程的梳理，我们可以据此设计未来城市居民生活水价和工业水价的上涨幅度。城市居民生活水价和工业水价经过几轮改革之后，已经基本接近城市供水成本和污水处理成本，尤其是污水处理费前期上涨的幅度更大。2018年7月国家发展改革委发布的《关于创新和完善促进绿色发展价格机制的意见》中要求，在2020年底前实现城市污水处理费标准与污水处理服务费标准大体相当，并明确要求建立补偿成本、合理盈利、激励提升供水质量、促进节约用水的价格形成和动态调整机制。该意见比以往关于水价形成机制的政府文件更进一步，不仅提倡"补偿成本、合理盈利"，而且更加注重供水质量，表明前期的城市水价改革已经基本完成目标、取得成效。

中国城市水价改革步入完善动态调整阶段。首先，对于居民用水价格，调整至不低于成本水平，而目前中国城市水价根据中央出台的价格指导标准，城市跟进调整后已逐步接近于实际处理成本。其次，对于非居民用水价格，要求调整到补偿成本并合理盈利水平。2020年以后，中国的水价调整基本不用再为了补历史欠账而大幅提高水价，主要是补偿通货膨胀引起的供水成本增加，也是比较自然的价格形成机制。为此，本书设计了在两种通货膨胀率下，居民生活水价和工业水价至2030年的上涨幅度（见表9-5）。

表9-5　　2030年中国城市居民生活和工业水价涨幅情景设计　　单位：%

用水部门水价	不同通货膨胀率水平下水价上涨幅度	
	通货膨胀率=2%	通货膨胀率=3%
居民生活用水	20	40
工业用水	20	40

本书设计至2030年年均通货膨胀率在2%和3%两种通货膨胀情景，在2%和3%的通货膨胀水平下城市居民生活和工业用水涨幅分别为20%和40%。同时我们把水价不变作为对照组，观察在没有水价调节的作用下，城市和工业用水对农业用水的影响，以此观察在城市化和工业化进程中城市居民生活水价和工业水价变化对农业用水的影响。对于城市生活用水和工业用水水价在2030年与基期相比提升的同步性问题也做必要说明。首先，一般而言，城市居民生活和工业水价的提升都是同步的，因为水价的提升往往是一个政策引导的产物。其次，即使城市居民生活水价与工业水价在短期内提升不同步，但长期而言它们的提升幅度和步伐也是相似的，尤其是2017年以后，因为无论是城市居民生活水价还是工业水价基本都已经接近覆盖成本的水平，作为带有公共物品属性的供水价格的上涨也应该只是随着通胀而改变。

第四节　未来各流域居民生活和工业用水量变化率预测

一　各流域居民生活用水量变化率预测

全国层面的人口总量与分布已经有国家规划和相关研究。根据国务院印发的《国家人口发展规划（2016—2030年）》，规划到2030年全国总人口达到14.5亿左右，常住人口城镇化率达到70%。中国社会科学院预测，由于中国2015年全面放开二孩政策，中国总人口的高峰将相对于联合国的预测向后延迟3年至2029年，届时人口高峰为14.5亿人，其中10.15亿人口将生活在城市。

基于县市区的常住人口和城镇人口数据，并按照县级行政区的流域面积比例作为标准，对全国各县市区所属流域进行分类，然后聚合计算出各个流域2017年常住人口和城镇化率（见表9-6）。统计年鉴上只统计了人口出生率和死亡率及自然增长率，但是一个地方的人口常住还与人口迁移有关，而常住人口是人口迁移之后的结果，所以本文假设中国人口在流域之间的分布经过多年流动迁移之后已经平衡，14.5亿人口将按照2017年的比例进行分配。假设各流域城镇化率按照相等的速度增长，同时全国人口总量上满足全国常住人口城镇化率70%的要求，采用规划求解的方法计算出未来各个流域城镇化率。

表9-6　　　2030年中国各流域人口及其城镇化率预计　　单位：万人、%

流域	流域人口比占总人口比例	2017年 流域人口	2017年 流域城镇化率	2030年 流域人口	2030年 流域城镇化率
松花江	4.59	63706500	41.31	66555000	54.03
辽河	4.03	55969700	56.73	58435000	69.44
海河	11.33	157347840	62.47	164285000	75.17
黄河	11.44	158888133	59.67	165880000	72.37
淮河	11.90	165176746	49.62	172550000	62.33
长江	32.61	452728379	57.60	472845000	70.30
东南诸河	7.86	109072900	64.74	113970000	77.44
珠江	12.10	167980634	62.10	175450000	74.80
西南诸河	1.71	23690019	40.72	24795000	53.43
西北诸河	2.43	33770177	50.32	35235000	63.04
总人口	100	1388340000	58.52	1450000000	70.00

资料来源：笔者根据各地统计年鉴整理。

根据上述计算出的各个流域总人口和城镇化率，可以计算出各个流域城镇人口和乡村人口数量。根据《中国水资源公报》中城镇人口与乡村人口人均用水量额度不同，把其作为城镇与农村人口用水量的权重参数，计算因为城镇人口增加而提升的城镇生活需水的增量与乡村人口减少而降低的乡村生活需水的减量，把两部分相加之后与基年该流域生活用水量相比，进而计算出由于人口变动所产生的生活需水变动。

从表 9-7 中可以看出，不同流域城乡之间人均用水额度之间有一定差别，长江流域城镇人均生活用水量（含公共用水）是农村居民人均生活用水量的 2.86 倍，而淮河流域的城镇人均生活用水量（含公共用水）只有农村居民人均生活用水量的 1.89 倍。剩下的流域中，有六个流域城镇人均生活用水量（含公共用水）与农村居民人均生活用水量的比值处于 2.3—2.5 倍。到 2030 年，单纯由人口增加和城镇化率变化而引起的全国居民生活用水量将增加 14.15%。十大流域中，单纯由人口增加和城镇化率变化而引起的全国居民生活用水量增加幅度，将从最小的淮河流域的 12.64% 变化到最大的西南诸河流域的 18.37%。

表 9-7　城乡人口总量与结构变动产生的生活用水量的变化率

单位：升/天、%

流域	人均生活用水量额度 城镇居民（含公共用水）	人均生活用水量额度 农村居民	增长率
全国	221	87	14.15
松花江流域	162	71	15.61
辽河流域	189	82	14.35
海河流域	144	73	12.43
黄河流域	145	62	14.27
淮河流域	151	80	12.64
长江流域	260	91	16.35
东南诸河流域	279	117	14.18
珠江流域	297	119	14.73
西南诸河流域	222	80	18.37
西北诸河流域	214	84	15.88

资料来源：用水额度来自《中国水资源公报》，增长率为笔者计算。

接下来，我们需要计算人均城市生活用水量因水价的变化而引起的变化量。因为本书主要关注水价政策的影响，所以在第七章构建的城市居民生活用水需求方程中，只考虑水价改变带来的人均用水量的改变幅度，同时保持其他控制变量不变。首先，根据第七章城市居民生活用水需求模型估计出的价格弹性计算出各个流域的水价边际效应。其次，假设水价不涨、水价涨幅20%和水价涨幅40%，计算人均用水量的下降量，并与平均人均用水量的值相比，计算人均用水量的下降百分比，结果如表9-8所示。因为不同流域的水价边际效应不一样，所以提高相同的水价时，其对用水需求量的抑制程度不一样。这与各个流域水价的价格水平和人均平均用水量，也即各流域居民的用水习惯有关。

表9-8　　　　　不同水价涨幅下生活用水量变化率　　　　单位：%

流域	不同水价涨幅下生活用水量变化率		
	0	20	40
松花江流域	15.61	9.61	3.61
辽河流域	14.35	8.35	2.35
海河流域	12.43	7.43	2.43
黄河流域	14.27	8.27	2.27
淮河流域	12.64	5.64	-1.36
长江流域	16.35	9.35	2.35
东南诸河流域	14.18	7.18	1.18
珠江流域	14.73	7.73	0.73
西南诸河流域	18.37	12.37	5.37
西北诸河流域	15.88	8.88	0.88

二　各流域工业用水量变化率预测

中国工业已经整体进入中后期阶段，工业总产值增长速度下降。中华人民共和国成立以来，中国工业总产值增长速度已经从过去的年均超过10%的速度逐渐下降到5%以下，但是中国作为世界工厂的地位并未改变。近年来中国工业结构持续改善，新兴产业逐渐发展起来。

根据第八章工业用水需求模型，我们首先需要确定中国工业总产值的增长速度与中国工业用水效率进步速度。因为国家统计局在 2012 年就开始不发布全国工业总产值数据了，只能用《中国城市统计年鉴》中城市工业总产值数据作为计算依据，计算最近五年来的工业总产值年增长率的平均值为 7.5%，与此同时，根据《中国水资源公报》中万元工业增加值用水量数据，计算工业用水效率年改进率，计算最近五年的平均值为 5.67%。于是，我们可以得到工业总产值增加速度真正能够促进工业用水增长的速度为 2% 左右。所以本书采用 2% 为速度参数，以 2017 年为基期，同时假设各流域增长速度与全国增长速度一致，那么我们就可以计算出 2030 年工业用水相比 2017 年增长 29.4%。

　　本书做模拟主要是观察水价变化对各个流域工业用水需求的影响。那么接下来要考察工业水价如何影响万元工业总产值用水量，因为本书关注水价政策，所以控制其他变量不变，只改变水价来观察万元工业总产值用水量的改变量。计算过程：首先，根据第八章工业用水需求模型估计出的弹性，计算各个流域工业水价的边际效应；其次，分别假设水价不涨、水价涨幅 20% 和水价涨幅 40%，根据工业水价边际效应计算万元工业总产值用水量的下降量，并与平均万元工业总产值用水量相比，计算出万元工业总产值用水量下降百分比，结果如表 9-9 所示。因为假设全国及各流域工业总产值能真正引起工业用水增加的速度为 2%，所以在不提工业水价时，其增加百分比都相同。最后，不同流域的水价边际效应不一样，所以提高相同的水价时，其对工业用水需求量的抑制程度不一样。这与各个流域水价的价格水平和万元工业总产值用水量水平有关，即与各流域工业结构有关。

表 9-9　　　　　不同水价涨幅下工业用水量变化率　　　　单位：%

流域	不同水价涨幅下工业用水量变化率		
	0	20	40
松花江流域	29.4	25.4	20.4
辽河流域	29.4	24.4	18.4
海河流域	29.4	24.4	19.4
黄河流域	29.4	23.4	17.4
淮河流域	29.4	21.4	14.4

续表

流域	不同水价涨幅下工业用水量变化率		
	0	20	40
长江流域	29.4	22.4	14.4
东南诸河流域	29.4	23.4	16.4
珠江流域	29.4	21.4	13.4
西南诸河流域	29.4	23.4	16.4
西北诸河流域	29.4	21.4	14.4

第五节 未来各流域农业可利用水量变化率

经过前面的假设和计算，并以2017年各流域不同部门用水量为基期用水量计算在不同价格政策下农业可利用水量变化率。在第十章将用此表格得出的不同提价水平下农业用水量变化率作为模拟依据，输入CWSM模型中，此变化率即为农业用水量与基期农业用水量比较的变化率，是CWSM模型需要的输入参数。

水价不上涨和分别上涨20%、40%（可比价）的情况下，中国2030年不同流域农业水资源可利用量变化率，如表9-10所示。在不改变价格的情况下，除了松花江流域、西南诸河流域和西北诸河流域农业可利用水资源量未减少，其他七个流域都发生了不同程度的减少。农业可利用水资源量增加的三个流域主要原因在于以下三方面。一是因为随着GDP的增长其总水资源量增加幅度较大，松花江流域、西南诸河流域和西北诸河流域总用水量分别增加9.47%、5.7%和9.25%，且这三个流域2017年的总用水量的绝对值也都比较大，带来的结果是增加的总用水量的绝对值也比较大。二是因为这三个流域人工生态环境补水增加量比较小，虽然松花江流域、西南诸河流域增加幅度较大，但是因为基数比较小，所以增加量不大，并且基数比较大的西北诸河流域其人工生态环境补水还在减少。三是因为农业用水占其总用水量的比例本来就比较高，如松花江流域，是中国的粮食主产区，本身地广人稀。2017年农业占据GDP的比例高达18.7%，比全国平均值高出10.8个百分点，表明其 GDP 的增长，农业发挥了重要作用，并且其农业用水量占 2017 年总用水量的 84.04%，所以农业用水量会随着 GDP 增长而有比较大的增长。尽管城市生活、工业和生态用水量具有较大增长幅度，但是由于三者加起来仅占 2017 年总用水量的 5.96%，所以最后的结果就是对农业可利用水量挤占不多，农业用水量还是正增长。

表 9-10　　　　　各流域农业可利用水量变化率　　　　　单位：%

流域	农业用水量变化幅度		
	0	20	40
松花江流域	3.97	6.44	9.09
辽河流域	-3.01	-2.24	-1.38
海河流域	-41.05	-38.56	-36.07
黄河流域	-16.00	-13.70	-11.39
淮河流域	-7.28	-4.04	-1.01
长江流域	-11.22	-3.88	4.19
东南诸河流域	-3.39	3.97	11.54
珠江流域	-5.39	-0.29	4.82
西南诸河流域	1.98	3.39	5.04
西北诸河流域	9.96	10.43	10.9

资料来源：笔者利用前面计算总用水量、生活、工业、生态在各情景下的涨幅计算而来。

农业可利用水资源量减少最多的是海河流域，在不改变水价的情况下，达到-41.05%，主要是因为此流域城市生活、工业和生态与农业争水最激烈。海河流域水资源总量不足全国的 1.3%，人均水资源量仅为全国平均水平的 12.8%，属于极端缺水区。同时海河流域人口却占全国的 11.33%，工业总产值占全国的 6.07%，导致海河流域污染物排放量约占全国的 10%，海河流域水污染严重。地表水水资源被严重污染，丧失利用价值，不得不采取抽取地下水的方式保障供水，常年抽取地下水的量超过地下水恢复量，导致在海河流域产生地下水漏斗区，不仅造成地质灾害，而且造成严重的生态环境问题。2017 年，海河流域的总供水量为 369.8 亿立方米，其中 73.44 亿立方米属于跨流域调水，分别来自黄河流域的 40.16 亿立方米和长江流域的 33.28 亿立方米，而其自身仅向黄河流域调水 0.03 亿立方米。海河流域本身由于常年的污染和地下水超采，生态用水亟须涵养，这也是近年来海河流域人工生态环境补水呈现快速增长的原因。

黄河流域水资源总量占全国水资源总量的 2.29%，且水资源开发利用强度超过 60%，人口却占全国人口的 11.44%，也属于水资源紧平衡地区，此流域未来生活、工业、生态用水都有较大增长，未来对农业用水的争夺会比较激烈。2017 年，淮河流域水资源总量占全国水资源总量的 3.33%，而人口占全国总人口的 11.90%，其总用水量中 67.27%的水资源用于灌溉，工业、生活及生态用水，尽管增量都比较显著，但因占总用水量的比例只有 32.73%，所以虽然农业用水也会被转移一部分出去，但不会像其他缺水流域那么激烈。

长江流域作为中国水量最大的流域，占全国水资源总量的 36.9%，却也存在较高的农业用水被争夺的现象，主要在于长江流域工业和生活用水使用量比较大，2017 年工业用水和生活用水占长江流域总用水量的比例分别为 35.14%和 15.45%，两项之和达到 50.59%。显而易见，长江流域属于中国城市化和工业化发展程度最高的流域之一，随着城市化和工业化的深度推进会对这两项用水提出更高的需求，所以该流域农业用水也存在被转移的问题。

总之，推测未来各流域城市化和工业化是否会挤占农业用水，一是看该流域基期农业用水量占总用水量的比例有多大。尽管城市化和工业化会对其有影响，但是影响程度会降低，未来部门之间争水现象将不是很突出。城市化和工业化很高的地区，随着城市化和工业化的推进必然会出现挤占情况。二是看水资源量丰富。随着 GDP 的增长，水资源的供应基本不会出现对城市化和工业化的限制，这样的地区也不会出现特别严重的农业用水被挤占的情况，比如东南诸河流域。而人口稠密、人均水资源量低的流域，水资源已经成为经济发展的阻碍因子之一的流域将发生比较大的部门之间争水现象，比如黄淮海流域。

第六节　本章小结

现代社会经济发展是水资源需求的主要驱动力，本章采用宏观经济变量预测未来中国十大流域可能的用水总量。同时，社会经济的发展也让人们认识到水资源对于生态环境的重要性，由此产生对生态环境用水的亏缺补充。城市化的进程中人口和产业不断向城市聚集，不仅带来工作性质的变化，而且带来生活方式的变化，使用水量增加。2030年，中国人口达到峰值，且城市化率达到70%的稳定发展拐点之后，中国的总人口将进入持续负增长阶段，城市化率也将进入低速平稳增长阶段，这时粮食压力也将随着人口的减少和城镇化率的平稳而得到缓解。

那么在这一历史进程中，该如何平衡水资源安全和粮食安全？未来在人口增加的同时，居民城市化带来的生活方式的转变对水资源具有直接和间接两方面的需求。直接需求是城市居民生活用水需求，间接需求是城市居民的膳食结构变化需要更多粮食供给，而灌溉对于粮食生产具有重要意义，且作为一个拥有14多亿人口的大国，粮食对外依赖度过大将威胁中国的粮食安全。城市水价政策不仅具有直接调节城市生活和工业用水量的作用，也可以通过影响到生活和工业用水量而改变农业可利用水量，那么2030年不同的城市水价政策将对中国农业种植结构和产量产生什么影响？将在第十章，根据本章所列不同水价上涨幅度下农业可利用水量的变化率，通过流域水资源模拟模型CWSM模拟进行阐述。

第十章

城市生活和工业水价变化对流域农作物生产的影响

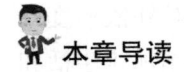

本章导读

➢怎样设置流域水资源模拟模型各模块？
➢城市水价变化对流域作物播种面积和灌溉面积的影响如何？
➢城市水价变化对流域灌溉强度、作物产量和种植业收益的影响如何？

本章主要围绕城市水价变化背景下水资源供需变化对农作物生产的影响进行讨论，为后续提出适应城市化和工业化发展过程中的负面影响的政策建议奠定基础。在农业水资源优化配置模块中，农作物生产情况主要通过作物播种面积、灌溉强度、产量和利润四方面的指标反映。其中，七大主要农业生产流域九种作物的灌溉面积和雨养面积由 PMP 方法模拟得出。播种面积是灌溉面积和雨养面积的加总。总产量是作物灌溉产量和雨养产量的加总，灌溉强度是由 PMP 方法模拟得出，平均单产是作物总产量除以总播种面积，取决于灌溉面积的比例。总利润是作物灌溉利润和雨养利润的加总，单位面积利润是作物总利润除以总播种面积。各流域的汇总数据是根据九种作物的生产情况计算得出。

本章使用第九章得出的各大流域在不同水价变动情景下农业可利用水量变化率结果，利用流域水资源模拟模型 CWSM 模拟了城市水价变

第十章 | 城市生活和工业水价变化对流域农作物生产的影响

动下农业可利用水量变化对农业生产的影响，包括对作物灌溉面积、播种面积、灌溉强度、产量和种植收益的影响。在城市水价变化的影响下，农业用水的供给会发生变化，主要体现在城市化和工业化进程中城市居民生活和工业生产，以及生态用水挤占了农业可利用水量，通过水价调节城市居民生活用水量和工业用水量，得到农业可利用水的变化率，在第九章中我们可以看到有三大流域并未发生城市居民生活用水和工业用水对农业用水的挤占情况，所以在此章中不予考虑。因此，在流域水资源模拟模型 CWSM 中模拟了农民追求农业生产利润最大化，其会将土地和水资源在各种作物之间重新分配，也即调整作物的播种面积和灌溉面积及灌溉强度，进而影响了各种作物产量。一般来说，当农业水资源供给减少时，作物的灌溉面积将会缩小，灌溉强度会降低，平均单产也会随之下降；反之，若经济的发展使农业供水更为充足，作物的灌溉面积将增大，灌溉强度会增高，平均单产将会升高。在各种作物生产变化的作用下，流域总的生产情况也会相应发生变化。本节主要探讨农民追求农业生产利润最大化的条件下，城市居民生活用水水价和工业用水水价不上涨、上涨 20% 和上涨 40% 三种水价变动情景对中国七大流域农作物生产的影响。

第一节　流域水资源模拟模型

本书使用的流域水资源模拟模型作为作物之间水资源分配的工具，其是由北京大学中国农业政策研究中心（CCAP）自主研发的流域水平衡政策模拟模型（China Water Simulation Model，CWSM）。该模型的目的是将气候、水文、作物和优化配置模型有效连接，在流域尺度上综合模拟分析社会经济发展和气候变化等影响水资源供需的条件下，水资源的供给、需求、优化配置情况及其对农作物生产的影响。在进一步完善 CWSM 模型已有的水资源供给模块和水资源需求模块的基础上，构建农业用水优化配置模块（Wang et al.，2010）。已有相关研究显示气候变化条件下，不同流域水资源供给会发生变化，利用模型中的优化配置模块模拟农民追求利润最大化时自动对农业用水进行优化配置及其对农作物生产的影响，主要是农业生产部门内部水资源在不同作物之间进行分配（严婷婷，2015）。以上研究在讨论生活、工业对农业水资源的影响时，主要是假设这两个用水部门按照国家规划设定一个额定用水量，并未讨论社会发展与水价政策对城市生活和工业需求量的影响，使其只能在假定生活和工业用水量为定值的基础上分析农业生产内部水资源配置，忽略了非农部门对水资源的需求随水价政策的变化而变化。本书正是在此点上进一步深化，模拟非农部门水价政策变化后对农业生产的影响，作用机制如图10-1所示。

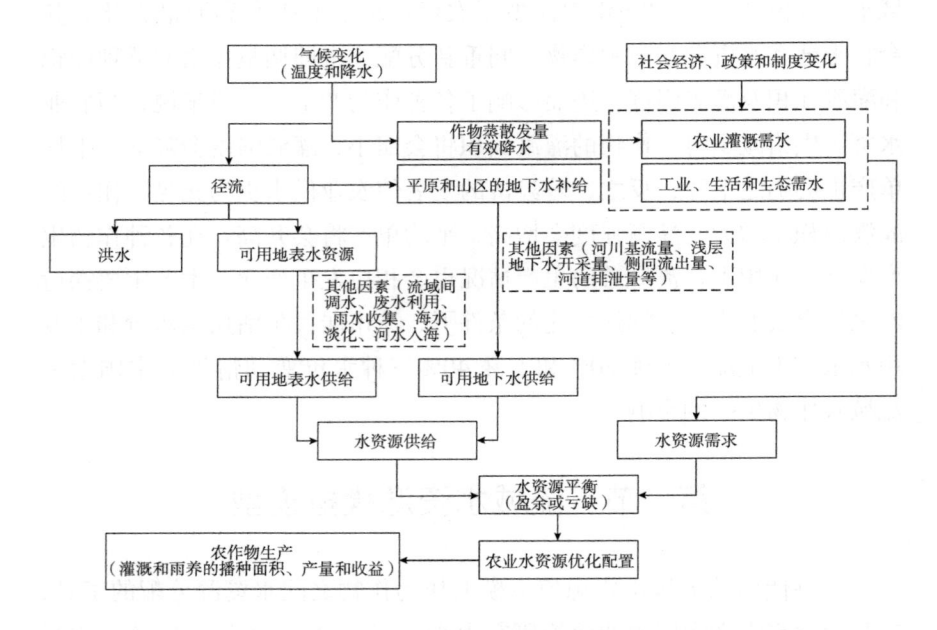

图 10-1 流域水平衡政策模拟模型（CWSM）

一 水资源供给模块

水资源供给模块主要是模拟分析流域总的供水情况，包含地表水供给和浅层地下水供给。地表水供给由径流、存蓄量和流域间调水、废水利用、流域间调水、雨水收集、海水淡化等因素决定［见图10-2（a）］。地下水供给主要由平原和山区的地下水补给决定，并受河川基流量、浅层地下水开采量、侧向流出量、河道排泄量等因素的影响［见图10-2（b）］。

第十章 城市生活和工业水价变化对流域农作物生产的影响

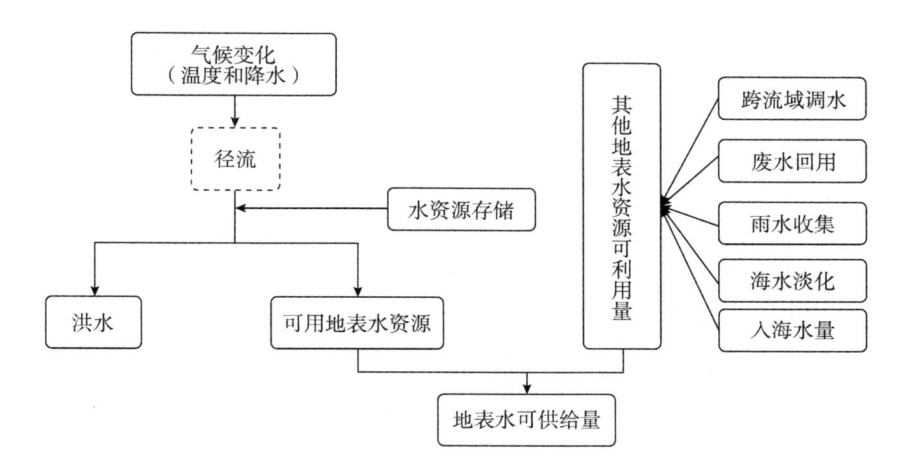

图 10-2（a） CWSM 模型中地表水可供给量的变化

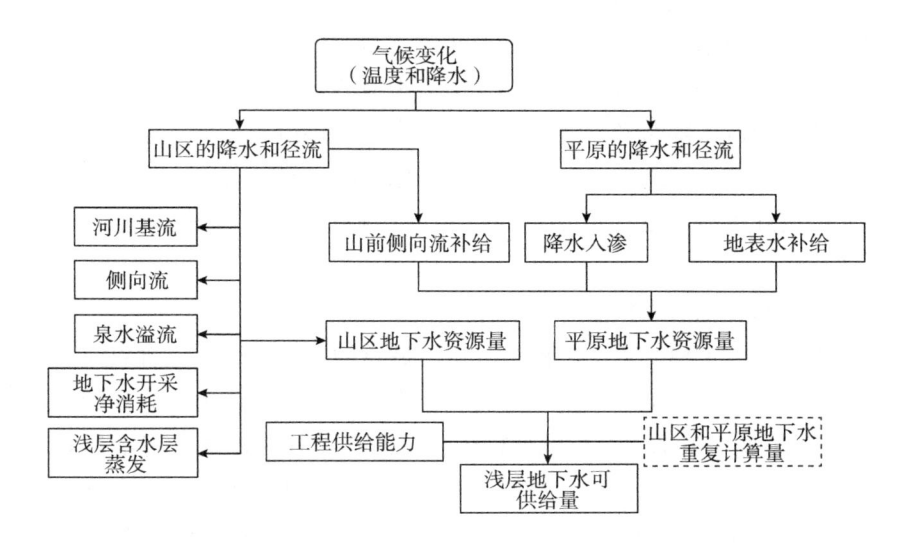

图 10-2（b） CWSM 模型中浅层地下水可供给量的变化

本书仅考虑在基期气候条件下进行模拟，不考虑气候变化的情景。不过为更加清晰地阐述该模型水资源可利用量的变化方式，我们可以通过阐述气候变化对水资源供给产生影响的链条：温度和降水等气候变量直接影响径流，径流转为自然地表水资源可利用量，自然地表水资源可利用量与其他地表水资源可利用量一起构成地表水资源可利用量；而地

301

表水资源实际供给量不仅受限于地表水资源可利用量,还取决于地表水工程的供给能力。其中,河川径流量是地表水供给中最主要来源,其主要是由降水量及形成产汇流的下垫面条件决定的。自然地表水资源可利用量,并不是包括所有的地表径流量,其中不但要扣除因流域蓄容能力限制而形成的汛期洪水下泄量,还要扣除河道内生态与环境需水量。地表水资源可利用量的组成部分一个是自然地表水资源可利用量,另一个是其他地表水资源可利用量。其他地表水资源可利用量由跨流域调水、污水处理利用、雨水收集、海水直接利用和海水淡化组成。浅层地下水可供给量由两部分构成,分别是山区地下水资源量和平原地下水资源量,在核算时还要剔除山区和平原地下水重复计算量。山区地下水资源量主要由山区的降水和径流决定,受河川基流、侧向流、泉水溢流、地下水开采净消耗量和浅层含水层蒸发量等影响；平原地下水资源量主要源于平原区降水入渗、平原区地表水体补给及山前侧向补给。其中,平原区降水入渗和平原区地表水体补给由平原的降水和径流决定,山前侧向补给由山区的降水和径流决定。与地表水可供给量相似,地下水可供给量受气候变化的影响也是由山区和平原的降水和径流决定的。地下水最终的实际供给量由地下水资源可利用量和地下水工程供给能力共同决定。

二 水资源需求模块

水资源需求模块主要是模拟分析流域总的需水情况,包含农业、工业、生活和生态环境四大用水部门。在农业部门中,又细分为九种作物(水稻、小麦、玉米、大豆、糖料作物、油料作物、棉花、蔬菜和其他作物)。农田灌溉是农业用水部门中主要的用水户,其需求由作物蒸散发量(Evapotranspiration,ET)、作物灌溉和雨养面积、有效降雨及灌溉水利用效率决定。

工业和生活用水需求根据主要的社会经济发展因素得出,如工业用水主要由工业总产值和单位总产值用水量决定,生活用水(分为城市和农村用水)由人口和人均用水量决定。万元工业总产值用水量由工业用水需求方程决定,城市生活用水量由城市生活用水需求方程决定,农村生活用水量采用与城市居民生活用水量折算的形式确定,水价政策是影响其变化的重要因素。生态环境需水按照社会经济发展确定。水价

第十章 城市生活和工业水价变化对流域农作物生产的影响

政策的变化引起生活和工业用水量的变化，从而使农业灌溉需水发生变化。下面详细介绍城市居民水价和工业水价政策变化对农业灌溉需水的影响方式和计算方法。

从图 10-3 中可以看出，作物灌溉水净需求量取决于两个部分，一是有效降雨，二是作物蒸散发量，其值是二者的差值。作物蒸散发量又由参考作物蒸散发量和作物系数决定。有效降雨是指渗入土壤并储存在作物主要根系吸水层中的降雨量；标准条件下的作物蒸散发量（Crop Evapotranspiration under Standard Conditions, ETC）是指给定气候条件下，大面积种植的作物在不发生病虫害且肥料、土壤水分充足，实现充分生长时的蒸散发量；作物系数是作物蒸散发量和参考蒸散发量比值，FAO 提供了多种作物的标准系数。另外，作物灌溉需水量并不等于灌溉取水量，后者还受到灌溉输水设施、排水设施、灌溉制度和田间管理等人为因素的影响。根据气候条件计算得出灌溉用水净需求量，并与农业可利用水量相比，农业可利用水量是全社会用水总量中减去生活、工业和生态用水的剩余部分。生活和工业用水受到水价政策的影响，全国社会总用水量和生态用水量则受社会经济条件发展的影响。

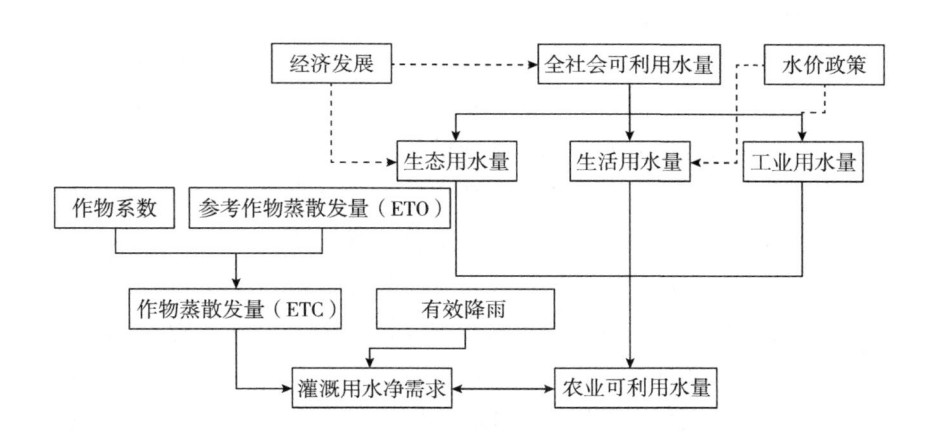

图 10-3 CWSM 模型中水价政策对灌溉需水的影响

在本书使用的 CWSM 模型的水资源需求模块中，假定气候按照国际惯例 30 年的均值计算，在不考虑气候变化的情况下，作物需水量在计算中使用了 FAO 推荐的彭曼—孟蒂斯（Penman-Monteith）公式。该式以水汽扩散和能量平衡理论为基础，综合反映了蒸发的必备条件，蒸发潜热所需要的能量和水汽移动必须具有的动力结构，具有坚实的理论基础、明确的物理意义和能够反映各气候要素的综合影响等特点。而且经过大量实验证明，该式计算结果准确，适用于不同气候类型地区潜在蒸散量的计算。该方法已被 FAO 专家组成员定为计算潜在蒸散量的标准方法，并在加以推广的同时，不断对其进行修正。而 CWSM 模型在采用这一方法的同时，还与一些学者运用实测田间数据和农田生态系统水平衡的方法计算出的结果相比，以获得更符合实际的作物灌溉净需水量（林耀明等，2000；石玉林、卢良恕，2001）。

三 农业水资源优化配置模块

流域水资源模拟模型 CWSM 中，农业水资源优化配置模块在模拟农业可利用水量变化时，追求利润最大化下模拟农作物生产的变动。在利用水资源供给模块和水资源需求模块得出当前气候背景下农业灌溉用水净需求，再利用不同水价政策对生活和工业用水需求的影响，计算出流域尺度的农业水资源可利用量，CWSM 模型将比较两者的差值，继而模拟七大流域灌溉面积与雨养面积的变化，以及不同作物品种播种面积、灌溉强度和产量的变化。

从模型的水资源需求模块可知，在流域可利用水资源有限且受城市化和工业化用水需求的影响下，农业用水可利用量受到挤占，如何将城市化和工业化过程中对农业用水造成的负面影响降至最低？水价政策到底能够对农作物生产起到多少缓解作用？设置农业用水优化配置模块就是为了试图回答这一问题，农业用水优化配置的基本思路是各流域的农作物生产都符合理性经济人的假设，其总是追求利润最大化，而同时在有限的土地和被城市系统吸收的水资源又给多作物生产的规模和灌溉水的使用造成限制条件，对各种作物的灌溉面积、雨养面积和灌溉强度进行决策。根据研究目的和思路，比较不同方法，CWSM 模型中建立的农业用水优化配置模块选用了非线性优化模型，即实证数学规划模型（Positive Mathematical Programming，PMP）。其对线性的农业生产和资源约束进行校正，以非线性的利润函数作为目标函数，解决一般线性规划与基期相差较大的问题。PMP 方法经过一段时间的发展已经形成 3 种方法，分别为原始二次型 PMP 方法、扩展二次型 PMP 方法和本书中

第十章 | 城市生活和工业水价变化对流域农作物生产的影响

采用的常弹性 PMP 方法。常弹性 PMP 方法的特点是使用具有常弹性的生产方程，虽然其校正过程更加复杂，需要的输入信息也更多，但是其灵活性高，能够更好捕捉到基期生产活动特征，全面刻画基期的情景。本书所用的 PMP 方法来自 Graveline 和 Merel（2014）的方法，具体模型如下：

$$\underset{\substack{A_{r,xc,ir}\\A_{r,xc,rf}\\W_{r,xc,ir}}}{\text{Max}} \prod_{r} = \sum_{xc} \begin{bmatrix} P_{r,xc}(Q_{r,xc,ir}+Q_{r,xc,rf}) \\ -(C_{r,xc,A}+\mu_{r,xc,A,ir})A_{r,xc,ir} \\ -(C_{r,xc,A}+\mu_{r,xc,A,rf})A_{r,xc,rf} \\ -(C_{r,xc,W}+\mu_{r,xc,W})W_{r,xc,ir} \end{bmatrix} \quad (10-1)$$

$$\sum_{xc}(A_{r,xc,ir}+A_{r,xc,rf}) \leq \sum_{xc}(\overline{A}_{r,xc,ir}+\overline{A}_{r,xc,rf})[\lambda_{r,xc,A}] \quad (10-2)$$

$$\sum_{xc} W_{r,xc,ir} \leq I_{cc}[\lambda_{r,xc,W}] \quad (10-3)$$

$$Q_{r,xc,ir} = \alpha_{r,xc,ir}(\beta_{r,xc,ir,A}A_{r,xc,ir}^{\rho_{xc}} + \beta_{r,xc,ir,W}W_{r,xc,ir}^{\rho_{xc}})^{\frac{\delta_{r,xc,ir}}{\rho_{xc}}} \quad (10-4)$$

$$Q_{r,xc,rf} = \alpha_{r,xc,rf}A_{r,xc,rf}^{\delta_{r,xc,rf}} \quad (10-5)$$

在上述常弹性 PMP 方法中，式（10-1）是目标函数，其约束条件包括土地限制式（10-2）、水资源限制式（10-3）、灌溉作物和灌溉作物的生产方程式（10-4）和式（10-5），实现流域尺度的农作物生产利润的最大化。

$A_{r,xc,ir}$ 和 $A_{r,xc,rf}$ 是模型中的决策变量，分别代表各流域每种作物的灌溉面积和雨养面积；

$W_{r,xc,ir}$ 是模型中的决策变量，代表各流域每种灌溉作物的灌溉用水；

$P_{r,xc}$ 是各流域每种作物的产出品价格；

$Q_{r,xc,ir}$ 和 $Q_{r,xc,rf}$ 分别是各流域每种作物的灌溉总产量和雨养总产量；

$C_{r,xc,A}$ 是各流域每种作物用地成本中的观测成本，包括种子、农药和化肥等除灌溉用水外的物质投入要素的单位面积成本；

$C_{r,xc,W}$ 是各流域每种作物灌溉用水的观测成本；

$\mu_{r,xc,A,ir}$ 和 $\mu_{r,xc,A,rf}$ 分别代表灌溉地和雨养地的影子成本；

$\mu_{r,xc,W}$ 代表灌溉用水的影子成本；

I_{cc} 是各流域每种水价变化情景下可用的灌溉水量；

305

$\lambda_{r,xc,A}$ 和 $\lambda_{r,xc,W}$ 是土地和灌溉用水的影子价格；

$\alpha_{r,xc,ir}$ 和 $\alpha_{r,xc,rf}$ 是生产方程中的尺度参数，其值大于零；

$\beta_{r,xc,ir,A}$ 和 $\beta_{r,xc,ir,W}$ 是生产方程中的份额参数，$(\beta_{r,xc,ir,A}, \beta_{r,xc,ir,W}) \in [0, 1]^2$ 并有 $\beta_{r,xc,ir,A} + \beta_{r,xc,ir,W} = 1$；

$\delta_{r,xc,ir}$ 和 $\delta_{r,xc,rf}$ 分别是灌溉作物和雨养作物生产方程中的规模效益参数，由于农作物生产的规模效益递减，存在 $\delta_{r,xc} \in (0, 1)$，表明灌溉作物总产量的增加速度小于灌溉用水和土地投入速度；

ρ_{xc} 是灌溉作物生产方程中的水土替代参数，$\rho_{xc} \in (-\infty, 0) \cup (0, 1)$，与水土替代弹性的关系为 $\rho_{WA,xc} = 1/(1+\rho_{xc})$。

第二节 城市水价变化对作物播种面积的影响

从流域尺度上看，随着社会经济的发展，不同流域的总用水量都有不同程度的增加，但不同流域农业生产可利用水量变化情况不同。对于北方已经比较缺水的流域，水资源短缺情况将更加严重，对农业用水的挤占也更加激烈，从而使这些流域的农业可利用水量减少，那么该流域的灌溉面积也会减少，同时雨养面积则趋于增加。然而，在经济利润最大化的优化目标下，各种作物灌溉面积的变化方向却有所不同。同时，各种作物由于灌溉和雨养面积的变化，作物播种面积也会发生相应变化。

一 对灌溉面积的影响

从表10-1可以看出，在追求利润最大化下，进行水资源优化配置后，考察不同水价变动情景对不同流域不同作物的灌溉面积的影响，与基期相比各流域的灌溉面积下降幅度差别很大，且城市水价上涨对灌溉面积的下降具有缓解作用。对同一流域在不同水价涨幅情景下的模拟结果进行比较发现，各个流域的变化趋势相似，均是在不提水价的情景下灌溉面积受到的影响最大，在城市居民生活用水水价和工业用水水价涨幅40%的情景下，灌溉面积受到的影响最小。在同一水价变化情景下，各流域相较而言，总灌溉面积变化幅度最大的是海河流域和长江流域，变化最小的是东南诸河流域。例如，在水价不变的情景下，长江流域和海河流域的灌溉面积与基期情景下相比，下降幅度在3.30%和2.25%，

第十章 | 城市生活和工业水价变化对流域农作物生产的影响

其他流域则都处于灌溉面积下降的情况中，辽河流域、淮河流域、黄河流域、珠江流域和东南诸河流域的灌溉面积分别下降0.68%、0.92%、1.46%、1.52%和0.65%。而水价上涨20%和40%后，有效缓解了灌溉面积的减少趋势。以受影响最大的长江流域为例，在不提水价的情景下，其灌溉面积下降3.30%；在水价涨幅40%的情景下，其灌溉面积增长0.09%。

表 10-1 水资源优化配置下城市水价变化对七大流域作物灌溉和雨养面积的影响　　　　单位：%

流域	作物	不提水价 灌溉面积	不提水价 雨养面积	水价涨幅20% 灌溉面积	水价涨幅20% 雨养面积	水价涨幅40% 灌溉面积	水价涨幅40% 雨养面积
辽河流域	流域汇总	-0.68	0.32	-0.50	0.24	-0.31	0.15
辽河流域	水稻	-1.63	0	-1.21	0	-0.74	0
辽河流域	小麦	-0.20	0.32	-0.16	0.24	-0.10	0.15
辽河流域	玉米	0.84	0.22	0.62	0.16	0.38	0.10
辽河流域	大豆	-1.67	0.46	-1.24	0.34	-0.76	0.21
辽河流域	糖料作物	0	0.19	0	0.14	0	0.09
辽河流域	油料作物	-0.06	0.56	-0.06	0.42	-0.05	0.26
辽河流域	棉花	-0.47	0.14	-0.35	0.10	-0.21	0.06
辽河流域	蔬菜	0.12	0.04	0.09	0.03	0.06	0.02
辽河流域	其他作物	0.18	0.14	0.13	0.11	0.08	0.07
海河流域	流域汇总	-2.25	3.10	-2.15	2.95	-2.04	2.80
海河流域	水稻	-41.23	0	-38.20	0	-35.24	0
海河流域	小麦	23.03	4.66	20.63	4.44	18.42	4.20
海河流域	玉米	-24.36	3.64	-22.19	3.47	-20.17	3.29
海河流域	大豆	-15.59	4.58	-14.23	4.36	-12.94	4.14
海河流域	糖料作物	0	2.27	0	2.17	0	2.06
海河流域	油料作物	-8.05	2.64	-7.23	2.52	-6.46	2.39
海河流域	棉花	-10.48	2.10	-9.09	2.00	-7.84	1.90
海河流域	蔬菜	-15.42	0.41	-13.95	0.39	-12.57	0.37
海河流域	其他作物	-6.00	0.84	-5.41	0.80	-4.86	0.76

续表

流域	作物	不提水价 灌溉面积	不提水价 雨养面积	水价涨幅20% 灌溉面积	水价涨幅20% 雨养面积	水价涨幅40% 灌溉面积	水价涨幅40% 雨养面积
淮河流域	流域汇总	-0.92	1.03	-0.52	0.58	-0.13	0.14
	水稻	-0.79	0	-0.47	0	-0.12	0
	小麦	-2.59	1.25	-1.39	0.70	-0.34	0.17
	玉米	8.11	1.20	4.16	0.67	0.97	0.17
	大豆	-2.88	1.99	-1.55	1.11	-0.38	0.28
	糖料作物	-3.95	0	-2.14	0	-0.53	0
	油料作物	-0.77	0.93	-0.40	0.52	-0.09	0.13
	棉花	-3.43	0.68	-1.85	0.38	-0.45	0.10
	蔬菜	-0.21	0.17	-0.09	0.09	-0.02	0.02
	其他作物	-0.52	0.36	-0.27	0.20	-0.07	0.05
黄河流域	流域汇总	-1.46	0.96	-1.25	0.82	-1.03	0.68
	水稻	-3.79	0	-3.15	0	-2.55	0
	小麦	-6.28	1.45	-5.34	1.23	-4.40	1.02
	玉米	7.93	1.09	6.64	0.93	5.40	0.77
	大豆	-3.43	1.43	-2.86	1.22	-2.32	1.01
	糖料作物	0	0.56	0	0.48	0	0.40
	油料作物	-1.51	1.05	-1.24	0.90	-1.00	0.74
	棉花	-2.05	0.59	-1.71	0.51	-1.38	0.42
	蔬菜	0.68	0.13	0.59	0.11	0.50	0.09
	其他作物	-1.15	0.33	-0.95	0.28	-0.76	0.24
长江流域	流域汇总	-3.30	2.18	-1.08	0.72	0.09	-0.06
	水稻	-3.88	2.61	-1.26	0.86	0.10	-0.07
	小麦	-10.59	3.94	-3.73	1.29	0.31	-0.10
	玉米	-1.10	2.57	-0.33	0.85	0.02	-0.07
	大豆	-1.07	4.16	-0.33	1.36	0.03	-0.11
	糖料作物	-5.00	1.55	-1.65	0.51	0.13	-0.04
	油料作物	0.43	2.89	0.15	0.95	-0.01	-0.08
	棉花	-0.50	1.54	-0.15	0.51	0.01	-0.04
	蔬菜	-0.27	0.39	-0.08	0.13	0.01	-0.01
	其他作物	-0.57	0.83	-0.17	0.27	0.01	-0.02

续表

流域	作物	不提水价 灌溉面积	不提水价 雨养面积	水价涨幅20% 灌溉面积	水价涨幅20% 雨养面积	水价涨幅40% 灌溉面积	水价涨幅40% 雨养面积
珠江流域	流域汇总	-1.52	1.11	-0.08	0.06	-0.08	0.06
	水稻	-2.07	1.58	-0.11	0.08	-0.11	0.08
	小麦	-1.06	3.92	-0.06	0.20	-0.06	0.20
	玉米	-0.87	1.71	-0.04	0.09	-0.04	0.09
	大豆	0.50	3.38	0.03	0.17	0.03	0.17
	糖料作物	0	0.78	0	0.04	0	0.04
	油料作物	0.21	1.65	0.01	0.09	0.01	0.09
	棉花	-0.10	0.76	0	0.04	0	0.04
	蔬菜	-0.15	0.25	-0.01	0.01	-0.01	0.01
	其他作物	-0.44	0.39	-0.02	0.02	-0.02	0.02
东南诸河流域	流域汇总	-0.65	0.62	0.09	-0.08	0.09	-0.08
	水稻	-0.87	1.21	0.12	-0.16	0.12	-0.16
	小麦	-2.99	1.49	0.41	-0.20	0.41	-0.20
	玉米	-0.23	1.26	0.03	-0.17	0.03	-0.17
	大豆	-0.11	1.98	0.02	-0.26	0.02	-0.26
	糖料作物	-1.63	0.73	0.22	-0.10	0.22	-0.10
	油料作物	0.02	0.98	0	-0.13	0	-0.13
	棉花	-0.14	0.80	0.02	-0.11	0.02	-0.11
	蔬菜	-0.11	0.16	0.01	-0.02	0.01	-0.02
	其他作物	-0.18	0.28	0.02	-0.04	0.02	-0.04

资料来源：CWSM 模型模拟。

从各种作物比较来看，由于各流域作物之间单产对灌溉水的敏感度及单位面积净利润存在差别，大部分作物灌溉面积减少，而少数对灌溉水的敏感度、单位面积净利润高的作物的灌溉面积有所增加。海河流域、黄河流域和珠江流域中受影响最大的作物是水稻，灌溉面积减少幅度分别在 35.24%—41.23%、2.55%—3.79% 和 0.11%—2.07%。辽河流域受影响最大的作物是大豆和水稻，灌溉面积减少幅度分别在 0.76%—1.67% 和 0.74%—1.63%。淮河流域受影响最大的作物是糖料作物，灌溉面积减少幅度在 0.53%—3.95%。长江流域和东南诸河流域中受影响最大的作物是小麦，灌溉面积减幅分别为-0.31%—10.59%和-0.41%—2.99%。而辽河流域、淮河流域和黄河流域灌溉面积增幅最大的作物是玉米，分别增长0.38%—0.84%、0.97%—8.11%和5.40%—7.93%。海河流域灌溉面积增加幅度最大的作物是小麦，增加幅度在18.42%—23.03%。长江流域和东南诸河流域灌溉面积增加的作物只有油料作物，增幅分别为-0.01%—0.43%和0—0.02%。珠江流域灌溉面积增加幅度最大的是大豆，增加幅度分别是0.03%—0.50%。

二 对雨养面积的影响

表10-1也显示了不同水价变动情景对不同流域不同作物的雨养面积的影响。与基期相比，各流域的雨养面积上升幅度差别不大，因为对有些需水量很大的作物而言，一旦水资源不足时，农户会把耕地种植其他作物，如果只是让原本的作物进行雨养种植，很可能绝收，不符合利润最大化的假设；同时我们也观察到城市水价上涨对雨养面积的上升具有对冲作用。在同一水价变化情景下，各流域相较而言，总雨养面积变化幅度最大的是海河流域和长江流域，变化最小的是辽河流域。例如，在水价不变的情景下，海河流域和长江流域的雨养面积与基期情景下相比，增加幅度为3.10%和2.18%，辽河流域雨养面积增加幅度为0.32%，其他流域也都处于雨养面积增加的情况中，淮河流域、黄河流域、珠江流域和东南诸河流域的雨养面积增幅分别达到1.03%、0.96%、1.46%、1.11%和0.62%。

对同一流域在不同水价提升情景下的模拟结果进行比较发现，各个流域的变化趋势与灌溉面积的变化趋势的大小相同，均是在不提水价的情景下，雨养面积增长的幅度最大，在城市居民生活用水水价和工业用水水价都提高40%的情景下，雨养面积受到的影响最小。以受影响最大的海河流域为例，在不提水价的情景下，其雨养面积增加了3.10%；在水价提升40%的情景下雨养面积增长了2.80%。对长江流域而言，在不提水价的情景下，雨养面积增加2.80%；当水价提高40%时，雨养面积出现了减少，减少幅度为0.06%。有着相同情况的还有东南诸河流域，其在水价不变的情景下，雨养面积增加了0.62%；在水价提高20%时，雨养面积就开始下降，下降幅度为0.08%。城市水价政策可以有效减少雨养面积的增长幅度，保障了灌溉面积的比例。

第十章 城市生活和工业水价变化对流域农作物生产的影响

从各种作物比较来看，在各流域各种情景下基本出现了雨养面积增加的趋势；但是在长江流域和东南诸河流域，在提高水价的情景下，雨养面积出现了减少趋势。除了辽河流域，其他流域受雨养面积负面影响最大的作物是小麦和大豆。其中，海河流域、黄河流域和长江流域中小麦和大豆两种作物雨养面积增加幅度相似，分别在4.60%、1.45%和4.00%左右；海河流域、黄河流域和珠江流域，这三个流域雨养面积增加幅度最大的作物是小麦，分别增加了4.20%—4.66%、1.02%—1.45%和0.20%—3.92%。淮河流域、长江流域和东南诸河流域，这三个流域雨养面积增加幅度最大的作物是大豆，分别增加了0.28%—1.99%、-0.11%—4.16%和-0.26%—1.98%。辽河流域受影响最大的作物是油料作物，其雨养面积在三种不同的加价水平下增加幅度为0.26%—0.56%，其他作物雨养面积增加幅度都不大。在七大流域三种情景中，北方四个流域水稻雨养面积没有增加；南方三个流域雨养面积增加幅度最小的是蔬菜，以受雨养面积影响最大的长江流域为例，其蔬菜雨养面积增幅在三种情景下，分别是0.39%、0.13%和-0.01%。

三 对播种面积的影响

作物播种面积的变化是作物灌溉面积和雨养面积共同作用的结果。表10-2中列出了城市水价不提升、水价提升20%和水价提升40%三种水价变动情景对各种作物播种面积影响的模拟结果。流域的播种面积总和是不变的，表明农民不会浪费播种的机会，但作物结构变化很大，表明因为不同作物对水需求的特性不一样，当农业可利用水量变少时，耐旱或者灌溉需求少的作物会被分配更多的播种面积，而对灌溉有比较苛刻要求的作物的播种面积将大幅减少。比如水稻，因为水稻不适合在本身缺水的流域进行雨养种植，严重缺水会导致减产乃至绝收，农民在追求利润最大化的驱动下，其有动力改变作物的种植结构。七大流域中各种作物的播种面积大小的变化趋势类似，都是在不提水价的情景下，受到的影响最大，而在提高水价40%的情景中，受到的影响最小。以海河流域为例，其在不变水价情景下，播种面积增加幅度最大的是小麦，增幅为21.91%，播种面积减幅最大的作物是水稻，减幅达到41.23%；在水价上涨20%的情景下，水稻的播种面积减幅缓解3个百分点；在水价上涨40%的情景下，水稻的播种面积减幅缓解6个百分点。

表 10-2　水资源优化配置下城市水价变化对七大流域作物播种面积的影响　　单位：%

流域	作物	不提水价	水价涨幅20%	水价涨幅40%
辽河流域	流域汇总	0	0	0
	水稻	-1.63	-1.21	-0.74
	小麦	-0.05	-0.04	-0.03
	玉米	0.35	0.26	0.16
	大豆	0.16	0.12	0.07
	糖料作物	-0.45	-0.34	-0.21
	油料作物	0.42	0.31	0.19
	棉花	-0.15	-0.15	-0.05
	蔬菜	0.11	0.08	0.05
	其他作物	0.15	0.11	0.07
海河流域	流域汇总	0	0	0
	水稻	-41.23	-38.20	-35.24
	小麦	21.91	19.65	17.55
	玉米	-6.49	-5.82	-5.20
	大豆	-0.68	-0.49	-0.32
	糖料作物	-3.07	-2.49	-1.97
	油料作物	-3.15	-2.76	-2.40
	棉花	-1.88	-1.51	-1.18
	蔬菜	-13.75	-12.43	-11.21
	其他作物	-2.09	-1.86	-1.64
淮河流域	流域汇总	0	0	0
	水稻	-0.79	-0.47	-0.12
	小麦	-0.87	-0.45	-0.11
	玉米	2.68	1.42	0.34
	大豆	-0.61	-0.31	-0.07
	糖料作物	-3.95	-2.14	-0.53
	油料作物	0.07	0.05	0.02
	棉花	-1.51	-0.81	-0.20

第十章 | 城市生活和工业水价变化对流域农作物生产的影响

单位：%

流域	作物	不提水价	水价涨幅20%	水价涨幅40%
淮河流域	蔬菜	-0.04	0	0
	其他作物	0.04	0.03	0.01
黄河流域	流域汇总	0	0	0
	水稻	-3.79	-3.15	-2.55
	小麦	-3.47	-2.94	-2.43
	玉米	2.62	2.20	1.80
	大豆	0.23	0.21	0.19
	糖料作物	0.57	0.48	0.41
	油料作物	0.41	0.36	0.31
	棉花	-0.47	-0.38	-0.30
	蔬菜	0.47	0.41	0.34
	其他作物	-0.11	-0.09	-0.07
长江流域	流域汇总	0	0	0
	水稻	-3.14	-1.02	0.08
	小麦	0.02	-0.06	0.01
	玉米	2.04	0.68	-0.06
	大豆	3.04	1.00	-0.08
	糖料作物	0.91	0.30	-0.02
	油料作物	2.62	0.86	-0.07
	棉花	1.14	0.38	-0.03
	蔬菜	0.17	0.06	-0.01
	其他作物	0.67	0.22	-0.02
珠江流域	流域汇总	0	0	0
	水稻	-1.67	-0.09	-0.09
	小麦	2.58	0.13	0.13
	玉米	1.33	0.07	0.07
	大豆	3.07	0.16	0.16
	糖料作物	0.55	0.03	0.03
	油料作物	1.49	0.08	0.08
	棉花	0.60	0.05	0.05
	蔬菜	0.11	0.01	0.01
	其他作物	0.20	0.01	0.01

续表

流域	作物	不提水价	水价涨幅20%	水价涨幅40%
东南诸河流域	流域汇总	0	0	0
	水稻	−0.64	0.08	0.08
	小麦	−0.06	0.02	0.02
	玉米	1.08	−0.14	−0.14
	大豆	1.76	−0.23	−0.23
	糖料作物	0.50	−0.07	−0.07
	油料作物	0.88	−0.12	−0.12
	棉花	0.72	−0.09	−0.09
	蔬菜	0.06	−0.01	−0.01
	其他作物	0.23	−0.03	−0.03

资料来源：CWSM 模型模拟。

在三种水价变化情景下，对各种作物播种面积进行比较。水稻在绝大多数流域下都是减少的，减幅最大的是在海河流域不提水价的情景下，减幅达到 41.23%，但是在长江流域和东南诸河提价 40% 和 20% 的情景下，水稻的播种面积都增加了 0.08%。小麦在辽河流域、黄河流域和东南诸河流域的播种面积都出现了减少，其中减幅最大情景是黄河流域不提水价的情景下，减幅达到 3.47%，而辽河流域和东南诸河流域小麦播种面积的减少属于微减；同时小麦的播种面积在海河流域、淮河流域、长江流域及珠江流域的播种面积都出现了增加，尤其以海河流域小麦的播种面积增幅最为显著，其在不提水价的情景下，播种面积增加了 21.91%，其他流域小麦播种面积在不提水价情景下，增幅在 0.02%—2.68%。玉米的播种面积除了在海河流域和淮河流域减少，在其余五个流域的播种面积皆增加。在海河流域中玉米播种面积在三种情景下的减幅分别是 5.2%—6.49%，在淮河流域中玉米播种面积在三种情景下的减幅分别是 0.07%—0.61%。在玉米播种面积增加的五个流域中，在不提水价的情景下，辽河流域、黄河流域、长江流域、珠江流域及东南诸河流域玉米播种面积的增幅分别为 0.35%、2.62%、2.04%、1.33% 和 1.08%。

第十章 | 城市生活和工业水价变化对流域农作物生产的影响

第三节　城市水价变化对灌溉强度的影响

灌溉强度的变化取决于作物单产对灌溉用水的弹性及单位面积的种植收益。直观上，当流域农业可利用水量减少时，灌溉强度变化剧烈的作物一般是单产对灌溉水不敏感且单位面积种植收益较低的作物。由于农业水资源优化配置模块所使用的 PMP 方法是非线性优化方法，各种变量间的关系较为复杂，我们将对各流域的情况进行逐一分析。

从表 10-3 可以看出，相较于基年，在三种水价情景下，北方的辽河流域、海河流域、淮河流域、黄河流域，灌溉强度均有不同程度下降。南方珠江流域情况类似北方流域，但是长江流域在水价提升 40%的情景下，灌溉强度上升，东南诸河流域在水价提升 20%的情景下，灌溉强度开始上升。对比各流域在同一水价变化情景下的灌溉强度可以看出，海河流域所受影响最大，尤其是在不提升水价的情景下，流域平均灌溉强度比参考情景下降了 39.69%。

对同一流域在不同水价变化情景下的模拟结果进行比较分析发现，各流域的趋势都是一致的，均是在不提水价的情景下，灌溉强度受到的影响最大，在水价提升 40%的情景下，受到的影响最小。如黄河流域，在不提水价的情景下，农作物灌溉强度下降了 14.76%；在水价提升 40%的情景下，农作物灌溉强度下降了 10.46%。虽然长江流域也与黄河流域的灌溉强度受影响变化具有相同的趋势，但是当提升水价 40%后，长江流域农作物灌溉强度增加了 0.24%，主要是因为长江流域超过一半的用水量是生活和工业用水量，水价对其影响较大。

从各种作物比较来看，除了辽河流域，无论在什么情景下，其他流域中受影响最大的农作物是小麦，其中受影响最大的是海河流域，其次是黄河流域，在三种水价提升情景下，降幅分别为 52.62%—59.02%和 11.51%—16.33%，水价提升 40%能够增加海河流域小麦灌溉强度 6.4%，黄河流域小麦灌溉强度 4.82%。在受影响最小的辽河流域，在三种水价提升情景下，降幅为 1.87%—4.11%，水价提升 40%能够增加小麦灌溉强度 2.24%。

表 10-3　　水资源优化配置下城市水价变化对七大流域作物灌溉强度的影响　　单位：%

流域	作物	不提水价	水价涨幅20%	水价涨幅40%
辽河流域	流域汇总	-2.35	-1.74	-1.07
	水稻	-1.83	-1.36	-0.84
	小麦	-4.11	-3.05	-1.87
	玉米	-2.41	-1.79	-1.10
	大豆	-1.67	-1.24	-0.77
	糖料作物	0	0	0
	油料作物	-4.88	-3.63	-2.24
	棉花	-0.54	-0.38	-0.27
	蔬菜	-0.48	-0.35	-0.22
	其他作物	-1.83	-1.36	-0.83
海河流域	流域汇总	-39.69	-37.21	-34.74
	水稻	-31.41	-29.66	-27.89
	小麦	-59.02	-55.86	-52.62
	玉米	-48.08	-45.34	-42.56
	大豆	-17.36	-16.14	-14.96
	糖料作物	0	0	0
	油料作物	-9.83	-9.10	-8.40
	棉花	-33.96	-32.10	-30.20
	蔬菜	-6.94	-6.50	-6.06
	其他作物	-4.63	-4.26	-3.92
淮河流域	流域汇总	-6.42	-3.54	-0.88
	水稻	-10.69	-5.92	-1.48
	小麦	-4.61	-2.55	-0.64
	玉米	-13.47	-7.40	-1.83
	大豆	-5.38	-2.99	-0.75
	糖料作物	-3.80	-2.09	-0.52
	油料作物	-2.17	-1.19	-0.29
	棉花	-3.33	-1.83	-0.46
	蔬菜	-1.71	-0.95	-0.24
	其他作物	-0.81	-0.44	-0.11

第十章 城市生活和工业水价变化对流域农作物生产的影响

续表

流域	作物	不提水价	水价涨幅20%	水价涨幅40%
黄河流域	流域汇总	-14.76	-12.61	-10.46
	水稻	-10.46	-8.89	-7.34
	小麦	-16.33	-13.91	-11.51
	玉米	-12.23	-10.37	-8.55
	大豆	-4.33	-3.66	-3.01
	糖料作物	0	0	0
	油料作物	-2.78	-2.35	-1.93
	棉花	-2.28	-1.92	-1.57
	蔬菜	-1.49	-1.26	-1.05
	其他作物	-1.41	-1.19	-0.98
长江流域	流域汇总	-8.19	-2.83	0.24
	水稻	-7.08	-2.39	0.20
	小麦	-14.75	-5.26	0.45
	玉米	-4.59	-1.52	0.12
	大豆	-10.21	-3.55	0.30
	糖料作物	-7.61	-2.59	0.21
	油料作物	-11.68	-4.13	0.35
	棉花	-5.72	-1.91	0.16
	蔬菜	-0.99	-0.32	0.03
	其他作物	-2.39	-0.77	0.06
珠江流域	流域汇总	-3.93	-0.21	-0.21
	水稻	-4.29	-0.23	-0.23
	小麦	-9.03	-0.50	-0.50
	玉米	-3.42	-0.18	-0.18
	大豆	-6.83	-0.37	-0.37
	糖料作物	0	0	0
	油料作物	-3.53	-0.19	-0.19
	棉花	-2.38	-0.13	-0.13
	蔬菜	-0.55	-0.03	-0.03
	其他作物	-1.04	-0.05	-0.05

续表

流域	作物	不提水价	水价涨幅20%	水价涨幅40%
东南诸河流域	流域汇总	-2.75	0.38	0.38
	水稻	-3.47	0.48	0.48
	小麦	-5.89	0.83	0.83
	玉米	-2.27	0.30	0.30
	大豆	-5.38	0.76	0.76
	糖料作物	-4.02	0.55	0.55
	油料作物	-4.11	0.57	0.57
	棉花	-3.28	0.41	0.41
	蔬菜	-0.42	0.05	0.05
	其他作物	-0.88	0.12	0.12

资料来源：CWSM 模型模拟。

第四节　城市水价变化对作物总产量的影响

作物总产量的变化由灌溉作物总产量和雨养作物总产量变化两部分构成。由于 CWSM 中农业用水优化配置模块模拟了农民追求总利润的最大化，不同城市水价变动情景下，农业可利用水量不同，但有限的水资源会优先分配给单产对灌溉用水敏感且单位面积利润较高的作物（如蔬菜），而挤占相对利润较低的作物用水（如小麦和水稻）。正是通过以上机制，城市水价政策对农作物产量产生了影响。作物平均单产的变化情况与之类似，不再赘述。

对比各种作物总产量的数据，可以看出，不同作物在不同水价变动情景下产量变化不同（见表10-4）。从总趋势上看，严重缺水的流域，比如海河流域、淮河流域所有作物产量都在减少；在缺水程度比较低的流域，比如珠江流域、东南诸河流域，高耗水低利润的作物产量在减少，但是其他对用水要求不高或利润较高的作物产量在增加。水稻在各个流域三种水价情景下，总产量变动趋势是一致的，都是在不提水价的情景下受影响最大，在水价提升40%的情景下受影响最小。以黄河流域为例，在不提水价的情景下，水稻总产量的减幅为8.79%；在水价提升40%的情景下，水稻总产量的减幅为6.1%，水价能够缓解2.69%的产量减少。不同作物之间比较可以发现，相较于粮食作物，优化之后产量减幅较大，几乎每个流域产量减少最多的三大农作物都是水稻、小麦、玉米，而在水价提升后，产量的减少被缓解，水价政策有效缓解了粮食作物产量减少。而经济作物，比如蔬菜的产量在水资源最紧缺的情境下，受到的影响几乎最小，总产量甚至没有减少，比如在不提水价的情景下，长江流域、珠江流域和东南诸河流域蔬菜的总产量几乎没有变化，而其他的粮食作物却大幅减少。这主要是因为模型的目标函数是利润最大化，能够产生较高利润的作物被优先保证供水。

表10-4 水资源优化配置下水价变化对七大流域总产量和平均产量的影响 单位：%

流域	作物	不提水价 总产量	不提水价 平均产量	水价涨幅20% 总产量	水价涨幅20% 平均产量	水价涨幅40% 总产量	水价涨幅40% 平均产量
辽河流域	水稻	-2.43	-0.81	-1.80	-0.60	-1.11	-0.37
	小麦	-2.15	-2.10	-1.60	-1.56	-0.98	-0.95
	玉米	-0.16	-0.51	-0.12	-0.38	-0.07	-0.23
	大豆	-0.09	-0.25	-0.07	-0.19	-0.04	-0.12
	糖料作物	-0.98	-0.53	-0.73	-0.40	-0.45	-0.24
	油料作物	-0.28	-0.70	-0.21	-0.52	-0.13	-0.32
	棉花	-0.17	-0.03	0.13	0.02	-0.08	-0.03
	蔬菜	-0.15	-0.26	-0.11	-0.19	-0.07	-0.12
	其他作物	-0.13	-0.28	-0.10	-0.21	-0.06	-0.13
海河流域	水稻	-46.86	-9.58	-43.99	-9.37	-41.12	-9.08
	小麦	-25.81	-39.14	-24.03	-36.50	-22.28	-33.88
	玉米	-20.65	-15.14	-19.39	-14.41	-18.12	-13.63
	大豆	-2.15	-1.48	-1.93	-1.45	-1.71	-1.40
	糖料作物	-11.47	-8.66	-10.61	-8.32	-9.77	-7.95
	油料作物	-3.16	-0.02	-2.86	-0.11	-2.58	-0.18
	棉花	-7.12	-5.34	-6.58	-5.15	-6.05	-4.93
	蔬菜	-15.30	-1.80	-14.01	-1.79	-12.78	-1.77
	其他作物	-2.07	0.02	-1.87	-0.01	-1.68	-0.04

续表

流域	作物	不提水价 总产量	不提水价 平均产量	水价涨幅20% 总产量	水价涨幅20% 平均产量	水价涨幅40% 总产量	水价涨幅40% 平均产量
淮河流域	水稻	-6.60	-5.86	-3.64	-3.19	-0.91	-0.78
	小麦	-1.23	-0.36	-0.66	-0.21	-0.16	-0.06
	玉米	-0.50	-3.09	-0.27	-1.66	-0.06	-0.40
	大豆	-1.01	-0.40	-0.54	-0.23	-0.13	-0.06
	糖料作物	-3.06	0.92	-1.67	0.48	-0.41	0.11
	油料作物	-0.24	-0.31	-0.12	-0.18	-0.03	-0.05
	棉花	-1.39	0.12	-0.75	0.06	-0.18	0.01
	蔬菜	-0.73	-0.70	-0.39	-0.39	-0.10	-0.10
	其他作物	-0.10	-0.14	-0.05	-0.08	-0.01	-0.02
黄河流域	水稻	-8.79	-5.19	-7.43	-4.41	-6.10	-3.64
	小麦	-10.47	-7.25	-8.91	-6.15	-7.37	-5.07
	玉米	-0.30	-2.84	-0.25	-2.40	-0.20	-1.97
	大豆	-0.39	-0.61	-0.32	-0.52	-0.25	-0.44
	糖料作物	0.24	-0.33	0.20	-0.28	0.17	-0.24
	油料作物	-0.11	-0.52	-0.09	-0.45	-0.07	-0.38
	棉花	-0.55	-0.09	-0.46	-0.08	-0.37	-0.07
	蔬菜	-0.22	-0.69	-0.18	-0.59	-0.15	-0.49
	其他作物	-0.31	-0.20	-0.26	-0.17	-0.21	-0.14
长江流域	水稻	-2.41	0.75	-0.78	0.23	0.06	-0.02
	小麦	-1.62	-1.64	-0.58	-0.51	0.05	0.04
	玉米	0.58	-1.43	0.20	-0.48	-0.02	0.04
	大豆	0.90	-2.08	0.30	-0.69	-0.02	0.06
	糖料作物	0.15	-0.75	0.05	-0.25	0	0.02
	油料作物	0.91	-1.66	0.30	-0.55	-0.02	0.05
	棉花	0.35	-0.78	0.12	-0.26	-0.01	0.02
	蔬菜	0	-0.17	0	-0.06	0	0
	其他作物	0.25	-0.41	0.08	-0.14	-0.01	0.01
珠江流域	水稻	-1.59	0.08	-0.08	0	-0.08	0
	小麦	0.50	-2.02	0.02	-0.10	0.02	-0.10
	玉米	0.31	-1.01	0.02	-0.05	0.02	-0.05

续表

流域	作物	不提水价 总产量	不提水价 平均产量	水价涨幅20% 总产量	水价涨幅20% 平均产量	水价涨幅40% 总产量	水价涨幅40% 平均产量
珠江流域	大豆	1.17	−1.85	0.06	−0.10	0.06	−0.10
	糖料作物	0.15	−0.40	0.01	−0.02	0.01	−0.02
	油料作物	0.51	−0.97	0.03	−0.05	0.03	−0.05
	棉花	0.19	−0.41	0.01	−0.04	0.01	−0.04
	蔬菜	0	−0.11	0	−0.01	0	−0.01
	其他作物	0.02	−0.17	0	−0.01	0	−0.01
东南诸河流域	水稻	−0.57	0.07	0.08	−0.01	0.08	−0.01
	小麦	−0.54	−0.48	0.08	0.06	0.08	0.06
	玉米	0.35	−0.72	−0.05	0.10	−0.05	0.10
	大豆	0.66	−1.09	−0.09	0.14	−0.09	0.14
	糖料作物	0.13	−0.37	−0.02	0.05	−0.02	0.05
	油料作物	0.30	−0.58	−0.04	0.08	−0.04	0.08
	棉花	0.26	−0.45	−0.04	0.05	−0.04	0.05
	蔬菜	−0.01	−0.06	0	0.01	0	0.01
	其他作物	0.09	−0.14	−0.01	0.02	−0.01	0.02

资料来源：CWSM 模型模拟。

第五节　城市水价变化对种植收益的影响

与作物产量相似，作物种植收益的变化也是来自灌溉和雨养两方面。单位面积利润与总利润规律相似，下面我们主要分析总利润的变化规律。对比各流域可以看出，在不提水价的情景下，总利润受到的负面影响最大，并在水价提高的过程中，总利润受到的影响逐渐减小。在各种水价变动情景下农业可利用水量不同，农民只能在既有的农业可利用水量的前提下优化农作物的种植结构以追求最大利益，但当水资源成为农业生产的限制因素时，无论农民如何优化自己的种植结构，总利润在缺水条件下还是会降低，因为农民是农业可利用水量的接受者，这时城市水价政策改变农业可利用水量，农民才有机会获得农业用水创造更多种植收益，所以城市水价政策会对种植收益产生影响。在不提水价的情境下，水资源优化配置后，海河流域农作物总利润受到的影响最大，损失 34.84%；其次为黄河流域，损失 4.04%；受影响最小的流域是东南诸河流域，损失 0.08%；其他各流域因为水资源优化配置后，总利润损失在 0.29%—3.03%（见表 10-5）。南方三个流域的总利润损失全部低于 1%，而北方四个流域的损失全部高于 1%。提高水价后，对总利润的影响明显减小，比如受影响最大的海河流域，当水价提升 20% 后，总利润相较于不提水价能够减少损失 2.19%；当水价提升 40% 后，总利润损失能够减少 4.37%。

表 10-5　水资源优化配置下水价变化对七大流域作物总利润和单位面积利润的影响　　单位：%

流域	作物	不提水价 总利润	不提水价 单位面积利润	水价涨幅 20% 总利润	水价涨幅 20% 单位面积利润	水价涨幅 40% 总利润	水价涨幅 40% 单位面积利润
辽河流域	流域汇总	-1.42	-1.42	-1.06	-1.06	-0.65	-0.65
	水稻	-6.18	-4.63	-4.61	-3.44	-2.84	-2.12
	小麦	-2.74	-2.70	-2.05	-2.01	-1.27	-1.24
	玉米	-0.56	-0.91	-0.42	-0.68	-0.26	-0.42
	大豆	-0.50	-0.66	-0.37	-0.49	-0.23	-0.30
	糖料作物	-1.87	-1.42	-1.39	-1.05	-0.85	-0.65
	油料作物	-0.33	-0.75	-0.25	-0.55	-0.15	-0.34
	棉花	-1.02	-0.87	-0.75	-0.61	-0.46	-0.41
	蔬菜	-1.07	-1.18	-0.80	-0.88	-0.49	-0.54
	其他作物	-0.98	-1.13	-0.73	-0.84	-0.45	-0.51
海河流域	流域汇总	-34.84	-34.84	-32.65	-32.65	-30.47	-30.47
	水稻	-77.65	-61.96	-74.50	-58.74	-71.16	-55.46
	小麦	-17.38	-32.23	-16.81	-30.47	-16.14	-28.66
	玉米	-26.78	-21.70	-25.12	-20.50	-23.47	-19.28
	大豆	-13.63	-13.04	-12.61	-12.19	-11.63	-11.34
	糖料作物	-25.40	-23.03	-23.56	-21.60	-21.77	-20.19
	油料作物	-17.29	-14.60	-16.00	-13.62	-14.76	-12.66
	棉花	-21.10	-19.59	-19.56	-18.33	-18.06	-17.08
	蔬菜	-63.90	-58.14	-59.72	-54.01	-55.58	-49.98
	其他作物	-29.82	-28.32	-27.70	-26.33	-25.64	-24.39

续表

流域	作物	不提水价 总利润	不提水价 单位面积利润	水价涨幅20% 总利润	水价涨幅20% 单位面积利润	水价涨幅40% 总利润	水价涨幅40% 单位面积利润
淮河流域	流域汇总	-3.03	-3.03	-1.66	-1.66	-0.41	-0.41
	水稻	-10.42	-9.71	-5.86	-5.42	-1.49	-1.36
	小麦	-2.27	-1.41	-1.22	-0.77	-0.30	-0.19
	玉米	-0.23	-2.84	-0.14	-1.53	-0.04	-0.37
	大豆	-1.73	-1.13	-0.93	-0.61	-0.22	-0.15
	糖料作物	-5.45	-1.56	-2.98	-0.86	-0.74	-0.21
	油料作物	-1.68	-1.74	-0.91	-0.96	-0.22	-0.24
	棉花	-2.74	-1.25	-1.48	-0.68	-0.36	-0.17
	蔬菜	-3.19	-3.16	-1.74	-1.74	-0.43	-0.43
	其他作物	-2.32	-2.36	-1.26	-1.29	-0.31	-0.32
黄河流域	流域汇总	-4.04	-4.04	-3.43	-3.43	-2.84	-2.84
	水稻	-15.10	-11.75	-12.85	-10.02	-10.63	-8.30
	小麦	-12.75	-9.62	-10.93	-8.23	-9.11	-6.84
	玉米	-0.99	-3.52	-0.84	-2.98	-0.70	-2.45
	大豆	-2.42	-2.64	-2.04	-2.24	-1.67	-1.85
	糖料作物	-2.84	-3.39	-2.40	-2.87	-1.97	-2.37
	油料作物	-1.92	-2.32	-1.61	-1.97	-1.32	-1.62
	棉花	-3.73	-3.28	-3.16	-2.79	-2.60	-2.30
	蔬菜	-3.09	-3.54	-2.61	-3.01	-2.14	-2.48
	其他作物	-3.78	-3.67	-3.19	-3.11	-2.62	-2.56
长江流域	流域汇总	-0.64	-0.64	-0.20	-0.20	0.02	0.02
	水稻	-3.50	-0.37	-1.13	-0.12	0.09	0.01
	小麦	-1.28	-1.30	-0.45	-0.39	0.04	0.03
	玉米	1.12	-0.90	0.37	-0.30	-0.03	0.02
	大豆	1.99	-1.02	0.65	-0.34	-0.05	0.03
	糖料作物	0.07	-0.83	0.03	-0.27	0	0
	油料作物	1.57	-1.02	0.52	-0.34	-0.04	0
	棉花	0.40	-0.73	0.13	-0.25	-0.01	0
	蔬菜	-0.24	-0.41	-0.08	-0.14	0.01	0.01
	其他作物	0.09	-0.57	0.03	-0.19	0	0.02

续表

流域	作物	不提水价 总利润	不提水价 单位面积利润	水价涨幅20% 总利润	水价涨幅20% 单位面积利润	水价涨幅40% 总利润	水价涨幅40% 单位面积利润
珠江流域	流域汇总	-0.29	-0.29	-0.01	-0.01	-0.01	-0.01
	水稻	-2.14	-0.47	-0.11	-0.02	-0.11	-0.02
	小麦	1.68	-0.88	0.09	-0.04	0.09	-0.04
	玉米	0.84	-0.49	0.04	-0.03	0.04	-0.03
	大豆	2.42	-0.63	0.12	-0.03	0.12	-0.03
	糖料作物	0.28	-0.26	0.01	-0.01	0.01	-0.01
	油料作物	0.83	-0.65	0.04	-0.03	0.04	-0.03
	棉花	0.52	-0.08	0.03	-0.03	0.03	-0.03
	蔬菜	-0.06	-0.17	0	-0.01	0	-0.01
	其他作物	0.07	-0.12	0	-0.01	0	-0.01
东南诸河流域	流域汇总	-0.08	-0.08	0.01	0.01	0.01	0.01
	水稻	-0.77	-0.14	0.10	0.02	0.10	0.02
	小麦	-0.39	-0.34	0.05	0.04	0.05	0.04
	玉米	0.74	-0.34	-0.10	0.05	-0.10	0.05
	大豆	1.37	-0.39	-0.18	0.05	-0.18	0.05
	糖料作物	0.25	-0.25	-0.03	0.04	-0.03	0.04
	油料作物	0.54	-0.33	-0.07	0.04	-0.07	0.04
	棉花	0.45	-0.27	-0.06	0.03	-0.06	0.03
	蔬菜	-0.01	-0.07	0	0.01	0	0.01
	其他作物	0.13	-0.10	-0.02	0.01	-0.02	0.01

注：因为流域总种植面积不变，所以城市水价变化对流域作物总利润和单位面积利润是相同的。

资料来源：CWSM 模型模拟。

同一流域下对比各种作物的总利润变化可以看出，在不提水价的情景下，粮食作物的总利润损失较大，而经济作物利润损失相对而言较小，这是因为模型目标函数是追求流域总利润最大化，在一个流域内进行水资源优化配置时，水资源优先被分配给对灌溉敏感和能够产生较大利润的作物，而减少分配给像粮食这种不能产生较高利润的作物。如辽河流域，水稻的总利润在优化后减少了 6.18%，而蔬菜总利润只减少

第十章 城市生活和工业水价变化对流域农作物生产的影响

了 1.07%；但在水价 20% 的涨幅下，水稻总利润减少 4.61%；水价在 40% 的涨幅下，水稻总利润减少 2.84%。可以看出，城市水价政策有效缓解了粮食作物的利润损失，从而保证了粮食作物的生产。再如南方的三大流域，长江流域、珠江流域和东南诸河流域，其水稻总利润减少幅度分别为 3.5%、2.14% 和 0.77%，而蔬菜的总利润减幅分别为 0.24%、0.06% 和 0.01%。而在水价涨幅为 20% 时，长江流域的水稻总利润损失为 1.13%，水价涨幅为 40% 时，长江流域水稻总利润不仅没有损失，还增长了 0.09%，可以说水价政策有效缓解了粮食作物被抛弃的现状。其他粮食作物也有同样的趋势，比如小麦，在不提水价的情景下，各流域小麦总利润普遍下降明显，但是当水价提升 20% 和 40% 后，有效缓解了小麦的总利润损失。对淮河流域，水价提升 20% 和 40% 可以减少小麦总利润损失 1.05% 和 1.97%，黄河流域在水价提升 20% 和 40% 的情景下可以减少总利润损失 1.82% 和 3.64%。长江流域小麦总利润在水价提升 20% 和 40% 的情景下损失减少 0.83% 和 1.32%，尤其是在 40% 的情景下，小麦的总利润变为正。

第六节 本章小结

本章主要研究内容是讨论城市水价变动对农业可利用水量的影响，进而对作物灌溉面积、雨养面积、播种面积、灌溉强度、产量以及利润产生影响。在本书第九章的情景设计的基础上，讨论分析 2030 年由于城镇化和工业化的发展，各个流域在不同城市水价变动下生活用水量和工业用水的变化，进而影响 2030 年农业可利用水资源量的变化，再通过流域水资源模拟模型 CWSM 模拟农民在追求利润最大化而在既有水土资源上进行农业生产，进而我们可以得出不同城市水价变动对各个流域作物生产的影响。通过分析在不同水价变化情景下中国七大主要农业生产流域作物的生产状况，我们得出以下结论。

第一，流域总供水的变化会引起作物灌溉面积、播种面积和灌溉强度的变化。长江流域和海河流域的灌溉面积与基期情景下相比，下降幅度在 3.30% 和 2.25%。海河流域、黄河流域和珠江流域中受影响最大的作物是水稻，灌溉面积减幅分别在 35.24%—41.23%、2.55%—3.79% 和

0.11%—2.07%。在三种水价变化情景下，对各种作物播种面积进行比较。水稻在绝大多数流域下都是减少的，减幅最大的是在海河流域不提水价的情景下，减幅达到41.23%。在三种水价情景下，北方的辽河流域、海河流域、淮河流域、黄河流域的灌溉强度均有不同程度下降。

第二，各个流域之间比较，海河流域所受影响是最大的。海河流域由于存在人均水资源量只相当于全国人均水资源量的1.3%，且对已有水资源开发利用强度达到135.86%，生态用水被挤占严重，所以作为严重缺水地区，其用水总量不仅不能再上升，而且需要进行一定程度的削减，又因为海河流域占中国总人口的11.33%。当面临生活、工业、生态的需水要求后，海河流域粮食作物的总产量相较于其他作物出现了更大幅度的下降，水稻下降46.86%，小麦下降25.81%，玉米下降20.65%。

第三，不同作物在不同水价政策下产量变动不一样。不同水价变动得到的农业可利用水量在作物之间优化后产量减幅较大的是粮食作物，几乎每个流域产量减少最多的三大作物都是水稻、小麦、玉米，而经济作物，比如蔬菜的产量在水资源最紧缺的情境下，受到的影响几乎最小，总产量甚至没有减少。同一流域下对比各种作物的总利润变化可以看出，在不提水价的情景下，粮食类作物的总利润损失较大，而经济类作物利润损失相对而言较小。

参考文献

卞菲:《我国城市供水的价格管制研究》,《社科纵横》(新理论版) 2011 年第 3 期。

曹建民、王金霞:《井灌区农村地下水水位变动：历史趋势及其影响因素研究》,《农业技术经济》2009 年第 4 期。

陈敏建、贺伟程:《中国水资源利用前景初探》,中国水利学会一九九九年优秀论文集专题资料汇编。

陈优优等:《中国工业用水价格弹性测算——基于边际生产力模型》,《浙江理工大学学报》(社会科学版) 2016 年第 3 期。

董凤丽、韩洪云:《沈阳市城镇居民生活用水需求影响因素分析》,《水利经济》2006 年第 3 期。

方耀民:《我国水价形成机制改革回顾与展望》,《经济体制改革》2008 年第 1 期。

封志明等:《中国人口分布的水资源限制性与限制度研究》,《自然资源学报》2014 年第 10 期。

冯欣等:《中国农业水价综合改革历程、问题和对策》,《中国农业资源与区划》2022 年第 3 期。

冯业栋、李传昭:《居民生活用水消费情况抽样调查分析》,《重庆大学学报》(自然科学版) 2004 年第 4 期。

高齐圣、路兰:《中国水资源长期需求预测及地区差异性分析》,《干旱区资源与环境》2016 年第 1 期。

何静、陈锡康:《水资源影子价格动态投入产出优化模型研究》,《系统工程理论与实践》2005 年第 5 期。

何希吾等：《我国需水总量零增长问题研究》，《自然资源学报》2011年第6期。

胡峰：《城市居民生活用水需求影响因素研究——以南通市为例》，硕士学位论文，浙江大学，2006年。

胡浩：《城镇可持续生活供水价格研究——以陕西省关中地区为例》，《人文地理》2004年第2期。

黄耀磷、农彦彦：《我国城市居民生活用水需求因素的实证研究》，《重庆工学院学报》（社会科学版）2008年第10期。

姬鹏程：《我国城市水价改革的现状及建议》，《宏观经济管理》2009年第4期。

贾春宁等：《论合理的水价与水资源的可持续利用》，《中国地质大学学报》（社会科学版）2005年第1期。

贾绍凤、张士锋：《北京市水价上升的工业用水效应分析》，《水利学报》2003年第4期。

江煜等：《新疆石河子市居民生活用水情况调查分析》，《中国农村水利水电》2008年第5期。

姜文来：《农业水价承载力研究》，《中国水利》2003年第11期。

康绍忠：《新的农业科技革命与21世纪我国节水农业的发展》，《干旱地区农业研究》1998年第1期。

李标等：《改革进程中的中国潜在GDP增长率：估计及预测》，《当代经济科学》2018年第6期。

李翠梅等：《城市水价预测的长期边际成本方法理论与案例研究》，《资源科学》2010年第7期。

李翠梅等：《苏州市居民生活用水量价格弹性研究》，《给水排水》2010年第5期。

李佳洺等：《胡焕庸线两侧人口的空间分异性及其变化》，《地理学报》2017年第1期。

李善同等：《中国城市化速度预测分析》，《发展研究》2017年第11期。

李眺：《我国城市供水需求侧管理与水价体系研究》，《中国工业经济》2007年第2期。

李玉敏、王金霞：《农村水资源短缺：现状、趋势及其对作物种植结构的影响——基于全国 10 个省调查数据的实证分析》，《自然资源学报》2009 年第 2 期。

李玉敏、王金霞：《水资源短缺状况及其对农业生产影响的实证研究》，《水利经济》2013 年第 5 期。

李原园等：《1956—2010 年中国可更新水资源量的变化》，《中国科学（地球科学）》2014 年第 9 期。

李云鹤、汪党献：《城镇居民生活用水的需水函数分析和水价节水效果评估》，《中国水利水电科学研究院学报》2008 年第 2 期。

廖永松：《灌溉水价改革对灌溉用水、粮食生产和农民收入的影响分析》，《中国农村经济》2009 年第 1 期。

廖永松：《我国流域尺度上的灌溉水平衡与粮食安全保障》，博士学位论文，中国农业科学院，2003 年。

林耀明等：《华北平原的水土资源平衡研究》，《自然资源学报》2000 年第 3 期。

刘昌明：《中国农业水问题：若干研究重点与讨论》，《中国生态农业学报》2014 年第 8 期。

刘昌明、陈志恺主编：《中国水资源现状评价和供需发展趋势分析》，中国水利水电出版社 2001 年版。

刘昕等：《工业用水量的价格弹性分析》，《节水灌溉》2009 年第 10 期。

刘秀丽、陈锡康：《投入产出分析在我国九大流域水资源影子价格计算中的应用》，《管理评论》2003 年第 1 期。

刘秀丽、邹璀：《全国及九大流域分类用水影子价格的计算与预测》，《水利水电科技进展》2014 年第 4 期。

刘英才：《秦皇岛市生活用水变化特征及影响因素分析》，《地下水》2016 年第 3 期。

刘莹：《黄河上游水价政策对灌溉用水及农户种植收入的影响》，博士学位论文，中国科学院研究生院，2008 年。

刘莹等：《水价政策对灌溉用水及种植收入的影响》，《经济学（季刊）》2015 年第 4 期。

陆旸、蔡昉：《从人口红利到改革红利：基于中国潜在增长率的模拟》，《世界经济》2016年第1期。

马淑杰等：《我国高耗水工业行业节水现状分析及政策建议》，《中国资源综合利用》2017年第2期。

马涛等：《水价对城市用水影响的决策模型研究》，《东北农业大学学报》2013年第2期。

马训舟等：《北京市城镇居民用水需求弹性分析》，《中国物价》2011年第3期。

毛春梅：《工业用水量的价格弹性计算》，《工业用水与废水》2005年第3期。

倪红珍等：《产业部门的用水性质分析》，《水利水电技术》2004年第5期。

倪红珍等：《我国高耗水工业用水效率区域差异与布局调整建议》，《中国水利》2017年第15期。

裴源生等：《黄河流域农业需水价格弹性研究》，《资源科学》2003年第6期。

秦腾、章恒全：《农业发展进程中的水环境约束效应及影响因素研究——以长江流域为例》，《南京农业大学学报》（社会科学版）2017年第2期。

秦腾等：《长江经济带城镇化进程中的水资源约束效应分析》，《中国人口·资源与环境》2018年第3期。

沈大军等：《城镇居民生活用水的计量经济学分析与应用实例》，《水利学报》2006年第5期。

沈大军等：《工业用水的数量经济分析》，《水利学报》2000年第8期。

沈大军等：《我国城镇居民家庭生活需水函数的推求及分析》，《水利学报》1999年第12期。

石玉林、卢良恕主编：《中国农业需水与节水高效农业建设》，中国水利水电出版社2001年版。

水利部水资源司、南京水利科学研究院编：《21世纪初期中国地下水资源开发利用》，中国水利水电出版社2004年版。

孙镭：《陕西城镇居民生活用水需求函数经验研究》，硕士学位论文，西北大学，2006年。

孙天合等：《地下水超采区"一提一补"农业水价政策模式与推广困境反思》，《水利经济》2020年第4期。

王改霞：《浅谈关于全面推行城镇居民阶梯水价制度的必要性》，《价值工程》2016年第23期。

王建生等：《水资源可利用量计算》，《水科学进展》2006年第4期。

王建中等：《黄河断流情况及对策》，《中国水利》1999年第4期。

王健：《苏州市城市居民阶梯式水价的应用分析》，《市场论坛》2005年第12期。

王金霞：《地下水灌溉系统产权制度创新、效率及政策——河北省小型水利工程的实证研究》，博士学位论文，中国农业科学院，2000年。

王金霞：《水土资源可持续利用是粮食安全之关键》，《世界环境》2008年第4期。

王金霞、黄季焜：《滏阳河流域的水资源问题》，《自然资源学报》2004年第4期。

王金霞等：《水资源管理制度改革、农业生产与反贫困》，《经济学（季刊）》2005年第4期。

王静：《我国城市水价研究》，硕士学位论文，四川大学，2006年。

王晓君等：《干旱缺水地区缓解水危机的途径：水资源需求管理的政策效应》，《自然资源学报》2013年第7期。

王晓君等：《中国农业水价综合改革政策演变的内在逻辑、现实困境与深化方向》，《农业现代化研究》2023年第3期。

王英：《北京市居民收入和水价对城市用水需求影响分析》，《价格理论与实践》2003年第1期。

王雨等：《城市水价上涨对居民用水的影响分析——以银川市为例》，《生态经济》2008年第11期。

魏丽丽等：《哈尔滨市居民生活用水需求弹性分析》，《东北农业大学学报》2008年第7期。

夏骋翔、李克娟：《城镇居民饮用水资源需求研究》，《价格理论与实践》2007年第3期。

夏军、李原园等：《气候变化影响下中国水资源的脆弱性与适应对策》，科学出版社2016年版。

萧健：《试论利用水价杠杆实现中国水资源的合理配置》，《价格理论与实践》1989年第1期。

谢丛丛等：《我国高用水工业行业的界定与划分》，《水利水电技术》2015年第3期。

邢公奇等：《黄河流域和长江流域水资源利用与价格变动效应分析》，《水利经济》2003年第6期。

邢秀凤、吴艳丽：《城市居民生活用水需求弹性实证分析——以青岛市为例》，《技术经济与管理研究》2007年第2期。

严婷婷：《气候变化条件下农业用水优化配置及其对农作物生产的影响：基于北方五大流域的研究》，博士学位论文，中国科学院大学，2015年。

杨鑫等：《农业水价综合改革的推进困境及成因分析——基于小农户风险视角》，《水利经济》2022年第2期。

杨宇：《气候变化对华北平原冬小麦生产的影响及适应措施采用》，博士学位论文，中国科学院研究生院，2015年。

易信、郭春丽：《未来30年我国潜在增长率变化趋势及2049年发展水平预测》，《经济学家》2018年第2期。

尹建丽：《供水网络技术经济特征及价格管理分析》，硕士学位论文，河海大学，2005年。

尹建丽、袁汝华：《南京市居民生活用水需求弹性分析》，《南水北调与水利科技》2005年第1期。

尤祥瑜等：《我国水资源配置模型研究现状与展望》，《中国水利水电科学研究院学报》2004年第2期。

于法稳等：《灌溉水价对农户行为的影响分析——以内蒙古河套灌区为例》，《中国农村观察》2005年第1期。

张辉、张宏伟：《水价提高对天津市水资源需求量的影响分析》，《海河水利》2006年第6期。

张凯：《关于天津市水资源价值与水价格的研究——合理的水价与节水型社会建设》，硕士学位论文，天津大学，2006年。

张丽娟：《气候变化对地下水灌溉供给的影响及灌溉管理的适应性反应：基于华北平原的实证研究》，博士学位论文，沈阳农业大学，2016年。

张宁、章胜：《基于双对数模型的城市居民用水需求弹性分析》，《工业技术经济》2010年第3期。

张巍等：《中国城镇居民用水需求研究》，《中国人口·资源与环境》2019年第3期。

张运华：《南方季节性缺水灌区管理制度研究——以江西省鹰潭市白塔渠灌区为例》，博士学位论文，南京农业大学，2005年。

赵达、周龙飞：《非线性定价有效吗》，《统计研究》2018年第8期。

郑新业等：《水价提升是有效的政策工具吗？》，《管理世界》2012年第4期。

周鹏、胡剑锋：《水价与水资源的合理利用——以温州市为例》，《浙江理工大学学报》2009年第5期。

朱卫东等：《对深化水价改革的意见》，《中国水利》1992年第8期。

Alcamo, J., et al., "Development and Testing of the Water GAP2 Global Model of Water Use and Availability", *Hydrological Sciences Journal*, Vol. 48, No. 3, 2003.

Appels, D., et al., *Responsiveness of Demand for Irrigation Water: A Focus on the Southern Murray-Darling Basin*, Australian: Australian Government Productivity Commission, 2004.

Arbués, F., et al., "Urban Water Demand for Service and Industrial Use: The Case of Zaragoza", *Water Resources Management*, Vol. 24, No. 14, 2010.

Ayer, H., et al., *Crop-Water Production Functions and Economic Implications for Washington*, Econ. Res. Staff Rep: Washington, DC, 1983.

Ayer, H., et al., *Crop-Water Production Functions: Economic Impli-*

cations for Potatoes and Dry Beans Grown in Idaho, Econ. Res. Staff Rep: Washington, DC, 1983.

Ayer, H., P. Hoyt, "*Crop-Water Production Functions: Economic Implications for Arizona*", Coll. of Agric. Univ. of Ariz., 1981.

Babel, M., et al., "A Model for Optimal Allocation of Water to Competing Demands", *Water Resources Management*, Vol. 19, No. 6, 2005.

Babin, F., et al., "Estimation of Substitution Possibilities between Water and Other Production Inputs", *American Journal of Agricultural Economics*, Vol. 64, No. 1, 1982.

Bao, C., C. Fang, "Water Resources Flows Related to Urbanization in China: Challenges and Perspectives for Water Management and Urban Development", *Water Resources Management*, Vol. 26, No. 2, 2012.

Bar-Shira, Z., et al., "Block-Rate Versus Uniform Water Pricing in Agriculture: An Empirical Analysis", *American Journal of Agricultural Economic*, Vol. 88, No. 4, 2006.

Bell, R., et al., *The Responsiveness of Australian Farm Performance to Changes in Irrigation Water Use and Trade*, 51st Annual Conference of the Australian Agricultural and Resource Economics Society, 2007.

Berbel, J., et al., "Value of Irrigation Water in Guadalquivir Basin (Spain) by Residual Value Method", *Water Resource Management*, Vol. 25, No. 6, 2011.

Berbel, J., J. Gomez-Limon, "The Impact of Water-Pricing Policy in Spain: An Analysis of Three Irrigated Areas", *Agricultural Water Management*, Vol. 43, No. 2, 2000.

Bernardo, D., et al., "An Irrigation Model for Management of Limited Water Supplies", *Western Journal of Agricultural Economics*, Vol. 12, No. 2, 1987.

Bhatia, M., K. Crook, "Trace Element Characteristics of Graywackes and Tectonic Setting Discrimination of Sedimentary Basins", *Contributions to Mineralogy and Petrology*, Vol. 92, No. 2, 1986.

Blanke, A., et al., "Water Saving Technology and Saving Water in

China", *Agricultural Water Management*, Vol. 87, 2007.

Boardman, A., et al., *Cost Benefit Analysis: Concepts and Practice 4th edition*, New York: Prentice Hall, 2011.

Bontemps, C., S. Couture, "Irrigation Water Demand for the Decision Maker", *Environment and Development Economics*, Vol. 7, 2002.

Brown, L., B. Halweil, "China's Water Shortage Could Shake World Food Security", *World Watch*, Vol. 11, No. 4, 1998.

Cai, X., C. Ringler, "Balancing Agricultural and Environmental Water Needs in China: Alternative Scenarios and Policy Options", *Water Policy*, Vol. 9, No. S1, 2007.

Campbell, H., R. Brown, *Benefit-Cost Analysis: Financial and Economic Appraisal Using Spreadsheets*, Cambridge: Cambridge University Press, 2003.

Carson, R., et al., *The Theory and Measurement of Passive-Use Vdue*, Oxford: Willis, Oxford University Press, 1999.

Champ, P., et al., "Using Donation Mechanisms to Wue Nonuse Benefits from Public Goods", *Journal of Environmental Economics and Management*, No. 33, 1997.

Chang, B., M. Liu, "Study on Water Saving Effect of 'Increase Water Price and Provide Subsidy' Reform", *China Water Conservancy*, Vol. 7, 2010.

Chaturvedi, V., et al., "Climate Mitigation Policy Implications for Global Irrigation Water Demand", *Mitig Adapt Strateg Glob Chang*, Vol. 20, No. 3, 2015.

Chen, H., et al., "Policy Support, Social Capital, and Farmers' Adaptation to Drought in China", *Global Environmental Change*, Vol. 24, 2014.

Chen, S., et al., "Exploring China's Farmer-Level Water-Saving Mechanisms: Analysis of an Experiment Conducted in Taocheng District, Hebei Province", *Water*, Vol. 6, No. 3, 2014.

Cheng, H., et al., "Meeting China's Water Shortage Crisis: Current

Practices and Challenges", *Environmental Science & Technology*, Vol. 43, No. 2, 2009.

Cheng, H., Y. Hu, "Improving China's Water Resources Management for Better Adaptation to Climate Change", *Climatic Change*, Vol. 112, No. 2, 2012.

Chiueh, Y., "The Price Elasticity of Transferring Agricultural Water to Industrial Water during Non-Drought Period in Taiwan", *Paddy and Water Environment*, Vol. 10, No. 1, 2012.

Conradie, B., D. Hoag, "A Review of Mathematical Programming Models of Irrigation Water Values", *Water SA*, Vol. 30, No. 3, 2004.

Conradie, B., *The Value of Water in the Fish-Sundays Scheme of the Eastern Cape*, Pretoria: Water Research Commission, 2002.

Cooper, B., et al., "Best Practice Pricing Principles and the Politics of Water Pricing", *Agricultural Water Management*, Vol. 145, 2014.

Corbella, H., D. Pujol, "What Lies behind Domestic Water Use? A Review Essay on the Drivers of Domestic Water Consumption", *Boletin De La Asociacion De Geografos Espanoles*, Vol. 50, 2009.

Cornforth, G., R. Lacewell, "Farmer Storage of Irrigation Water in Federal Projects", *Western Journal of Agricultural Economics*, Vol. 6, 1982.

Cremades, R., et al., "Policies, Economic Incentives and the Adoption of Modern Irrigation Technology in China", *Earth System Dynamics*, Vol. 6, 2015.

Dalin, C., et al., "Balancing Water Resource Conservation and Food Security in China", *Proceedings of the National Academy of Sciences*, Vol. 112, No. 15, 2015.

Davidson, B., P. Hellegers, "Estimating the Own-Price Elasticity of Demand for Irrigation Water in the Musi Catchment of India", *Journal of Hydrology*, Vol. 408, No. 3-4, 2011.

Davijani, M., et al., "Optimization Model for the Allocation of Water Resources Based on the Maximization of Employment in the Agriculture and Industry Sectors", *Journal of Hydrology*, Vol. 533, No. 1, 2016.

Deng, X., et al., "Impact of Urbanization on Cultivated Land Changes in China", *Land Use Policy*, Vol. 45, No. 45, 2015.

Dinar, A., J. Mody, "Irrigation Water Management Policies: Allocation and Pricing Principles and Implementation Experience", *Natural Resources Forum*, Vol. 28, No. 2, 2004.

Dupont, D., S. Renzetti, "The Role of Water in Manufacturing", *Environmental & Resource Economics*, Vol. 18, No. 4, 2001.

Easter, K., Y. Liu, *Cost Recovery and Water Pricing for Irrigation and Drainage Projects*, Agriculture and Rural Development: Washington, DC, 2005.

Esmaeili, A., S. Vazirzadeh, "Water Pricing for Agricultural Production in the South of Iran", *Water Resource Management*, Vol. 23, No. 5, 2009.

Espey, M., et al., "Price Elasticity of Residential Demand for Water: A Meta-Analysis", *Water Resources Research*, Vol. 33, No. 6, 1997.

Expósito, A., J. Berbel, "Microeconomics of Deficit Irrigation and Subjective Water Response Function for Intensive Olive Groves", *Water*, Vol. 8, No. 8, 2016.

Famiglietti, J., "The Global Groundwater Crisis", *Nature Climate Change*, Vol. 4, No. 11, 2014.

Fan, H., et al., "Impacts of Anthropogenic Activity on the Recent Evolution of the Huanghe (Yellow) River Delta", *Journal of Coastal Research*, 2006.

Finger, R., "Modeling the Sensitivity of Agricultural Water Use to Price Variability and Climate Change—An Application to Swiss Maize Production", *Agric Water Manage*, Vol. 109, 2012.

Foster, H., B. Beattie, "Urban Residential Demand for Water in the United States", *Land Economics*, Vol. 55, No. 1, 1979.

Foster, S., et al., "Quaternary Aquifer of the North China Plain—Assessing and Achieving Groundwater Resource Sustainability", *Hydrogeology Journal, Vol. 12, No. 1, 2004.

Foster, T., et al., "Analysis of the Impacts of Well Yield and Groundwater Depth on Irrigated Agriculture", *Journal of Hydrology*, Vol. 523, 2015.

Franco, J., et al., "The Global Politics of Water Grabbing", *Third World Quarterly*, Vol. 34, No. 9, 2013.

Frank, M., B. Beattiea, *The Economic Value of Irrigation Water in the Western United States: An Application of Ridge Regression*, College Station: Texas A&M University, 1979.

Freeman, A., *The Measurement of Environmental and Resource Values: Theory and Methods*. 2nd ed, Resources for the Future, 2003.

Freeman, C., *Quenching the Dragon's Thirst: The South-North Water Transfer Project—Old Plumbing for New China?*, CEF Cooperative Competitors Research Brief Series, 2011.

Frija, A., et al., "Marginal Value of Irrigation Water in Wheat Production Systems of Central Tunisia", *African Association of Agricultural Economists (AAAE)*, 2013.

Gezahegn, T., X. Zhu, "Marginal Value of Natural Water in Agriculture: A Study in the Suburbs of Mekelle City, Ethiopia", *Water Policy*, Vol. 17, No. 2, 2015.

Gibbs, K., "Price Variable in Residential Water Demand Models", *Water Resources Research*, Vol. 14, No. 1, 1978.

Gisser, M., et al., "Water Trade-Off between Electric Energy and Agriculture in the 4 Corners Area", *Water Resources Research*, Vol. 15, No. 3, 1979.

Gittinger, J. Price., *Economic Analysis of Agricultural Projects*, Baltimore: Johns Hopkins University Press, 1982.

Gomez-Limon, J., L. Riesgo, "Irrigation Water Pricing: Differential Impacts on Irrigated Farms", *Agricultural Economics*, Vol. 31, 2004.

Gomez-Limon, J., L. Riesgo, "Water Pricing: Analysis of Differential Impacts on Heterogeneous Farmers", *Water Resources Research*, 2004, Vol. 40, No. 7.

Gonzalez-Alvarez, Y., et al., "Farm-Level Irrigation and the Marginal Cost of Water Use: Evidence from Georgia", *Journal of Environmental Management*, Vol. 80, No. 4, 2006.

Gottlieb, M., "Urban Domestic Demand for Water: A Kansas Case Study", *Land Economics*, Vol. 39, No. 2, 1963.

Graveline, N., P. Merel, "Intensive and Extensive Margin Adjustments to Water Scarcity in France's Cereal Belt", *European Review of Agricultural Economics*, Vol. 41, No. 5, 2014.

Grebenstein, C., B. Field, "Substituting for Water Inputs in U.S. Manufacturing", *Water Resources Research*, Vol. 15, No. 2, 1979.

Griffin, R., "Comment on 'Pricing for Water Conservation with Cost Recovery' by Edna Tusak Loehman", *Water Resources Research*, Vol. 45, No. 10, 2009, W10601.

Grima, A., *Residential Water Demand: Alternative Choices for Management*, Toronto, Ontario: University of Toronto Press, 1972.

Grogan, D., et al., "Quantifying the Link between Crop Production and Mined Groundwater Irrigation in China", *Science of the Total Environment*, Vol. 511, 2015.

GWP (Global Water Partnership), *China's Water Resources Management Challenge: The "Three Red Lines"*, Technical Focus Paper, 2015. http://www.gwp.org/Global/ToolBox/Publications/Technical%20Focus%20Papers/TFPChina_ 2015. pdf.

Hall, N., "Linear and Quadratic Models of the Southern Murray-Darling Basin", *Environment International*, Vol. 27, No. 2-3, 2001.

Hanemann, W., "The Economic Conception of Water", *In Water Crisis: Myth or Reality*, 2006.

Hanjra, M., M. Qureshi, "Global Water Crisis and Future Food Security in an Era of Climate Change", *Food Policy*, Vol. 35, No. 5, 2010.

Hansen, L., "Water and Energy Price Impacts on Residential Water Demand in Copenhagen", *Land Economics*, Vol. 72, No. 1, 1996.

Heady, E., et al., "National and Interregional Models of Water Demand, Land Use, and Agricultural Policies", *Water Resources Research*, Vol. 9, No. 4, 1973.

Heckman, J., "Shadow Prices, Market Wages, and Labor Supply", *Econometrica*, Vol. 42, No. 4, 1974.

Hellegers, P., B. Davidson, "Determining the Disaggregated Economic Value of Irrigation Water in the Musi Sub-Basin in India", *Agric Water Manage*, Vol. 97, No. 6, 2010.

Hendricks, N., J. Peterson, "Fixed Effects Estimation of the Intensive and Extensive Margins of Irrigation Water Demand", *Journal of Agricultural and Resource Economics*, Vol. 37, No. 1, 2012.

Hexem, R., E. Heady, *Water Production Functions for Irrigated Agriculture*, Ames: Iowa State Univ. Press, 1978.

Hooker, M., W. Alexander, "Estimating the Demand for Irrigation Water in the Central Valley of California", *Journal of the American Water Resources Association*, Vol. 34, No. 3, 1998.

Hortová, J., L. Krištoufek, *Price Elasticity of Household Water Demand in the Czech Republic*, Charles University, Institute of Economic Studies (IES), 2014.

Howe, C., F. Jr, "The Impact of Price on Residential Water Demand and Its Relation to System Design and Price Structure", *Water Resources Research*, Vol. 3, No. 1, 1967.

Howe, C., "Economic, Legal and Hydrologic Dimensions of Potential Interstate Water Markets", *American Journal of Agricultural Economics*, Vol. 67, 1985.

Howe, C., "The Impact of Price on Residential Water Demand: Some New Insights", *Water Resources Research*, Vol. 18, No. 4, 1982.

Howitt, R., et al., "A Re-Evaluation of Price Elasticities for Irrigation Water", *Water Resources Research*, Vol. 16, No. 4, 1980.

Hoyt, P., *Crop-Water Production Functions and Economic Implications for the Texas High Plains region*, Washington, DC, US: US Dep. of Agric., 1982.

Hoyt, P., *Crop-Water Production Functions: Economic Implications for Colorado*, Washington, DC, US: US Dep. of Agric., 1984.

Huang, C., Y. Chiueh, "Estimating the Inverse Demand Function for Transferring Agricultural Water in Taiwan", *Paddy and Water Environment*, Vol. 8, No. 1, 2010.

Huang, J., et al., *Public Investment, Technological Changes and Reform: A Comprehensive Accounting of Agricultural Growth in China*, International Food Policy Research Institute: Washington DC, 1995.

Huang, Q., et al., "Irrigation Water Demand and Implications for Water Pricing Policy in Rural China", *Environment and Development Economics*, Vol. 15, No. 3, 2010.

Hurd, B., et al., "Climatic Change and U.S. Water Resources: From Modeled Watershed Impacts to National Estimates", *Journal of the American Water Resources Association*, Vol. 40, No. 1, 2004.

Jaghdani, T., et al., "Comparison of Methods for the Valuation of Irrigation Water: Case Study from Qazvin, Iran", *Irrigation and Drainage*, Vol. 61, No. 3, 2012.

Jiang, Y., "China's Water Scarcity", *Environmental Management*, Vol. 90, No. 11, 2009.

Johansson, B., *Cost-Benefit Analysis of Environmental Change*, Cambridge: Cambridge University Press, 1993.

Johansson, R., et al., "Pricing Irrigation Water: A Review of Theory and Practice", *Water Policy*, Vol. 4, No. 2, 2002.

Johansson, R., *Pricing Irrigation Water*, Washington, DC: World Bank, Rural Development Department, 2000.

Ju, X., et al., "Reducing China's Fertilizer Use by Increasing Farm Size", *Global Environmental Change*, Vol. 41, 2013.

Just, R., et al., *The Welfare Economics of Public Policy*, Northampton: Edward Elgar Publishing, 2004.

Kefayati, M., et al., "Empirical Evaluation of River Basin Sustainability Affected by Inter-Basin Water Transfer Using Composite Indicators",

Water and Environment Journal, 2017.

Kelley, S., H. Ayer, *Water Conservation Alternatives for California Agriculture: A Microeconomic Analysis*, Washington, DC: U. S. Dep. of Agric., 1982.

Kopp, R., "Why Existence Value Should Be Used in Cost-Benefit Analysis", *Journal of Policy Analysis and Management*, No. 1, 1992.

Kulshreshtha, S., D. Tewari, "Value of Water in Irrigated Crop Production Using Derived Demand-Functions—A Case Study of South Saskatchewan River Irrigation District", *American Water Resources Association*, Vol. 27, No. 2, 1991.

Kumar, M., et al., "Economic Value of Water in Agriculture: Comparative Analysis of a Water-Scarce and a Water-Rich Region in India", *Water International*, Vol. 33, No. 2, 2008.

Kumar, S., S. Managi, "Industrial Water Demand and Shadow Price", *Springer US*, 2009.

Lee, J., S. Tanverakul, "Price Elasticity of Residential Water Demand in California", *Journal of Water Supply: Research and Technology-Aqua*, Vol. 64, No. 2, 2015.

Liaw, C., et al., "Industrial Water Demand with Water Reuse", *Jawra Journal of the American Water Resources Association*, Vol. 42, No. 3, 2006.

Liu, C., et al., "Groundwater Exploitation and Its Impact on the Environment in the North China Plain", *Water International*, Vol. 26, No. 2, 2001.

Liu, X., et al., "Evaluating and Predicting Shadow Prices of Water Resources in China and Its Nine Major River Basins", *Water Resources Management*, Vol. 23, No. 8, 2009.

Liu, Y., et al., "Adoption of Water Saving Technologies and Determinants", *Natural Resources Bulletin*, Vol. 26, No. 6, 2011.

Lohmar, B., J. Wang, *Will Water Scarcity Affect Agricultural Production in China?*, In China's Food and Agriculture: Issues for the 21st Century, Fred Gale, 2002.

Lu, Y., et al., "Optimal Levels of Inigation in Corn Production in the Southeast Coastal Plain", *Journal of Sustainable Agriculture*, Vol. 24, No. 1, 2004.

Madramootoo, C., H. Fyles, "Irrigation in the Context of Today's Global Food Crisis", *Irrigation and Drainage*, Vol. 59, No. 1, 2010.

Mallawaaracbcbi, T., et al., "Investment in Water Saving Technology on Horticultural Farms", *Review of Marketing and Agricultural Economics*, Vol. 60, No. 2, 1992.

Mamitimin, Y., et al., "Irrigation in the Tarim Basin, China: Farmers' Response to Changes in Water Pricing Practices", *Environmental Earth Sciences*, Vol. 73, No. 2, 2015.

Medellin-Azuara, J., et al., "Estimating Economic Value of Agricultural Water under Changing Conditions and the Effects of Spatial Aggregation", *Science of the Total Environment*, Vol. 408, No. 23, 2010.

Mesa-Jurado, M., et al., *Irrigation Water Value Scenarios for 2015: Application to Guadalquivir River*, 107th EAAE Seminar Modelling of Agricultural and Rural Development Policies, 2007.

Mesa-Jurado, M., et al., "The Economic Value of Guaranteed Water Supply for Irrigation under Scarcity Conditions", *Agricultural Water Management*, Vol. 113, 2012.

Michael, A., et al., "Analysis of the Irrigation Water Price in Rice Production Tanzania", *Applied and Computational Mathematics*, Vol. 3, No. 4, 2014.

Miller, S., et al., *Irrigation Water Values in the Willamette Valley: A Study of Alternative Valuation Methods*, Corvallis: Agricultural Experiment Station, Oregon State University, 1965.

Molle, F., et al., "Irrigation in the Jordan Valley: Are Water Pricing Policies Overly Optimistic?", *Agricultural Water Management*, Vol. 95, No. 4, 2008.

Moore, C., et al., "Effects of Colorado River Water-Quality and

Supply on Irrigated Agriculture", *Water Resources Research*, Vol. 10, No. 2, 1974.

Moore, C., T. Hedges, "A Method for Estimating the Demand for Irrigation Water", *Agricultural Economics Research*, Vol. 15, No. 4, 1963.

Moore, M., et al., "Multicrop Production Decisions in Western Irrigated Agriculture—The Role of Water Price", *American Journal of Agricultural Economics*, Vol. 76, No. 4, 1994.

Morgan, M., M. Henrion, *Uncertainty: A Guide to Dealing with Uncertainty in Quantitative Risk and Policy Analysis*, Cambridge: Cambridge University Press, 1990.

Morris, J., et al., *Sustainable Management of Water Resources in Agriculture*, OECD Report, 2010.

Mullen, J., et al., "Estimating the Demand for Irrigation Water in a Humid Climate: A Case Study from the Southeastern United States", *Agricultural Water Management*, Vol. 96, No. 10, 2009.

Nashwan, O., et al., "Estimating Groundwater Extraction Cost and Its Efficiency Use in Dates Production in Riyadh Region, Saudi Arabia", *Custos E Agronegocio On Line*, Vol. 12, No. 1, 2016.

Nickum, J., K. Easter, *Metropolitan Water Use Conflicts in Asia and the Pacific*, Boulder: Westview Press, 1994.

Nieswiadomy, M., "Estimating Urban Residential Water Demand: Effects of Price Structure, Conservation, and Education", *Water Resources Research*, Vol. 28, No. 3, 1992.

Nieswiadomy, M., "Input Substitution in Irrigated Agriculture in the High Plains of Texas, 1970-80", *Western Journal of Agricultural Economics*, Vol. 13, No. 1, 1988.

Nieswiadomy, M., "The Demand for Irrigation Wtaer in the High-Plains of Texas, 1957-80", *American Journal of Agricultural Economics*, Vol. 67, No. 3, 1985.

Ogg, C., N. Gollehon, "Western Irrigation Response to Pumping Costs—A Water Demand Ananlysis Using Climatic Regions", *Water Resources Research, Vol. 25, No. 5, 1989.

Olmstead, S., et al., "Water Demand under Alternative Price Structures", *Journal of Environmental Economics & Management*, Vol. 54, No. 2, 2007.

Pagan, P., et al., *Short and Long Run Approaches to Water Demand Estimation*, The 41st Annual Conference of the Australian Agricultural and Resource Economics Society, 1997.

Pande, V., et al., "An Empirical Assessment of On-Farm Water Productivity Using Groundwater in a Semi-Arid Indian Watershed", *Water Resources Management*, Vol. 26, No. 2, 2012.

Peng, S., "Water Resources Strategy and Agricultural Development in China", *Journal of Experimental Botany*, Vol. 62, No. 6, 2011.

Pfeiffer, L., C. Lin, "The Effects of Energy Prices on Agricultural Groundwater Extraction from the High Plains Aquifer", *American Journal of Agricultural Economics*, Vol. 96, No. 5, 2014.

Qiu, J., "China Faces up to Groundwater Crisis", *Nature*, Vol. 466, No. 7304, 2010.

Qureshi, A., et al., "Water Productivity of Irrigated Wheat and Maize in the Karkheh River Basin of Iran", *Irrigation and Drainage*, Vol. 59, No. 3, 2010.

Ray, I., "Farm-Level Incentives for Irrigation Efficiency: Some Lessons from an Indian Canal", *Water Resources Bulletin*, Vol. 121, No. 1, 2002.

Renzetti, S., "An Econometric Study of Industrial Water Demands in British Columbia, Canada", *Water Resources Research*, Vol. 24, No. 10, 1988.

Renzetti, S., "Estimating the Structure of Industrial Water Demands: The Case of Canadian Manufacturing", *Land Economics*, Vol. 68, No. 4, 1992.

Renzetti, S., "Examining the Differences in Self-and Publicly Supplied Firms' Water Demands", *Land Economics*, Vol. 69, No. 2, 1993.

Reynaud, A., "An Econometric Estimation of Industrial Water Demand in France", *Environmental & Resource Economics*, Vol. 25, No. 2, 2003.

Rigby, D., et al., "Supply Uncertainty and the Economic Value of Irrigation Water", *European Review of Agricultural Economics*, Vol. 37, No. 1, 2010.

Rogers, P., et al., *Water as a Social and Economic Good: How to Put the Principle into Practice*, Stockholm, Sweden: Global Water Partnership/Swedish International Development Cooperation Agency, 1998.

Rogers, P., et al., "Water is an Economic Good: How to Use Prices to Promote Equity, Efficiency, and Sustainability", *Water Policy*, Vol. 4, 2002.

Rooy, J., "Price Responsiveness of the Industrial Demand for Water", *Water Resources Research*, Vol. 10, No. 3, 1974.

Rosegrant, M., et al., *World Water and Food to 2025: Dealing with Scarcity*, International Food Policy Research Institute, 2002.

Rui, Z., et al., "Pollution Risk Assessment Based on Source Apportionment in a Groundwater Resource Area, NE China", *Human & Ecological Risk Assessment*, 2018.

Ruijs, A., et al., "Demand and Distributional Effects of Water Pricing Policies", *Ecological Economics*, Vol. 66, No. 2-3, 2008.

Sadeghi, A., et al., "An Econometric Estimation of Irrigation Water Demand for Watermelon in Iran", *IPEDR*, Vol. 55, No. 18, 2012.

Sadeghi, A., et al., "Determining the Economic Value of the Irrigation Water in Production of Wheat in Iran", *Australian Journal of Basic and Applied Sciences*, Vol. 4, No. 6, 2010.

Sadeghi, A., et al., "Estimation of Irrigation Water Demand for Barley in Iran: The panel Data Evidence", *Journal of Agricultural Science*, Vol. 2, No. 2, 2010.

Sadeghi, A., et al., "Estimation of Irrigation Water Demand Function for Tomato in Iran", *International Journal of Agriculture and Crop Sciences*, 2012, Vol. 4, No. 12.

Samarawickrema, A., S. Kulshreshtha, "Marginal Value of Irrigation

Water Use in the South Saskatchewan River Basin, Canada", *Great Plains Research*, Vol. 19, 2009.

Samarawickrema, A., S. Kulshreshtha, "Value of Irrigation Water for Crop Production in the South Saskatchewan River Basin", *Canadian Water Resources Journal*, Vol. 33, No. 3, 2008.

Schaible, G., et al., "Water Conservation Potential from Irrigation Technology Transitions in the Pacific-Northwest", *Western Journal of Agricultural Economics*, Vol. 16, No. 2, 1991.

Schaible, G., "Water Conservation Policy Analysis: An Interregional, Multi-Output, Primal-Dual Optimization Approach", *American Journal of Agricultural Economics*, Vol. 79, No. 1, 1997.

Scheierling, S., et al., "Determining the Price-Responsiveness of Demands for Irrigation Water Deliveries Versus Consumptive Use", *Journal of Agricultural and Resource Economics*, Vol. 29, No. 2, 2004.

Scheierling, S., et al., "Irrigation Water Demand: A Meta-Analysis of Price Elasticities", *Water Resources Research*, Vol. 42, No. 1, 2006.

Schleich, J., T. Hillenbrand, "Determinants of Residential Water Demand in Germany", *Ecological Economics*, Vol. 68, No. 6, 2009.

Schneider, M., Whitlatch, E., "User-Specific Water Demand Elasticities", *Journal of Water Resources Planning & Management*, Vol. 117, No. 1, 1991.

Schoengold, K., D. Sunding, "The Impact of Water Price Uncertainty on the Adoption of Precision Irrigation Systems", *Agricultural Economics*, Vol. 45, No. 6, 2014.

Schoengold, K., et al., "Price Elasticity Reconsidered: Panel Estimation of an Agricultural Water Demand Function", *Water Resources Research*, Vol. 42, No. 9, 2006.

Seckler, D., U. Amarasinghe, "Water Supply and Demand, 1995 to 2025", *IWMI*, 2000.

Shi, M., et al., "Pricing or Quota? A Solution to Water Scarcity in Oasis Regions in China: A Case Study in the Heihe River Basin", *Sustain-

ability, Vol. 6, No. 11, 2014.

Shiferaw, B., et al., "Watershed Externalities, Shifting Cropping Patterns and Groundwater Depletion in Indian Semi-Arid Villages: The Effect of Alternative Water Pricing Policies", *Ecological Economics*, Vol. 67, No. 2, 2008.

Shumway, C., "Derived Demand for Irrigation Water: The California Aqueduct", *Southern Journal of Agricultural Economics*, 1973.

Solley, W., et al., "Estimated Use of Water in the United States in 1995. Circular 1200. U.S", *Geological Survey*, 1998.

Speelman, S., et al., "Estimating the Impacts of Water Pricing on Smallholder Irrigators in North West Province, South Africa", *Agricultural Water Management*, Vol. 96, No. 11, 2009.

Speelman, S., et al., "Irrigation Water Value at Small-Scale Schemes: Evidence from the North West Province, South Africa", *International Journal of Water Resources Development*, Vol. 24, No. 4, 2008.

Starkl, M., et al., "Overcoming Barriers for the Management of Scarce Water Resources in Northern China", *Water Policy*, Vol. 16, No. 6, 2014.

Sun, T., et al., "Estimation of Irrigation Water Demand and Economic Returns of Water in Zhangye Basin", *Water*, Vol. 10, No. 1, 2018.

Sun, T., et al., "Assessment of Water Rights and Irrigation Pricing Reforms in Heihe River Basin in China", *Water*, Vol. 8, No. 8, 2016.

Tang, J., *Demand-Oriented Irrigation Water Management in Northwestern China: Methodologies, Empirics, Institutions and Policies*, University of Groningen, 2014.

The Economist, "Water in China: Desperate Measures", 2013-12-12.

Thiene, M., Y. Tsur, "Agricultural Landscape Value and Irrigation Water Policy", *Journal of Agricultural Economics*, Vol. 64, No. 3, 2013.

Tso, T., "Agriculture of the Future", *Nature*, Vol. 428, No. 6979.

Tsur, Y., "Economic Aspects of Irrigation Water Pricing", *Canadian*

Water Resources Journal, Vol. 30, No. 1, 2005.

Turnovsky, S., "The Demand for Water: Some Empirical Evidence on Consumers' 1969, Response to a Commodity Uncertain in supply", *Water Resources Research*, Vol. 5, No. 2.

Varela-Ortega, C., et al., "Water Pricing Policies, Public Decision Making and Farmers' Response: Implications for Water Policy", *Agricultural Economics*, Vol. 19, No. 1-2, 1998.

Vasileiou, K., et al., "Optimizing the Performance of Irrigatied Agriculture in Eastern England under Different Water Pricing and Regulation Strategies", *Natural Resource Modeling*, Vol. 27, No. 1, 2014.

Veettil, P., et al., "Complementarity between Water Pricing, Water Rights and Local Water Governance: A Bayesian Analysis of Choice Behaviour of Farmers in the Krishna River Basin, India", *Ecological Economics*, Vol. 70, No. 10, 2011.

Veettil, P., et al., "Price Sensitivity of Farmer Preferences for Irrigation Water-Pricing Method: Evidence from a Choice Model Analysis in Krishna River Basin, India", *Journal of Water Resources Planning and Management*, Vol. 137, No. 2, 2011.

Wada, Y., et al., "Wedge Approach to Water Stress", *Nature Geoscience*, Vol. 7, No. 9, 2014.

Wang, J., et al., "Impacts of Climate Change on Water and Agricultural Production in Ten Large River Basins in China", *Journal of Integrative Agriculture*, Vol. 12, No. 7, 2013.

Wang, H., S. Lall, "Valuing Water for Chinese Industries: A Marginal Productivity Analysis", *Applied Economics*, Vol. 34, No. 6, 2002.

Wang, J., et al., "Do Incentives Still Matter for the Reform of Irrigation Management in the Yellow River Basin in China?" *Journal of Hydrology*, Vol. 517, 2014.

Wang, J., et al., "Evolution of Tubewell Ownership and Production in the North China Plain", *Australian Journal of Agricultural and Resource Economics*, Vol. 49, No. 2, 2005.

Wang, J., et al., "Growing Water Scarcity, Food Security and Government Responses in China", *Global Food Security*, No. 14, 2017.

Wang, J., et al., "How Chinese Farmers Change Crop Choice to Adapt to Climate Change", *Climate Change Economics*, Vol. 1, No. 3, 2010.

Wang, J., et al., "How Could We Realize a Win-Win Strategy on Irrigation Price Policy? Evaluation of a Pilot Reform Project in Hebei Province, China", *Journal of Hydrology*, Vol. 539, 2016.

Wang, J., et al., "Impacts of Climate Change on Water and Agricultural Production in Ten Large River Basins in China", *Journal of Integrative Agriculture*, Vol. 12, No. 7, 2013.

Wang, J., et al., "Understanding the Water Crisis in Northern China: What Government and Farmers are Doing?", *International Journal of Water Resources Development*, Vol. 25, No. 1, 2009.

Wang, J., et al., "Understanding the Water Crisis in Northern China", *Chinals Dilemma*, 2008.

Wang, J., "Water Management Problem in Establishing Resource Saving Society", *Bulletin of Chinese Academy of Sciences*, Vol. 27, No. 4, 2011.

Wang, L., et al., "Mathematical Programming Approaches for Modeling Water Rights Allocation", *Journal of Water Resources Planning & Management*, Vol. 133, No. 1, 2007.

Wang, M., et al., "Rural Industries and Water Pollution in China", *Journal of Environmental Management*, Vol. 86, No. 4, 2008.

Wang, Z., et al., "Optimal Water Resources Allocation under the Constraint of Land Use in the Heihe River Basin of China", *Sustainability*, Vol. 7, No. 2, 2015.

Ward, F., A. Michelsen, "The Economic Value of Water in Agriculture: Concepts and Policy Applications", *Water Policy*, Vol. 4, No. 5, 2002.

Wei, L., T. Lu, *The Research on Price Elasticity of Agricultural Water Demand in Chahayang Irrigation Area*, Marrickville: Orient Acad Forum,

2007.

Wheeler, S., et al., "Price Elasticity of Water Allocations Demand in the Goulburn-Murray Irrigation District", *Australian Journal of Agricultural and Resource Economics*, Vol. 52, No. 1, 2008.

Williams, M., B. Suh, "The Demand for Urban Water by Customer class", *Applied Economics*, Vol. 18, No. 12, 1986.

Wilson, L., "Addition of a Climate Variable to the Howe and Linaweaver Western Sprinking Equation", *Water Resources Research*, Vol. 25, No. 6, 1989.

Wong, S., "A Model on Municipal Water Demand: A Case Study of Northeastern Illinois", *Land Economics*, Vol. 48, No. 1, 1972.

World Bank, "*World Bank Water Resources Sector Strategy: Strategic Directions for World Bank Engagement*", Washington, DC: World Bank, 2003.

Xie, J., *Addressing China's Water Scarcity*, WATER P-NOTES, 2009. https://books.glgoo.com/books? hl = zhCN&lr = &id = tIyldB6EG9MC&oi = fnd&pg = PR5&dq = Addressing+China's+water+scarcity&ots = ez_k0Sw8CC&sig = 6ONxiKzyOfWFErIg2MkQzuKhIMQ # v = onepage&q = Addressing%20China%E2%80%99s%20water%20scarcity&f = false.

Yan T., et al., "Urbanization, Agricultural Water Use, and Regional and National Crop Production in China", *Ecological Modelling*, Vol. 318, No. 5, 2015.

Yang, H., et al., "Water Scarcity, Pricing Mechanism and Institutional Reform in Northern China Irrigated Agriculture", *Agric Water Manage*, Vol. 61, No. 2, 2003.

Young, R., *Determining the Economic Value of Water: Concepts and Methods*, Washington, DC: Resources for the Future, 2014.

Young, R., "Price Elasticity of Demand for Municipal Water: A Case Study of Tucson, Arizona", *Water Resources Research*, Vol. 9, No. 4, 1973.

Zhang, B., et al., "Have Chinese Water Pricing Reforms Reduced Urban Residential Water Demand?", *Water Resources Research*, Vol. 53, No. 6,

2017.

Zhang, Q., "The South – to – North Water Transfer Project of China: Environmental Implications and Monitoring Strategy", *Journal of the American Water Resources Association*, Vol. 45, No. 5, 2009.

Zhou, Q., et al., "Is Irrigation Water Price an Effective Leverage for Water Management? An Empirical Study in the Middle Reaches of the Heihe River Basin", *Physics and Chemistry of the Earth*, Vol. 89, 2015.

Zhou, Y., et al., "Integrated Optimal Allocation Model for Complex Adaptive System of Water Resources Management (I): Methodologies", *Journal of Hydrology*, Vol. 531, 2015.

Zhou, Y., R. Tol, "Evaluating the Costs of Desalination and Water Transport", *Water Resources Research*, Vol. 41, No. 3, 2005, W03003.

Ziegler, J., S. Bell, "Estimating Demand for Intake Water by Self-Supplied Firms", *Water Resources Research*, Vol. 20, No. 1, 1984.

Ziolkowska, J., "Shadow Price of Water for Irrigation—A Case of the High Plains", *Agricultural Water Management*, Vol. 153, 2015.

Zou, X., et al., "Cost-Effectiveness Analysis of Water-Saving Irrigation Technologies Based on Climate Change Response: A Case Study of China", *Agricultural Water Management*, Vol. 129, 2013.

Zuo, A., et al., "Measuring Price Elasticities of Demand and Supply of Water Entitlements Based on Stated and Revealed Preference Data", *American Journal of Agricultural Economics*, Vol. 98, No. 1, 2016.

后　　记

本书是在王金霞教授指导下，基于孙天合和朱云云两位作者的博士阶段研究成果精练而成，主要关注农业灌溉用水、城市居民生活用水和城市工业用水的水价问题，着重关注其需求价格弹性。

本书也是一个团队长期研究的阶段性展示，研究思想的形成得益于深入的农村调查实践和烦琐的数据整理。以这本书分析所用的灌溉用水实地调查数据来说，最早可推至 2001 年，那时，本书的作者之一王金霞教授就是问卷的主要设计者、调查的组织者和管理者。该调查被命名为"中国水资源制度和管理调查"（CWIM），从 2001 年的首轮调查开始，到 2016 年第五轮调查结束，前后跨越 16 年，参加调查的人员约 200 人，这在同类农村实地调查中是极少见的。长期的追踪调查为深入、持续地开展农村水资源管理相关研究奠定了基础。本书关注的农业灌溉用水经济价值、需求价格弹性和水价政策影响，就是基于前四轮调查数据开展的研究成果，体现了研究的动态性和发展性。另外，城市居民生活和工业用水数据的收集，除了少数大城市的统计年鉴可以从网上搜索到，本研究所涉及的其他绝大部分地级市的统计年鉴没有长时间序列的网络来源，朱云云只能每天前往国家图书馆翻阅其收藏的各个地级市的纸质版统计年鉴，手工整理全国地级市多年数据的工作任务异常繁重，前后长达 6 个月 18 天，共翻阅年鉴 23.5 吨。

长期的研究离不开协作的团队和领队人对团队成员的培养。第一作者孙天合 2013 年师从王金霞教授主要从事农业水资源管理等领域的研究，主要关注水价政策和水权制度，也是 CWIM 第五轮调查的带队人之一。第二作者朱云云是王金霞教授 2014 级的博士研究生，参加过多次农村调查，研究的方向是部门间水资源配置。第四作者张丽娟 2003 年师从王金霞教授开展水资源管理方面的研究，她也是 CWIM 第二、第三、第四和第五轮调查的领队之一，她的研究方向是地下水灌溉管理，本书第六章的内容也是她研究的延续。本书农业灌溉用水部分除了第六章，主要由孙天合执笔，并负责全书的框架梳理和修改、校对工作；城市居民生活和工业用水部分主要由朱云云执笔；王金霞教授对全书研究框架进行设计，并对研究内容全程指导；张丽娟参与全书研究内容设计、文字修改和完善。

此外，本书的完成离不开北京大学现代农学院院长、中国农业政策研究中心（CCAP）名誉主任、北京大学新农村发展研究院院长黄季焜教授的支持和指导。黄季焜教授和美国斯坦福大学的 Scott Rozelle 教授都在第一轮调查问卷设计和调查开展及分析等方面给予了指导；阿肯色大学的黄秋琼教授不仅参与了调查设计，而且在农业水价数据整理和分析及模型建立方面给予了很多建设性意见。团队内硕士研究生陆星宇和冯梓涵参与了书稿后期的文字校对和图片修改工作。CCAP 王金霞教授团队（http://scholar.pku.edu.cn/jinxia_wang/tuan-dui-cheng-yuan-1）的多位老师和同学，曾在不同环节提供了帮助，篇幅有限，未能一一列举，在此一并致谢。感谢所有参与过 CWIM 调查的 CCAP 和非 CCAP 的学生和研究助理等。最后，还要感谢中国社会科学出版社的刘晓红老师在书稿修改过程中的辛苦付出，刘老师的认真、敬业和专业让我们由衷钦佩。

需要说明的是，虽然书稿经历了多轮审核与校对，难免仍有不足之处，敬请读者批评指正。

孙天合　朱云云

王金霞　张丽娟

2024 年 5 月 29 日